月がナビゲート

人生で使える
空海の宿曜占い

あなたの未来を切り開く
宿曜秘宝

はじめに

私は横浜の染色で有名な地域で生まれ、幼いころから色染めを通して、美しい色に囲まれて幼少期を過ごしました。大手化粧品メーカーに36年間勤続したのも今思えば、幼少期の体験があったからだと思います。

そして、宗教家の家庭という特殊な環境で育ったこともあり、思想や哲学、つまり、人生という途方もない世界を幼いながらに受け入れていたように思います。

その日常は、ＢＧＭのようにお経が流れ、線香の香りは私をリラックスさせてくれる心地よいものでした。

そのように仏教を学ぶ機会に沢山恵まれたことから、前世、現世、そして来世、インド思想に基づいた、輪廻転生、因果応報など、何の違和感もなく自然と身につき、刷り込まれていました。

空海が開いた真言密教の宇宙原理は「胎蔵界」と「金剛界」の両界曼陀羅で表わされています。金剛界曼荼羅は智恵や理性を表し、大日如来の悟りの智恵をビジュアライズしたもので、宇宙の英知、つまり、マクロポリスを表しています。また、一切の煩悩を打ち砕くパワーが描かれていて、金剛界は左脳的な働き、言葉や文字、論理、分析など、思考と知性のエネルギーです。

胎蔵界曼荼羅は万物を育む慈悲の心を示し、小宇宙のようなミクロポリスを表し、それは、母親の胎内のようなイメージです。また、右脳的な働きであり、直感や芸術、イメージといった感性が総合されたエネルギーです。

宿曜経の27宿はこの胎蔵界曼荼羅の最外周に美しく描かれています。

曼荼羅の世界観のように、私は人間の身体は小宇宙（ミクロポリス）そのものであり、神羅万象の営みや無限に広がる小宇宙（マクロポリス）についても幼いころの体験を通して理解が深まりました。

宿曜占星術を学び始めてから20年以上の年月が経ちます。

前職は社員13万人を抱える世界的な企業において、長らく自分の置かれた業務で累計すると数万人と交流をしてきました。

当時から宿曜占星術を処世術として活用しており、宿曜占星術のフィルターを通して関わる人たちの気質や本質など、その的中率に驚きを隠せないほどでした。

さらに、人間関係の相性に焦点を絞ったときには、計り知れない奥深い意味あいに驚き、同時に不思議な出会いやご縁も、宿命のなせる業（ワザ）であることも、身をもって感じてきました。


竹本光晴先生との出会いは定年退職間近の２０１３年9月。直談判という手段で門をたたき、宿曜占星術をもう一度、一から学びたいとお願いしたのです。

すると思いもよらぬミラクルが生じました。竹本光晴先生は二つ返事で私の受け入れを快諾してくれたのです。

竹本光晴先生にあとから聴いた話では、私の宿曜占星術に対する思いや才能を即座に感じ取り、その圧倒的なアプローチもあり、先生は弟子入りを承諾したのだそうです。

それから怒涛のマンツーマンレッスンが続き、日常のすべてが宿曜占星術一色に染まりました。勇気を出してもう一度、一から学ぼうとした行動は間違いないものと確信し、私の自信を培う大きな経験となったのです。

そうした学びの時間と経験から誕生したのがこの「宿曜秘宝」です。

髙畑　三惠子

目次

本書は、2015年3月に小社より刊行された『そこまでわかる！あなたの未来　宿曜占星術』を加筆修正したものです。

第1章

宿曜占星術概要

宿曜占星術の歴史

宿曜経の起源は、今から約3000年ほど前にインドで暦として発祥したものです。仏教を学びに中国からインドに渡った「不空三蔵」という僧が中国に持ち帰り、中国宿曜道として発展しました。

宿曜経を日本に伝えたのは、真言密教の開祖、弘法大師空海です。空海は今から約1200年前に、遣唐使として中国に渡り、多くの仏具や経典を持ち帰りました。その経典の中に宿曜経があったのです。

空海は日常の生活・行動に積極的に宿曜経を取り入れ、彼の弟子たちにも教えました。当時の政治の判断基準として重宝されていた「陰陽師」と人気を二分するまでになり、宿曜経の使い手は「宿曜師」と呼ばれるようになりました。当時は「陰陽道」と「宿曜道」、この二つの占いにより国が守られていたということになります。

平安時代に偉業を成し遂げた空海は、五行や干支と併せて宿曜経のロジックを用い、その当時の最先端の修法や秘法を数多く行いました。

そのひとつの「神泉苑の雨乞い」は有名です。当時、日本中が長期間にわたって降水量が激減し、野山の草木も枯れ果て、食糧危機に襲われました。大干ばつという異常気象を打開すべく淳和天皇の勅命を受け、空海は八人の弟子と共に秘法を駆使し、神泉苑で雨乞いの祈祷を行いました。

すると、竜王が大蛇の姿で現れ、大空はたちまち雲に包まれて大雨を降らせました。その後三日三晩甘露の雨は降り続け、枯れ果てた大地はよみがえりました。

宿曜経は正確には「文殊師利菩薩及諸仙所説吉凶時日善悪宿曜経」（もんじゅしりぼさつきゅうしょせんしょせつきっきょうじじつぜんあくしゅくようきょう）といいます。あまりにも長い名前なので後ろの三文字をとって「宿曜経」と呼ぶのが一般的です。

この長い題目の冒頭に「文殊師利菩薩」と書き記されていますが、これは「三人寄れば文殊の智恵」の諺《ことわざ》で有名な「文殊菩薩」のことです。「文殊菩薩」は諸菩薩を主導するほどの智恵の優れた菩薩であり、学問成就や智恵、息災、増益、出産、除病の功徳がある菩薩です。

次に「及諸仙所説吉凶時日善悪宿曜経」とあり、これはその他諸々の仙人たちが文殊菩薩の智恵を授かって、日々の吉凶や物事の善悪を説いた、という意味です。この長い題目を見ただけでも、宿曜占星術が教えてくれることの壮大さが解ります。

この宿曜経は、さまざまな書物に登場します。当時の平安貴族の間で大いに人気を博していた、紫式部の『源氏物語』に「宿曜のかしこき道の人」と記述があることからも、その評判を知ることができます。

「桐壷」の巻では主人公の光源氏が誕生した際、宿曜師にその運命を占わせる場面もあります。また、藤原道長の日記の暦注の中にも書き記されています。

時が流れて戦国時代、宿曜経は皮肉にも戦術をサポートする軍師の役割として活用されるようになります。

一説には、織田信長も敵対する武将との相性を占い、戦いに赴いたという話もあります。武田信玄の軍配にも27宿が描かれています。

当時の武将は、敵に生年月日を知られては勝利の妨げになると考え、生まれた日を隠したりしたそうです。戦国時代の武将は宿曜経を活用して戦術を立て、自分に有利な戦況に持ち込もうと必死だったに違いありません。

江戸時代に入ると徳川家康の側近、天海僧正が宿曜経を活用したと言われています。天海は徳川家康（斗宿）と全国の大名との相性を占い、配置転換などを行ったそうです。

子供のこれまでの成長を祝い、さらなる今後の成長を祈念する七五三の行事にも宿曜経が使われています。七五三の発祥は諸説ありますが、旧暦の11月15日に固定化したのは、三代将軍・徳川家光です。

家光の四男である、幼名徳松（後の五代将軍・綱吉）が病弱であることを心配し、綱吉の無事と成長を祈るために、袴着の儀式や修法を行ったのが旧暦11月15日です。

なぜ旧暦11月15日に儀式や修法を行ったのかというと、旧暦11月15日は満月であり、この日の宿は「鬼宿」に当たり、あらゆることに大吉とされる吉祥日だからです。また、お釈迦様（ブッダ）の誕生にも由来する日とも言われています。後に庶民もこれに習い、現在の歳祝いとして引き継がれています。

時代を通して、さまざまな場面で活用されてきた宿曜経は、そのあまりの的中率の高さに江戸時代、徳川幕府は宿曜経を封印してしまいました。

時が経ち、明治以降に再び宿曜経は宿曜占星術として見直され、近年、注目を浴び始めています。

宿曜占星術とは

宿曜経は、現在では「宿曜占星術」と呼ばれるようになり、月の運行と太陰太陽暦（旧暦）を基に性格・運勢・日々の吉凶・相性を占います。

宿曜占星術は、月の運行を基にした占いであり、月の満ち欠けが織り成す運命のリズムを伝える占いです。

空海が確立した、「即身成仏」（そくしんじょうぶつ）という思想は、人がこの世に生まれ生身のままで究極の悟りを開き、仏になることを意味しています。これを現在の考えに置き換えると、「自己実現」、「次元上昇」につながります。

あなたの人生を大変容へと促すパワーが、この宿曜占星術には秘められているのです。そして、宿曜占星術には、生きていくうえで大切な多くの智恵とメッセージが含まれています。その智恵は、とても深い物事を示しています。

古代から智恵のある人たちは、月や星の動きと地上の出来事との間に、目に見えない不思議な因果関係があることを知っていました。月の持つパワーを一度体験すれば、そのメッセージの面白さのとりこになることは間違いありません。

人はそれぞれに個性や才能、使命を持っています。それはあなたに与えられた、かけがえのない天分です。

しかし、いくら才能に恵まれていても、それを充分に発揮できなければ、宝の持ち腐れになってしまいます。宿曜占いを活用し、あなたの運気の流れを先読みすることができれば、あなたの個性は輝き、自分の本領を遺憾なく発揮することができるでしょう。夢が叶うのです。

夢や目標を叶えるためには、理想やビジョンを思い描き、いつも心に念じることが大切です。一粒のタネを蒔き、苗を育てるのと同じように、願い事をいつも心にとどめ育てると、やがては成就の花が咲き、あなたに微笑みかけるでしょう。

宿曜占星術を活用すれば、いつ、誰と何を始めればいいのかを知ることができます。また、挑戦すべきタイミングも同時に知ることができるのです。

人生という航路の舵取りをするには、運気の流れと相性を知ることが何より大切なのです。

宿曜占星術の活用法

前述した通り、宿曜占星術には壮大かつ緻密な密教の世界観が色濃く反映されています。宿曜占星術を活用すれば、あなたの心の中に潜む無限の力を引き出すことができるでしょう。そして、あなたが持って生まれた才能や弱点はもちろんのこと、どんなふうに他人とコミュニケーションをとり、どういう人間関係を築いていくべきかを教えてくれます。

それぞれの宿には個性があり、宿曜占星術から浮かび上がる人格や運勢は、あなたの心の中を映し出す鏡であり、羅針盤のようなものです。意識的、無意識的にかかわらず、多くの人は生きることは辛いものだという前提の元に生活をしています。「人はどうすれば幸福な生活ができるのか」とか「どうすれば悔いのない日々を送れるのか」と、考え悩むものです。

空海の唱えた真言密教の基本である「即身成仏」とは、生きているこの世この身で仏となる、という意味です。

「悩み、苦しみ、欲望など全てを肯定し、受け入れることで成功する」

と、空海は伝えているのです。人の心はさまざまに変化します。悩みや苦しみ、そして欲望は人として生まれた以上、逃れられないものです。これを否定することは、色のない景色と同じことなのです。

自分の宿を知って、自分が何を求めているか、そのヒントを知ることができれば、自らにかけた足枷《あしかせ》は解かれ、自分らしい波動、シグネチャーバイブレーションが高まります。

現状に満足せず、自分を変えていこうという意欲を持つ者は、それだけで成功の半分を勝ち取っていると言えるでしょう。そのためにも、自分が陥りやすい危険性を認識して、行動を起こすことが何より大事です。

あなたの宿には、目標や夢を成就させるための必要不可欠な情報が書き記されています。

あなたの宿に秘められた運命を紐解いてくれるのが、宿曜占星術です。宿曜占星術を活用することで、あなたを取り巻く人間関係も円滑となり、そして、新たな時を刻むことができるでしょう。

泣いても笑っても一度しかない人生です。その人生をエンジョイするために、あなたの魂が喜ぶことを積極的に行いましょう。人生というビッグイベントをポジティブに捉え行動すれば、吉祥の月の導きを得ることができるでしょう。

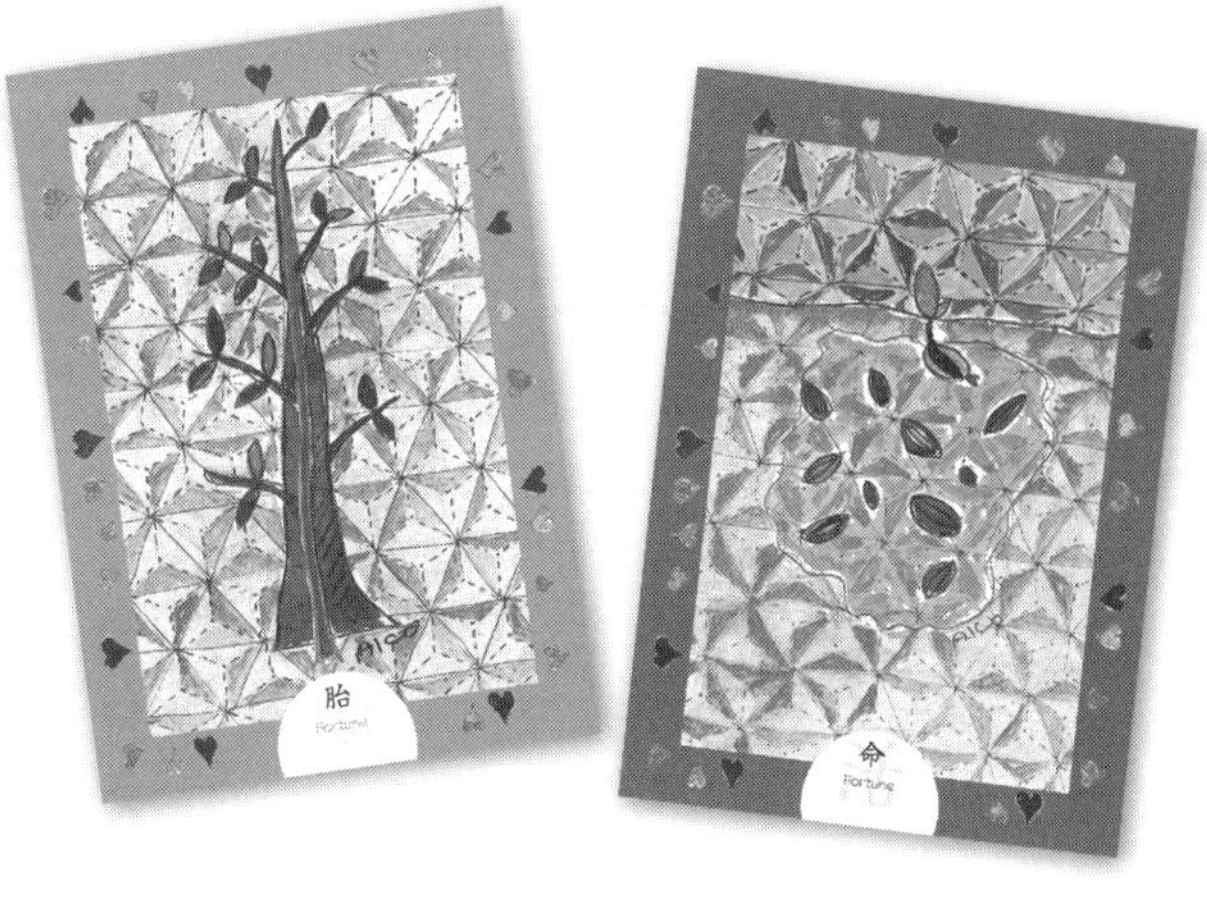

あなたの本命宿の調べ方

あなたや占いたい相手の本命宿を調べましょう。
本命宿の調べ方は２通りあります。

〈1〉この本の巻末資料で調べる

巻末資料の「本命宿早見表」で、自分の生まれた年の表を探します。
生まれた月と日が交差する欄を見ます。
「昴」や「房」などの漢字1文字が、「本命宿」を表しています。
自分の宿の特徴と開運法をつかんでください。
[例] 1970年4月7日生まれの人の場合

① 本命宿早見表で1970年の表を見ます。
② 4月と7日が交差する欄を見ます。
「昴」なので、本命宿は昴宿となります。
③ 60ページからの昴宿の特徴と開運法を読んでください。

〈2〉QRコードを読み取ってWEBサイトで調べる

QRコードを読みこむと宿曜秘宝協会のWEBサイトが表示されます。➡
生年月日を入力すると本命宿を調べられます。
QRコードをうまく読みこめない場合はこちらから。
https://syukuyo.com/
※調べられるのは、1920～2020年生まれまで。2020年以降は順次追加。

■ 27宿の総合表

属性

※七曜（星）を10惑星で構成。

12宮	4区分（エレメント）	3区分（クオリティー）	10惑星
羊宮	火	活動	火星
牛宮	地	不動	金星
夫妻宮	風	柔軟	水星
蟹宮	水	活動	月
獅子宮	火	不動	太陽
女宮	地	柔軟	水星
秤宮	風	活動	金星
蠍宮	水	不動	冥王星（火星）
弓宮	火	柔軟	木星
磨宮	地	活動	土星
瓶宮	風	不動	天王星（土星）
魚宮	水	柔軟	海王星（木星）

27宿とエレメント

	27宿	4区分（エレメント）
1	昴宿・翼宿・斗宿	火１割・地３割
2	畢宿・軫宿・女宿	地４割
3	觜宿・角宿・虚宿	地２割・風２割
4	参宿・亢宿・危宿	風４割
5	井宿・氐宿・室宿	風３割・水１割
6	鬼宿・房宿・壁宿	水４割
7	柳宿・心宿・奎宿	水４割
8	星宿・尾宿・婁宿	火４割
9	張宿・箕宿・胃宿	火４割

エレメントの性質

火	直感・情熱・能動・冒険・活動
地	現実・安定・受動・慎重・規律
風	理性・知性・軽妙・友好・客観
水	感情・情緒・神妙・献身・情念

■ 宿曜盤

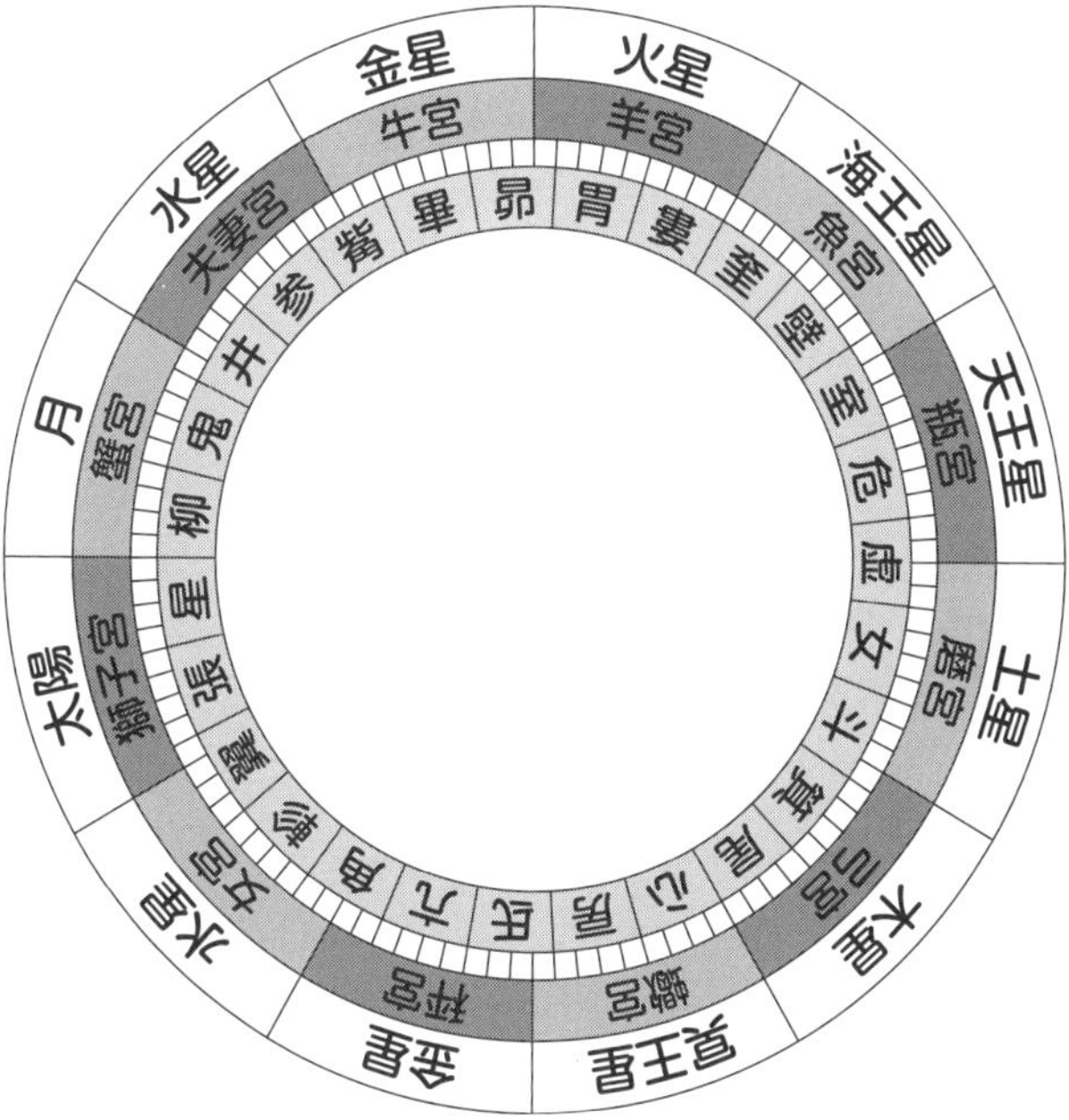
金星
火星
海王星
天王星
土星
木星
冥王星
金星
水星
太陽
月
水星
牛宮
羊宮
魚宮
瓶宮
磨宮
弓宮
蠍宮
秤宮
女宮
獅子宮
蟹宮
夫妻宮
昴
胃
婁
奎
壁
室
危
虚
女
斗
箕
尾
心
房
氐
亢
角
軫
翼
張
星
柳
鬼
井
参
觜
畢

命
親
友
壊
成
危
安
衰
栄
胎
親
友
壊
成
危
安
衰
栄
業
親
友
壊
成
危
安
衰
栄

宿曜盤の使い方（巻末に添付）

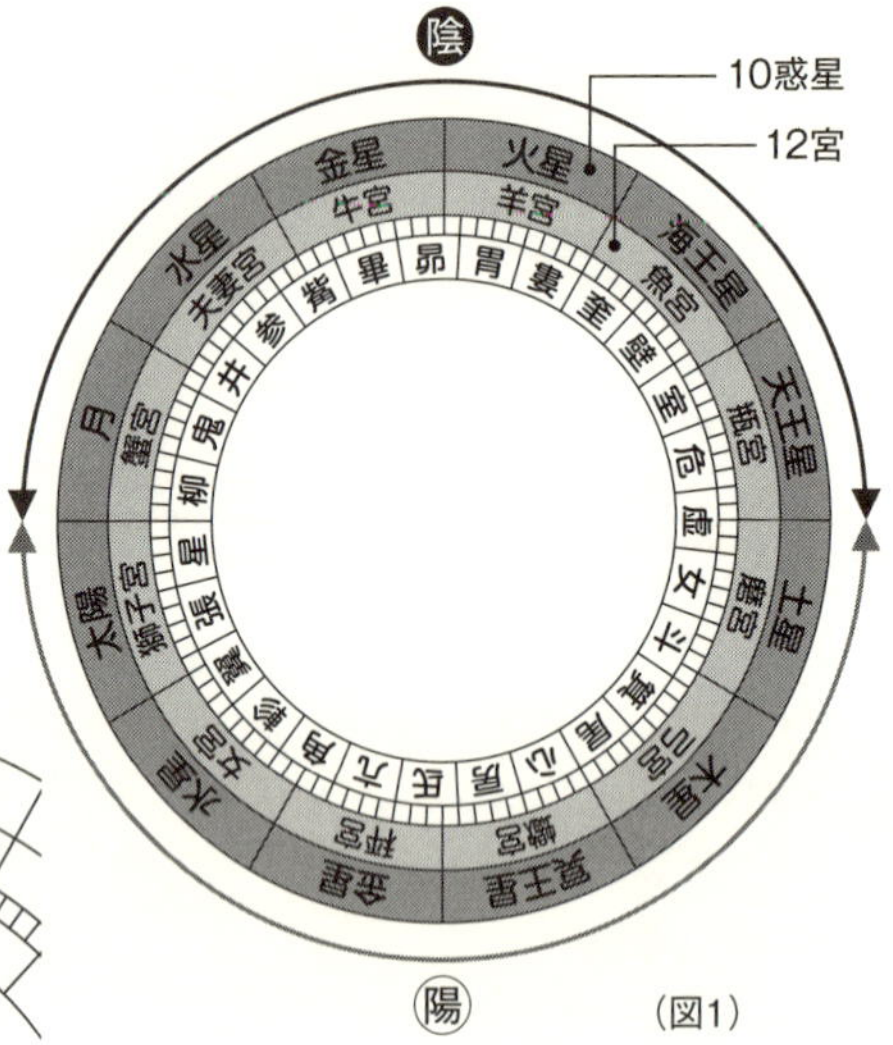

（図1）

（図2）

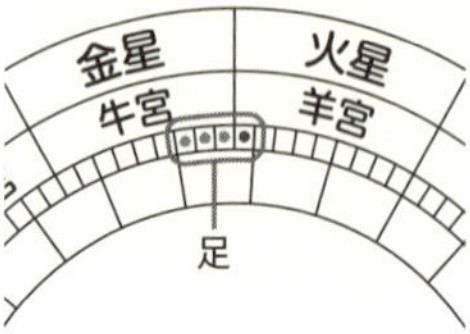

27の各宿は12宮に属し、12宮は3区分「活動」、「不動」、「柔軟」と、4区分「火」、「地」、「風」、「水」で構成されています。また、「12宮」は「10惑星」の影響を受けています。（詳しくは16ページの総合表をご覧ください）

宿曜占星術では1／4を最小単位として、「足」（そく）と呼んでいます。各宿は「4足」からなり、27宿すべてを足すと108足、煩悩の数と一致します。

たとえば、畢宿を見ると「牛宮」にすっぽり4足入っていますが、隣の昴宿では、「羊宮」に1足、「牛宮」に3足入っています。（図2参照）つまり、各宿によって一つの宮に4足入っている場合と、それぞれの割合で二つの宮にまたがっている場合があります。

27宿は陰と陽、左右に等分されています。「星宿」から「虚宿」の半分（2足）までの13宿半が「陽」に属し、「柳宿」から「虚宿」の半分（2足）までが「陰」

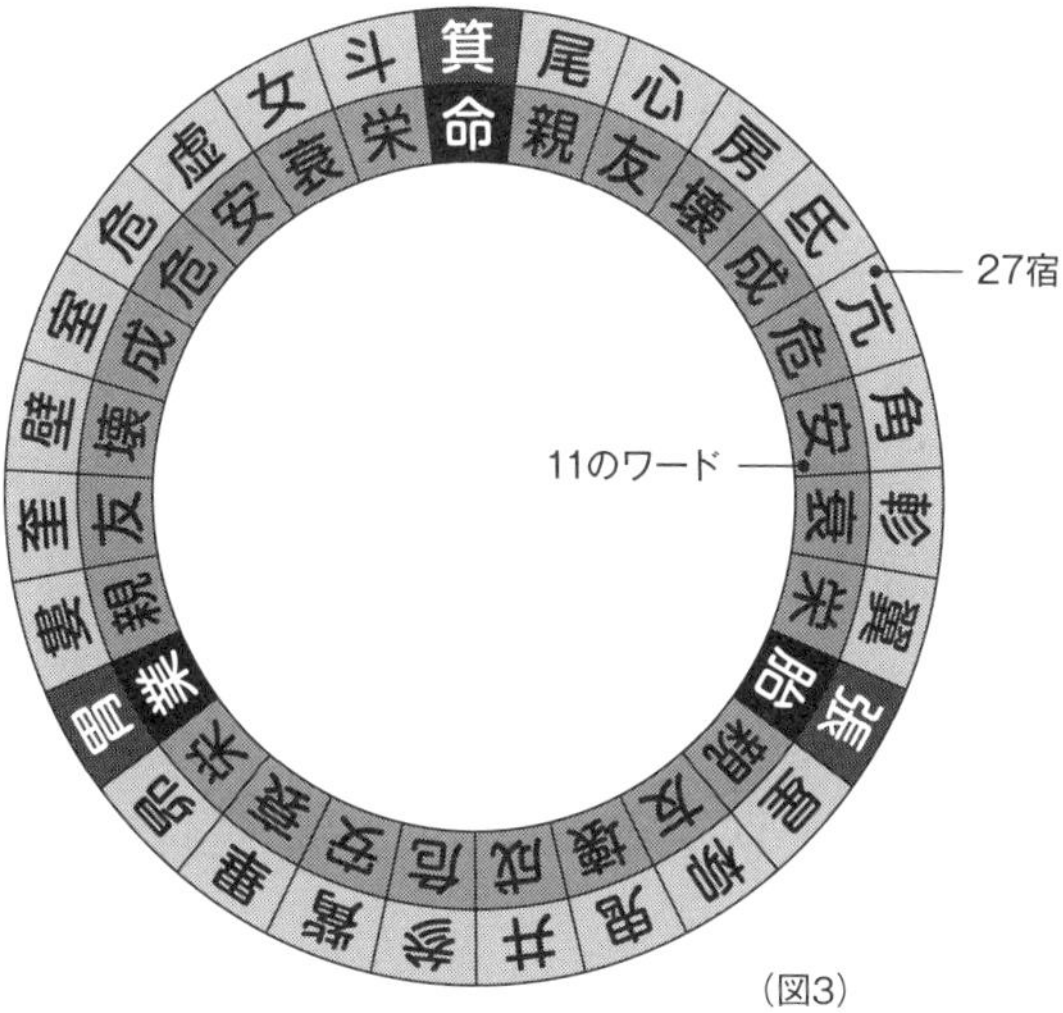

（図3）

に属しています。

陰と陽のバランスを取りながら、まるで「対極図」（図1参照）のように展開しています。宿曜占星術は、宇宙的マクロと人体に宿るミクロを一体視した、壮大な密教世界を表現していると言っても過言ではないでしょう。

相性の割り出し方

●相性を占う

宿曜占星術で相性や運勢を占う際、必要不可欠なものが宿曜盤です。宿曜盤を用いて宿同士の関係を明らかにしたり、日々の吉凶を占います。以下の11のワードが宿曜占星術の重要な基盤となります。

11のワード

「命」「業」「胎」

「栄」「衰」「安」「危」「成」「壊」「友」「親」

「昴」に命を合わせた時

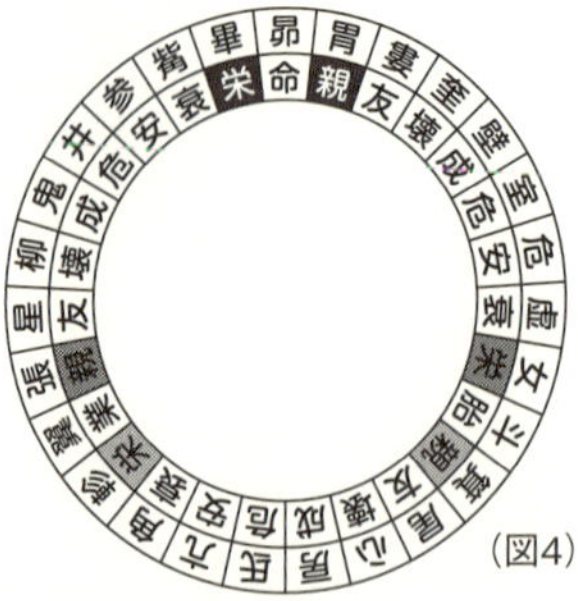

（図4）

「栄・親」の関係

▶近距離の栄・親の関係
▶「栄＝畢宿」
▶「親＝胃宿」

▶中距離の栄・親の関係
▶「栄＝女宿」
▶「親＝張宿」

▶遠距離の栄・親の関係
▶「栄＝軫宿」
▶「親＝箕宿」

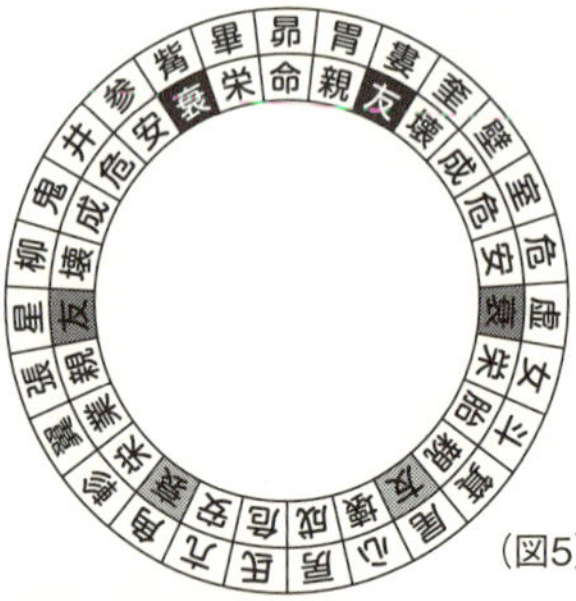

（図5）

「友・衰」の関係

▶近距離の友・衰の関係
▶「友＝婁宿」
▶「衰＝觜宿」

▶中距離の友・衰の関係
▶「友＝星宿」
▶「衰＝虚宿」

▶遠距離の友・衰の関係
▶「友＝尾宿」
▶「衰＝角宿」

●「命」の関係

まず、自分の本命宿（ここでは箕宿）の下に「命」を合わせます。求めるのは「命の関係」ですから、宿曜盤上で命の上に位置する宿を27宿のうちから探します。当然ですが、「命の関係」となるのは相手も同じく箕宿であった場合です。「命の関係＝箕宿」となります。（19ページ図3参照）

●「業・胎」の関係

〝業〟の上にある宿は胃宿です。「業・胎」の相性の「業の関係＝胃宿」となります。〝胎〟の上にある宿は張宿です。「業・胎」の相性の「胎の関係＝張宿」です。（19ページ図3参照）

それ以外の関係には、「近距離・中距離・遠距離」という距離の概念が加わります。距離は縁の深さに比例します。

27宿の周（昴～胃の周）の内側にある（命～親の周）には、自分の本命宿から見て「栄・親」、「友・衰」、「安・

「昴」に命を合わせた時

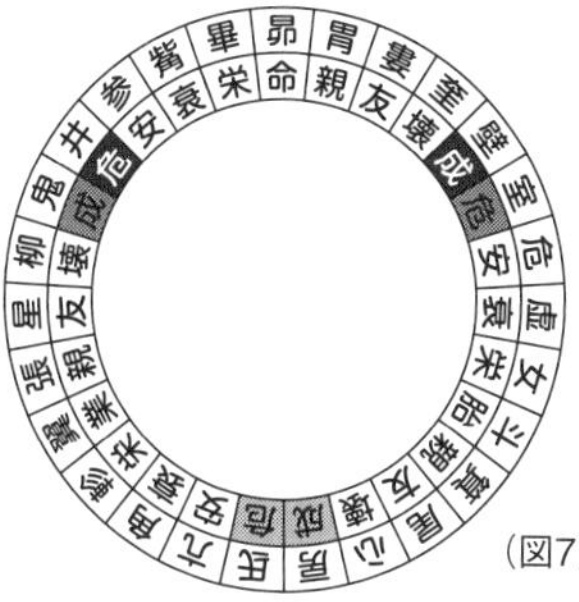

（図7）

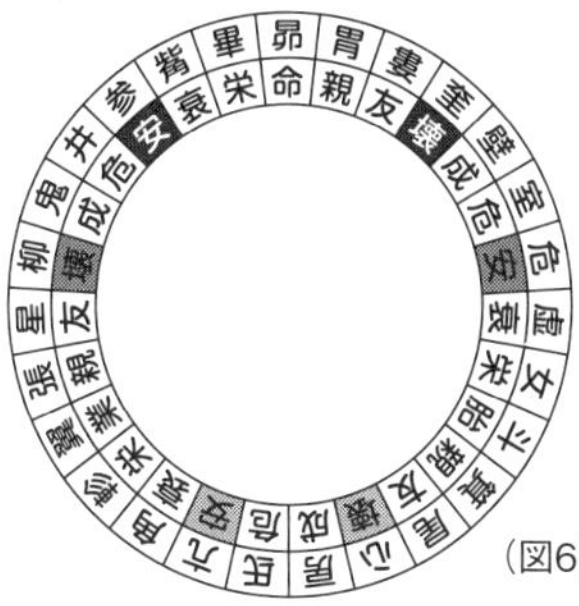

（図6）

「危・成」の関係

▶近距離の危・成の関係
　▶「危＝井宿」
　▶「成＝壁宿」

▶中距離の危・成の関係
　▶「危＝室宿」
　▶「成＝鬼宿」

▶遠距離の危・成の関係
　▶「危＝氐宿」
　▶「成＝房宿」

「安・壊」の関係

▶近距離の安・壊の関係
　▶「安＝参宿」
　▶「壊＝奎宿」

▶中距離の安・壊の関係
　▶「安＝危宿」
　▶「壊＝柳宿」

▶遠距離の安・壊の関係
　▶「安＝亢宿」
　▶「壊＝心宿」

壊」、「危・成」の関係にあたる宿はそれぞれで6宿ずつあります。

　それらを「近距離・中距離・遠距離」と分けるには、命から六つの宿までの距離を見ます。

　命に一番近いところが「近距離」。逆に一番遠いところが「遠距離」。真中が「中距離」です。この方法で、他の宿との関係を導くことができます。（図4～7参照）

　最初は難しく感じるかもしれませんが、ここからの説明をじっくり読んで、ぜひ、理解していただきたいと思います。使い方がわかったら巻末にある宿曜盤を活用して、日々の生活に役立てましょう。巻末の宿曜盤を組み立てて、すべての相性を見ることができます。

年・月・日運の割り出し方

●毎年の運勢

年運は日運と同じく、1年ごとに一定のサイクルを繰り返す形になります。その年の宿と自分の本命宿との関係で占います。（27ページ参照）

年運は日運とは逆に回る形になります。日運だと「命」の日の次の日は「栄」になりますが、年運だと「命」の年の次の年は「親」となります。

たとえば、2015年は「壁宿」の年になります。（26ページ参照）そこで「斗宿」の2015年の年運を見るときは、宿曜盤の「命」を「壁宿」に合わせます。つまり「斗宿」にとって「危」の年になるわけです。年運は時計回りに廻ります。（図8参照）

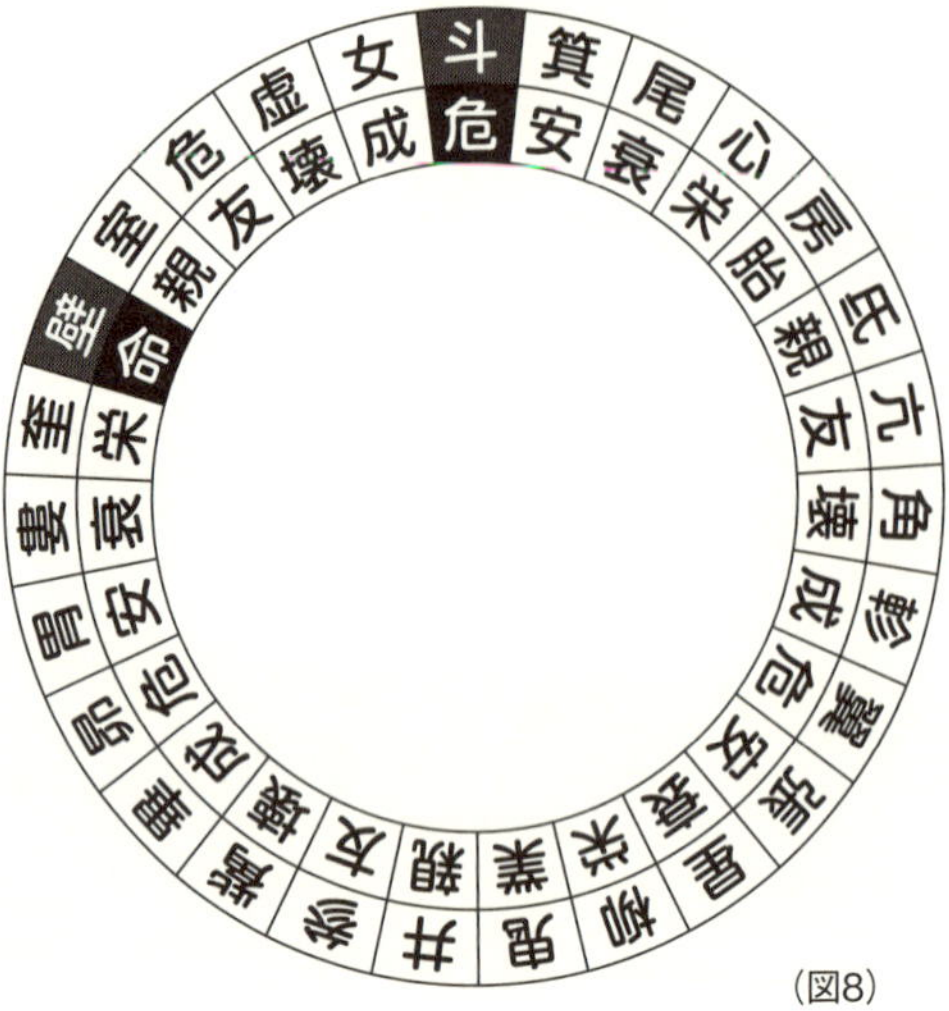

（図8）

●毎月の運勢

月運は、日運や年運のように一定のサイクルを繰り返すのではなく、旧暦のついたち（新月）を基に各月の宿が決まっています。（28ページ上表参照）こちらも相性を占う場合、そして日運と同様、自分の本命宿の下に「命」を合わせて運勢を見ます。自分の宿と該当月の宿との関係を見て、11のワードで運

勢を見ます。旧暦で見た12ヶ月の宿は左下の通りになります。「斗宿」の場合、1月は「衰」の月となります。（図9参照）

正式に各月の運勢の期間を割り出すには、旧暦のついたちから末日を新暦に変換する必要があります。

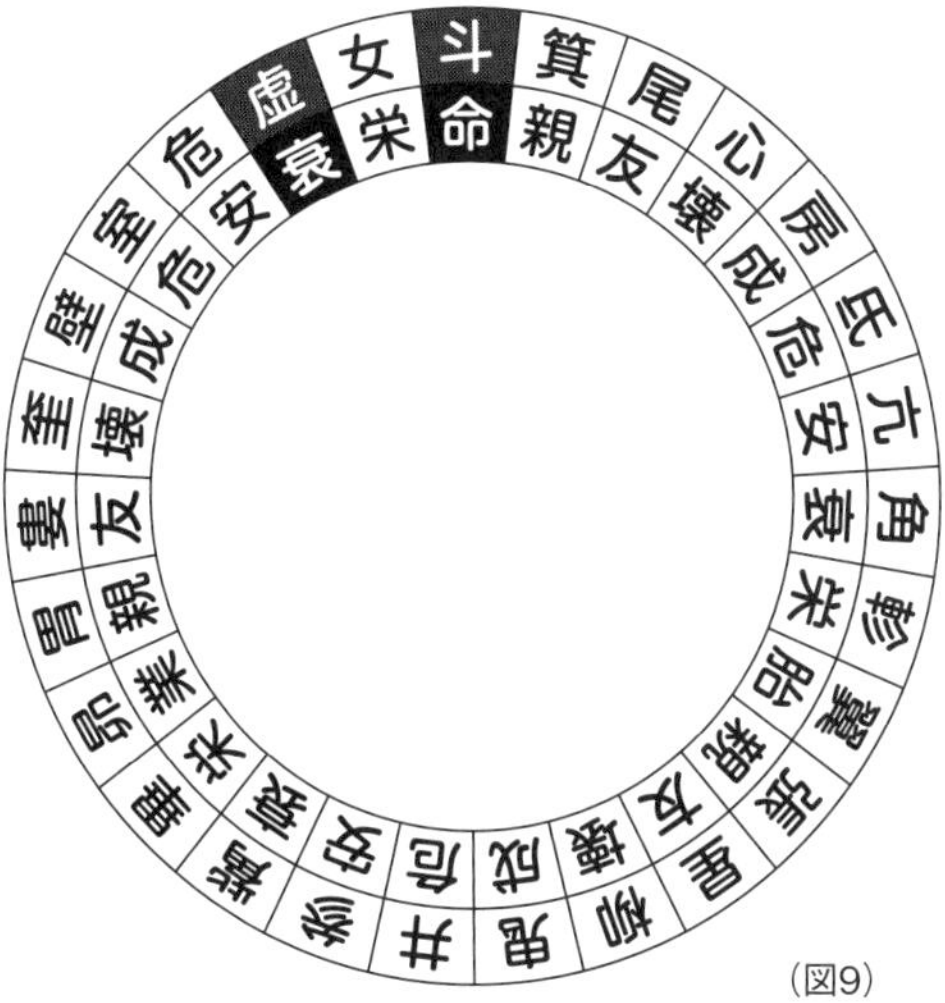

（図9）

旧暦では、月名と季節がずれないようにするためおよそ3年弱毎に、1年を13ヶ月にする必要があります。この余分な1月を閏月（うるうづき）と呼びます。旧暦に従って月宿傍通暦（宿曜暦）に対応し、旧暦から新暦に変換した表を次のページに明記していますので参考にしてください。

旧暦

1月：室宿	2月：奎宿
3月：胃宿	4月：畢宿
5月：参宿	6月：鬼宿
7月：張宿	8月：角宿
9月：氐宿	10月：心宿
11月：斗宿	12月：虚宿

これを大まかに新暦に変換すると

▼

新暦

1月：虚宿	2月：室宿
3月：奎宿	4月：胃宿
5月：畢宿	6月：参宿
7月：鬼宿	8月：張宿
9月：角宿	10月：氐宿
11月：心宿	12月：斗宿

2034年までの運勢リズムが新暦でわかる〈新暦版月運表〉

※旧暦を新暦に変換した表。

2022年(参宿)	
室宿	2/1 ～ 3/2
奎宿	3/3 ～ 3/31
胃宿	4/1 ～ 4/30
畢宿	5/1 ～ 5/29
参宿	5/30 ～ 6/28
鬼宿	6/29 ～ 7/28
張宿	7/29 ～ 8/26
角宿	8/27 ～ 9/25
氐宿	9/26 ～10/24
心宿	10/25 ～11/23
斗宿	11/24 ～12/22
虚宿	12/23 ～ 1/21

●凌犯期間
6/7～6/28
7/5～7/28
7/29～7/31
1/10～1/21

2021年(觜宿)	
室宿	2/12 ～ 3/12
奎宿	3/13 ～ 4/11
胃宿	4/12 ～ 5/11
畢宿	5/12 ～ 6/9
参宿	6/10 ～ 7/9
鬼宿	7/10 ～ 8/7
張宿	8/8 ～ 9/6
角宿	9/7 ～10/5
氐宿	10/6 ～11/4
心宿	11/5 ～12/3
斗宿	12/4 ～ 1/2
虚宿	1/3 ～ 1/31

●凌犯期間
9/7～10/3

2020年(畢宿)	
室宿	1/25 ～ 2/23
奎宿	2/24 ～ 3/23
胃宿	3/24 ～ 4/22
畢宿	4/23 ～ 5/22
畢宿	5/23*～ 6/20
参宿	6/21 ～ 7/20
鬼宿	7/21 ～ 8/18
張宿	8/19 ～ 9/16
角宿	9/17 ～10/16
氐宿	10/17 ～11/14
心宿	11/15 ～12/14
斗宿	12/15 ～ 1/12
虚宿	1/13 ～ 2/11

●凌犯期間
1/25～2/9、2/24～3/8
6/2～6/20、6/21～6/28
7/21～7/26、12/8～12/14
12/15～1/3

＊旧暦うるう月

2019年(昴宿)	
室宿	2/5 ～ 3/6
奎宿	3/7 ～ 4/4
胃宿	4/5 ～ 5/4
畢宿	5/5 ～ 6/2
参宿	6/3 ～ 7/2
鬼宿	7/3 ～ 7/31
張宿	8/1 ～ 8/29
角宿	8/30 ～ 9/28
氐宿	9/29 ～10/27
心宿	10/28 ～11/26
斗宿	11/27 ～12/25
虚宿	12/26 ～ 1/24

●凌犯期間
6/11～7/2
7/9～7/31
12/17～12/25
12/26～1/12

2026年(星宿)	
室宿	2/17 ～ 3/18
奎宿	3/19 ～ 4/16
胃宿	4/17 ～ 5/16
畢宿	5/17 ～ 6/14
参宿	6/15 ～ 7/13
鬼宿	7/14 ～ 8/12
張宿	8/13 ～ 9/10
角宿	9/11 ～10/10
氐宿	10/11 ～11/8
心宿	11/9 ～12/8
斗宿	12/9 ～ 1/7
虚宿	1/8 ～ 2/6

●凌犯期間
6/23～7/19
12/29～1/7
1/26～2/6

2025年(柳宿)	
室宿	1/29 ～ 2/27
奎宿	2/28 ～ 3/28
胃宿	3/29 ～ 4/27
畢宿	4/28 ～ 5/26
参宿	5/27 ～ 6/24
鬼宿	6/25 ～ 7/24
鬼宿	7/25*～ 8/22
張宿	8/23 ～ 9/21
角宿	9/22 ～10/20
氐宿	10/21 ～11/19
心宿	11/20 ～12/19
斗宿	12/20 ～ 1/18
虚宿	1/19 ～ 2/16

●凌犯期間
7/1～7/24
8/26～9/21

＊旧暦うるう月

2024年(鬼宿)	
室宿	2/10 ～ 3/9
奎宿	3/10 ～ 4/8
胃宿	4/9 ～ 5/7
畢宿	5/8 ～ 6/5
参宿	6/6 ～ 7/5
鬼宿	7/6 ～ 8/3
張宿	8/4 ～ 9/2
角宿	9/3 ～10/2
氐宿	10/3 ～10/31
心宿	11/1 ～11/30
斗宿	12/1 ～12/30
虚宿	12/31 ～ 1/28

●凌犯期間
2/10～2/25
9/3～9/29
10/3～10/27

2023年(井宿)	
室宿	1/22 ～ 2/19
奎宿	2/20 ～ 3/21
奎宿	3/22*～ 4/19
胃宿	4/20 ～ 5/19
畢宿	5/20 ～ 6/17
参宿	6/18 ～ 7/17
鬼宿	7/18 ～ 8/15
張宿	8/16 ～ 9/14
角宿	9/15 ～10/14
氐宿	10/15 ～11/12
心宿	11/13 ～12/12
斗宿	12/13 ～ 1/10
虚宿	1/11 ～ 2/9

●凌犯期間
2/7～2/19、2/20～3/5
5/2～5/19、5/30～6/17
6/18～6/25、7/18～7/23
1/2～1/10、1/11～1/28

＊旧暦うるう月

2030年（角宿）	
室宿	2/3 ～ 3/3
奎宿	3/4 ～ 4/2
胃宿	4/3 ～ 5/1
畢宿	5/2 ～ 5/31
参宿	6/1 ～ 6/30
鬼宿	7/1 ～ 7/29
張宿	7/30 ～ 8/28
角宿	8/29 ～ 9/26
氐宿	9/27 ～10/26
心宿	10/27 ～11/24
斗宿	11/25 ～12/24
虚宿	12/25 ～ 1/22

●凌犯期間
2/19～3/17
4/3～4/14
10/22～10/26
11/19～11/25

2029年（軫宿）	
室宿	2/13 ～ 3/14
奎宿	3/15 ～ 4/13
胃宿	4/14 ～ 5/12
畢宿	5/13 ～ 6/11
参宿	6/12 ～ 7/11
鬼宿	7/12 ～ 8/9
張宿	8/10 ～ 9/7
角宿	9/8 ～10/7
氐宿	10/8 ～11/15
心宿	11/16 ～12/4
斗宿	12/5 ～ 1/3
虚宿	1/4 ～ 2/2

●凌犯期間
8/10～8/12
12/25～1/3
1/22～2/2

2028年（翼宿）	
室宿	1/27 ～ 2/24
奎宿	2/25 ～ 3/25
胃宿	3/26 ～ 4/24
畢宿	4/25 ～ 5/23
参宿	5/24 ～ 6/22
参宿	6/23*～ 7/21
鬼宿	7/22 ～ 8/19
張宿	8/20 ～ 9/18
角宿	9/19 ～10/17
氐宿	10/18 ～11/15
心宿	11/16 ～12/15
斗宿	12/16 ～ 1/14
虚宿	1/15 ～ 2/12

●凌犯期間
9/19～10/15

＊ 旧暦うるう月

2027年（張宿）	
室宿	2/7 ～ 3/7
奎宿	3/8 ～ 4/6
胃宿	4/7 ～ 5/5
畢宿	5/6 ～ 6/4
参宿	6/5 ～ 7/3
鬼宿	7/4 ～ 8/1
張宿	8/2 ～ 8/31
角宿	9/1 ～ 9/29
氐宿	9/30 ～10/28
心宿	10/29 ～11/27
斗宿	11/28 ～12/27
虚宿	12/28 ～ 1/26

●凌犯期間
2/23～3/21
4/7～4/18
9/30～10/24

2034年（心宿）	
室宿	2/19 ～ 3/19
奎宿	3/20 ～ 4/18
胃宿	4/19 ～ 5/17
畢宿	5/18 ～ 6/15
参宿	6/16 ～ 7/15
鬼宿	7/16 ～ 8/13
張宿	8/14 ～ 9/12
角宿	9/13 ～10/11
氐宿	10/12 ～11/10
心宿	11/11 ～12/10
斗宿	12/11 ～ 1/9
虚宿	1/10 ～ 2/7

●凌犯期間
2/7～2/18
3/7～4/2
4/19～4/30
10/12～11/5
11/11～12/3

2033年（房宿）	
室宿	1/31 ～ 2/28
奎宿	3/1 ～ 3/30
胃宿	3/31 ～ 4/28
畢宿	4/29 ～ 5/27
参宿	5/28 ～ 6/26
鬼宿	6/27 ～ 7/25
張宿	7/26 ～ 8/24
角宿	8/25 ～ 9/22
氐宿	9/23 ～10/22
心宿	10/23 ～11/21
斗宿	11/22 ～12/21
斗宿	12/22*～ 1/19
虚宿	1/20 ～ 2/18

●凌犯期間
3/15～3/30
4/12～5/8

＊ 旧暦うるう月

2032年（氐宿）	
室宿	2/11 ～ 3/11
奎宿	3/12 ～ 4/9
胃宿	4/10 ～ 5/8
畢宿	5/9 ～ 6/7
参宿	6/8 ～ 7/6
鬼宿	7/7 ～ 8/5
張宿	8/6 ～ 9/4
角宿	9/5 ～10/3
氐宿	10/4 ～11/2
心宿	11/3 ～12/2
斗宿	12/3 ～12/31
虚宿	1/1 ～ 1/30

●凌犯期間
7/13～8/5
8/6～8/8

2031年（亢宿）	
室宿	1/23 ～ 2/21
奎宿	2/22 ～ 3/22
胃宿	3/23 ～ 4/21
胃宿	4/22*～ 5/20
畢宿	5/21 ～ 6/19
参宿	6/20 ～ 7/18
鬼宿	7/19 ～ 8/17
張宿	8/18 ～ 9/16
角宿	9/17 ～10/15
氐宿	10/16 ～11/14
心宿	11/15 ～12/13
斗宿	12/14 ～ 1/12
虚宿	1/13 ～ 2/10

●凌犯期間
10/16～11/9
11/15～12/7

＊ 旧暦うるう月

2060年までの宿年運がわかる〈宿年運表〉

※斗宿が2年続きます。

1929	危宿	1951	尾宿	1973	軫宿	1995	井宿	2017	婁宿	2039	女宿
1930	室宿	1952	箕宿	1974	角宿	1996	鬼宿	2018	胃宿	2040	虚宿
1931	壁宿	1953	斗宿	1975	亢宿	1997	柳宿	2019	昴宿	2041	危宿
1932	奎宿	1954	斗宿	1976	氐宿	1998	星宿	2020	畢宿	2042	室宿
1933	婁宿	1955	女宿	1977	房宿	1999	張宿	2021	觜宿	2043	壁宿
1934	胃宿	1956	虚宿	1978	心宿	2000	翼宿	2022	参宿	2044	奎宿
1935	昴宿	1957	危宿	1979	尾宿	2001	軫宿	2023	井宿	2045	婁宿
1936	畢宿	1958	室宿	1980	箕宿	2002	角宿	2024	鬼宿	2046	胃宿
1937	觜宿	1959	壁宿	1981	斗宿	2003	亢宿	2025	柳宿	2047	昴宿
1938	参宿	1960	奎宿	1982	斗宿	2004	氐宿	2026	星宿	2048	畢宿
1939	井宿	1961	婁宿	1983	女宿	2005	房宿	2027	張宿	2049	觜宿
1940	鬼宿	1962	胃宿	1984	虚宿	2006	心宿	2028	翼宿	2050	参宿
1941	柳宿	1963	昴宿	1985	危宿	2007	尾宿	2029	軫宿	2051	井宿
1942	星宿	1964	畢宿	1986	室宿	2008	箕宿	2030	角宿	2052	鬼宿
1943	張宿	1965	觜宿	1987	壁宿	2009	斗宿	2031	亢宿	2053	柳宿
1944	翼宿	1966	参宿	1988	奎宿	2010	斗宿	2032	氐宿	2054	星宿
1945	軫宿	1967	井宿	1989	婁宿	2011	女宿	2033	房宿	2055	張宿
1946	角宿	1968	鬼宿	1990	胃宿	2012	虚宿	2034	心宿	2056	翼宿
1947	亢宿	1969	柳宿	1991	昴宿	2013	危宿	2035	尾宿	2057	軫宿
1948	氐宿	1970	星宿	1992	畢宿	2014	室宿	2036	箕宿	2058	角宿
1949	房宿	1971	張宿	1993	觜宿	2015	壁宿	2037	斗宿	2059	亢宿
1950	心宿	1972	翼宿	1994	参宿	2016	奎宿	2038	斗宿	2060	氐宿

あなたの9年間の運勢リズムがわかる〈年運表〉

宿年名		昴宿 翼宿 斗宿	畢宿 軫宿 女宿	觜宿 角宿 虚宿	参宿 亢宿 危宿	井宿 氐宿 室宿	鬼宿 房宿 壁宿	柳宿 心宿 奎宿	星宿 尾宿 婁宿	張宿 箕宿 胃宿
昴宿	2019.2.5 〜 2020.1.24	昴宿=命 翼宿=業 斗宿=胎	栄	衰	安	危	成	壊	友	親
畢宿	2020.1.25 〜 2021.2.11	親	畢宿=命 軫宿=業 女宿=胎	栄	衰	安	危	成	壊	友
觜宿	2021.2.12 〜 2022.1.31	友	親	觜宿=命 角宿=業 虚宿=胎	栄	衰	安	危	成	壊
参宿	2022.2.1 〜 2023.1.21	壊	友	親	参宿=命 亢宿=業 危宿=胎	栄	衰	安	危	成
井宿	2023.1.22 〜 2024.2.9	成	壊	友	親	井宿=命 氐宿=業 室宿=胎	栄	衰	安	危
鬼宿	2024.2.10 〜 2025.1.28	危	成	壊	友	親	鬼宿=命 房宿=業 壁宿=胎	栄	衰	安
柳宿	2025.1.29 〜 2026.2.16	安	危	成	壊	友	親	柳宿=命 心宿=業 奎宿=胎	栄	衰
星宿	2026.2.17 〜 2027.2.6	衰	安	危	成	壊	友	親	星宿=命 尾宿=業 婁宿=胎	栄
張宿	2027.2.7 〜 2028.1.26	栄	衰	安	危	成	壊	友	親	張宿=命 箕宿=業 胃宿=胎

あなたの月の運勢リズムがわかる〈月運表〉

※簡易表。詳しくは、24・25ページの変換表をご覧ください。

月	1月	2月	3月	4月	5月	6月	7月	8月	9月	10月	11月	12月
	虚宿	室宿	奎宿	胃宿	畢宿	参宿	鬼宿	張宿	角宿	氐宿	心宿	斗宿
昴宿 翼宿 斗宿	衰	危	壊	親	栄	安	成	親	衰	危	壊	昴宿=胎 翼宿=業 斗宿=命
畢宿 軫宿 女宿	栄	安	成	友	畢宿=命 軫宿=胎 女宿=業	衰	危	友	栄	安	成	親
觜宿 角宿 虚宿	觜宿=胎 角宿=業 虚宿=命	衰	危	壊	親	栄	安	壊	觜宿=業 角宿=命 虚宿=胎	衰	危	友
参宿 亢宿 危宿	親	栄	安	成	友	参宿=命 亢宿=胎 危宿=業	衰	成	親	栄	安	壊
井宿 氐宿 室宿	友	井宿=胎 氐宿=業 室宿=命	衰	危	壊	親	栄	危	友	井宿=業 氐宿=命 室宿=胎	衰	成
鬼宿 房宿 壁宿	壊	親	栄	安	成	友	鬼宿=命 房宿=胎 壁宿=業	安	壊	親	栄	危
柳宿 心宿 奎宿	成	友	柳宿=胎 心宿=業 奎宿=命	衰	危	壊	親	衰	成	友	柳宿=業 心宿=命 奎宿=胎	安
星宿 尾宿 婁宿	危	壊	親	栄	安	成	友	栄	危	壊	親	衰
張宿 箕宿 胃宿	安	成	友	張宿=胎 箕宿=業 胃宿=命	衰	危	壊	張宿=命 箕宿=胎 胃宿=業	安	成	友	栄

各運勢の幸運順

総体	栄	親	友	成	安	危	業	命	胎	衰	壊
仕事	栄	成	業	危	親	友	安	胎	命	衰	壊
恋愛	栄	親	友	胎	命	業	安	危	成	衰	壊
結婚	栄	親	友	安	成	命	胎	業	危	衰	壊
移動	安	栄	親	友	成	危	胎	業	命	衰	壊

幸運 →

うるう月とは

宿曜占星術で用いる旧暦（太陰暦）では、月の満ち欠けを基準とするため一周期（1ヶ月）が29・53日です。そこで1ヶ月の日数を29日もしくは30日とし、29日の月を「小の月」、30日ある月を「大の月」と呼びます。現在の新暦とは違い、何月が29日（または30日）と定まってはいませんので、1月が29日までしかないことや、2月が30日まであるといったことが発生します。よって、「大の月」では、連続して日運が同じ運勢という現象となります。

1年は新暦と同じく12ヶ月ですが、旧暦の1年は354日となり、新暦の365日とは11日のズレがあります。現在の新暦では暦と季節のズレは全くありませんが、旧暦を用いていると暦と季節がズレはじめ、それは年を重ねるごとにしだいに大きくなり、実際の季節と暦とが全く合わなくなってしまいます。たとえば、1月に台風が現れたり、7月にスキーができてしまったりといった具合です。

このズレを解消するために用いられたのが「うるう月」です。旧暦では1年のズレが11日。つまり3年で約1ヶ月分ほどのズレになります。そこで、約3年に1度、1ヶ月を挿入してこのズレを解消します。この挿入した1ヶ月を「うるう月」といいます。（24・25ページ参照）

うるう月の月名は、前の月名の頭に「閏《うるう》」をつけて呼ばれます。たとえば1月の次に挿入されれば「閏《うるう》1月」と呼び、うるう月を挿入して1年が13ヶ月になります。よって、うるう月になる期間は、月運は繰り返され、日運もその月の最初の運勢に戻ってしまう現象が起きます。

毎日の運勢

日運を見る場合、1ヶ月を「活動期」、「魔のウィーク」、「転換期」の3つに分けて考えます。27宿の宿

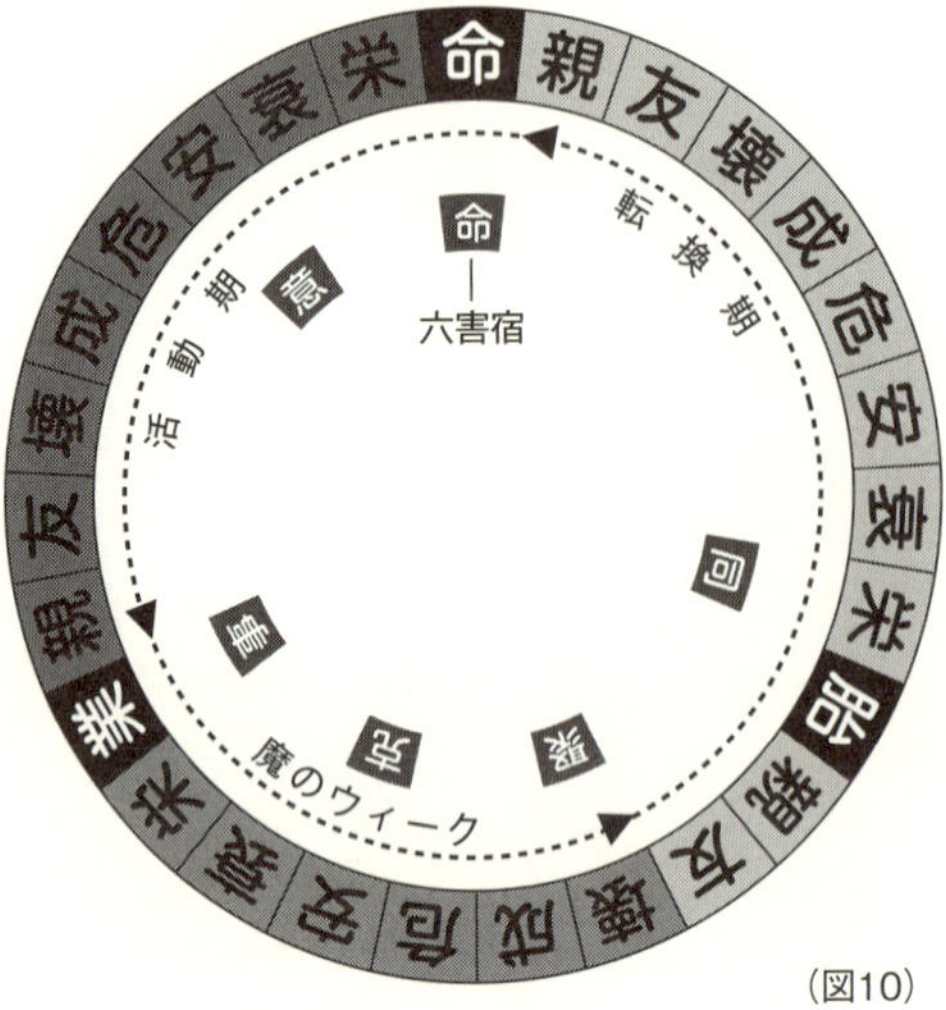

（図10）

曜盤を以上の流れで一周し、転換期の後は活動期に戻るといったサイクルを繰り返します。

まずは占いたい日が何の宿にあたるのかを調べたら、自分の本命宿（運勢を占いたい人の本命宿）との関係が11のワードで何にあたるかを見ます。加えて次の3つのサイクルをふまえて、日運を占っていきます。

●3つのサイクル

【活動期】―現世のサイクル

活動期の9日間は、物事が順調に運ぶ期間です。目標に向けて邁進すれば躍動的な活躍が期待できます。物事を進めるのに良い期間であり、あなたが果たすべき現世での課題が色濃く出る期間です。

【魔のウィーク】―前世のサイクル

魔のウィークの7日間は、騒ぎや揉め事などが多く、何かと波乱含みの期間です。魔のウィークに何

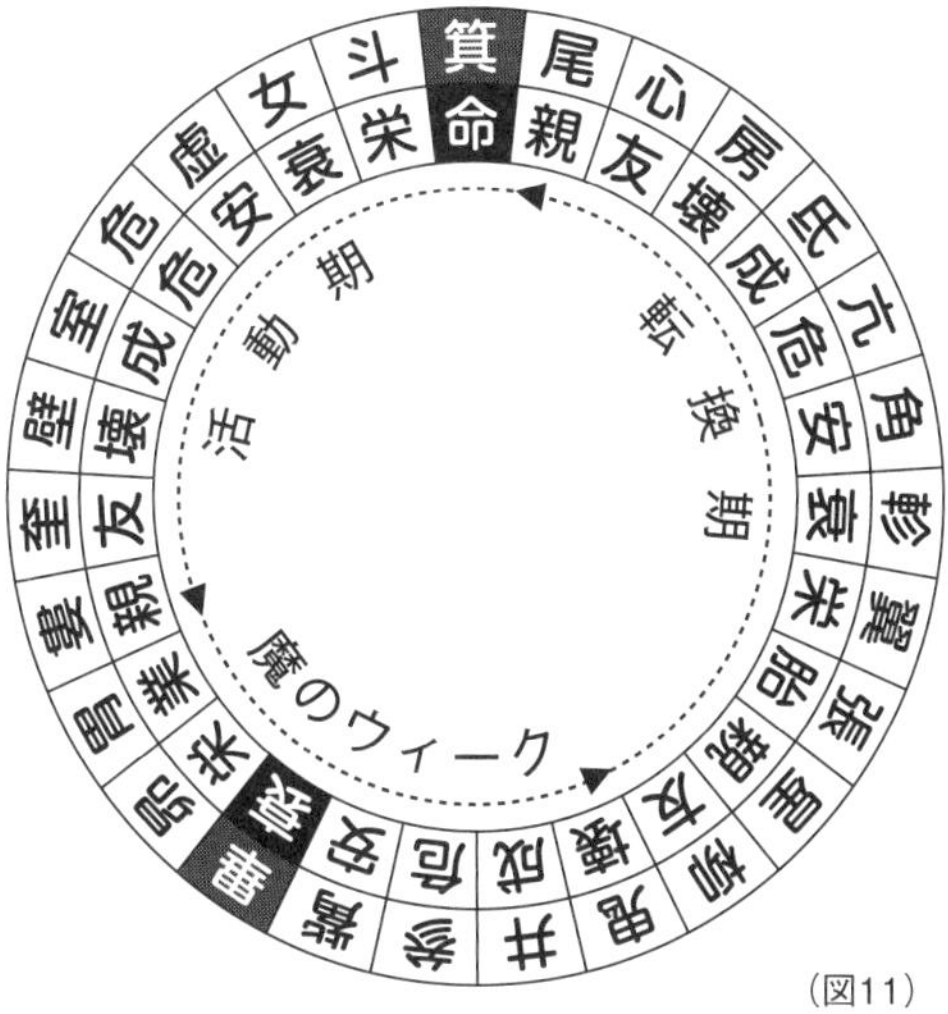

（図11）

かを始めたり、強引に何かを動かしたりすると、後悔することに。ここで起こるトラブルは、それまでの負の蓄積が引き起こしているケースが多く、あなたが前世から持ち越してきた根深い因果が浮き彫りになって現れます。

【転換期】— 来世のサイクル

転換期の11日間は、新たな運気の胎動を感じる期間です。物事の種まきをしたり、準備をするのに良い期間であり、物事の微調整や試行錯誤、軌道修正をすることで、あなたの未来のビジョンや可能性が鮮明に見えてくるでしょう。

たとえば2015年1月1日の箕宿の日運を占う場合は、まず、その日が何の宿にあたるかを調べます。巻末資料「本命宿早見表」で確かめてみてください。

1日は「畢宿」にあたることがわかったら、箕宿の宿曜盤で畢宿との関係を見ます。1日は箕宿にとっ

凌犯期間の割り出し方

旧暦の1月	1日が土曜の場合→1日～16日、日曜の場合→17日～30日
旧暦の2月	1日が月曜の場合→1日～14日、火曜の場合→15日～30日
旧暦の3月	1日が水曜の場合→1日～12日、木曜の場合→13日～30日
旧暦の4月	1日が金曜の場合→1日～10日、土曜の場合→11日～30日
旧暦の5月	1日が日曜の場合→1日～8日、月曜の場合→9日～30日
旧暦の6月	1日が火曜の場合→1日～6日、水曜の場合→7日～30日
旧暦の7月	1日が金曜の場合→1日～3日、土曜の場合→4日～30日
旧暦の8月	1日が火曜の場合→1日～27日
旧暦の9月	1日が木曜の場合→1日～25日、金曜の場合→26日～30日
旧暦の10月	1日が土曜の場合→1日～23日、日曜の場合→24日～30日
旧暦の11月	1日が火曜の場合→1日～20日、水曜の場合→21日～30日
旧暦の12月	1日が木曜の場合→1日～18日、金曜の場合→19日～30日

て「魔のウィーク・前世のサイクル」の「衰」の日になるということがわかります。（31ページ図11参照）

日運（バイオリズム）は、身体や心にさまざまな影響を及ぼします。日運を活用することで、生活に彩りが加わって、その日その日に必要なテーマがわかるようになります。また、自分が間違った方向に進んでいないか見極める指針となるでしょう。

凌犯期間と六害宿

「凌犯期間」は社会に大きな影響を与え、「六害宿」の日はあなた個人に大きな影響を与えます。日々の運勢は決まったサイクルを繰り返すと説明しましたが、実際には吉運が逆転したり、凶運が増幅する、凌犯期間中に訪れる「六害宿」が存在します。ここではもう少し詳しく特別な運気の流れを解説します。

32ページの表に、あらかじめ凌犯期間を記してありますので、宿曜盤の六害宿を合わせてチェックするようにしましょう。

凌犯期間の日数が多い年や凌犯期間中は、時代を大きく変えるような出来事が多いので要注意です。歴史を振り返ると、明治維新や第二次世界大戦の時期は凌犯期間でした。このように、大きな変革や事件が起こる可能性が高いでしょう。緊迫した社会情勢となる暗示があるので、自制・抑制・忍耐といったことを強いられそうです。

●凌犯期間

旧暦の各月の一日(ついたち)が何曜日にあたるか、ということからその月の凌犯期間がわかります。本命宿別に運勢が異なるのではなく、すべての宿に共通の期間のため注意が必要です。

凌犯期間は必ず毎月あるというわけではなく、旧暦の一日の曜日条件が合致しない月には凌犯期間は発生しません。(24・25ページの表参照)

凌犯期間では次に述べる六害宿の影響を受けるため、さらに注意が必要です。凌犯期間は各月ごとに期間の長さが異なるので、正確に求めるには右表の通りの少々複雑な手順が必要になります。宿曜盤を使って六害宿もチェックするようにしてください。

●六害宿の意味

六害宿とは、自分の本命宿(占う対象の本命宿)から反時計回りに数えて1番目、4番目、10番目、13番目、16番目、20番目に位置する6つの宿を指します。

それぞれ「命宿」(1番目)、「意宿」(4番目)、「事宿」(10番目)、「克宿」(13番目)、「聚宿」(16番目)、「同宿」(20番目)と呼ばれます。

この六つの宿は、凌犯期間と重なった時のみ負の力を発揮し、災厄もたらす大凶宿へと変わります。凌犯期間の発生しない月には、同様に六害宿も存在しないことになります。

左記に禍々《まがまが》しい六害宿のキーワードを明記してい

ますので、参考にしてください。

●六害宿キーワード

活動期「命」【命宿】
生命に関わること、負債、借金に注意

活動期「安」【意宿】
詐欺・投機・裏切り・財政上の損失・移動・土地・不動産に注意

魔のウィーク「業」【事宿】
名誉・権威・失墜・更迭・左遷・倒産に注意

魔のウィーク「安」【克宿】
惨敗・面目・大損失・取り損ない・訴訟に注意

魔のウィーク「壊」【聚宿】
冷酷な仕打ち・犯罪・離別・障害に注意

転換期「栄」【同宿】
家族・友人・協力者の突然の死・怪我・事故に注意

●凌犯期間の運気

凌犯期間と六害宿は定期的に起こることではなく、期間もそれぞれです。

六害宿は27宿の全員に必ず訪れます。吉運が逆転し凶運が増幅します。普段であればしない失態を能動的に行ってしまったり、制御できない感覚に陥り極端な行動に暴走する期間となります。大きな計画や決断・実行は避けて、自分の行動に責任を持って、慎重に過ごす日としましょう。その日を知っていれば、自分を制御できるはずです。またトラブルに巻き込まれたり、物事が悪い方向に進みやすくなります。無謀な行動をとると、後でひどい仕打ちを受けることになるので注意が必要です。

何事も控えめにていねいに行動することが大切です。たとえば、さまざまな契約ごと、大きな買い物(車、土地、家)、イベント、行事、結婚式、旅行、レジャーなどは避けたほうが賢明です。

【命】散財、負債、借金に注意。身体への配慮が必要。凶作用が最強。
【業】名誉や権威の失墜と仕事上のトラブルに注意。
【胎】新たな目標やスタートは先急ぎしないように。
【栄】思い通りの進展が得られずペースが乱される。
【衰】心身共にテンションが下降気味。
【安】予想外の出来事が勃発しやすくなる。
【危】何かとアクシデントが発生し、人との調和が乱れがち。
【成】過信しすぎの行動は裏目に出やすい。
【壊】破壊作用が望まない形でやってくる。
【友】プライベートでの交流が、いつもよりしっくりいかない。
【親】人間関係や物事の決断は慎重に。

●魔のウィークの過ごし方

この期間は、心身共にデトックス、メンテナンスに適しています。自分と向き合い、心身を浄化し、エネルギーを充電する時期と心得ましょう。仕事では我が強く出やすいので、受け身の態度で過ごすと好ましい結果になります。

【業】仕事運は良好。前世での因縁が生じやすく、やり残したことが宿命的な宿題として現れる。大事なことを先延ばししないように。
【栄】予測不能なよくないことが栄えてしまう日です。大胆な行動や振る舞いをせずに、先送りすることが肝心。

【衰】心身共に衰退し、不安定な日なので、人間関係に注意する。疲れが出やすいため、商談や交渉ごとは避け、リラックスを心がける日。

【安】プライベートも仕事も思い通りに物事が運ばず不安定な日。優柔不断な気持ちに陥り気味になるので、瞑想して心身をコントロールすること。

【危】転倒や事故などの危険が伴うことを予測して、行動に注意が必要な日。口論になりやすい運気なので姿勢を正し、身を律することが大切。

【成】何かと変化が多い日。金銭トラブルが起きやすく、物事の判断力も鈍ります。冷静になって、進行過程で目標を見直し再設定することが大切。

【壊】不安に駆られて心が落ち着かず、モヤモヤ、ザワザワした状況になることが多い日。負の感情のスパイラルに陥り、負を引き寄せてしまう懸念があるので、受け身に徹することが大切。

●宿曜暦（月宿傍通暦）

現在、私たちが使用しているカレンダーは、太陽暦（グレゴリオ暦）といいます。日本では1872年（明治5年）から正式な暦として導入され、使われ始めました。それ以前は、太陰太陽暦（月の満ち欠けを基準にした暦）が使われていました。一般的に、この太陰太陽暦を旧暦と呼びます。

よくテレビなどで、「今日は旧暦の1月1日にあたるので、正月を祝う行事が各地で行われています」とか「今日は旧暦の8月15日にあたるので、中秋の名月の行事が各地で行われています」など、昔から受け継がれてきた各種の行事に関しては、現在でも旧暦の概念が私たちの生活の中に顔を出しています。

宿曜暦とは正式には月宿傍通暦（38・39ページの表参照）といい、旧暦を基に1年にわたるそれぞれの宿名が記されたものであり、その日が、どの宿に該当するのかを見るための、宿と日の対応表です。

この宿曜暦表を見ると、正月の1月1日は室宿の日であり、8月15日は婁宿の日だということがわかります。

たとえば現行の太陽暦の1990年9月25日は、旧暦では8月7日にあたります。宿曜暦表で8月7日を見ると「箕」の日に該当するので、1990年9月25日生まれの人は「箕宿」生まれということになります。

次ページの宿曜暦表は縦軸に「月」、横軸に「日」が記されています。、横軸の日を見ると、各月の1日は新月にあたり、15日は満月にあたります。

	16	17	18	19	20	21	22	23	24	25	26	27	28	29	30	日/月
	軫	角	亢	氐	房	心	尾	箕	斗	女	虚	危	室	壁	奎	正月
	亢	氐	房	心	尾	箕	斗	女	虚	危	室	壁	奎	婁	胃	2月
	房	心	尾	箕	斗	女	虚	危	室	壁	奎	婁	胃	昴	畢	3月
	尾	箕	斗	女	虚	危	室	壁	奎	婁	胃	昴	畢	觜	参	4月
	斗	女	虚	危	室	壁	奎	婁	胃	昴	畢	觜	参	井	鬼	5月
	虚	危	室	壁	奎	婁	胃	昴	畢	觜	参	井	鬼	柳	星	6月
	壁	奎	婁	胃	昴	畢	觜	参	井	鬼	柳	星	張	翼	軫	7月
	胃	昴	畢	觜	参	井	鬼	柳	星	張	翼	軫	角	亢	氐	8月
	畢	觜	参	井	鬼	柳	星	張	翼	軫	角	亢	氐	房	心	9月
	参	井	鬼	柳	星	張	翼	軫	角	亢	氐	房	心	尾	箕	10月
	柳	星	張	翼	軫	角	亢	氐	房	心	尾	箕	斗	女	虚	11月
	張	翼	軫	角	亢	氐	房	心	尾	箕	斗	女	虚	危	室	12月

旧暦誕生日で宿がわかる〈宿曜暦（月宿傍通暦）〉

月＼日	1	2	3	4	5	6	7	8	9	10	11	12	13	14	15
正月	室	壁	奎	婁	胃	昴	畢	觜	参	井	鬼	柳	星	張	翼
2月	奎	婁	胃	昴	畢	觜	参	井	鬼	柳	星	張	翼	軫	角
3月	胃	昴	畢	觜	参	井	鬼	柳	星	張	翼	軫	角	亢	氐
4月	畢	觜	参	井	鬼	柳	星	張	翼	軫	角	亢	氐	房	心
5月	参	井	鬼	柳	星	張	翼	軫	角	亢	氐	房	心	尾	箕
6月	鬼	柳	星	張	翼	軫	角	亢	氐	房	心	尾	箕	斗	女
7月	張	翼	軫	角	亢	氐	房	心	尾	箕	斗	女	虚	危	室
8月	角	亢	氐	房	心	尾	箕	斗	女	虚	危	室	壁	奎	婁
9月	氐	房	心	尾	箕	斗	女	虚	危	室	壁	奎	婁	胃	昴
10月	心	尾	箕	斗	女	虚	危	室	壁	奎	婁	胃	昴	畢	觜
11月	斗	女	虚	危	室	壁	奎	婁	胃	昴	畢	觜	参	井	鬼
12月	虚	危	室	壁	奎	婁	胃	昴	畢	觜	参	井	鬼	柳	星

あなたの役割と使命を知る 12宮の特徴

羊宮（ようきゅう）

●羊宮に属する宿＝婁宿・胃宿・昴宿

羊宮に属する宿は、競争社会を生き抜くパワーが備わっていて、いばらの道を切り拓く能力があります。新しい経験をしたいという欲求が強く、パイオニア精神を持って世界に立ち向かう稀有な行動力が特徴です。切り込み隊長のようなリーダー的資質があり、即断即決の精神で物事をスピーディーにやり遂げ、それを周囲から評価されたり、称賛されることで俄然頑張ります。退屈なルーティンワークを嫌う傾向があり、冒険心が旺盛なので、リスクを負うことでモチベーションが高まるでしょう。向こう見ずなところがあり、イチかバチかの賭けに出る場合も。任務を成功させるためなら何が何でもやり抜きますが、強引さがたまにきずに。

牛宮（ぎゅうきゅう）

●牛宮に属する宿＝昴宿・畢宿・觜宿

牛宮に属する宿は、五感が鋭く自分の信念に忠実なので、一つの技術を取得して、その分野でスペシャリストになる役割があります。美に関連する仕事や、管理、運営する才能があるので、お金を動かす仕事にも適しています。また、本物を見抜く審美眼があり、他の追随を許しません。細かい気配りができ、物事を計画的にきちんとこなすので、周囲からの信頼は厚いでしょう。また、重圧やプレッシャーにも、めげることなく粘り強く任務を遂行します。職人気質なところがあり、安易に妥協したり、金銭のために節を曲げたりすることはありません。ただ、調子が出るまでに時間がかかるスロースターターなので、ときに周囲をイラつかせることも。

夫妻宮（ふさいきゅう）

●夫妻宮に属する宿＝觜宿・参宿・井宿

夫妻宮に属する宿は、情報収集力に長けているので、スポークスマン的な役割があり、人々のニーズを伝達する能力があります。持ち前の才能とアイデアを活かしながら、マルチな商才を発揮できる仕事に適しています。頭の回転が速く、適応能力もズバ抜けています。同時進行に物事を遂行する器用なところがあり、多くの情報や広い知識を武器に、常に新しいことに取り組みます。

また、弁が立ち、知的な戦略や駆け引きが得意です。ただ、一つのことを徹底的に追及することはなく、広く浅くで終わることが多く、責任感が欠落すれば信用を失うことになるでしょう。調子の良さが前面に出ると、軽い人というイメージを持たれるかもしれません。

蟹宮（かいきゅう）

●蟹宮に属する宿＝井宿・鬼宿・柳宿

蟹宮に属する宿は、奉仕の精神が備わっています。快適でくつろげる住空間を造りだす役割があり、母性、包容力を活かせる分野の仕事に適しています。家族愛に満ち、仲間意識も強く、そのなかで聞き役に回ったり、サポート役に徹したり、常に人のために動こうとするのが信条。自分を見せることは滅多にありませんが、ときに自分の怖さを周囲に見せるところがあります。抜群の記憶力がありますが、過去の出来事を回想しながらそれに浸ってしまい、メランコリックになったり、過去にされたことや言われたことに執着して、根に持ってしまうことも。また、親しい人や、自らの属している集団にだけ優遇する身内びいきなところが前面に出ると、お家騒動に発展するケースも。

獅子宮（ししきゅう）

●獅子宮に属する宿＝星宿・張宿・翼宿

獅子宮に属する宿は、計画したことは必ず実行に移し、エンターテイメントの分野や創作活動に抜群の才覚を発揮します。社会の中で勝ち抜いていける能力があるので、リーダーとしての役割があり、人から注目を集める仕事に適しています。威厳と風格があり、カリスマ性を持ち合わせています。弱者に対してとても寛容で、自分より弱い立場の人がいれば、放っておけず、大きな自信を与えながら、しっかり自立するまで面倒を見るでしょう。どこにいても目立つタイプで、取り巻きが自分を賞賛してくれることを何よりも望んでいます。周囲を圧倒させ、怖れを抱かせる雰囲気があり、その断固とした威圧的な態度が原因で、誤解を招いたり損をすることも。

女宮（じょきゅう）

●女宮に属する宿＝翼宿・軫宿・角宿

女宮に属する宿は、着々と堅実に目標を実現する能力があり、与えられた仕事を勤勉にこなすので、緻密な頭脳プレーを発揮する役割があります。奉仕の精神と実務能力を活かせる仕事に適しています。物事を分析、解析する能力があり、実務能力に長け、細かい仕事でも難なくやり遂げます。おもてなしの精神で、適切な対応ができ、とても謙虚です。また、完璧な仕事を美徳としているので、細部まで抜かりはありません。潔癖なので不純なことを嫌う傾向が強く、他人の失敗には厳しい一面があります。理にかなわぬことやルーズな面を見ると、とたんに批判したくなるでしょう。小さいことに心を奪われて、全体を見通せないこともあるようです。

秤宮（ていきゅう）

●秤宮に属する宿＝角宿・亢宿・氐宿

秤宮に属する宿は、バランス感覚に長け社交的なので、人と人の架け橋になる役割があります。交渉を必要とする仕事、自分のセンスを活かしながら美と調和を作り出す仕事に適しています。

調和することに美徳を見出すため、誰に対しても愛想が良く、あまり敵を作りません。公平な判断を下す才能があり、何かをジャッジする役を買って出ることも。知的好奇心が強く情報通で、何よりも物腰が柔らかで男女ともオシャレです。さらに、エレガントな会話のセンスもあり、周囲を楽しませます。ただ、いざ自分の意見を求められると優柔不断になったり、また、二つの物事の優劣や損得を比べる両天秤に掛けるところがあり、その八方美人な面が原因でトラブルを招くことも。

蠍宮（かつきゅう）

●蠍宮に属する宿＝氐宿・房宿・心宿

蠍宮に属する宿は、古いものを新しいものへと再生するような役割があり、本物を見抜く目と洞察力が必要な分野、医療関係の仕事に適しています。直感力に優れ、核心をズバリと突くところがあります。

一見おとなしく控えめですが、確固とした不思議な存在感を持ち、決して自分をさらけ出さないので、何を考えているのかつかみにくいでしょう。でもそれが、かえって人を惹きつけることに。不屈の意志と直感力、そして、強靭な忍耐力を武器に物事を独占します。裏切られた場合は、一度許しても絶対に忘れないでしょう。人づき合いにおいて、そんなに器用ではないので、一度の失敗を長く引きずったり、精神的なダメージが原因で、被害妄想に苛まれることもあるかもしれません。

弓宮（きゅうきゅう）

●弓宮に属する宿＝尾宿・箕宿・斗宿

弓宮に属する宿は、国境や世代を超えて、外へ飛び出して活躍する役割があります。人生の意味や喜びを探求するような精神性の深い仕事に適していきます。遠くに飛ぶ矢のように、物事を広げながら才能を伸ばしていくタイプ。

人生を開拓するパワーにあふれ、自由で伸びやかな精神を美徳としているので、束縛を嫌います。これだと思うことが見つかれば、その奥義を極めるまで探求する熱意があります。好奇心が旺盛で、あらゆるものに興味を広げますが、やり過ぎると飽きてしまうケースも。ストレートに思ったことを言いすぎて、問題を起こすこともあります。イメージを広げながら全体の成り行きを見通すのは得意でも、それを具現化させることは苦手かも。

磨宮（まきゅう）

●磨宮に属する宿＝斗宿・女宿・虚宿

磨宮に属する宿は、実際的な分野で活躍する役割があり、組織の中での仕事に適しています。スローペースながらも努力を厭わないので、周囲からの信頼を獲得しながら確実に階段を上っていきます。格式や伝統文化を重んじるような古風な面があります。あまり目立ちませんが、内面はかなりの野心家で、社会性のある権力へのあこがれが強く、高い理想を胸に秘めています。合理主義者で情に流されないため、冷酷な人だと周囲に思われがちかも。また、時間の法則を有効に活用する能力は抜群で、計画的に物事を遂行します。ただ、自分にも他人にも厳しいので、まわりから煙たがられます。口数は少ないのですが、その一言が針のように核心を突くこともあるでしょう。

瓶宮（へいきゅう）

●瓶宮に属する宿＝虚宿・危宿・室宿

瓶宮に属する宿は、人々の創造性を刺激する役割があり、研究開発や発明の才に秀でています。自由主義者で、さまざまな束縛や抑圧による状態から解放を目指す、ヒューマニズムあふれる思想の持ち主です。頑なな理想を掲げながら、テクノロジーやサイエンスの分野で頭角をあらわすケースが多く、その斬新な行動で周囲を圧倒します。退屈な日常に満足することなく、グローバルな活躍をしたいと心から願っています。常に斬新なアイデアを求め、他者との共有を求めますが、独自の理屈を並べ立てるので、周囲から変人扱いされることもあるでしょう。また、一般の風潮や習慣などに従おうとしない反逆精神が裏目に出てしまうこともあるので注意が必要です。

魚宮（ぎょきゅう）

●魚宮に属する宿＝室宿・壁宿・奎宿

魚宮に属する宿は、のびのびと自分の才能を発揮できる分野、組織に縛られない仕事に向いています。内なる創造性に長け、芸術性を結びつける役割において能力を発揮します。

ロマンチストで感性豊か、そして複雑で多様な性格の持ち主です。喜怒哀楽の落差が激しく、自分の心の内を見せたくないという気持ちが強いようです。そのため、他者からは「いったい何がしたいのかわからない」という印象を与えがちに。現実社会では人に利用されやすく、他者からのネガティブな影響を受けやすいのが難点です。人の心の動きが読み取れるだけに、つい先回りして気を使ってしまいます。自分のことを置き去りにして、他者のためだけに動いたり、それに依存する面も。

あなたの衝動と癖《くせ》
3区分で見るクオリティーの働きと行動パターン

3区分とは、「活動」、「不動」、「柔軟」を指します。活動は変化を示し、物事を新たに始めようとする働きです。不動は、固定と維持を意味し、変化を嫌う傾向があります。柔軟は環境に応じて変化する働きを示し、臨機応変に対応します。

活動

●羊宮、蟹宮、秤宮、磨宮の4星座

とても活発で、常に動くことを好みます。人の上に立ち、まわりを動かすリーダーシップを発揮します。自己評価が高く、人生に対する答えを自らの力で見出そうとします。主張もはっきりしていて、改革と変化を好むので、停滞した状況にはイライラするでしょう。

相性占いで、活動に属する宿同士の場合、お互いにリーダーだと主張しあい、主導権を争って対立します。どちらもリーダーとしての「活動」的な力である主導権を握りたがる傾向が顕著に表れます。

不動

●牛宮、獅子宮、蠍宮、瓶宮の4星座

忍耐強く、簡単に目的を変えません。揺るぎない信念を持ち、一貫性のある動きが特徴です。確固とした安定性を美徳とし、不動の決断力を発揮します。一度決断すると方針を変えない頑なさがあり、変化を嫌う傾向があります。

相性占いで、不動に属する宿同士の場合、意地を張り合い、どちらも自分の意見を曲げません。二人そろって融通がきかない「不動」の頑固さがぶつかり合う傾向が顕著に表れます。

柔軟

●夫妻宮、女宮、弓宮、魚宮の4星座

環境への適応力が高く多才です。流動性のあるフレキシブルな対応が得意で、変化にすばやく対応します。意志の強さや決断力、持続性に欠けますが、自分の価値観を大事にしつつも、臨機応変に他人に合わせる処世術が特徴です。その分、矛盾した行動になりやすく、まわりに流されやすい面も。

相性占いで、柔軟に属する宿同士の場合、お互いに成り行き任せや他人任せで意見がまとまりにくく、優柔不断の傾向が顕著に表れます。

４区分で見るエレメントの性質と思考パターン

火のエレメント

●羊宮、獅子宮、弓宮の3つの宮

男性的な力の根源を表します。プライドが高く、人に指図されることを好まないので、束縛を最も嫌います。創造性と生命力にあふれ、燃え上がる火のように、とても情熱的です。

自立心が強いので、さまざまな経験を通して自己を確立し、人生を切り拓いていくタイプ。考える前に動いてしまう傾向が強く、直感で突き進むパターンが多いでしょう。人の上に立つ役割があり、指導力、支配欲の強さが特徴です。

また、「火」は聖火や護摩の炎のように、精神性と神聖なものの象徴でもあり、哲学的な一面も兼ね備えています。物事の決断は速いですが、結論を先に求めてしまうところがあります。「火」は炎上する危険性があるので、その結果、破壊を招いてしまう懸念も。

相性占いで、「火」のエレメントを持つ宿同士の場合、お互いの良い働きが調和する傾向が強まります。

地のエレメント

●牛宮、女宮、磨宮の3つの宮

現実的、建設的な力の根源を表します。感情で動くことはなく、冷静な判断力を持って、コツコツと堅実に人生を渡っていきます。

山や大地のように固定された物質を象徴し、感覚的で知覚的、そして実際的な性質なので、現実の問題に対処する能力があり、長期的な計画性を持って物事を成し遂げます。

また、物事をハッキリと区分する働きが強いので、混沌とした中からでも形を見つけ出し、きちんと整理します。辛抱強くて、粘りもあるので一度着手したことは最後までやり通し、時間がかかっても必ず完成させます。

その実直さから周囲からの信頼度は高く、頼られる存在となり、確固とした地位を獲得します。

また、「地」は五感の働きや、大地に根を張る力のグラウンディング、中心軸を意味するセンタリングとも関係するので、軸がぶれることは滅多に無いでしょう。

財布の紐が堅く、無駄なく着実に物事を遂行しますが、一方で用心深く、打算的で情緒性に欠ける面も。そして頑固で、自分が納得できるまでは決して動かないところがあります。

相性占いで、「地」のエレメントを持つ宿同士の場合、お互いの良い働きが調和する傾向が強まります。

風のエレメント

●夫妻宮、秤宮、瓶宮の3つの宮を指します。

知性、思考の力の根源を表します。人づき合いのツボを心得ていて機転が利くタイプ。コミュニケーション能力に優れ、とても革新的なので、斬新なアイデアと知性を活かして世の中を渡っていきます。

吹き抜ける風のように、立ち居振る舞いも軽やか。そして、客観的で公平な判断をし、誰とでも分け隔てなく接します。情報処理能力に長け、知的好奇心が旺盛なので、会話を通して交友関係を築きます。

また、「風」は仏教でいう「色即是空」の「空」に通じます。この世のすべてのものは「空」のように移りゆくように、「風」はひとつのところに留まらず、物事に対する執着心があまりありません。

情熱よりも理性を重んじるのが特徴です。楽しいことが大好きで、人とのつながりを大切にしますが、交友関係においては、あまり深入りすることはなく、広く浅くがモットーです。

「風」はものを運び、そして冷やすようにクールな一面があり、面倒で困難なことを嫌う傾向も。理論に固執するあまり感情を軽視し、ときに無神経な発言をしてしまうこともあるようです。

相性占いで、「風」のエレメントを持つ宿同士の場合、お互いの良い働きが調和する傾向が強まります。

水のエレメント

●蟹宮、蠍宮、魚宮の3宮

女性的な力の根源を表します。理性よりも感覚を、道徳よりも感情を優先する傾向が強く、その心情を芸術的に表現する能力があります。何事もエモーショナルを重視し、好き嫌いで物事を判断するでしょう。

感情を交わすことによって、自分の存在を確かめます。渇いたものを潤す水のように、人の心に敏感で一体感を求めます。そして、「水」は容れ物によって形を変え、雨や雪にも形を変える変幻自在なところがあり、一貫性に欠けるところがあります。

また、「水」は霊感を象徴しています。神秘的なものが大好きで、他人の気持ちに同調しながら、目には見えない世界を敏感に感じ取ります。献身的に優しく尽くす面がありますが、痴情のもつれが原因で、嫉妬深くなったり、疑り深くなったり、くよくよ悩むところも。快楽に溺れて空想ばかりにふける傾向もあるようです。

相性占いで、「水」のエレメントを持つ宿同士の場合、お互いの良い働きが調和する傾向が強まります。

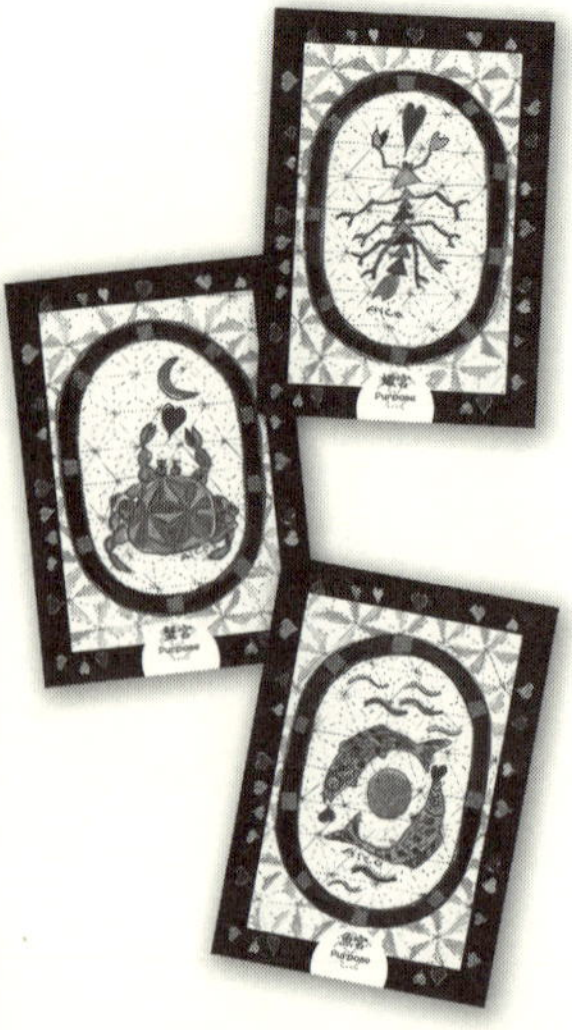

10惑星の特徴

太陽

●太陽の守護を受けている宮は獅子宮
●宿は星宿・張宿・翼宿

太陽系の中心に君臨する太陽は、昼の世界を司ります。惑星の中で唯一自ら熱を発し、他の惑星を照らす特別な存在。その光は明るく希望に満ちています。太陽の守護を受ける宿は、人を惹きつけるオーラがあり、どこにいても人気と話題をさらうスター性があります。地位や名誉といったステータスに憧れる気持ちが強く、それを手にするための努力は惜しみません。何をするにも豪快で、多くのものを周囲に与えますが、ときに見栄を張りすぎてしまうことも。情け深くリーダーとしての資質がありますが、プライドが高い傾向があるため、自分本位な言動で周囲を振り回すこともあるでしょう。

月

●月の守護を受けている宮は蟹宮
●宿は井宿・鬼宿・柳宿

満ちては欠ける月は、夜の世界を司ります。その神秘的な存在は、引力によって潮の満ち引きを起こし、多くの生命のリズムや本能にまで影響を与えています。

月の守護を受ける宿は、デリケートで細やかな心遣いがあり、周囲の人の気持ちをくみとる優しさと、思いやりにあふれています。そして情緒豊かで人情深く、世話好きなので誰からも好かれるでしょう。記憶力が抜群で過去からのつながりをとても大切にします。

また、頭の回転が早く、人の心を読み取る術に長けています。ただ、感情的で気まぐれなところがあり、自分と合わない人を必要以上に毛嫌いしたり、何でも人のせいにするなど、子供じみたところがあるでしょう。豊かな直感力とイマジネーションに恵まれているので、好きなことに関しては、とりつかれたようにのめりこみますが、感情に流されやすい傾向があり、カンや閃きを優先してしまうことが多いようです。

水星

●水星の守護を受けている宮は夫妻宮・女宮
●宿は觜宿・参宿・井宿・翼宿・軫宿・角宿

水星は太陽系の中でも太陽に最も近い惑星です。知性やコミュニケーションといった知的能力を司ります。

水星の守護を受ける宿は、爽やかな雰囲気があり、一を聞いて十を知ることができる、とてもクレバーな人。智恵があり、かなりのやり手で絶妙な駆け引きを自然にやれる策士なところがあります。常にアンテナを張り巡らせているので、旬の話題や最先端の情報を瞬時につかむことができます。人と話すことが大好きで、物事を論理的、合理的に判断することが得意でしょう。誰に対しても話を合わせられる社交的な面がありますが、自分のやっていることを、もう一人の自分が冷静に見ているようなところがあり、とてもドライな思考の持ち主です。

金星

●金星の守護を受けている宮は牛宮・秤宮
●宿は昴宿・畢宿・觜宿・角宿・亢宿・氐宿

ひときわ明るく輝く金星は、愛と美を司ります。生活の豊かさや快楽、財産とも関係する惑星です。

金星の守護を受ける宿は、優雅で気品にあふれた人。平和主義者で争いを好まないため、人との調和をとても大切にします。周囲から大切にされることが多いので、何でも人任せという依存心の強い面があるでしょう。退屈な日常の中にも「何か面白いことはないか」と、常に何らかの楽しみを見出そうとします。また、美的センスが抜群で、芸術や音楽など美しいものへの関心は人並み以上です。何でも無難にやり過ごす面があり、イエス、ノーを言うのも苦手なので、まわりから優柔不断に見られることもあるでしょう。また、損得を考えすぎてしまうだけに、ときとして打算的な行動に走ることも。

火星

●火星の守護を受けている宮は羊宮
●宿は婁宿・胃宿・昴宿

火星は赤々と燃える炎のような激しさを表す惑星です。積極的な行動力や欲望を促す働きがあり、闘争心や情熱を司ります。

火星の守護を受ける宿は、とても勝ち気で情熱的な人。短気で気性が激しく、好き嫌いがハッキリしています。猪突猛進なところがあり、目的を見つけたら、わき目も振らずに突進していきます。負けず嫌いなので、ライバルがいたり、困難な状況になるほど張り切り、目的を達成するまではどんな努力でもするでしょう。自己主張が強く常に自分のペースで進むため、後先を考えずに無謀な行動を起こしたり、些細なことでカッとなる短気なところがあります。自分の意見に対して反発する人を無意識に攻撃するところがあるので、相手の考えや価値観を受け入れることは苦手かもしれません。また、人のものを欲しがる癖があり、強引に奪い取ってしまうことも。

木星

●木星の守護を受けている宮は弓宮
●宿は尾宿・箕宿・斗宿

木星は太陽系の中で一番大きな惑星。拡大と発展のパワーを司ります。また、哲学、宗教、慈悲の力とも関係します。

木星の守護を受ける宿は、自由奔放で生まれつきの楽天主義者。どんな状況でも希望を失わず未来を見つめて行動します。

細かいことを気にしたり、過去を振り返って落ち込むこともなく、何事もおおらかな態度で対処します。どんな相手に対しても寛大に、そしてフレンドリーな態度で接するので、多くの友人に恵まれているでしょう。

向上心も旺盛で、宗教や哲学に対して深い関心を持っています。また、元来好奇心が旺盛なので、面白いことがあるとすぐに飛びつく面も。その結果、何かに手を出しては、やりっぱなしで終わったり、集中力が散漫しやすいことが原因で周囲から反感を買うケースもあります。大局的なものの見方は得意ですが、細部に目が行き届かず何かと大雑把で無頓着です。

土星

●土星の守護を受けている宮は磨宮
●宿は斗宿・女宿・虚宿

土星は時間と歴史を司る惑星です。物事の境界線や限界、制限などを表し、また、社会性を司ります。

土星の守護を受ける宿は、落ち着いた雰囲気があり、芯が強く実直を絵に描いたような人です。表向きは控えめですが、内面は不屈の意志と野心を秘めています。責任感が強く、計画的に物事を進め、コツコツ積み上げていく忍耐力があります。また、お金や時間を無駄にすることを嫌う、合理主義な面も。猜疑心も強く働くタイプなので、他人をなかなか受け入れないところがあるでしょう。感情を理性で押し殺すため、自分の殻に閉じこもる場合も。また、時に打算的な行動をとったり、自分の得ばかりを追い求めてしまうケースもあるようです。

天王星

●天王星の守護を受けている宮は瓶宮
●宿は虚宿・危宿・室宿

天王星は、これまでの常識や価値観、社会の構造などを打ち破ろうとする働きがあります。発明、改革、発見、変化を司ります。

天王星の守護を受ける宿は、新しいものを生み出す力があります。不正や不平等を正そうとする意識が強く、いつも大きな目標や理想を追い求めています。自己主張も強く、斬新に物事に取り組む強烈な個性の持ち主です。社交性とコミュニケーション能力に長けているので、多くの友人に恵まれます。ただ、自分の非を認めたがらない偏屈な面が原因で、しばしば意見の対立が生じてしまうことも。独自のウンチクを並べ立て、常識や慣習を無視して周囲を驚かせることも多いでしょう。外見は理知的でさわやかでも、いきなり烈火のごとく激怒し、周囲を驚かせることもあるでしょう。

海王星

●海王星の守護を受けている宮は魚宮
●宿は室宿・壁宿・奎宿

海王星は混沌や忘却、幻想を司る惑星です。境界線を消し去る働きがあり、大きな夢やビジョンを司ります。

海王星の守護を受ける宿は、芸術性と想像性、そしてスピリチュアルな能力に長けています。美しいもの、神秘的なものへの憧れが強く、ファンタジーに酔いしれるところがあります。現実と幻想を区別することなく捉えるような不思議な力があり、理屈よりも直感を重視する空想家です。感受性が強く、人を思いやる同情心に富み、とてもロマンチストです。良い意味でも悪い意味でも他人と共鳴する面が強く、人の目を気にする心配性な傾向があります。

人を信じやすく、信仰心も強いですが、人に騙されやすい面も。物事をすぐ悲観的に考えてしまい、努力する前に諦める悪い癖もあるようです。

冥王星

●冥王星の守護を受けている宮は蠍宮
●宿は氐宿・房宿・心宿

冥王星は、破壊と再生、生と死を司り、目には見えない世界を表します。とてつもない闇のパワーを持ち、大変容を促す惑星です。

冥王星の守護を受ける宿は、ミステリアスな魅力にあふれ、人を寄せつけないムードを漂わせています。一度心を許した相手には献身的に尽くす深い愛情の持ち主。

人の心を読み解く人並み外れた洞察力に恵まれているので、読心術のように相手の眼を見ただけで、嘘などを見抜いてしまいます。

自分の本心をめったに明かさない秘密主義な面がありますが、内面にはメラメラと燃え上がるような情熱と野心を持っています。

目標への集中力も抜群で、達成のためには狡猾な手段もいといません。物事に対する執着心、嫉妬心も強く、一度抱いた恨みは決して忘れず、「いつか復讐してやろう」と心の奥底で闘争心を燃やしているようなところがあります。

第2章

27宿の特徴と開運法

第1章では、宿曜占星術の歴史や活用方法、
運勢の割り出し方等々、概要をご紹介してきました。
第2章では、あなた自身のことや開運法、運勢リズムについて、
細部に至るまで詳しく書いています。

まず、巻末の「本命宿早見表」であなたの「宿」を調べてみてください。
そして、あなた自身を深く知り、あなたの運勢リズムを解き明かしていきましょう。

それぞれの宿の的確な分析に、
きっと驚きを隠しきれないことでしょう。

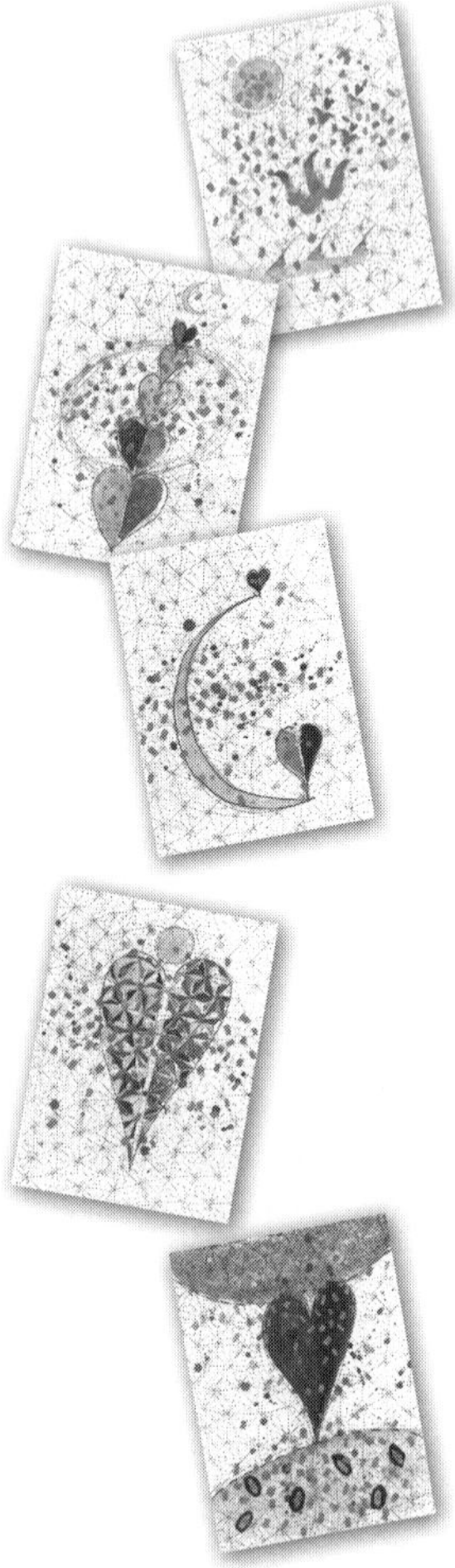

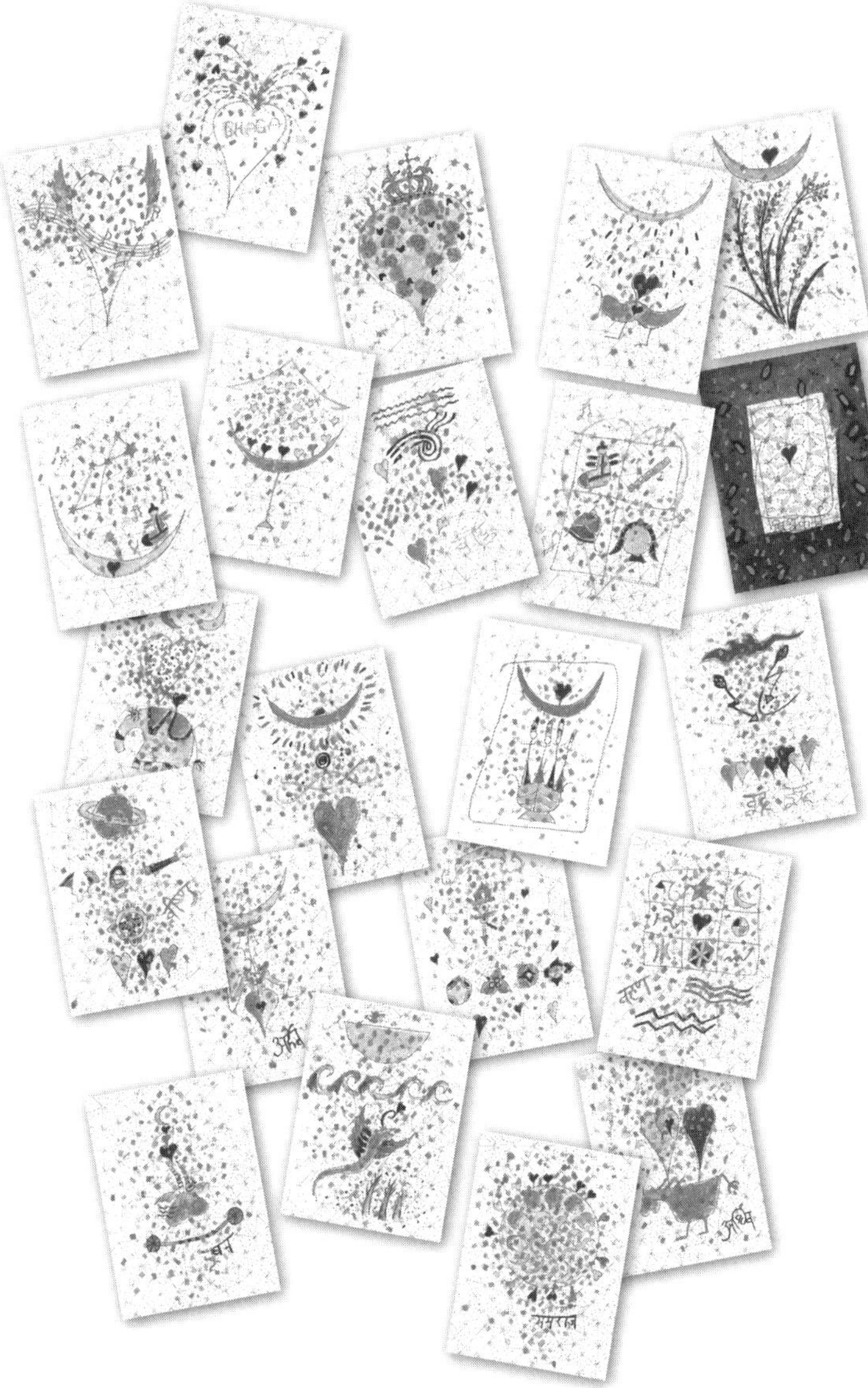

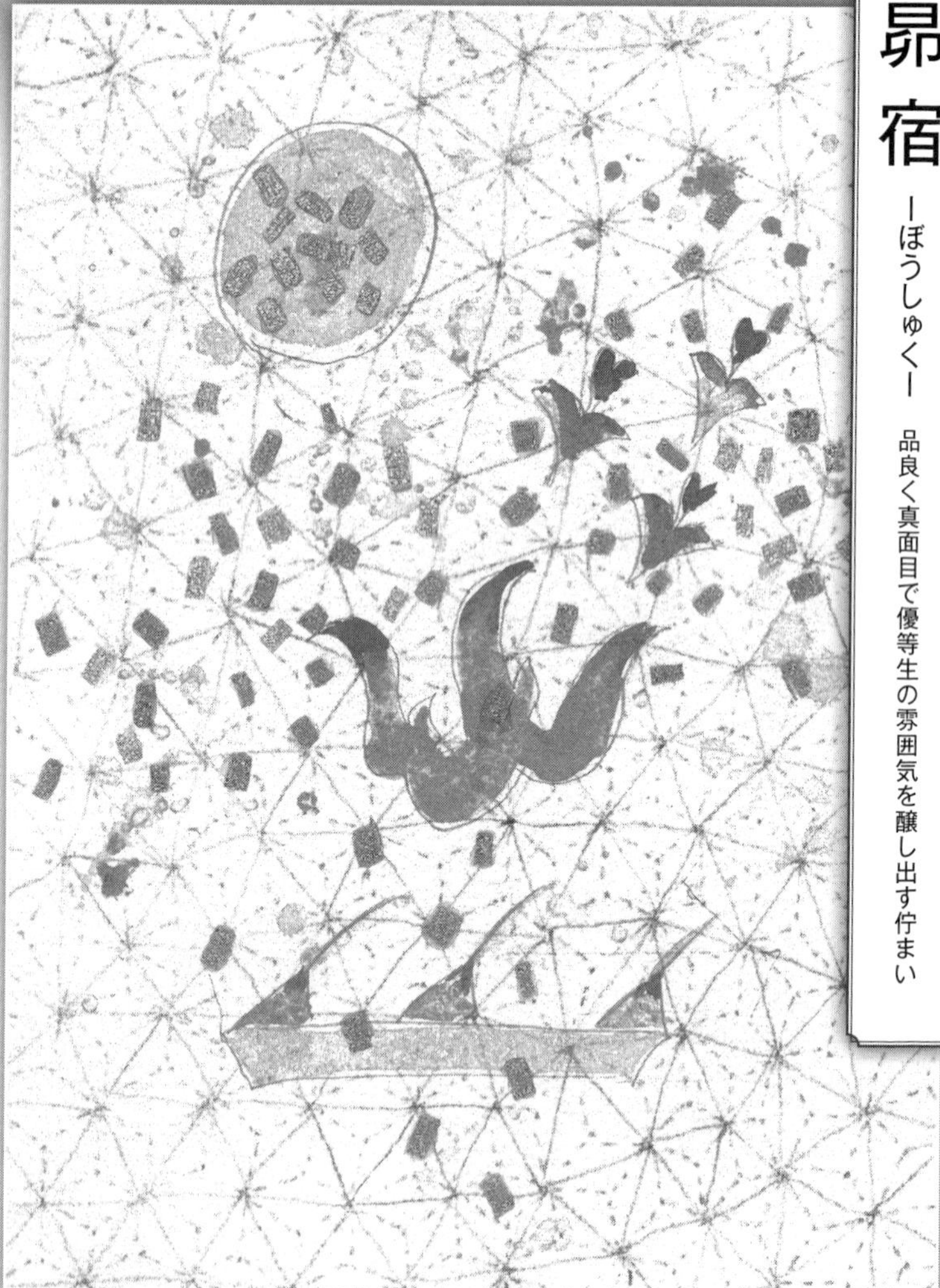

昴宿

ーぼうしゅくー

品良く真面目で優等生の雰囲気を醸し出す佇まい

12宮	4区分（エレメント）	3区分（クオリティー）	10惑星
羊宮1	火1	活動	火星
牛宮3	地3	不動	金星

●概要

十二宮の中では、行動的で目標意識が高い「羊宮」に三足、現実的で根気強い信念を持つ「牛宮」に一足属し、この二つの宮の影響を受ける宿です。エレメントは、開拓心旺盛で情熱的な「火」と現実的で堅実な「地」を表し、クオリティーでは「活動」と「不動」にあたります。

惑星では、強硬な意志力の「火星」と愛情豊かで五感に優れた「金星」の影響を受けています。

そんなあなたは27宿の中でもっとも強い「引き立て運」を授かった幸運な人。名誉と名声、環境に恵まれる持ち主です。

●基本的な性格

昴宿生まれのあなたは、言葉の表現や態度がエレガントな人です。そして、「昴」の字から連想されるように、頭の中でまとめる能力に長けています。知的な魅力にあふれ、頭脳も明晰です。剛柔の二面性があり、表面は穏やかに見えますが、内面は情熱が沸騰し激情に駆られることも。ただ、チャンスが到来したここ一番の時に躊躇してしまいます。それは、理想と現実の狭間でイラつき、理性と感情のバランスが崩れるからです。しかし、持ち前の持久力と適応力で乗り越える力を持っています。また、芸術的で都会的なセンスがあり、本物志向の美学を持ち、物事の本質を見極めて、威風堂々とした姿勢で存在感を主張していきます。

●恋愛運

セレブ志向で外見にこだわるあなたは、恋のハードルはかなり高めです。快楽主義的な反面、簡単には他者を受け入れられないという、ちょっと複雑な恋愛観の持ち主です。上昇志向でプライドが高く、選り好みが激しいあなたは、自分にとってプラスになる異性との交際を強く望む傾向があります。理想はかなり高く、ルックスと実力を持ち合わせた異性を好みますが、好きな相手には冷たくしてしまうなど矛盾した面も。損得を考えずにさまざまな分野の異性とおつき合いすること。また、勝手な思い込みをやめて、相手の欠点を受け入れることも必要。傷つくことも恐れないで、もっと積極的に相手の胸に飛び込みましょう。

●家庭運

理想が高いあなたは、早婚または晩婚、あるいは、生涯独身を通す人も少なくないでしょう。優れた五感をフル活動させて、家事全般は勿論、家族のことも、すべて完璧にしたいという、強い願望がありま す。男性は社会的地位を確立するので、「妻は家庭の中に」が信条。その完璧さが自分の理想でもあるので、押しつけがましさが窮屈になってしまわないように、家族を尊重することが大切。本来持っている大らかな気持ちを醸し出すことが、家庭円満の秘訣かも。

●仕事運

「羊宮」に一足、「牛宮」に三足属する昴宿は、開拓精神があり、また、信念に忠実なので、その分野でスペシャリストになる役割があります。目上から寵愛を受け、下からは慕われる「引き立て運」を持つあなたは、社会的に恵まれた位置について特性を活かすことができます。美容関係・ファッション関係・文芸関係・芸術関係・執筆業・評論・翻訳関係に適性があります。五感の味覚を発揮して、飲食・食品関係・パティシエ・シェフも吉。

●金運

周囲からの引き立て運に恵まれているあなたは、信頼ある行動と謙虚な態度から、手元に財が引き寄せられてきます。そして、気持ちも優雅な立ち居振る舞いを美徳としガツガツしていないので、お金に対しての執着心が少ないようです。しかし、昴ぶる感情が抑えきれないときがあるので、ギャンブルなどはご法度です。また、頭脳明晰ですが、固執する面があるので、エキセントリックな感性を持つ人物との交流が大事。情報のやり取りをするなかで、斬新なアイデアが閃いて金運も上昇していくでしょう。

●健康

昴宿のあなたは、人体の中では「頭」に当たります。偏頭痛・高血圧に悩まされやすく、さらにはそこから脳溢血・脳梗塞になるケースも少なくないので注意しましょう。ストレスに弱い体質なので、神経性の病気や自律神経失調症を引き起こしたり、神経性胃炎になりやすい傾向もあるので普段から健康管理が必要です。

●ビューティー

昴宿はヘアケアを怠らないことが大切。ヘッドマッサージやヘッドスパでリラックスを。

整理整頓された美しい環境の中に身を置くこともストレス解消に。美味しいものや珍味を食する傾向があるので、期間を限定しながらでも粗食中心の食生活が必要です。そして、心身の管理に気をつけていればいつまでも若々しい肌が維持できるでしょう。

●ファッション

優雅な雰囲気と清楚な気品にあふれているので、オーソドックスななかにもエレガントさを醸し出すスタイルがお似合いです。女性らしい柔らかなテイストの素材、カッティングやラインなど、エレガントに着こなす術が表現できるファッションを。

●開運法アドバイス

開運成就の秘訣は、柔軟な感性を備えること。繊細な感覚と鋭敏な頭脳を持ち合わせているので、どうしても自分の考えに執着してしまう傾向があります。しかし、せっかく授かった能力を有効に使うことがポイントです。そのひとつとして、他人の助けを借りる方法も得策。異業種交流会やセミナーなどに出向くことで、人脈も広がり、周囲からの援助を得て、持っている運気が倍増されていくでしょう。

●ラッキーカラー　ディープレッド

●パワーストーン　レッドジャスパー

炎のような輝きを放つレッドジャスパーは、古代から世界中で装飾品やインテリアなどに使われて来た安定感のある大地の石です。そのレッドジャスパーを身につけることで、チャクラやオーラが調います。精神状態を安定させ、冷静な思考力、判断力を高めてくれます。

●真言

のうまく　さんまんだ　ぼだなん　きりちきゃ
のうきしゃたら　そわか

●有名人

綾瀬はるか、広瀬すず、ベッキー、新垣結衣、安達祐美、永作博美、小池栄子、山田孝之、三田村邦彦、氷室京介、木梨憲武、相場雅紀、田村淳、田原総一朗、宮崎駿、バラク・オバマ

●恋愛運の上昇時期

4月「親」、5月「栄」、8月「親」です。この時期に生じたご縁は吉祥の暗示があります。考えすぎず、思い込みすぎず、ためらわないで、積極的に前に進みましょう。

●恋愛運の下降時期

1月「衰」、9月「衰」、3月「壊」、11月「壊」です。独占欲が渦まいたり、猜疑心が強く働いたり、束縛する情愛が強く出てしまう傾向があるので注意しましょう。

●仕事運の上昇時期

2月「危」、5月「栄」、7月「成」、10月「危」です。金運上昇は6月「安」です。この時期は能率があがり、仕事ぶりが評価されてランクアップや栄転が実現したり、資格も容易に取得することができるでしょう。

●仕事運の下降時期

1月「衰」、3月「壊」、9月「衰」、11月「壊」です。無理をし過ぎて疲労困憊し、健康を害することも。また、衝動買いや浪費をしないための工夫を心がけましょう。

●昴宿の心得

頭脳明晰なあなたは、優等生の雰囲気があり、年上や異性からサポートされやすい傾向にあります。ただ資質に恵まれているだけに、人の意見よりも自分が正しいという気持ちが優先しがちです。せっかく人から羨望される「宿」の特性を持っているのですから、人間関係においては譲り合う柔軟さを心がけましょう。

●昴宿とのおつき合いのコツ

品良く真面目で優等生の雰囲気を醸し出す佇まい

優等生的な雰囲気に包まれていることもあり、人にモノを伝えるのは嫌いではないはずです。五感が優れているので学びやグルメ、娯楽などこだわりを持っていて、その知識を人に教えるのが大好き。気に入ってもらうには「教えてほしい！」と素直に言うとよいかも。そうすれば一緒に楽しみながら、大接近できるでしょう。プライドが高いので上から目線の態度をとるのはタブーです。

畢宿

ーひつしゅくー

ゆっくりじっくり頑張り屋のマイペースは大器晩成型

12宮	4区分（エレメント）	3区分（クオリティー）	10惑星
牛宮4	地4	不動	金星

●概要

十二宮の中では、堅実的で持久力があり愛情豊かな「牛宮」に四足とも属し、エレメントは、温和で安定した「地」を表し、クオリティーでは「不動」にあたります。

惑星では、優雅で品位の高い「金星」の影響を受けています。そんなあなたは「財運」と「健康運」に恵まれた宿です。

●基本的な性格

畢宿生まれのあなたは、見た感じの印象は穏やかで愛情豊かなイメージの人です。しかし、内面は体力と精神力の強さに恵まれています。そして、「畢」は生涯を意味し、その字が示すように、すべてにおいて最後までやり遂げる忍耐力があります。自分のスケールで物事を理解する傾向があるので、人の意見が耳に入らず、頑固で自己中心的な人と思われるときも。しかし、自分の世界観をしっかり持ち、一歩一歩スローなペースで前に進みます。行動はマイペースですが、粘り強く貫くパワーがあるので、まわりからの信頼が厚くなっていきます。また、年齢と共に実力を蓄え、大器晩成型の運勢でもあります。家族との結束を大切にして、地道にコツコツと進んでいくと着実に頭角をあらわすでしょう。

●恋愛運

温かみにあふれた穏やかなあなたは、母性的な魅力と包容力も持ち合わせているので、異性からモテるタイプです。一つひとつの恋愛に対して、じっくりと時間をかけて育みます。

好きな相手には最後まで愛を貫きますが、ときに相手にしつこくまとわりつくことも。独占欲を抑え、大地に根をはる大木のような、ゆるぎない強さを身につけることです。自分が愛した分、相手からも深く愛されたいと願うのではなく、無償の愛を注ぐことが必要です。

●家庭運

誰からも好感を持たれるあなたですが、自分が納得しないとテコでも動かない面があります。結婚に対しても堅実な道を選ぶ傾向が強いでしょう。一途な気持ちで、真剣に愛し続ける力を持っているので、家族に対してもひたすら尽くします。しかし、ひとたび頑固な面が出すぎると、マイペースな行動をしてしまいがちなので、家族の意見に耳を傾け素直な気持ちで聴き入れましょう。そうすることで、幸せな家庭を築くことができるでしょう。

●仕事運

「牛宮」に四足属する畢宿は、職人的なこだわりを持って、地道な努力を続けていくので、その分野で能力を発揮し頭角をあらわすでしょう。好きなことに対しては、思う存分没頭できる根気強さとバイタリティーの持ち主です。「蓄財運」に恵まれているあなたは、お金を動かす仕事として財務・経理・銀行員・税理士・会計士・経営コンサルタントに適性があります。その他に、研究職・技術職・芸術・芸能・美術工芸・美容・香料・園芸・畜産も吉。

●金運

増財運に恵まれているあなたは、お金の管理に関してはピカイチの才能を持っています。それゆえ、ギャンブルなどの一攫千金を夢見るよりは、地道に働いて貯めていくタイプです。財布の紐を緩めて、友人や家族とゆったりした交流の時間をとることで、財運はさらに上向きに。ただ、資金運用も抜け目なく堅実である一方、尻込みする傾向があります。大胆な発想をする人物との交流で、お金に関してのラッキーヒントが得られるかも。

●健康

畢宿のあなたは、人体の中では「額」に当たります。気力、体力に恵まれ、生命力あふれる強靭な肉体の持ち主。病気に対しても強い抵抗力を持っています。しかし、頭痛・脳出血・脳梗塞など脳の病気や額の怪我には注意が必要。心身ともに頑強なのでギリギリまで身体を酷使して、過労にならないように気をつけましょう。

●ビューティー

畢宿は「額」のケアが大事。前髪を上げて額を全開にすると知的なイメージがアップします。また、額や顔の中心部分は一段明るめのファンデーションやハイライトで艶と輝きをプラスして。思案ジワが入りやすいのでマッサージを忘れないように。散歩や読書、ガーデニングなどで癒しの時間を持つと、精神と肉体のバランスを保つことができるでしょう。

●ファッション

愛と美の女神的なみずみずしさを持っているので、ビーナスを彷彿とさせるマキシドレスもおすすめです。天然素材や着心地のよい緩やかな質感の素材だとベスト。ボリューム感たっぷりなのに軽やかさと大人っぽさのある、ゆるふわ感のスタイルが雰囲気にぴったり。オーバーブラウスやリボン、ギャザー、フリルなどを使ったデザインなどにもチャレンジしてみて。

●開運法アドバイス

開運成就の秘訣は、物事に執着しないで思いきって手放すこと。追い詰められるほどにパワーを発揮する力を持っているので、熱意が強まるほど発奮して、磁石のようにチャンスを引き寄せます。また、発想が固定化されやすい面があるので、強烈な個性を持っている人との出会いを通して、今までにない領域に踏み込みましょう。そうすることで、あなたを新しい世界へと導いてくれます。

●ラッキーカラー　オレンジ

●パワーストーン　プレナイト

神聖な輝きを放ち、ヒーラーを癒す無条件の愛の石として知られるマスカット色のプレナイトは、オランダの鉱物学者のプレーン男爵が発見したことで名づけられました。人にちなんで命名されたのは、このプレナイトが最初であったとされています。そのプレナイトを身につけることで、理性と感情を調和させて思考をクリアに保ちます。

●真言

のうまく　さんまんだ　ぼだなん　ろきに
のうきしゃたら　そわか

●有名人

山口百恵、観月ありさ、松田聖子、米倉涼子、きゃりーぱみゅぱみゅ、国生さゆり、栗山千明、杉本彩、知花くらら、松本人志、西島秀俊、カルロス・ゴーン、ペ・ヨンジュン、三谷幸喜、高村光太郎、開高健

●恋愛運の上昇時期

1月「栄」、4月「友」、8月「友」、9月「栄」、12月「親」です。恋が芽生える予感を感じたら、積極的にアプローチしてOK。接していくうちに打ち解けて、完全な愛を手に入れることができるかもしれません。

●恋愛運の下降時期

6月「衰」は、束縛心が旺盛に働きます。独占欲を抑えないと、親愛がいきすぎて嫉妬心の塊になってしまうかも。意固地にならず、魂のつながりを大事にしましょう。

●仕事運の上昇時期

1月「栄」、3月「成」、7月「危」、9月「栄」、

11月「成」です。金運上昇は2月と10月の「安」です。大胆な発想を持てば、磁石のようにチャンスが引き寄せられます。昇給、昇格を手にし、資格試験も難なく突破するでしょう。

●仕事運の下降時期

5月「命」、6月「衰」です。逃げ場を奪われたように精神的に揺らぐことも多い時期。そんなときは、深い呼吸とともに大地にグラウンディングを。

●畢宿の心得

目標が定まったら、軸からブレることなく、時間をかけてゆっくり進むあなたです。どんなことがあっても、粘り強くやり遂げる頑強な精神力を持っているからこそマイペースになりがち。柔和でエレガントさのある佇まいは、人がサポートしてくれる「宿」の特性を秘めています。積極的に人と交流すると、持って生まれた気質を倍増させます。

●畢宿とのおつき合いのコツ

ゆっくりじっくり頑張り屋のマイペースは大器晩成型

頑張り屋でマイペース。軸がブレない頑なさは誰にも負けません。時間をかけて手を抜かずに最後までやり遂げる粘り強さを持っています。そのため、周囲のテンポに合わせることに関心がないので、スピードを問われたり自分のペースやり方を急に変えられると非常に嫌がります。まずは、受け入れて考えをよく聴いてあげること。自分のことをあなたに話すことで心がスッキリするでしょう。

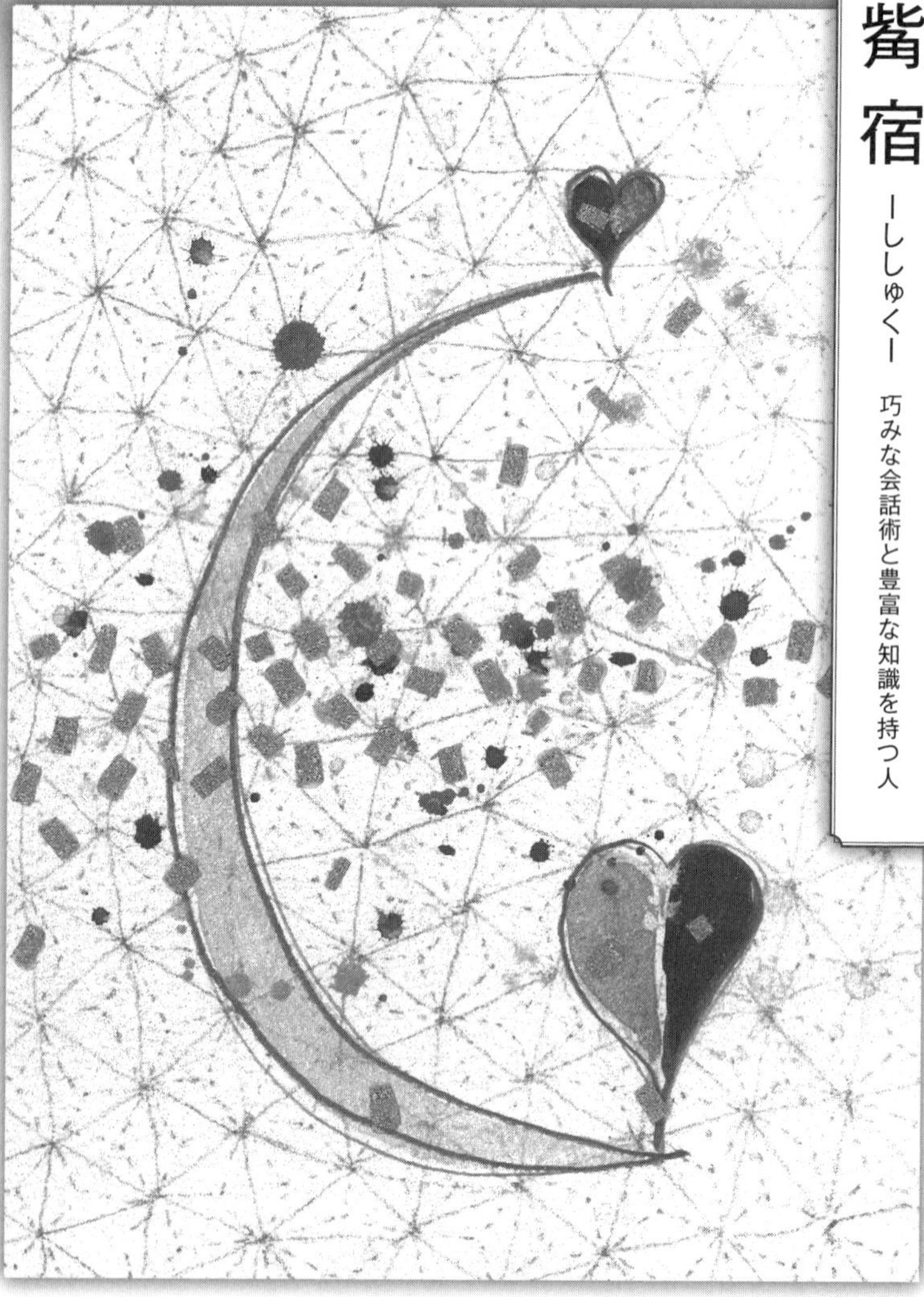

觜宿
―ししゅく―
巧みな会話術と豊富な知識を持つ人

12宮	4区分（エレメント）	3区分（クオリティー）	10惑星
牛宮2	地2	不動	金星
夫妻宮2	風2	柔軟	水星

●概要

十二宮の中では、愛情深く根気強い「牛宮」に二足、順応性と知的好奇心を意味する「夫妻宮」に二足属し、この二つの宮の影響を受ける宿です。エレメントは、実際的で何事にも忠実な「地」と何物にもとらわれない「風」の資質をもつ羅針盤のような二面性を持つタイプです。クオリティーでは「不動」と「柔軟」にあたります。

惑星では、美しいものに敏感な「金星」と言語能力に優れた「水星」の影響を受けています。

そんなあなたは27宿の中でも、最も「物質運」と「財運」に恵まれ、高い社会的地位を得ることができます。

●基本的な性格

觜宿生まれのあなたは、知的で論理的、礼儀正しく温厚な外面と、アクの強い部分の内面との二面性があります。エネルギーが旺盛で「觜」という字が示すように、饒舌で流れるような会話力と説得力のあるトークに長けています。何かに夢中になると、もう一方では冷静になり、豊富な知識を使って抜け目なく立ち回ることが得意な計算高い面も。また、慎重で思慮深く、はめを外すことなく適切な対応ができるので、損な選択をすることはありません。物事をテキパキ処理し、何事においても先頭を切る闘士型と人をさとす教祖型の両方の力があります。その相反する力を活かせれば、周囲から多くの支援を得られるでしょう。

●恋愛運

容姿に恵まれた人が多く、上品な素振りを見せるのが上手なあなたです。異性からのアプローチは多いのですが、恋愛に対しては慎重で、相手の素性がはっきりしないうちは、今一歩踏み込めずにブレーキをかけてしまう面があります。でも一方で、恋の策略を練る駆け引き上手な部分もあり、周囲から見ると「いったいどちらが本当の姿なのか」と、困惑してしまうことがあるかもしれません。

●家庭運

用心深く慎重なあなたは、長年の交際期間を経て、相手を見定めて結婚する傾向があります。その慎重さや礼儀正しさが活かされて、良妻賢母ぶりが発揮されるでしょう。男性は精神性を重視して相手をリードする亭主関白に。男女問わず、流れるような言葉のトーンは心地良いけれど、とくに、家族に対しては無遠慮な物の言い方をしてしまいがちです。あなたの放つ言葉は、相手によっては正にも邪にもなることを念頭におきましょう。しかしながら、結婚することで金運に恵まれる運を持っているので、豊かな家庭を築けます。

●仕事運

「牛宮」に二足、「夫妻宮」に二足属する觜宿は、自分の信念に忠実なので、一つの技術を取得して、その分野で成長と発展を遂げるでしょう。また、頭の回転が早く、緻密な計算と巧みな対応を得意としています。「物質運」を持つあなたは、社会的地位の高い、弁護士・行政書士・税理士・学者・政治家に適性があります。知識と情報に関係ある、作家・評論家・出版・広告関係・秘書・マネージャーも吉。

●金運

思慮深く観察力の鋭いあなたは、高い計算能力でキャッチした最先端の情報を活かすことができ、それをもとにして資産運用することが得意です。そして、もともとが蓄財運に恵まれているので、お金がお金を呼び大きな財を成すことができるでしょう。ただ、非常に神経質な面があるので、天真爛漫に振る舞う人物と交流することが必要です。相手の価値観を共有することで、思考回路が転換されて金運アップのアイデアが閃めくでしょう。

●健康

觜宿のあなたは、人体では「眉」に当たります。眉間にしわを寄せて考え込む傾向が強いので、偏頭痛・高血圧・顔面のケガにも注意が必要。神経が細やかなので、対人ストレスからアレルギー性鼻炎・喘息・大腸の病気として身体に出てくるようです。病気をすると長引く傾向があるので、日頃の健康管理をしっかり行うことが大切です。

●ビューティー

觜宿は「眉」毛の手入れが大事。アーチ、ピーク（やま型）、ストレートスタイルなど、いろいろなアイブロウテクニックを研究し、キレイに描くように心がけましょう。また、眉間に険しいしわが入らないように、表情筋エクササイズで眉の筋肉を柔らかく。第6感を司るチャクラとしても大切な部分なのでハイライトで輝きをアップして。ストレス解消には、入浴タイムに発汗作用のあるバスソルトやゆったり気分になれるベルガモットのアロマで、心身ともにリフレッシュを。リラックスできる癒しの時間をつくりましょう。

●ファッション

臨機応変に対応できる豊かな感性を持っているので、ユニセックスなコーディネートもお似合いです。たとえば、カットソーとパンツスタイルに、ニットキャップやハットで、眉が目立つ被り方などがおすすめ。

●開運法アドバイス

開運成就の秘訣は、持ち前の美的感性を磨くこと。そして、さまざまなことができるタイプなので、最後までやり遂げること。たとえば、美に関する情報を得たら実際にその場所に行ってみて体感しましょう。美容に触れ、美のグルメを味わい、美術や芸術に触れることで知識も深まり、奇抜なアイデアが閃くことも。得た情報を周囲にアピールすることで、美にまつわる幸運を手に入れることができるでしょう。

●ラッキーカラー　オレンジ・パープル

●パワーストーン　レピドライト

大地のエネルギーをチャージした、レピドライトは変革の石と呼ばれ、古来より彫物などの素材として使われてきました。そのレピドライトを身につけることで、ストレスを緩和し、困難を乗り越える気力を与えてくれます。さらに、喉・ハート・サードアイ・クラウンチャクラを開き活性化させます。

●真言

のうまく　さんまんだ　ぼだなん　ひりぎゃしら
のうきしゃたら　そわか

●有名人

ローラ、深田恭子、樹木希林、宮沢りえ、滝川クリステル、YOU、松本潤、高橋克典、織田裕二、石田純一、小栗旬、矢沢永吉、麻生太郎、小松左京、司馬遼太郎

●恋愛運の上昇時期

5月「親」、6月「栄」、12月「友」です。持ち前の処世術が吉と出る時期。迷いなく、躊躇しないで積極的な行動で果敢にアプローチをしてみましょう。

●恋愛運の下降時期

2月「衰」、10月「衰」、4月「壊」、8月「壊」です。余計なひとことで相手を傷つけてしまうかも。また執着心から双方ともに縛りつけてしまう兆しが。そんなときは、大地に根を張るイメージで瞑想し、心の平安を取り戻しましょう。

●仕事運の上昇時期

3月「危」、6月「栄」、9月「業」、11月「危」です。金運上昇は、7月「安」です。奇抜なアイデアが評価される暗示。忍耐力が発揮される時期なので、活躍の場が増えて注目度が上昇するでしょう。

●仕事運の下降時期

2月「衰」、4月「壊」、8月「壊」、10月「衰」です。厳しい現実に直面する暗示が。自己主張が強すぎると、ひんしゅくを買うことも。会議や話し合いの場面では余計な言動に注意しましょう。

●觜宿の心得

会話力があり、おしゃべり上手でコミュニケーションスキルに富んでいるあなたです。巧みな会話を交わしながら、相手が自分に有益な人物かどうかを探るテクニックを持っています。話術の裏側を相手に気づかれる前に、分け隔てない交友関係を築いておきましょう。

●觜宿とのおつき合いのコツ
巧みな会話術と豊富な知識を持つ人

大きく二つのタイプに分かれます。比較的大人しくムダ口をきかず自分の思うことを奥に秘めてしまうタイプと、何事にも積極的で好奇心旺盛なエネルギッシュなタイプ。共通しているのは、一度心を開いたら自分のことを留めどなく話し、豊富な知識で熱弁するところ。

また、そのときにふともらしたひとことに重要な本心が隠されています。時間をかけて自分を理解してくれる人、味方になる人を自分のまわりに集めているでしょう。

心を裸にして話せる相手を探しているので、あなたが味方であるという熱い思いを伝えることが必須です。

参宿

ーさんしゅくー

斬新な発想力で変革・改革が大好き

12宮	4区分（エレメント）	3区分（クオリティー）	10惑星
夫妻宮4	風4	柔軟	水星

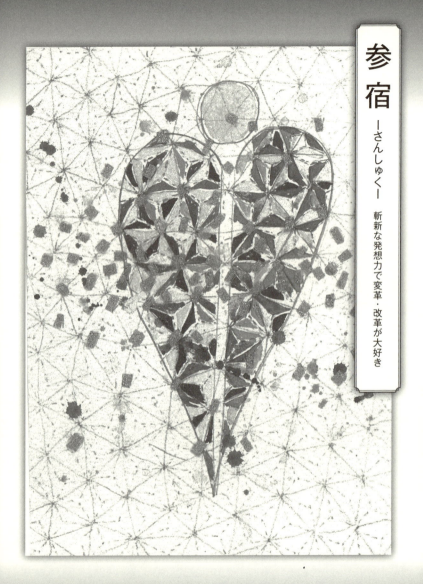

●概要

十二宮の中では、天真爛漫で知的好奇心あふれる「夫妻宮」に四足とも属しています。

エレメントは、情報通でコミュニケーション能力旺盛な「風」を表し、クオリティーでは「柔軟」にあたります。惑星では、交友を意味し、知識と理性、言語を示す「水星」の影響を受けています。そんなあなたは、最も斬新な視点を持ち、エネルギッシュで「人気運」と「対人運」に恵まれています。

●基本的な性格

参宿生まれのあなたは、エネルギーとパワーに満ちあふれ、とても大胆で明るく、荒ぶる風のように、意のままに駆け抜ける強さを持ち、自信がみなぎっている人です。そして、「参」の字が示すように、何にでも、どこにでも参加する好奇心が人一倍旺盛。頭の回転が早く、情報をキャッチすることが得意なので、コミュニケーション能力を発揮しながら、交友関係を拡大させます。ただ、人の心にずかずかと遠慮なく入り込む豪快さで周囲を驚かせることも。毒舌で相手の反感を買うこともあります。しかし、言葉の表現力に優れ、発想力も豊かなタイプです。また、愛嬌とピュアな魅力があり、人徳があるので、人に愛されて出世する運勢を持っています。

●恋愛運

積極的に新鮮な恋愛を求めるあなたは、ウイットに富んだ会話術で相手を惹きつけ魅了します。

ときに、毒舌で辛辣な発言で相手を傷つけてしまうことも。どろどろした恋愛には無縁で、別れも実にアッサリしていて未練がありません。

自分のことを話すよりも、聴き上手になりましょう。そして、相手の闇の部分もしっかり受け止めることができれば、真実の愛に目覚め、恋の勝利者になれるでしょう。

●家庭運

楽しいことが大好きなあなたは、家族を笑顔にするさりげない声がけができます。結婚すると、主導権はしっかりと自分が握って、上手に舵取りします。しかし、もともとが遊び好きなので、我が道を行き過ぎて、好き勝手にしていると、家族の心は離れてしまうことに。

家庭の大切さを肝に銘じ、持ち前の若々しさと、明るさで笑いの絶えない、賑やかな家庭を築くことがなによりです。

●仕事運

「夫妻宮」に四足属する参宿は、ユニークな発想の持ち主。情報収集力に長けているので、人々のニーズを伝達する役割があります。アイデアを活かしながら持ち前の商才を発揮できます。誰に対しても明るく陽気で人当たりが良い「人気運」と、鮮やかな表現で知識を伝播する「対人運」を持つあなたは、美容師・放送・出版・旅行・教育関係・情報伝達業に適性があります。その他に、美容関係・ファッション関係も吉。

●金運

流行に敏感なあなたは、時代の流れを見極めながらその時々で有利な方法を見つけて、着実にお金を増やしていく財テク上手と言えます。また、お金を稼ぐ能力に長けていますが、刺激を求めて浪費する癖があるので、堅実な金銭感覚を持つ人物と交流を。そうすると、散財も減って、しっかりとしたマネーセンスが身につき、運気もアップするでしょう。

●健康

参宿のあなたは、人体の中では顔の右側の「目」、「耳」、「頬」に当たります。基本的には体力に恵まれていますが、アレルギー性鼻炎・気管支喘息に気をつけて。体力を過信して不摂生すると、肝炎・膀胱炎などに。体重増加による足のケガや関節症を重症化させることも。また、交通事故には注意を。

●ビューティー

参宿は「瞳」がキレイな人が多いのでアイメイクに注目を。瞳を輝かせるメイクポイントとして、瞳の色に合わせたマスカラ、エクステやアイラッシュで風になびくまつげの演出が欠かせないでしょう。また、身体のメンテナンスに気配りして、行き詰まった時は体を動かしたり、ゆったりバスルームで瞑想しましょう。そうすれば、心身のバランスがとれてリフレッシュできます。

●ファッション

大胆な行動力と知性を兼ね備え、流行にはとても敏感です。旬の流行を取り入れて自分流のファッションスタイルをゲット。モードとしては可愛いらしさと艶《なま》めかしさのあるコケティッシュなスタイルがお似合い。また、イヤーカフやイヤリング、ピアスなど、都会的なアイテムを取り入れたアクセサリーで顔まわりを輝かせましょう。

●開運法アドバイス

開運成就の秘訣は、リベラルな考えに徹すること。ただ危険性も併せ持つので、堅実な考え方ができると、しっかりとしたマネーセンスが身につきます。たとえば、証券会社や投資コンサルタントなどから、情報の収集をすることで大きなヒントが得られるでしょう。また、肝が据わっているあなたなので、常に何かにチャレンジする精神で冒険の心を持ち続けることが、運気アップとなるでしょう。

●ラッキーカラー　ディープブルー

●パワーストーン　ホワイトクォーツ

どの方向から光を当てても星が出るジラソルとい

うスター効果を持つ石です。そのピュアな輝きを放つホワイトクォーツを身につけることで、優しい愛のパワーで気分が和らぎ身体が浄化されます。

●真言

のうまく　さんまんだ　ぼだなん　あんだらのうきしゃたら　そわか

●有名人

IMALU、松嶋菜々子、武井咲、東尾理子、宝生舞、滝沢秀明、堤真一、三村マサカズ、谷原章介、伊藤英明、上田晋也、デーブ・スペクター、中村うさぎ、池上彰、ビル・クリントン

●恋愛運の上昇時期

1月「親」、2月「栄」、5月「友」、9月「親」、10月「栄」です。

異性からの人気は抜群なので、恋の勝利者になれるチャンスが。時間をかけて、じっくり相手を知ることができれば、真実の愛が見えてくるでしょう。

●恋愛運の下降時期

7月「衰」、12月「壊」です。浮気心が顔を出す時期です。恋に刺激を求めすぎると、リスキーな関係や許されない愛の虜になってしまう危険性がありま す。そんなときは、ハートチャクラに意識を向けましょう。

●仕事運の上昇時期

2月「栄」、4月「成」、8月「成」、10月「栄」です。金運上昇は、3月と11月の「安」です。果敢なチャレンジ精神でリスクや覚悟を背負う勢いがあれば、モチベーションも向上し、すべて上向きになるでしょう。

●仕事運の下降時期

6月「命」、7月「衰」、12月「壊」です。間違っ

た判断や予測をして周囲に迷惑をかけてしまうかも。集中力を発揮できずに、憂鬱な気分に強いられ業務がフリーズ状態。そんなときは、深い呼吸をするように心がけてブレスコントロールしてみると、スムーズに流れに乗ることができるでしょう。

●参宿の心得

どこへ行っても何をしても、フレンドリーで人気運の高さは抜群なあなたです。思っていることをそのまま口にできる可愛らしさと愛嬌で、誰からも好かれます。

しかし、「親しき中にも礼儀あり」の一線を超えないようにしましょう。人の心に入り込むときには、相手の表情を読み解くことが肝要です。

●参宿とのおつき合いのコツ

斬新な発想力で変革・改革が大好き

興味があればどこにでも参加します。表面は人見知りせずにフレンドリーでコミュニケーション上手です。しかし、自分を裏切らないという安心感がないと心を開かないというツンデレなところがあります。新しいもの、最先端の情報に目がない参宿の人。ここに心の扉を開く鍵があります。斬新なアイデアの持ち主なので独創的な発想を褒めることを忘れずに。瞳をキラキラさせて子どものような満面な笑みを浮かべるはずです。

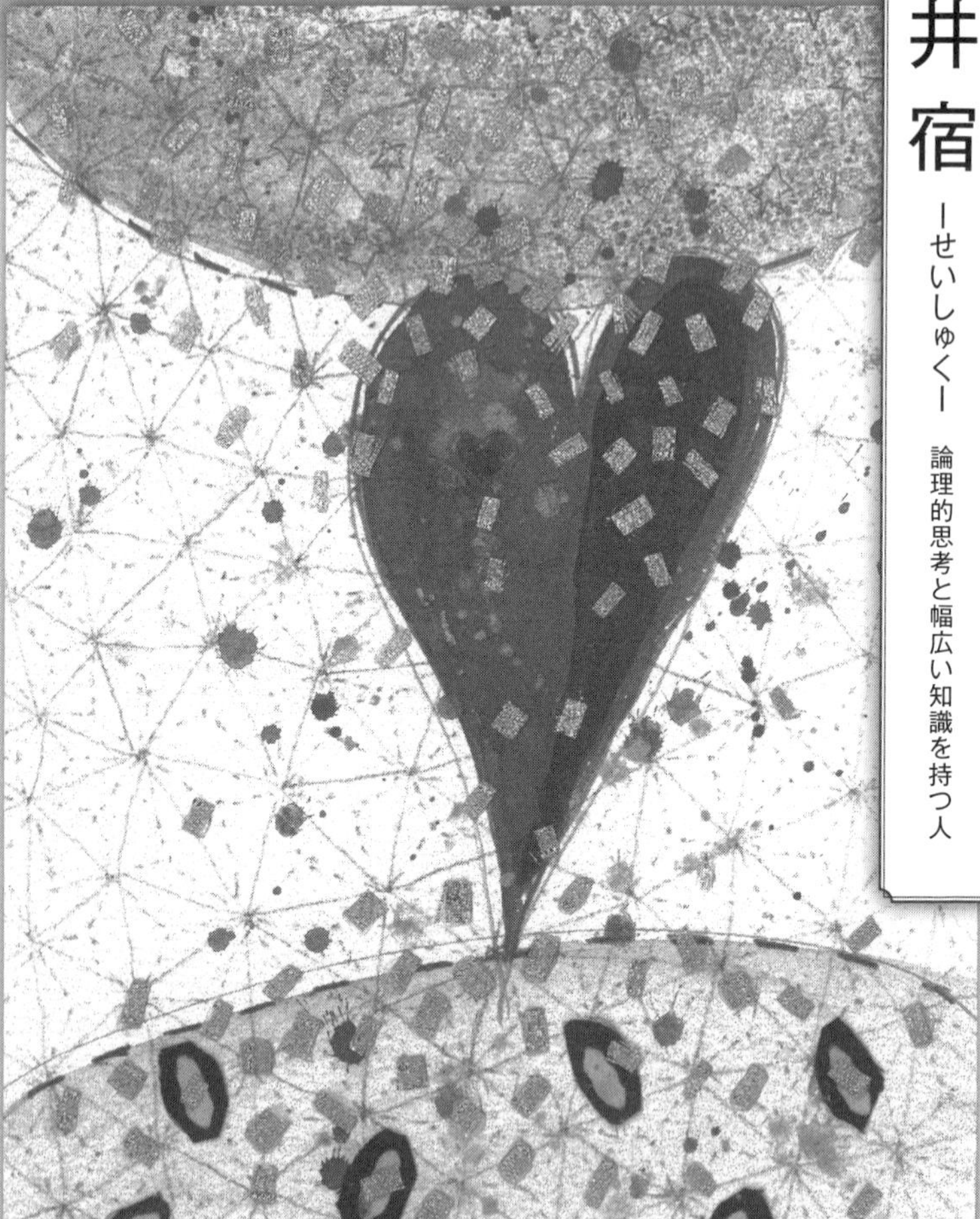

井宿

ーせいしゅくー

論理的思考と幅広い知識を持つ人

12宮	4区分（エレメント）	3区分（クオリティー）	10惑星
夫妻宮3	風3	柔軟	水星
蟹宮1	水1	活動	月

●概要

十二宮の中では、論理的で好奇心旺盛な「夫妻宮」に三足、仲間意識が強く活動的な「蟹宮」に一足属し、この二つの宮の影響を受ける宿です。エレメントは、情報に敏感な「風」と情緒性を重んじる「水」の要素を合わせ持ち、クオリティーでは「柔軟」と「活動」にあたります。惑星では、知識と言葉を示す「水星」と、感情が移ろいやすい心を示す「月」の影響を受けています。そんなあなたは「物質運」と「所有運」に恵まれています。

●基本的な性格

井宿生まれのあなたは、コミュニケーション能力が高く、知的でシャープな頭脳を持ち、ドライな雰囲気を漂わせながらも、奉仕精神のある人です。そして、「井」の字のように、きちんと区切りがあって、几帳面さが前面に出るため、計算に強く、頭の回転も早いです。そんなクールなところが合理主義者で冷酷な人に見られるときも。何かと論争を好む傾向があり、駆け引き上手の頭脳派です。人と話すことが大好きで、理性と感情を絶妙にコントロールする会話能力に長けています。

また、内面は気前が良く、情報や物を惜しまず与えます。人に尽くす精神ときめ細かな心優しい側面を活かしましょう。

●恋愛運

場の空気を読むのが得意なあなたは、スマートな会話術で異性を惹きつけます。ただ、相手が夢中になると、そのアプローチをサラリとかわします。理想が高く、現実的な面があるので、完璧な恋愛を求めるでしょう。甘えたり、突き放したりと恋の駆け引きも絶妙。本気で人を好きになれず、恋に打算が働いてしまうことも。相手の出方を待つより、自ら相手の胸に飛び込むことが必要です。失敗を恐れずにチャレンジすれば、目先の不安は不思議と消え去っていくでしょう。

●家庭運

冷静沈着で几帳面なあなたは、現実を直視できるので、抜群の生活力を持ち合わせています。結婚すると、基盤は常に家庭にあり、親族の絆やつながりを大切に守り抜くので、家族にとって、かけがえのない大きな存在になります。

しかし、もともと弁が立つので、些細なことで家族を論破しないように心がけることが大切。それには、さりげない気遣いと思いやりのある言葉で家族に伝えるように心がけることで、とても居心地のよい家庭が築けるでしょう。

●仕事運

「夫妻宮」に三足、「蟹宮」に一足属する井宿は、交渉力に不可欠な能弁さと情報収集力に長けています。また機転が利き、状況を的確に把握する能力の持ち主。包容力と奉仕精神が活かせる分野の仕事にも向いています。「所有運」に恵まれるあなたは、頭脳プレイを発揮し、目標達成に向けて、高い精度でマスターしていく実力があるので、企画営業・貿易関係・外交官に適性があります。生活に密着した、服飾・食品・飲食関係・住宅・インテリア・サービス業も吉。

●金運

物質運・所有運に恵まれているあなたは、自然と手元にお金が集まってきます。さらに、適切な方法を選んで蓄財を殖やすための研究にも熱心で努力を惜しみません。ただ、自分の選択が思うようにいかないと、人に依存してしまいがち。むやみに相談すると、悪意のある相手に利用される危険性も潜んでいます。また、知識が豊富なだけに合理的に判断してしまう傾向が。権威ある人物との交流を深めることで、大きな学びとなり知識欲も満たされて金運も上昇するでしょう。

●健康

井宿のあなたは、人体の中では顔の左側の「目」、「耳」、「頬」に当たります。風邪・肺炎・アレルギー性鼻炎・喘息をはじめとする呼吸器系の病気に注意。神経質なので、過度のストレスによる胃潰瘍・肝臓病など、さまざまな部分に疾患として表れる可能性が。また、ストレス性の難聴といった神経症の発症にも注意が必要です。

●ビューティー

井宿は、自然の中で風を感じる癒しの時間を持つことが大切。人とのコミュニケーションをとりながら、傾聴することで健康法がみつかるかも。また、コスメフリークな面があるので、道具類にもこだわりを持つ人が多いはず。マスカラやエクステで風になびく長いまつげを演出し、頬にはチークで血色をアップさせて、ふっくらとした立体感を。そして、チークブラシに残ったカラーは耳たぶにも少し入れて明るく華やかに。

●ファッション

知的でクールなスタイルがお似合いです。たとえば、ボーダーのインナーとジャケットのコーディネートは、知的な雰囲気にマッチするでしょう。風に吹かれて揺れる、ピアス、イヤリングは欠かせないアクセサリーのひとつに。カラーコンタクトやサングラス、メガネも必須のアイテムです。また、知的で清楚なイメージも感じられるので、ナチュラルテイストの家庭的な装いもおすすめ。

●開運法アドバイス

開運成就の秘訣は、依存心をおさえて独自の考えを優先すること。マルチな才能を持ち、情報を吸収することが得意なので自信を持ちましょう。あなたの持つ知識や情報は必ず人のためになるので、発信することが運気アップの秘訣に。その情報を流すことで、自分が欲しいと思っている情報も自然と入ってきます。

また、学ぶことが大好きなあなたなので、資格取得にチャレンジすれば、持ち前の知識欲も満たされるでしょう。

●ラッキーカラー　ペールイエロー・ミルク色

●パワーストーン　パール

パールは、インド占星術では月のエネルギーを宿すとされ、運勢を高めるために古くから大切に扱われてきました。また、ギリシャ神話に登場する愛と美の女神・アフロディーテが誕生した時に生まれた石とも言い伝えられています。純真で清楚な輝きを放つ、愛と結婚を象徴する石。パールを身につけることで、精神を安定させ寛容さをもたらします。

●真言

のうまく　さんまんだ　ぼだなん　ぶのうばそのうきしゃたら　そわか

●有名人

杏、前田敦子、中谷美紀、とよた真帆、チェ・ジウ、加賀まりこ、渡部陽一、藤ヶ谷太輔、稲垣吾郎、堺雅人、小室哲哉、土田晃之、太宰治、福澤諭吉、与謝野晶子

●恋愛運の上昇時期

1月「友」、6月「親」、7月「栄」、9月「友」です。自分から積極的に行動するチャンス到来のモテ期です。素直な気持ちを言葉にしましょう。また、理想の恋を追い求めずにエモーショナルな対応を心がけ、相手の胸に飛び込んでみましょう。

●恋愛運の下降時期

3月「衰」、5月「壊」、11月「衰」です。寂しくて不安な気持ちが強まっているときに、打算的な恋に陥ることが多くあるので注意して。そんなときは、胸のチャクラに集中して波長を感じましょう。

●仕事運の上昇の時期

4月「危」、7月「栄」、8月「危」、10月「業」、金運上昇は、12月「成」です。独自の考えを優先し、情報を発信することで、思わぬところから欲しい情報が返ってきます。そして、何事も前倒しの精神で行えば、仕事がとんとん拍子に進んでいくでしょう。

●仕事運の下降時期

3月「衰」、5月「壊」、11月「衰」です。選択ミスに注意が必要。業績が落ち込みぎみになり、能力が評価されずにフラストレーションが溜まりそう。そんなときは、身のまわりの整理整頓を心がけて。

●井宿の心得

頭の中はいつでもフル回転しているあなたです。意見の食い違いや人の言動が気になり始めると議論したくなってしまう傾向があります。論破に発展しないように相手の気持ちや状況を理解して、本来持っている思いやりの心を忘れずに。

●井宿とのおつき合いのコツ

論理的思考と幅広い知識を持つ人

冷静沈着にテキパキ動きます。理路整然と論理的な思考で話す井宿との口論にはご注意を。一見、穏やかそうに見えますが、キレれると突然、感情的になることがあります。

言い争いになったら、頭の中を整理しながら冷静に話すこと。そして、クールに対応し、つられて感情的にならず、話をじっくり聴くのがベスト。

鬼宿

―きしゅく―

感性豊かで個性的な発想力を持つ人

12宮	4区分（エレメント）	3区分（クオリティー）	10惑星
蟹宮4	水4	活動	月

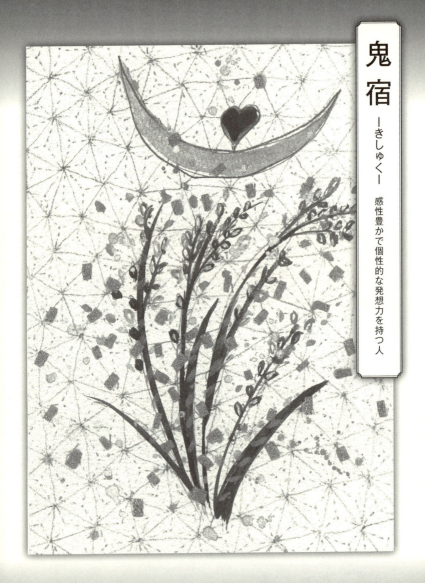

●概要

十二宮の中では、情感豊かで活力的な「蟹宮」に四足とも属しています。

エレメントは、感受性の強い霊感的な「水」を表し、クオリティーでは「活動」にあたります。惑星では、鋭敏な感性と繊細さを表す「月」の影響を受け、月の満ち欠けのように変わりやすい心を持っています。そんなあなたは、27宿中最も「財運」と「地位運」に恵まれています。

●基本的な性格

鬼宿生まれのあなたは、楽天的で親しみやすく、好奇心旺盛。相手の気持ちをくみ取り、自分のことのように感じられる優しい人です。

そして、鬼が人間を守る強い者であったり、悪者にも神にもなったり、多様な表現があるように、さまざまな感受性を持ち合わせています。「手をさしのべたい」、「救いたい」という慈悲の精神が宿っています。ただ、相手の気持ちを感じ取りすぎて情に流されたり、その情動的な面が強まると依存気質に変化して理性的な判断ができなくなることも。しかし、温かく相手を包み込む包容力と、テレパシーのような直感力が備わっているので、人を安心させるタイプでもあります。

●恋愛運

母性的で世話好き、インスピレーションに恵まれたあなたは、恋愛に対しても、何よりもフィーリングを優先するタイプです。ただ、「自分のものにしたい」といった独占欲に苦しむことが多く、恋人が生活の中心になる傾向も。相手の行動に干渉しすぎないように注意しましょう。また、自分だけで判断せずに、相手の話を最後まで聴きましょう。気が乗らないと、ろくすっぽ返事もしない態度は、衰運を招くことになるので注意して。

●家庭運

豊かな感性を持ち、温かい包容力のあるあなたは、持ち前の思いやりにあふれた気遣いと、優しさを向ければ、相手も心地良い安心感に包まれます。ただ、愛情深いだけに、愛されたい気持ちが強くなると、強烈に束縛する傾向も。それは、家族に対しても同様な気持ちになるので、人一倍の温かい優しさを大切にして、ほどよい心地良さを忘れないようにしましょう。そして「家族が何よりも一番」がモットーなので、ほがらかな家庭を築くことができるでしょう。

●仕事運

「蟹宮」に四足属する鬼宿は、豊かな感受性を持ち、人に優しいボランティア精神が備わっています。慈愛に満ちて包容力を持つあなたは「地位運」に恵まれ、気遣いを得意とする医療関係・福祉関係・コンサルタント関係の仕事に適性があります。自由な発想力を活かして、旅行業・飲食業・ファッション業界・インテリア業界・海外関係も吉。

●金運

インスピレーションに恵まれたあなたは、的確にお金に結びつくことを選択する不思議な能力が備わっています。そんなあなたの面倒見のよさを利用しようとする人も世の中にはいるので、気乗りしないお金にまつわる話については、丁重にお断りすることが肝心。直感力の鋭さに加えて、物事の本質を見通す優れた判断力を身につけることが必要です。それには判断力に優れた、見識のある人物と交流すればその能力が身につき、金運もアップするでしょう。

●健康

鬼宿のあなたは、人体の中では「鼻」、「骨」にあたります。鼻炎や骨折に注意。日頃から風邪予防対策をこまめにして気をつけましょう。自分で思うほど身体が丈夫ではないので、定期的な検診が大事です。栄養過多からくる糖尿病・痛風・肝障害に注意。情緒的に不安定になりやすく、極度の緊張が続くと心臓に負担が。

●ビューティー

鬼宿は「鼻」を中心軸として、「脊髄」をまっすぐに伸ばす正しい姿勢を心がけましょう。鼻から吸い込む酸素カプセルやブリージングの呼吸法が有効です。そして、セラピーヨガや太極拳で情緒を安定させると効果的。食べ過ぎた分は、そのままにせず運動量を増やし、充分にエネルギーを消費させることが大事。また、メイクポイントは鼻筋にハイライトを。定期的に小鼻の毛穴ケアを心がけて、

●ファッション

イマジネーション豊かで行動派タイプなので、動きやすさを優先しましょう。また、さりげなく流行を取り入れて、自分らしさを演出したひとひねりを。たとえば、大胆に背中があいたトップスやワンピースなどもおすすめです。背中のお手入れも忘れずに。活動的な時には、チュニックのパンツスタイルもお似合いです。

●開運法アドバイス

開運成就の秘訣は、あれこれと思い悩まないこと。感受性が細やかで、自由気ままな感性と柔軟な考えができるだけに、急に考えが変わって周囲を振り回してしまいがちに。オピニオンリーダー的な見識人との交流や集まりに出向きましょう。そのなかで、さまざまな人の才能を見聴きすれば、物事の本質を見通す優れた判断力が身につくでしょう。また、思い悩んで負の連鎖を膨らませず、ポジティブな思考に切り替えることができると、持ち前の鋭い不思議なカンが活きて運気アップするでしょう。

●ラッキーカラー　バイオレット

●パワーストーン　ムーンストーン

月光のような輝きを放つムーンストーンは、とても神秘的な石で、月の満ち欠けに合わせて色が変わると言われ、古代インドでは聖なる石として崇拝されてきた歴史があります。そのムーンストーンを身につけることで、感情を穏やかに優しく癒し、直感力をもたらします。

●真言

のうまく　さんまんだ　ぼだなん　びじゃや　のうきしゃたら　そわか

●有名人

りょう、相武紗季、高木美保、鈴木保奈美、土屋アンナ、ともさかりえ、真田広之、岡村隆史、渡辺謙、香取慎吾、香川照之、マツコ・デラックス、坂本龍馬、三木谷浩史、宮本亜門

●恋愛運の上昇時期

2月「親」、3月「栄」、6月「友」、10月「親」、11月「栄」です。慈悲深い奉仕の精神と母性本能によって、幸福を分かち合える親密な関係を築けるでしょう。

●恋愛運の下降時期

1月「壊」、9月「壊」です。感情のムラが激しくなると、愛の絆は遠のいてしまうでしょう。そんなときは、月に願いを込めて、負の感情エネルギーを引き離しましょう。

●仕事運の上昇時期

3月「栄」、5月「成」、11月「栄」、12月「危」です。金運上昇は、4月と8月の「安」です。

リーダーシップが発揮できる時期です。ポジティ

ブな思考やプラスの感情に切り替えることで、感性が豊かになりアイデアが閃き、仕事の流れもスムーズな展開になるでしょう。

●仕事運の下降時期

1月「壊」、7月「命」、9月「壊」です。無駄な動きが原因で、仕事がうまくいかず非生産的な状況に陥り、気持ちは停滞するばかりです。そんなときは、自分の内側に目を向ける時間を大事にしましょう。

●鬼宿の心得

人と違う感性を持つあなた。周囲からは、どこかファンタジーの世界にいるような雰囲気の人に見られています。精神世界に入りすぎて、ややもすると知らないうちに孤立していることに気づくこともあるでしょう。本来、誰とでも親しく接することができるので、人の輪の中にいる現実を忘れずに。

●鬼宿とのおつき合いのコツ

感性豊かで個性的な発想力を持つ人

感性豊かな発想力で行動を起こす鬼宿にとって、精神的な満足を得られるかどうかが人間関係の要です。心や言葉を丸ごと受け止めてくれる相手をいつも探しているはずです。そういう相手に出会うと大きな信頼が生まれます。情が深いので、本来の世話好きと優しさをみせてくれるでしょう。無防備に信じすぎるところがあるので、支えになってあげることで信頼関係が深まります。

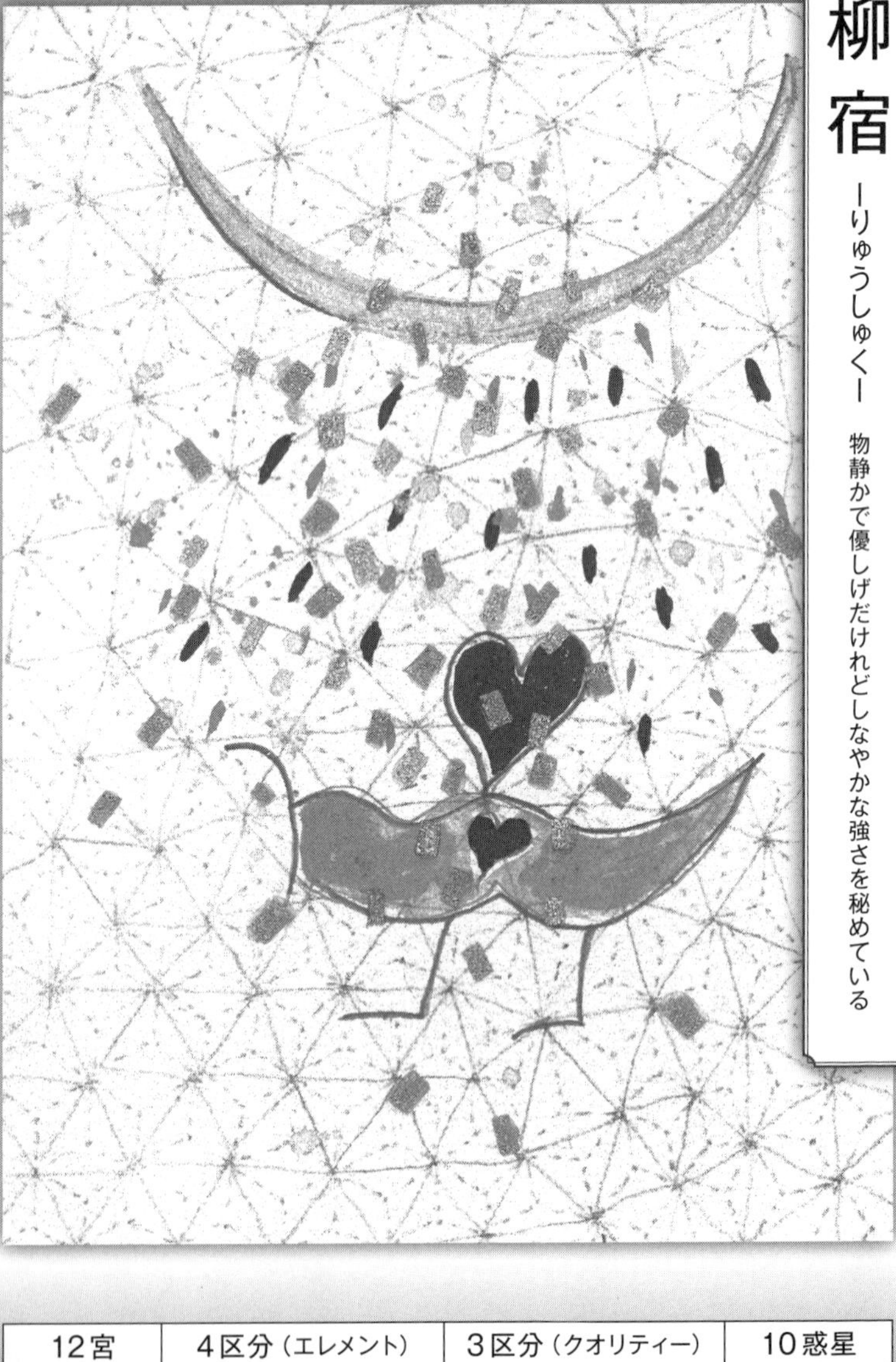

柳宿

―りゅうしゅく―

物静かで優しげだけれどしなやかな強さを秘めている

12宮	4区分（エレメント）	3区分（クオリティー）	10惑星
蟹宮4	水4	活動	月

●概要

十二宮の中では、献身的で仲間意識が強く、活動的な「蟹宮」に四足とも属しています。

エレメントは、変動的な感受性の「水」を表し、クオリティーでは「活動」にあたります。惑星では、月の満ち欠けのように変化する心を示し、謎めいた神秘性を示す「月」の影響を強く受けています。そんなあなたは、27宿中最も「財産運」と「交渉運」に恵まれています。

●基本的な性格

柳宿生まれのあなたは、一見は穏やかで家庭的な温厚タイプに見えます。しかし、内面は激しく奥深い感情とミステリアスな魅力が混在している人です。そして、「柳」の字が示すように、強さとしなやかさを表します。さらに、音読みの「龍」を表す意味もあり、激情的な面も。その気位が高く、気性の激しい面が出てくると、落ち着きを失うことに。執着心がありますが、興味の対象がいつの間にかコロコロ変化する気分屋な部分も見て取れます。しかし、頭の回転と人の心を読み取る術に長けていて交渉上手な面が光ります。また、鋭敏な理論を持ち、強い意志と向上心で、我が道を進みます。心のつながりを大切にして、優しい心配りで人を和ませながら、身内や仲間を大切にしていくでしょう。

●恋愛運

相手の心を読み解くセンスを持つ抜群なあなたは、セックスアピールも持ち合わせているので、異性にモテるタイプです。ただ、飽きっぽくって持続力に欠ける一面があり、新しい刺激ばかり求めたり、刹那的な快楽にふけったり、中途半端な恋愛を繰り返す傾向が。献身的な優しさで相手を包み込む包容力があり、心の内側を読み取る術《すべ》に長けているので、相手の中身をじっくり見据えることが大事です。

●家庭運

独自の世界観を持つあなたは、結婚前と変わらず忙しくしていることが多く、生涯独身も少なくないでしょう。女性は、仕事を辞めても、習い事や地域活動をするなど積極的に行動するでしょう。男性は、妻は家庭に入り、しっかりと尽くしてくれる人を求めます。家族を大切にするあなたですが、一つのことに熱狂的になりすぎて、家事全般に偏りが出てしまう傾向も。家族への気遣いを忘れなければ、温かい家庭を築けるでしょう。

●仕事運

「蟹宮」に四足属する柳宿は、親しみやすく、奉仕の精神が備わっています。快適でくつろげる住空間を造りだす役割があり、母性、包容力を活かせる分野に向いています。また、「交渉運」を持つあなたは、コミュニケーションやコラボレーションが必要な接客業・衣食住・サービス業全般に適性があります。専門性を活かす、弁護士・政治家・ジャーナリストも吉。

●金運

もっとも財産運に恵まれているあなたは、不思議なツキの力でお金が集まってくる傾向があるようです。反面、お金に敏感になって打算的な面が露出すると、財布の紐を緩めたがらないときも。そんなときは、ささやかな気持ちを形にしてお返しすることで、持っている運がさらに上昇します。ただ、一つのことに夢中になりすぎて、時間を無駄に使うことも多いでしょう。それゆえ、巧みに時間を使いこなす人物と交流すれば、お金を活かす使い方が身について、仲間もお金も殖やすことができるでしょう。

●健康

柳宿のあなたは、人体の中では「歯」に当たります。疲れが歯の疾患として表面化する傾向が。自分が思っているほど丈夫ではないのに、暴飲暴食が原因で、肝臓・消化器系・糖尿病などの病気を引き起こしがち。感情の起伏が激しく血圧に影響が出たり、ストレスを溜め込んで、心臓に負担をかけたり、脳溢血などの重病を患うことにも。女性は、子宮などの生殖器系の病気も心配です。

●ビューティー

柳宿は「歯」のデンタルケアが大事。歯茎や口腔内ツボマッサージで優しく刺激すると、内臓の健康維持の効果と共に、筋肉がストレッチされてリンパの流れがよくなるので、頬やあごのまわりもスッキリ。そして、ホワイトニングケアで輝く白い歯を維持することも大切。口紅やグロスは鮮やかなカラーにすると、白い歯が引き立ちます。

●ファッション

どこか謎めいたミステリアスな魅力にあふれていて、ファッションに対しても独自の世界観を持ちあわせています。コンサバティブなスーツや上下合わせのエレガントなスタイリングが光ります。また、透け感のある素材のセクシードレスも着こなせるでしょう。

●開運法アドバイス

開運成就の秘訣は、有効な時間の使い方を習慣づけること。あれこれ手をつけ過ぎないことが能力アップの秘訣です。好きこそ物の上手なれで、幅広く手を出すより、専門的なスキルを身につけることが得策。

あなたは、温かく受容的に人を受け入れながら、しなやかに対応する交渉術を得意とします。そのことから、大きなチャンスに恵まれたり、人との絆が深まります。そのコミュニケーション術が運気アップの引き金になるでしょう。

●ラッキーカラー　ペールブルー

●パワーストーン　ターコイズ

スカイブルーの輝きを放つターコイズは、ネイティブアメリカンが、天空の神々が宿る聖なるものとして扱ってきたことでもよく知られています。そのターコイズを身につけることで、創造力を刺激し自由に表現する手助けになります。

●真言

のうまく　さんまんだ　ぼだなん　あしゃれいしゃのうきしゃたら　そわか

●有名人

宮崎あおい、斉藤由貴、遠山景織子、吉田羊、吉田美和、長山洋子、原田美枝子、梅宮辰夫、井上陽水、松田翔太、大野智、佐藤隆太、トム・クルーズ、東国原英夫、村上春樹、百田尚樹

●恋愛運の上昇時期

2月「友」、7月「親」、10月「友」です。抜群の第一印象で魅惑的な魅力にあふれるとき。この時期の出会いは、親密な関係に発展しやすく、深い愛の絆を感じ取ることができるでしょう。

●恋愛運の下降時期

4月「衰」、6月「壊」、8月「衰」です。恋は盲目のように、あまりに夢中になり過ぎて、自分らしさが失われる危険性があります。身辺を客観的に見る時間を。

●仕事運の上昇時期

1月「成」、5月「危」、9月「成」、11月「業」です。金運上昇は、12月「安」です。交渉や駆け引きの場面では優勢の暗示。日々、自分磨きに努めていれば、停滞していた物事も流れに乗って動き出すでしょう。

●仕事運の下降時期

4月「衰」、6月「壊」、8月「衰」です。仲間割れや、お家騒動に注意して。また、思いもよらぬ出来事に遭遇し、知らないうちにトラブルに巻き込まれ、疎外感を味わうハメになることも。そんなときでも、笑顔になってみると気持ちにゆとりが生まれます。

●柳宿の心得

一つのことに熱中するあまり、夢中になったらのめり込んでしまうあなたです。しかし、熱が冷めると諦めも早く、クールに次の展開に移行します。「気がついたらひとりぼっちだった」なんてことにならないように、持って生まれた優しさとホットな人柄を前面に出して人づき合いを継続させましょう。

●柳宿とのおつき合いのコツ

物静かで優しげだけれどしなやかな強さを秘めている

好きなものには熱狂的になるところは27宿中トップです。人にもモノにも一度興味を持つとトコトンのめり込み熱中する傾向があります。今の興味の矛先はどこに向いているかを知ることが大事。そして、それを一緒に楽しむことができたらハッピーです。さらに、家庭的で家族愛も強い柳宿とは家族ぐるみで仲良くすることもポイント。

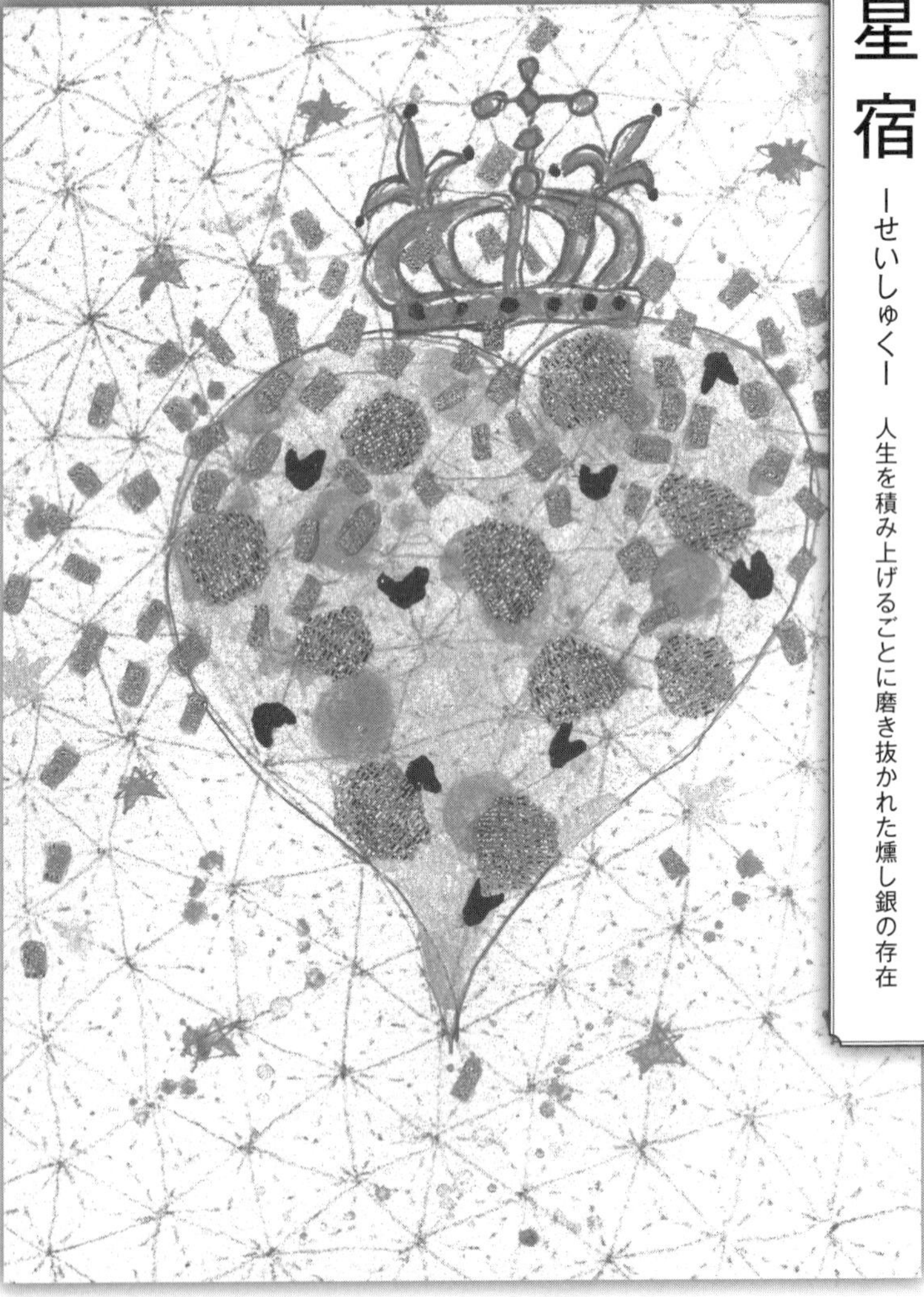

星宿

ーせいしゅくー

人生を積み上げるごとに磨き抜かれた燻し銀の存在

12宮	4区分（エレメント）	3区分（クオリティー）	10惑星
獅子宮4	火4	不動	太陽

●概要

十二宮の中では、寛大で勇猛な意思を持つ「獅子宮」に四足とも属しています。エレメントは、情熱と直感の「火」を表し、クオリティーでは「不動」にあたります。惑星では、活力のある生命力を備え、エネルギッシュでバイタリティーの源である「太陽」の影響を受けています。別名「土地宿」と呼ばれているあなたは、27宿中もっとも「不動産運」に恵まれています。

●基本的な性格

星宿生まれのあなたは、芯の強いたくましさと、妥協知らずの義理堅い親分肌の気質を持ち、神聖なものを愛する深い精神性が宿った人です。そして、「星」の字が示すように、夜空に輝く満天の光を放つオーラを漂わせています。人情味にあふれ、非常に面倒見がよいのですが、人に頭を下げることが苦手で誤解されやすく、反感を買ってしまう面もあるでしょう。しかしエネルギッシュによく働き、規制概念にとらわれない反骨精神の強さがあります。また、必要とあれば苦言を提することも厭わない、堂々とした態度をとることもあります。どんなに時間がかかっても夢や理想、さらに、目標に向かって邁進し、必ずや実現させる強さを持ち合わせています。

●恋愛運

熱烈な恋愛を好むあなたは、常に自分が主役であることを望みます。あなたの恋愛遍歴は、まるで映画を観ているかのようにとてもドラマティックです。好き嫌いが激しく、相手を支配したいという欲求が強いので、真剣に自分の欲望を異性にぶつけるでしょう。浮気や遊びの恋はできず、ときには異性を疲れさせてしまうことも。そして、理想が高いことを自覚しましょう。勝手に熱くなって舞い上がったり、自分の欲求ばかり優先するなど、相手不在の恋に陥らないように注意して。時間をかけてお互いの愛情を深めましょう。

●家庭運

猛烈な働き者で仕事が大好きなあなたは、ほどほどができない性分なので晩婚になりがちでしょう。けれども、家庭に入れば、家事も上手に成し遂げて、仕事と両立ができるだけの活力を持っています。人情味とバイタリティーにあふれた、面倒見のよいあなたですが、妥協ができず、時折、家族に対して勢いのある行動や言い過ぎが目立ちます。その言動と振る舞いに注意し穏やかさを心がければ、なごやかな家庭を築けるでしょう。

●仕事運

「獅子宮」に四足属する星宿は、実力で勝負する世界や創造性と行動力を要求される業界に向いています。縁の下の力持ち的な役割があり、大変な勉強家なので、個性を活かせる分野で頭角をあらわします。

不動産関係、建築関係に適性があります。芸能界・マスコミ関係・広告関係・自営業に吉。実力勝負の、研究職・政治的活動も得策。

●金運

もっとも強い不動産運の持ち主であるあなたは、何かをしなくても不動産を手に入れたり、頼りになる人物にも恵まれます。しかし、スリリングな展開を好むところがあるので、かなりの資金を費やして株を購入したり、または、ギャンブルにはまってしまうことも。お金に関しては、押しの強い面は極力抑え、増財には慎重で確実な方法を選ぶことが大切。権力に媚びないリーダー的な人物と交流を深めることが金運のきっかけとなるでしょう。

●健康

星宿のあなたは、人体では「首」と「うなじ」に当たります。健康に恵まれ、体のメンテナンスに気をつけていれば長寿を全うします。しかし、ワーカホリックになる傾向があるので、しつこい肩や首のコリが、高血圧・動脈硬化・血行障害・脳梗塞など重大な疾患の引き金に。咽頭炎・声帯ポリープ・ムチウチなど、首にまつわる病気に注意して。

●ビューティー

星宿は「首筋」のケアを怠らないことが大事。リラクゼーションも兼ねて整体サロンや日々のストレッチで肩こりをやわらげましょう。スポーツなら首筋を鍛えるクラッシクバレエも。また首からデコルテにかけてリンパの流れをよくするマッサージも大切です。ときには、満天の夜空を見上げて気分を高めましょう。

●ファッション

自分を演出する術に長け、独特のセンスがあります。ポイントは、首からデコルテにかけての美しさを強調すること。ネックレスは、存在感がきわだつ必需品のひとつ。なかでも、ダイヤモンドやスワロフスキーなど、美しいキラキラ感がお似合い。また、チョーカー、ネッカチーフで首元を華やかに装うこともポイントです。

●開運法アドバイス

開運成就の秘訣は、豊かなサービス精神を発揮すること。信頼した仲間には手厚く接します。使命感とリーダーシップ力に長けているので、まばゆい才能は鮮明な輝きを放ちます。大きな力を持つ権力者の後ろ盾を得ると何事もコンスタントに。理想と夢に向かって、持ち前の創造性、指導力、統率力を思う存分発揮できれば、素晴らしい人生を手に入れることができるでしょう。

●ラッキーカラー　ミントグリーン

●パワーストーン　カットクリスタル

透明でピュアな美しい輝きを放つカットクリスタルは、古代から宗教儀式や呪術、治療などさまざまな用途で使われ、世界中の人々を魅了し続けてきました。そのカットクリスタルを身につけることで、思考をクリアに保ち創造力と直感力を高めてくれます。

●真言

のうまく　さんまんだ　ぼだなん　まぎゃのうきしゃたら　そわか

●有名人

井川遥、松任谷由実、工藤静香、鈴木京香、川島なお美、石野真子、ポール・マッカートニー、ＩＫＫＯ、徳永英明、西田敏行、沢村一樹、坂東玉三郎、北川悦吏子、志賀直哉、遠藤周作

●恋愛運の上昇時期

3月「親」、4月「栄」、7月「友」、8月「栄」、11月「親」です。自分の魅力に磨きをかけることで、より一層、オーラに輝きがあふれるときです。愛を深め、お互いに高め合える恋愛になるでしょう。

●恋愛運の下降時期

2月「壊」、10月「壊」、12月「衰」です。大胆な振る舞いや高慢な態度が原因となり、修羅場を迎えるかも。そんなときは、ひと呼吸おいて気を静め、感情をコントロールしましょう。日頃から自制心を鍛えておくことが必要です。

●仕事運の上昇時期

1月「危」、4月「栄」、6月「成」、8月「栄」、9月「危」です。金運上昇は5月「安」です。クリエイティブな能力が発揮できる時期。立案や企画が通り、交渉事も順調に進んで大きな成果をあげられ

るでしょう。

●仕事運の下降時期

2月「壊」、10月「壊」、12月「衰」です。能動的な行動が原因で、上司や同僚からバッシングにあい、火花が散るような暗示があります。そんなときは、深い呼吸を忘れずに、冷静な姿勢を取り繕い、受け身に徹してみる努力を。

●星宿の心得

夢と理想に突き進むあなたは、桁外れの持続力とパワーを持っています。その執拗さが対人面であらわれないように気をつけてください。裏切られたり、部下の失態があったときに柔軟な対応ができるように。

●星宿とのおつき合いのコツ

人生を積み上げるごとに磨き抜かれた燻し銀の存在

時間をかけて自分の夢や目標を実現させる思いが強いために、妥協することを嫌います。夢に共感してくれるベストパートナーや、目標に向かって二人三脚で前進してくれる人に出会うと心を開きます。働き者なだけに、年齢を重ねたなかで節目節目に経験してきたことは数多くあるはず。さまざまな実績を素直に認めて賞賛・評価されることを密かに期待しています。星宿の人が浴びる光が少しずつ強まるように協力してあげることが大事です。

張宿

ーちょうしゅくー

セルフプロデュース&プレイヤーの両方が得意

12宮	4区分（エレメント）	3区分（クオリティー）	10惑星
獅子宮4	火4	不動	太陽

●概要

十二宮の中では、絢爛豪華で誇り高い「獅子宮」に四足とも属しています。エレメントは、情熱的な自己表現を表す「火」です。クオリティーでは「不動」にあたります。惑星では、明朗快活を意味する「太陽」の影響を受けています。そんな27宿の中で、最も有形無形の「援助運」に恵まれています。

●基本的な性格

張宿生まれのあなたは、ドラマティックな生命力にあふれ、華がありゴージャス。細かなことにはこだわらない豪快な人です。そして、「張」の字が示すごとく、弓がしなるように、堂々と自分を主張します。その大胆で素直な振る舞いは、どこにいても主役の存在感を醸し出します。ときに、有頂天になりすぎて、まわりに与える影響を顧みず、暴君的な振る舞いで周囲を巻き込み騒動を引き起こしてしまうことも。

しかし、自己表現力や独特のトーク術に優れ、常にエネルギッシュで人を束ねる統率力も持ち合わせています。また、ここ一番の勝負運も強く、褒め称えられたり、持ち上げられると俄然頑張るでしょう。

●恋愛運

自分を飾る術に長け、贅沢が似合うあなたは、こせこせとした恋愛には縁がなく、劇的で刺激的な恋愛を好む傾向があります。また、ヒロイン願望が強く、多くの異性の注目を浴びチヤホヤされることで、その魅力を倍増していくでしょう。プレゼントやデートの内容で相手を測る癖があるので、その点には注意して。また、支配欲を抑えて多角的な視点を持つことも必要。相手の考えを受け入れ、自分にとって大切な人には充分な配慮を心がけましょう。

●家庭運

自立心旺盛なあなたは、自ら稼ぎ出す力があるため、なかなか結婚に踏み切ることができないかも。

持ち前のプラス思考を発揮しながら、家庭も仕事も意欲的にこなすことができます。また、結婚相手に対しても、身分や肩書きなどのステータスを重視する傾向が。意外に寂しがりやな面があるので、甘えたくなった時には意地を張らずに家族に相談しましょう。素直な気持ちを見せることが、円満な家庭を築く秘訣になるでしょう。

●仕事運

「獅子宮」に四足属する張宿は、計画したことは必ず実行に移し、創作活動に抜群の才覚を発揮します。社会の中で勝ち抜いていける能力があるので、リーダーとしての役割があります。人を集める能力があり、自己アピールが上手なので、クリエイティブな表現を通して、社会的な成功と栄光を手に入れる運の持ち主です。特に、人から注目を集める分野の仕事に向いていています。芸能関係・スポーツ界・政治界・プロデュース&ディレクション業務など、実力で勝負する世界に適性があります。また、大衆的なものや娯楽といったエンターテイメント業界も吉。

●金運

もっとも強い援助運を持つあなたは、周囲に気を配り人の面倒をよく見て、気前のよさを心がけることで人との結びつきがより強くなります。運にしても財産にしても、人に引き立てられ人から受け継いでいくタイプです。それゆえ、人と関わらない一人ギャンブルなどは衰運を招くので注意が必要。また、率直な言動と大胆な振る舞いが隠せないので、あなたを理解してくれる知的で穏やかな人と交流することで、持っている金運がさらにアップするでしょう。

●健康

張宿のあなたは、人体では「右肩」に当たります。人目を気にするあまり、常に緊張感が張りつめてしまい頑固な肩こり体質になっています。基本的には長寿ですが、自分の体力を過信する傾向があり、血行障害からくる高血圧・高脂血症などの生活習慣病に注意。また、中年以降に病を患うリスクが高いので、動脈硬化・くも膜下出血・心臓病などに注意が必要。

●ビューティー

張宿は「肩」こり体質なので、リンパケア、鍼《はり》、お灸などで、コリを解きほぐすことが大切。見られることに喜びを感じるビューティーの達人なので、普段から良い姿勢を心がけて。張りつめた毎日から、緊張を解きほぐすには、完全にプライベートな空間で、芯から身体を温めるサロンでのリラクゼーションがおすすめ。

●ファッション

人目を引くゴージャスさを漂わせた魅力があるので、女らしさ満点のオフショルダーがお似合い。肩見せファッションを思いっきり大胆に着こなすことができるでしょう。また、パーティーでは肩が出るほど大きく開いているイブニングドレスの胸元に、ダイヤモンドやスワロフスキー使いをすれば、魅力全開でひときわ目をひくことに。

●開運法アドバイス

開運成就の秘訣は、自分の魅力を表現すること。どんなときでも堂々と、自信を持って主張できるあなたなので、人から見られている意識を持って、内面も外面もさらに磨きをかけることが大事。光輝くように自分を表現することで、周囲からの賞賛を得られ、賛美の声を聴くことができます。そうすると、多くの人から有形無形のサポートを得て、輝きが増して運気も倍増するでしょう。

●ラッキーカラー　ゴールド、イエロー

●パワーストーン　サンストーン
太陽のエネルギーを放つサンストーンは、古代ギリシャでは太陽神として、また、インドでは哲学を司る石として重宝されてきました。そのサンストーンを身につけることで、自信と積極性が高まり隠れた才能を引き出してくれます。

●真言
のうまく　さんまんだ　ぼだなん　ほらは　はらぐのうきしゃたら　そわか

●有名人
小泉今日子、藤原紀香、芦田愛菜、西川史子、川原亜矢子、上原さくら、八千草薫、田村正和、渡部篤郎、松山ケンイチ、三浦春馬、向井理、ＤａｉＧｏ（メンタリスト）、安倍晋三、山本寛斎、東野圭吾

●恋愛運の上昇時期
3月「友」、11月「友」、12月「栄」です。直感でいいなと思う相手には大胆にアプローチしてＯＫ。この時期は、刺激的な恋愛を体験でき、劇的な展開に導かれるでしょう。

●恋愛運の下降時期
5月「衰」、7月「壊」です。相手を支配したい欲求が高まります。ワガママが出やすい時期なので、一方的に責めたり追い詰めたりしないことが大事。

●仕事運の上昇時期
2月「成」、6月「危」、10月「成」、12月「栄」です。金運上昇は、1月と9月の「安」の時期です。同僚や周囲に助けられサポートに恵まれます。実力も評価され仕事へのモチベーションが高まるでしょう。

●仕事運の下降時期

5月「衰」、7月「壊」、8月「命」です。仕事を抱え込みすぎて疲労困憊する時期。また、独断で突っ走らないように注意して。そんなときは、身体の中心に太陽の光をイメージしましょう。

●張宿の心得

輝く自分を無意識に自己表現できてしまうあなたは、天性の演出家。人に見られている意識が強すぎて緊張が高まると、まわりの人まで安らげない気持ちにさせてしまいがち。ときには、心をゆるめて相手にスキを見せてしまうこともありです。

●張宿とのおつき合いのコツ

セルフプロデュース&プレイヤーの両方が得意

個性的で大胆な振る舞いが目立ちます。しかし、その裏ではしっかり準備することを忘れず、周囲への気配りも怠りません。繊細な心を持っているので、張り詰めた心の糸を優しくゆるめてくれる人、安らぎを得られる人に出会ったときに運命を感じるはず。小さなことに動じない大らかな対応に弱く、幼馴染みや年齢差のある人はお気に入りのはず。一緒にいてホッとする関係を好みます。

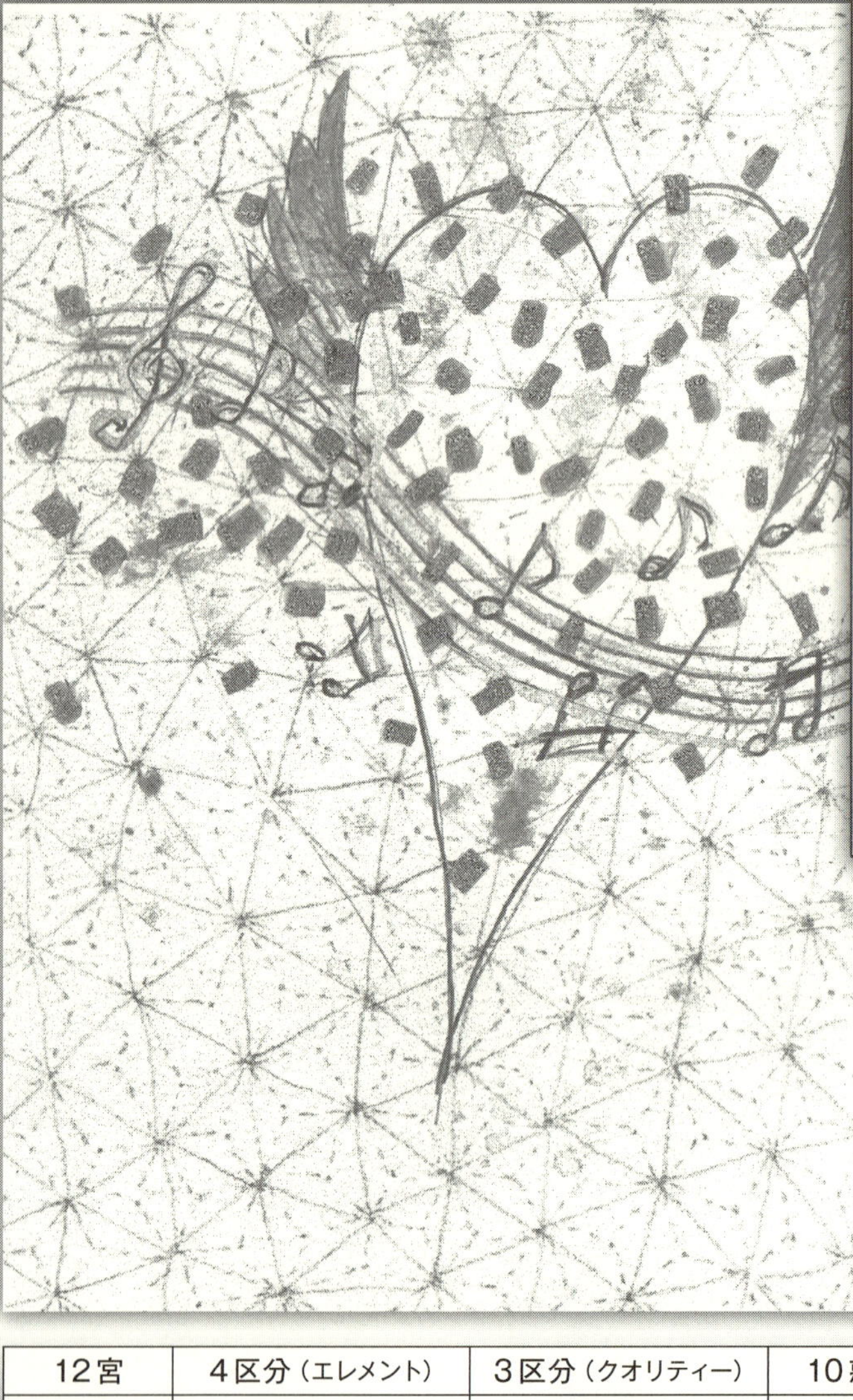

翼宿

―よくしゅく―

羽ばたく使命を持って活躍する人

12宮	4区分（エレメント）	3区分（クオリティー）	10惑星
獅子宮1	火1	不動	太陽
女宮3	地3	柔軟	水星

●概要

十二宮の中では、大胆不敵で度胸の据わった「獅子宮」に一足、思索力と秩序的な面を持つ「女宮」に三足属し、この二つの宮の影響を受ける宿です。エレメントは、情欲的な「火」と実質的な「地」を表し、クオリティーでは「不動」と「柔軟」にあたります。

惑星では、エネルギーの源である生命力を表す「太陽」と、友好的で知性と表現を示す「水星」の影響を受けています。そんなあなたは、27宿の中でもっとも強い「海外運」に恵まれています。

●基本的な性格

翼宿生まれのあなたは、物事の本質を見抜き正義感と強い意志で信念を貫きとおします。「翼」の字が示すように、遠い所へ飛んでいく、羽ばたく強さとやり抜く自信を持っています。コツコツと積み上げられた風格と威厳が備わり、我慢強くゆっくりペースで進める頑固一徹が、ときに、強引でワンマンに見えるでしょう。もともと才能に恵まれ、海外に縁があります。音楽や映画、華やかなものが大好きなエンターテイメント性も備わっています。また、スケールの大きい理想や夢に現実の歯車が合わず葛藤し、どうでもいいようなことに労力を費やしてしまうことも。

●恋愛運

しなやかで若々しいあなたは、異性からの憧れの的になりやすくモテるタイプです。ときとして、外堀を埋めてから行動に移す冷静な一面があります。しかし、ひとたび恋愛に発展すると支配的傾向が。愛する人の些細な欠点に目くじらを立てたり、行動に注文をつけたりしないこと。また、恋愛に対して、気恥しさが働いてしまいがちなので、素直な気持ちで接しましょう。年下の異性のほうが気軽につき合えて意外とうまくいく暗示が。

●家庭運

理想主義を押しとおすあなたは、望みがかなり高いので、ご縁があるまで多少の時間がかかることも。しかし、かかった分だけ、良い相手に巡り合えるでしょう。理想を実現させるパワーがあるので、家庭も安泰で子供ができれば子煩悩ぶりを発揮。しかし、完璧を目指すあまり張り詰めた空気が漂って、家族の気持ちが散り散りになる危うさも。常に気持ちに余裕を持つことができれば、ゆったりとした明るい家庭を築くことができるでしょう。

●仕事運

「獅子宮」に一足、「女宮」に三足属する翼宿は、人目を引く存在感と、物怖じしない度胸があるため社会の中で勝ち抜いていけるでしょう。着々と堅実に目標を実現させ、緻密な頭脳プレイのできる人です。プランニング業・コンサルタント業・教育関係・出版関係・医療衛生・看護士・薬剤師・秘書に適性があります。「海外運」を活かすのであれば、貿易関係・翻訳・語学関係も適職です。交通機関・情報関係も吉。

●金運

好奇心旺盛なあなたは、お金よりも自分が興味を持つことが優先され、自分がどれだけの成長と達成感を得ることができるかを重視する傾向が。そんな訳で、お金のこととなるとわりと無頓着で興味のあることだけに使いすぎるようです。また、意欲的に仕事に取り組み、完璧を目指す姿勢はあなたの美徳ですが、ときには、情緒豊かな人物との交流が大事です。相手の会話術を取り入れると人間関係が円滑になって、人脈も広がり自分の成長と金運上昇にもつながっていくでしょう。

●健康

翼宿のあなたは、人体では「左肩」にあたります。不慮の事故による肩の脱臼などに注意が必要。無理を重ねると、肩こりに悩まされ、疲労や精神的なストレスが元になって動脈硬化・高血圧や血行障害からくる心臓病を患いやすくなる他、肝臓・すい臓・胃腸などにポリープや腫瘍ができてしまう危険もあります。定期的な検診を忘れずに。

●ビューティー

翼宿には「肩」こりの人が多いので定期的なマッサージが必要。ストレス解消にはリラクゼーションが一番。思い切ってエステの全身コースに入会するのも効果的。また、ビューティーケアを目的とした海外の旅行も運気アップになるでしょう。

●ファッション

まるで少女のようなセンチメンタルでロマンティックなスタイルがおすすめです。たとえば、ギャザーやフレアのスカートに大きなリボンなどデコラティブを施した装い。または、大胆な肩見せやワンショルダーのシャーリングワンピースもお似合いです。また、優等生的な面も秘めているので、コンサバティブスタイルの雰囲気も存在感が増すでしょう。

●開運法アドバイス

開運成就の秘訣は、想像力を思う存分に働かせること。自分の理想を追い求め、自分のなりたい人物像を心の中に保ち続ければ、イメージ通りの人生に。物づくりなどクリエイティブな活動も運気の底上げになります。そうしたことが感性を刺激して、新たなチャンスへとつながるでしょう。また、恵まれた才能を活かし、人を束ねていく統率力を発揮することも大切です。

●ラッキーカラー　コバルトグリーン

●パワーストーン　カーネリアン

エネルギッシュな輝きを放つカーネリアンは、古代エジプトでは幸運を呼ぶ石、心臓を守る石として身につけられていました。ツタンカーメンの装飾品として発見されています。宝石好きで知られるナポレオンは八角形の印章を身につけていました。そのカーネリアンを身につけることで、活気と生命力があふれ創造性を刺激します。

●真言

のうまく　さんまんだ　ぼだなん　うったら　はらろぐ　のうきしゃたら　そわか

●有名人

剛力彩芽、真矢みき、蒼井優、木村佳乃、桐谷美玲、堀北真希、長澤まさみ、夏木マリ、舘ひろし、亀梨和也、GACKT、二宮和也、桑田佳祐、佐藤浩市、野口英世、黒澤明、シャーリー・マクレーン

●恋愛運の上昇時期

4月「親」、5月「栄」、8月「親」です。異性からの憧れの的になりやすくモテ期に突入します。イメージチェンジを試みると魅力がグンとアップするでしょう。

●恋愛運の下降時期

1月「衰」、3月「壊」、9月「衰」、11月「壊」です。愛する人に対して、批判モードにスイッチが入ります。取るに足らないことに目がいき過ぎてしまい、厳しく責めたてることがないように注意して。

●仕事運の上昇時期

2月「危」、5月「栄」、7月「成」、10月「危」、12月「業」です。金運上昇は、6月「安」です。

自分の理想が叶う時期です。信念を貫きとおすことで、新たなチャンスや才能が開花され、目標が達成されるでしょう。

●仕事運の下降時期

1月「衰」、3月「壊」、9月「衰」、11月「壊」です。

不本意な立場に追いやられたり、予定通りにコトが運ばず、八方塞がりで、理想と現実の歯車がかみ合わなくなるでしょう。そんなときは、天に意識を向けてチャネリングを。

●翼宿の心得

高い理想と何事も完璧でなくてはならないという威風堂々とした姿が似合うあなたです。だからこそ、どことなく高い位置から物事を捉えて伝えたり、上から目線での物言いをしないように注意が必要です。公平な目線を忘れずに相手と会話のキャッチボールをするように心がけましょう。

●翼宿とのおつき合いのコツ

羽ばたく使命を持って活躍する人

高い視点から物事の全体を見ながら観察眼を持って思慮深く行動します。大きな翼を使って力強く羽ばたきますから、どんな環境でも自分の存在感をキープします。一見ソフトで癒し系に見えますが、なかなか本心を見せないかも。翼を持っているだけに捕まえようとするとスルっと逃げてしまうところがあります。一緒に飛び回るか、一定の距離を置いて待つのか、気ままな行動にも寛容な態度が必須です。

軫宿

―しんしゅく―

交際上手で動きながら決断できる技の持ち主

12宮	4区分（エレメント）	3区分（クオリティー）	10惑星
女宮4	地4	柔軟	水星

●概要

十二宮の中では、考察力に優れ実務的で執着心のある「女宮」に四足とも属し、エレメントは、実直で粘り強い「地」を表し、クオリティーでは「柔軟」にあたります。惑星では、巧みな言語能力を示す「水星」の影響を受けています。そんなあなたは、27宿中もっとも「海外運」と「社交運」に恵まれた宿です。

●基本的な性格

軫宿生まれのあなたは、静寂さを秘めた気配りでどこか落ち着きのあるムードを醸し出し、精神性が高く、純真な心の持ち主です。そして、「軫」の字から連想される車のように、どんなこともスピーディーに進める能力があり、頭の回転も早く、臨機応変に対応します。会話術もあり、社交的に振る舞う行動力もありますが、ときに、批判力がありすぎる面も。しかし、細かなことによく気づき、何事も器用にテキパキとこなし、縁の下の力持ち的存在になることも。また、物事を徹底的に分析したり解析する真理を探究する力が備わっています。

●恋愛運

心の底からあふれ出る愛情を恋の場面で表現したいと願うあなたは、恋をせずには生きてはいけないタイプです。社交的で、清楚な雰囲気を備えたフェミニンなあなたは、好きな相手には甲斐甲斐しくサポートしますが、湧き出る愛情を一人の相手にだけ注ぐのは苦手。また、嫉妬がもとで自分からややこしい三角関係を作ってしまうことも。双方の理解が深まるまでは、はやる気持ちを抑えることが大事です。ターゲットをひとつに絞って細やかな気遣いを心がけ、相手の要求や欲望を満たしてあげることに専念しましょう。

●家庭運

とても謙虚で控えめなあなたですが、冷静な目で相手を観察してしまうので、人生経験を積んでから の晩婚が吉と出ます。そして、結婚しても出すぎず一歩引きながら静寂な魅力を失わずにいられるでしょう。細部にわたりよく気がつき、手先の器用さで、家事全般をスムーズにやり遂げます。ただ、鋭く「物申す」言動は、家族の心にグサッと突き刺さることも。しかし、努力を惜しまないあなたなので、理想どおりの家庭を築けるでしょう。

●仕事運

「女宮」に四足属する軫宿は、緻密な思考と冷静な判断力で人生の設計図を正確に描く能力があります。奉仕の精神と実務能力を活かせる仕事に向いています。情報処理能力に優れる「社交運」と物を遠くに運ぶ「海外運」の持ち主です。プランニング業・教育関係・出版関係・コンサルタント・秘書・執筆業、通信・情報関係・交通機関・旅行関係に適性があります。女性の気持ちをつかむ、美容業界・ファッション業界も吉。

●金運

きちんとしたあなたは、家計簿を使うなど優れた分析力と手堅い面が見られます。決して、過剰なしまりやではなく、人への感謝を形にしてさりげないプレゼントや気遣いもできる良識のある人。ただし、執着心があるのでギャンブルは関わらないほうが。さらに、どんなに親密な仲であっても金銭の貸借は回避が無難です。何事においても正確ですが、燃えるような野望で引っ張ってくれる人物との交流で、眠っていた新たな技量が見いだされ金運が上昇するでしょう。

●健康

軫宿のあなたは、人体では「てのひら」と「手先」にあたります。指先のケガや手荒れには注意が必要です。知らない間に溜まった疲れやストレスから免疲力が落ち、風邪やウイルス性の感染症・神経性胃炎・腸内のポリープ・不眠症などになりやすいので用心しましょう。女性は生理不順や婦人病全般など、体のあちこちに症状としてあらわれてしまう傾向が。

●ビューティー

軫宿は「手先」のケアが大事。ストーンやラメ入りのネイルやジェルネイルなどのアートで華やかな指先を演出しましょう。また、甘皮やハンドトリートメントで手荒れのない、柔らかで艶のある手が保たれると気分もすっきり。ときには、教会・神社・仏閣など神聖な場所に行くことで、精神と肉体も浄化されて安らぐことができるでしょう。

●ファッション

清楚な雰囲気が漂うフェミニンなイメージのあなたは、流行に敏感なタイプ。女性らしい優しさをディテールに取り入れたスタイルがお似合いです。たとえば、襟足や袖に、和柄やレースなどのあしらいがおすすめ。そこに、指輪やブレスレット、そして繊細で女性らしい腕時計もコーディネートしましょう。

●開運法アドバイス

開運成就の秘訣は、物事を深読みし過ぎないこと。それには、最先端の情報をキャッチし続けることです。繊細で鋭い感受性を持ち合わせているあなたですが、もうひとつ、野望に燃える気持ちを持つことが開運の秘訣です。そして、向上心を失わずに、好奇心を持ち続けていくことで、秘められた新たな才能が開花していくはず。それが引き金となって運気がアップしていくでしょう。

●ラッキーカラー　アースカラー

●パワーストーン　ソーダライト

霊的な輝きを放つソーダライトは、魔除けの力を持つ石として、ラピスラズリのように古来より重宝されてきました。そのソーダライトを身につけることで、潜在意識と顕在意識を調和させ、理論と直感を統合させます。さらに、サードアイを刺激し深い瞑想状態に入る手助けをします。

●真言

のうまく　さんまんだ　ぼだなん　かしゅた
のうきしゃたら　そわか

●有名人

天海祐希、上戸彩、松雪泰子、多部未華子、磯野貴理子、秋野暢子、桐谷健太、高橋英樹、大槻ケンヂ、有吉弘行、佐藤健、哀川翔、家田荘子、小沢一郎、三池崇史

●恋愛運の上昇時期

1月「栄」、4月「友」、8月「友」、9月「栄」、12月「親」です。持ち前の社交センスが輝く時期。その振る舞いが異性からは魅力的に映ります。そして、心配りや気遣いが伝わって、心が休まるような温かい恋愛に進展していくでしょう。

●恋愛運の下降時期

6月「衰」です。重箱の隅をつつくように相手の欠点を執拗に批判してしまうかも。恋のもどかしさに気持ちが落ち着かず、心もとなくなって、鬱々《うつうつ》とする日々が続く暗示が。そんなときは、天を仰ぎ、恋の守護天使の声に耳を傾けてみましょう。

●仕事運の上昇時期

1月「栄」、3月「成」、7月「危」、9月「栄」、11月「成」です。金運上昇は、2月と10月の「安」です。さりげない気配りと社交性を活かせるとき。そして、新たな才能が開花され、思わぬギフトを手に入れることができるかも。

●仕事運の下降時期

6月「衰」です。思わぬアクシデントが生じて、仕事が滞り、焦燥感に駆られる兆しがあります。特に、通信や情報関連のトラブルに注意。どんなときも焦らず、心に余裕を持って「時の流れ」に委ねてみましょう。

●軫宿の心得

自分では控えめと思っていても、人を立てるさりげない会話力で、相手を気持ちよくさせるワザを持っているあなたです。そのコミュニケーション能力は存分に人を惹きつけます。無欲であればあるほど、あなたの天性は生かされるはず。我が強くでると反対の結果になることも。

●軫宿とのおつき合いのコツ

交際上手で動きながら決断できる技の持ち主

女性的な感性が強く、ソフトな印象で人に合わせながら縁の下の力持ちになる人です。従っているようでやんわり仕切り上手な秘書的存在。仕事も遊びも動き回りながらコミュニケーションを図れれば充足感を得られます。尽くすことが好きなので、必要とされたり頼られると俄然、張り切ります。そして、受け入れるのも自然体。ゆっくり話す時間をとると宝物を得た気持ちになれるはず。

角宿

―かくしゅく―

「楽しい・面白い・うれしい」の遊び心満載が大好き

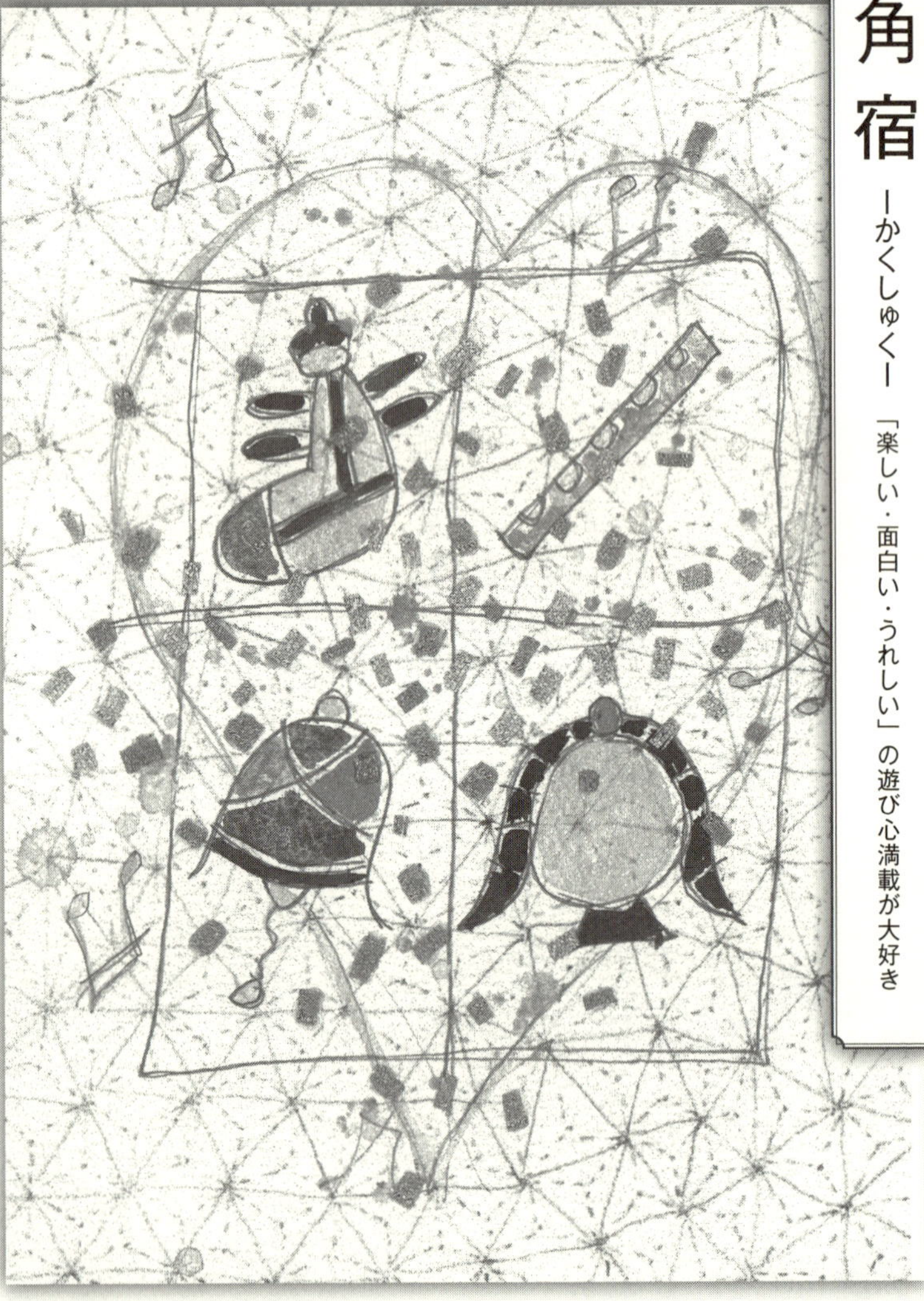

12宮	4区分（エレメント）	3区分（クオリティー）	10惑星
女宮2	地2	柔軟	水星
秤宮2	風2	活動	金星

●概要

十二宮の中では、細やかな実務能力に優れた「女宮」に二足、バランス感覚と美的センスにあふれる「秤宮」に二足属し、この二つの宮の影響を受ける宿です。エレメントは、真面目でひたむきな「地」と、ご都合主義的な「風」といった相反する二面性を持ち合わせています。クオリティーでは「柔軟」と「活動」にあたります。惑星では、交友と知性を示す「水星」と、愛と平和を意味する「金星」の影響を受けています。そんなあなたは、「財運」と「ビジネス運」上々の宿です。

●基本的な性格

角宿生まれのあなたは、外見はオシャレ上手で華やかさを持っている人です。そして、内面は永遠に純粋な少女の心を持ち続けます。「角」の字は、かど、すみ、つの、といった、緻密で頭の回転が早いことを意味します。神経質な面が出すぎると、厳しく叱りつけるなど、あれやこれやうるさく言いすぎる面があるようです。しかし、楽しいことが大好きで趣味も豊富で、手先も器用。目上の人から可愛がられ、年下には慕われる人気運があります。持って生まれた器用さを活かしながら、エネルギッシュに行動しましょう。そして、何かの技を磨くことで運が開けていくタイプです。

●恋愛運

洗練された立ち居振る舞いを身につけているあなたは、自分の魅力を理解しているので、気のある異性の心をさりげない素振りで惹きつけることができます。そして駆け引きも上手です。しかし、ムードや誘惑に弱く「楽しくなければ恋愛じゃない」と、次から次へと相手を変えて、表面的な関係しか築けないことも。見返りを求めず相手のために尽くすことを心がけて。そうすれば何倍にもなって愛の恩恵が返ってくるでしょう。また、あなたが間違った方向に進んだとき、きちんと叱ってくれる相手を選びましょう。

●家庭運

こまかい気遣いができるあなたは、結婚運が良く、異性を惹きつける魅力があります。そのことから早婚の方が吉。そして、天性の器用さを活かして男女ともに家事全般をそつなくこなします。しかしながら、人や物への好き嫌いがあらわれて、ワガママが出すぎてしまうと、家族に精神的な負担をかけてしまう傾向も。家族の言葉に耳を傾けるよう心がけましょう。そうすることで、屈託のない笑顔のあなたを中心とした明るい家庭へと導かれます。

●仕事運

「女宮」に二足、「秤宮」に二足属する角宿は、奉仕の精神があり、与えられた仕事を勤勉にこなす実務能力に長けています。また、社交的なセンスとバランス感覚があるので、交渉を必要とする分野の仕事に向いています。「ビジネス運」を持つあなたは、美的感覚が優れているので、ファッション業界・美容業界・芸術分野に適性があります。そつのない社交性を活かし、外交分野・司法関係・娯楽関係も吉。

●金運

遊び好きなあなたですが、持ち前の財運のおかげで、散財に明け暮れることはめったにありません。しかし、お金が入るなり使ってしまうだけでは運気もダウンしがち。また、社交的ですが、見た目で人や物事を判断してしまう傾向があるので、フラットな考えを持つ人物との交流がふさわしいです。そうすると、相手の考えを尊重し、試練も乗り越えながら、さらなる金運アップが望めるでしょう。

●健康

角宿のあなたは、人体では「顎（あご）」にあたります。頭や顔にまつわるケガに注意。風邪や肝臓機能の低下など、免疫力不足が引き起こす病気には用心。気疲れからくる神経性胃腸炎・自律神経失調症・ストレス発散の過食が肥満体質になって生活習慣病を招くことにも。また、腰痛に悩まされる事もあります。

●ビューティー

角宿はスッキリした「あご」とフェイスラインを維持することが大切。顔全体の表情筋を鍛えるエクササイズや二重あごを防ぐフェイスマッサージやローラーなどでリフトアップを。ストレス発散には大自然と触れ合う気分転換がおすすめ。栄養バランスに気をつけて、ときにはデトックスも必要かも。不眠を感じたらラベンダーのアロマが安眠に導いてくれるでしょう。

●ファッション

美的感覚が鋭く流行にも敏感なので、優雅で洗練されたスタイルがお似合い。その装いの中にフリンジ、ビーズ、刺繍などをあしらったファッションがおすすめ。そして、自分のフェイスラインの形にあった襟のスタイルを選んで、あご先をスッキリさせることがポイント。また少女の心を失わないピュアなハートの持ち主なので、ときには、ショートパンツにローファー、ニットキャップなどと合わせて乙女チックな演出も。

●開運法アドバイス

開運成就の秘訣は、美容と健康に目を向けること。そして、持ち前の温かく包み込む大らかさをアピールしましょう。自分の存在価値を意識して、美と健康を探求する心を持つと、人生の価値観が見いだせるはず。そして、周囲を明るく照らすムードメーカーに徹すると、いつしかあなたをバックアップしてくれる人が現れます。その結果、運が大きく開花していくことでしょう。

●ラッキーカラー　ピンク

●パワーストーン　ピンクオパール

希望に満ちた輝きを放つピンクオパールは、古代ローマでは「神の石」とも呼ばれ、魔術的なパワーがある上質な石として扱われてきました。そのピンクオパールを身につけることで、神秘的なビジョンやインスピレーションを呼び起こします。

●真言

のうまく　さんまんだ　ぼだなん　しったらのうきしゃたら　そわか

●有名人

松下奈緒、水野美紀、広末涼子、友近、トリンドル玲奈、SHELLY（シェリー）、市川猿之助、加瀬亮、玉置浩二、オダギリジョー、いしだ壱成、水嶋ヒロ、要潤、石川啄木、横尾忠則、田中眞紀子

●恋愛運の上昇時期

5月「親」、6月「栄」、12月「友」です。知的な会話術とセンスが光る振る舞いに磨きがかかります。この時期は理想的な異性に出会う確率が高く、相手の心を射止めることができるでしょう。

●恋愛運の下降時期

2月「衰」、4月「壊」、8月「壊」、10月「衰」です。優しくしてもらいたいという気持ちが強まります。この時期の恋愛は、熱しやすく冷めやすい恋になる暗示。そんなときは、恋愛は別の方向にフォーカスしましょう。

●仕事運の上昇時期

1月「業」、3月「危」、6月「栄」、11月「危」です。金運上昇は、7月「安」です。持ち前の洗練された美意識を思う存分活かすことができます。大きな引き寄せが生じる時期なので、念願の地位・ポジションや仕事を任されるなど、嬉しい誘いが増えるでしょう。

●仕事運の下降時期

2月「衰」、4月「壊」、8月「壊」、9月「命」、10月「衰」です。ストレスが原因で相手に対して辛《しん》辣《らつ》な批判や容赦ない指摘をして、自己嫌悪に陥ってしまう暗示があります。そんなときは、負の感情エネルギーを手ばなし浄化させましょう。

●角宿の心得

気難しさと遊び上手の二面性を秘めているあなたです。場の雰囲気を和らげたり、集まった人を喜ばせたり、人を楽しませる天性の持ち主。気難しさが目立つときは、嫌悪感が顔に出てしまっていますから、相手の状況や気持ちを察する思いやりを持ちましょう。

●角宿とのおつき合いのコツ

「楽しい・面白い・嬉しい」の遊び心満載が大好き

とにかく明るくフレンドリーなので、軽く声をかけるとすぐに心を開いてくれるはず。常に明るい態度で接することがポイントです。好き嫌いがはっきりしているので、気持ちをこじらせないように雲行きが怪しくなったときは即フォローして、ケアを万全に。自分にないモノを相手に見出すと羨望の眼差しを向け、自分のアドバイザーとして認知してくれるはず。

亢宿

ーこうしゅくー

価値観を貫いて既成の概念や権威に立ち向かう統率者

12宮	4区分（エレメント）	3区分（クオリティー）	10惑星
秤宮4	風4	活動	金星

●概要

十二宮の中では、美的感性が高く、均衡感覚に優れた「秤宮」に四足とも属しています。

エレメントは、豪傑論破の「風」を表し、クオリティーでは「活動」にあたります。惑星では、美的意識に優れ、気高い品位を示す「金星」の影響を受けています。

そんなあなたは、27宿の中でもっとも物事を統括する事に優れた「頭領運」の持ち主です。

●基本的な性格

亢宿生まれのあなたは、正義感が強く、主義を押しとおす強情さと共に、軽やかな立ち居振る舞いで都会的センスが光る社交的な人です。そして、「亢」の字は、あらがうという意味も含み、権威や権力に抵抗する、反骨精神の旺盛さを表しています。表向きは清廉潔白で品行方正に見えますが、内面は過剰な虚栄心と気取り屋な一面も。しかし、真面目で不正が大嫌いな面が強く、公平な判断力と抜群のバランス感覚に長けています。また、統括力とリーダー的資質があり、得意とする調整能力を発揮しながら、人間関係の幅を広げていくことができるでしょう。

●恋愛運

あなたは、優雅でスマートな恋愛を好む傾向があります。情熱的な恋愛をしたい願望はあるのに、世間体を気にしてしまうことが多いようです。社交的で洗練されたセンスがあり、絶妙なバランス感覚のあなたは、人と人を引き合わせることが得意なので、恋のキューピッド役になることも多いはず。ドロドロした関係や情欲的な恋愛とは無縁です。パッションを前面に出して、本命の相手には、本心を打ち明ける勇気をもちましょう。

●家庭運

理想と夢を追いかけ、自分の信念を貫くあなたは、結婚というスタイルに制約されたくない気持ちが強くあります。それゆえ生涯独身を貫きとおす人も多いでしょう。正しいと思うことをストイックに押しとおして生きているので、家庭の中でもなかなか妥協できずに葛藤を繰り返します。そのことから、結婚という価値観で縛られずに、気持ちの大きなパートナーがそばにいることが大事かも。それによって、心の安定が保たれて絆が深まります。

●仕事運

「秤宮」に四足属する亢宿は、バランス感覚に長け社交的なので、人と人の架け橋になる役割があります。交渉を必要とする仕事、自分のセンスを活かしながら美と調和を作り出す分野が向いています。モチベーションも高く、強い「統領運」を持つあなたは、警察関係・裁判官・芸術分野・ジャーナリストに適性があります。その他に、金融関係・経理関係も吉。

●金運

金銭面に関しても、抜群の調整力を発揮します。支出入もきちんと行い、金銭の貸し借りにも縁がありません。そしてギャンブルに対してもリスクの高さが気になって、たとえ手を出しても本気にはなりにくいでしょう。ただ、財運はわりとあるのに、活用方法がパターン化しているため、お金の運用に長けた人物と交流するのが得策。そうすると、バリエーションが増えて効率的にお金を殖やすことができるでしょう。

●健康

亢宿のあなたは、人体では「胸」に当たります。免疫力が弱く細菌やウイルスへの耐性があまりないことから、風邪・肝機能障害・心臓疾患・肺疾患・喘息など、呼吸器系に注意しましょう。また、しつこい腰痛や痔、大腸の病気が発症することも。お酒の飲みすぎは体のためになりませんので要注意です。

●ビューティー

亢宿は「大胸筋」を鍛える効果的なバストアップエクササイズを取り入れましょう。左右のバストトップが理想的な位置に近づくと、均整がとれて美しさがアップします。また、心にゆとりを持って、日頃から健康を気にかけることが大切。ときに、無音のシチュエーションに身を置いて、じっと自分の鼓動に耳を澄ませ、瞑想することも大切でしょう。

●ファッション

表向きは品行方正、内側はアグレッシブなタイプなので、身のこなしをエレガントにみせる優雅なスタイルがおすすめ。ブラはエレガントなレースづかいがおしゃれです。また、バストを強調した胸元が大きく開いたカットソーや、ときには、大胆にボディコンもおすすめ。胸元にはポジティブな輝きを放つペンダントが似合うでしょう。

●開運法アドバイス

開運成就の秘訣は、人と人をつなぐ役に徹すること。そうすることで、あなたのまわりには多くの人が集まり、社会的地位も上昇するはず。また、統括的な資質のパワーをポジティブに活用することが秘訣。すると、友好的で平和主義の考えが活きてきて、運気上昇の人生に。そして、魅せることを意識してセンスの良さを磨くと、幸運の扉が開かれていくことでしょう。

●ラッキーカラー　ラベンダー、ローズ

●パワーストーン　ラベンダーアメジスト

ポジティブな輝きを放つラベンダーアメジストは、古来より、濃いアメジストと同様に素晴らしいエネルギーを持ち、ヒーリングの分野でも人気がありま す。そのラベンダーアメジストを身につけることで、優しい波動で緊張を和らげ、高い領域の淡いパープルの波動が目に見えないエネルギー体を癒します。

●真言

のうまく　さんまんだ　ぼだなん　そばていのうきしゃたら　そわか

●有名人

神田うの、竹内結子、小倉優子、相田翔子、益若つばさ、真木よう子、安住紳一郎、コロッケ、福山雅治、唐沢寿明、石原裕次郎、イチロー、三島由紀夫、山田洋次、小泉純一郎

●恋愛運の上昇時期

1月「親」、2月「栄」、5月「友」、9月「親」、10月「栄」です。持ち前の調整力が発揮できる時期です。何事もプラス思考で挑めば、棚からぼた餅のような恋のチャンスが舞い込むでしょう。

●恋愛運の下降時期

7月「衰」、12月「壊」です。優柔不断になったり、刺激的な恋を求めたり、危険な恋の香りに魅かれてしまう、注意信号の暗示があります。七色のチャクラに意識を向けて、冷静な判断をあおぎましょう。

●仕事運の上昇時期

2月「栄」、4月「成」、8月「成」、10月「栄」です。金運上昇は、3月と11月の「安」です。手にしたい仕事が目の前に運ばれてくるなど、既成概念を打ち破る革新的アイデアで業績がアップされることでしょう。

●仕事運の下降時期

7月「衰」、12月「壊」です。上司や同僚の権力に抵抗したくなる気持ちが強まります。意地になって、仕事が停留し収拾がつかないことに。抗う気持ちを抑え、この時期は「成長の時」と心に念じましょう。

●亢宿の心得

物申すという反骨精神と筋金入りの強さを持っているあなたです。筋が通っているので見ていて気持ちがよい反面、それを面白く思わない人も周囲にはいることを忘れずに。物申す前に相手の意見も聴き入れる柔軟性を持ちましょう。

●亢宿とのおつき合いのコツ

価値観を貫いて既成の概念や権威に立ち向かう統率者

自分を押し通したい負けず嫌い。「苦手かも」と思う人でも必要ならきちんとつき合える心の広さと人間力があります。意外と一人ぼっちが苦手なところがあり、コミュニティーづくりが大好きです。かまってチャンなので、尽くしてくれる相手には安らぎを覚えて心を開いてくれます。

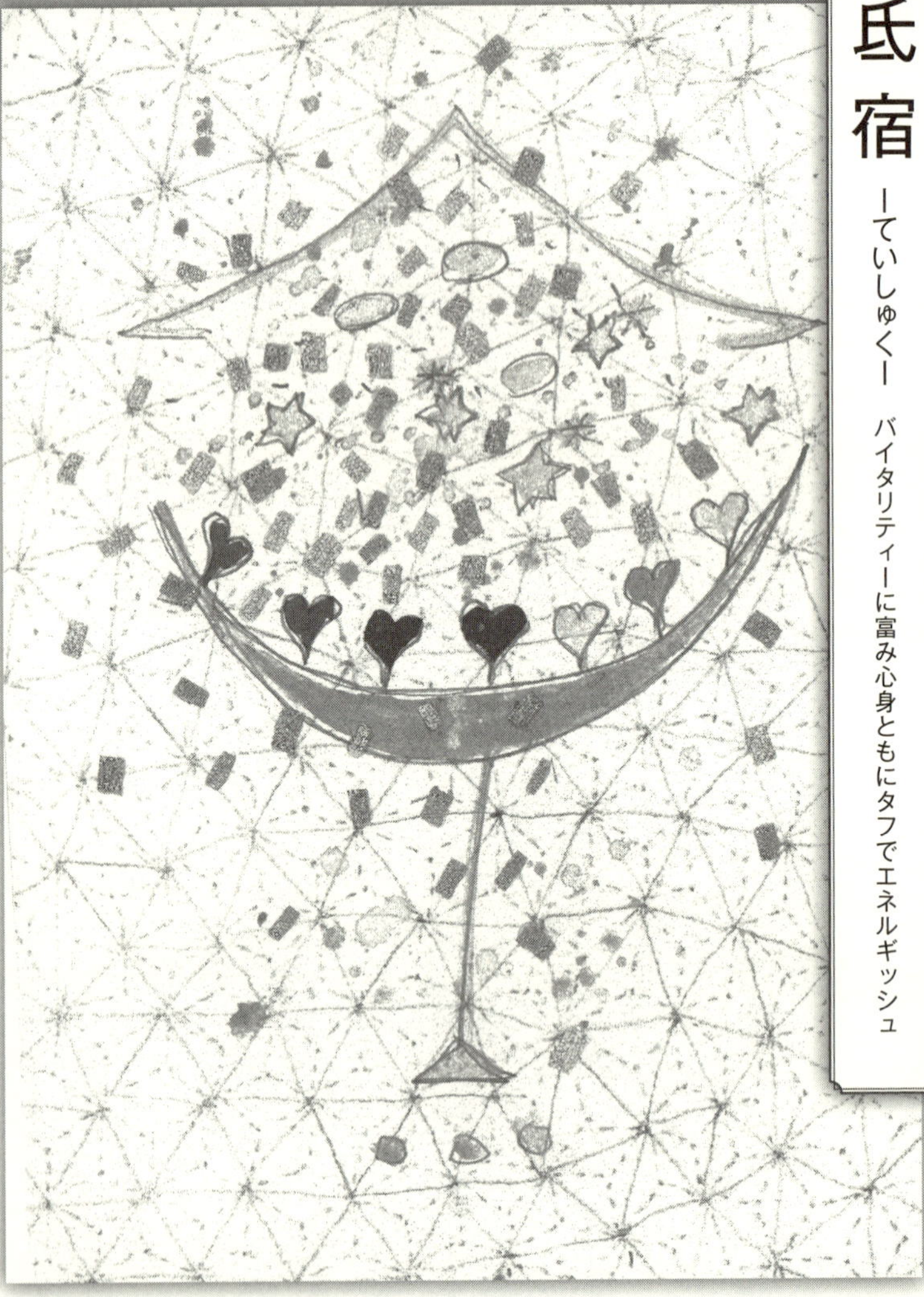

氐宿

―ていしゅく―

バイタリティーに富み心身ともにタフでエネルギッシュ

12宮	4区分（エレメント）	3区分（クオリティー）	10惑星
秤宮3	風3	活動	金星
蠍宮1	水1	不動	冥王星

●概要

十二宮の中では、美的感覚と調整力に優れた「秤宮」に三足、徹底的にプロ意識を極める「蠍宮」に一足属しており、この二つの宮の影響を受ける宿です。エレメントは、軽やかな「風」と情念的な「水」の要素を持ち合わせます。クオリティーでは「活動」と「不動」にあたります。惑星では、美的センスと気高い品位を示す「金星」と、内に秘めた情熱と諦めずに復活する底力の「冥王星」の影響を受けています。そんなあなたは「人気運」と「物質運」の強い宿です。

●基本的な性格

氐宿生まれのあなたは、表面は穏やかでソフトに見えますが、持ち前の粘り強さと勝負強さで、一旦決めたことはどんな逆境にあってもやりぬく人です。そして、「氐」の字から連想するように、底力があり、バイタリティーに富み、精神的にも肉体的にもエネルギッシュで豪快さがあります。強がりで一本気、そして人情味のある性格なので、相手が裏切る行動をとると、復讐心に燃え執念深いところも。押しが強くハッタリも利かすけれど、どこか憎めない愛嬌が魅力でもあります。また、先見の明もあり、野望が強く、決断後の行動はズバ抜けて早いので、必ずや目標を達成するでしょう。

●恋愛運

恋愛に対してとても情熱的なあなたは、ひとたび誰かを愛したら一生かけてどこまでも愛を貫こうとする傾向があります。愛の欲望が強く情熱的なので、一体感を求めるあまり、相手を精神的にも肉体的にも束縛する傾向も。安定よりも刺激を求めるタイプなので、リスキーな恋愛に発展しやすいでしょう。また、心から尊敬できる相手を選ぶこと。また、一方的に思いを募らせたり、相手を追い込んでしまっては、悲恋を味わうことになるので要注意。

●家庭運

押しが強く、豪快で太っ腹なあなたは、大きな野望を秘め、束縛を嫌う傾向が強いので、家庭の中だけに収まりきらないでしょう。何事も、やりぬく底力があるので、余るエネルギーを家庭に向けて、家族を支える大黒柱となります。人情味と愛嬌があって、アメとムチの使いわけも上手なあなたですが、人の言うことを聞かない強引な面があるので注意が必要。家族との何気ない意思疎通や、他愛無い会話を怠らないようにしましょう。

●仕事運

「秤宮」に三足、「蠍宮」に一足属する氐宿は、流行と人々のニーズを敏感にキャッチして、美と調和を作り出す感覚に優れています。また、本物志向の審美眼を持ち、各分野のエキスパートになる力が備わっています。「人気運」を持つあなたは、人づき合いのセンスに長け、人脈作りにも抜群な能力を発揮するので、ファッション業界・芸術分野・マスコミ業界に適性があります。その他に、外交官・裁判官も吉。

●金運

バランス感覚の優れたあなたですが、お金のこととなると、気性の激しさが極端にあらわれます。特にギャンブルとなると、目の色が変わる傾向が。勝負運に恵まれ、引き時もわかっているので、慢心に注意しながら一歩引けるようになれば運気はさらにアップ。他人の意見や批判に耳を貸さないときがあるので、高い地位についている人物との交流が幸運のカギ。相手を尊重し、寛容さを身につければ、持っている運が磨かれ金運上昇につながります。

●健康

氐宿のあなたは、人体の中では「胸の下部、お腹の近く」に当たります。身体の強さを過信するあまり、無理してしまうので油断は禁物です。お腹の病気全般として、下痢・便秘・胃潰瘍など、また、血液循環系の心臓病・脳溢血には充分に気をつけましょう。暴飲暴食が肥満症・糖尿病といった引き金にも。女性の場合は、婦人科系の病気になりやすい傾向が。

●ビューティー

氐宿は「腹筋」を鍛えることが大切。フィットネスでしっかり汗を流しましょう。ピラティス・メソッドで骨盤底筋群のコアに意識をむけてメリハリのあるボディに。また、動きのあるフラダンスやラテンダンスもおすすめ。健康食品やサプリメントなどの目利きがあり、抜群のバランス感覚で健康管理に長けてます。

●ファッション

エネルギッシュで人目を引くあなたは、エレガントでゴージャスなスタイルがもっともふさわしいでしょう。たとえば、胸下部分で切り替えて、ウェストを細く見せるジャストフィットのワンピース。ハイウエストパンツに大きめのバックルベルトをアクセントにするスタイルも、イメージアップにつながります。

●開運法アドバイス

開運成就の秘訣は、持ち前の交渉術に磨きをかけること。他人の意見に耳を傾け、備わっている能力を高めて審美眼を使いこなしましょう。包括的な視点で相手を尊重すれば、ビジネスセンスに磨きがかかり嬉しいことが目白押しに。そうなると、多くの人望を集める確率が高くなり、目上からは引き立てられ、目下からは頼りがいのある存在に。謙虚な心が幸運のカギとなるでしょう。

●ラッキーカラー

マリンブルー、ブラック

●パワーストーン　ジェイド

パワフルな輝きを放つジェイドは、縄文時代から三種の神器の一つとして知られる勾玉の素材としても使われてきました。その、ジェイドを身につけることで、感情のバランスを整えて災難から身を守ります。そして、ハートのチャクラに作用し愛を育みます。

●真言

のうまく　さんまんだ　ぼだなん　そしゃきゃのうきしゃたら　そわか

●有名人

柴咲コウ、石原さとみ、関根麻里、壇蜜、渡辺直美、吉高由里子、藤木直人、長渕剛、山下達郎、坂本龍一、市川海老蔵、片岡愛之助、原田泰造、レオナルド・ディカプリオ、五木寛之、森鴎外、石原慎太郎

●恋愛運の上昇時期

1月「友」、6月「親」、7月「栄」、9月「友」です。危険な恋も好きだけど、本質的には深い愛を求め、そのいくつかの恋の経験をしていくうちに、心底求める濃厚な愛を手にすることができるでしょう。

●恋愛運の下降時期

3月「衰」、5月「壊」、11月「衰」です。快楽に溺れたり、アンモラルな恋に陥りやすく、ワケありの人に惹かれてしまう暗示。そんなときは、傍観者になったつもりで自分を眺めましょう。「君子危うきに近寄らず」と肝に銘ずることを忘れずに。

●仕事運の上昇時期

2月「業」、4月「危」、7月「栄」、8月「危」です。12月「成」は、金運も上昇します。交渉術やビジネスセンスに一段と磨きがかかるときです。業績アップにつながり、昇給、昇格も次々と舞い込み、まる

でラッシュアワーのように目まぐるしいでしょう。

●仕事運の下降時期

3月「衰」、5月「壊」、10月「命」、11月「衰」です。物欲に駆られたり、欲しい物には手段を選ばないような狡猾さをみせたり、自己主張や大胆さが強く発揮され過ぎて暴走傾向に。そんなときは、気持ちを切り替えて謙虚な態度を心がけましょう。

●氐宿の心得

人当たりが良く、人とつき合うツボを心得ているあなたです。外見に似合わず、精神的にも体力的にも人一倍の強靭さの持ち主であらゆる欲求も強いはず。欲しいと思う物や事も手にすることができるでしょう。他人のことを考え、救ってあげる気持ちを大切にするとバランスが取れてきます。

●氐宿とのおつき合いのコツ
バイタリティーに富み心身ともにタフでエネルギッシュ

外見の人あたりのよさと柔らかな物腰に反して、過酷な環境もなんのその。試練や挫折を乗り越えるごとにパワーアップする強さを持っています。苦労した分、人への思いやりも強く情も深いので、面倒見がよく、頼られると心が落ち着き安定感が増すでしょう。しかし、ひとたび裏切りがあると、感情の爆発は常軌を逸するので注意が必要です。

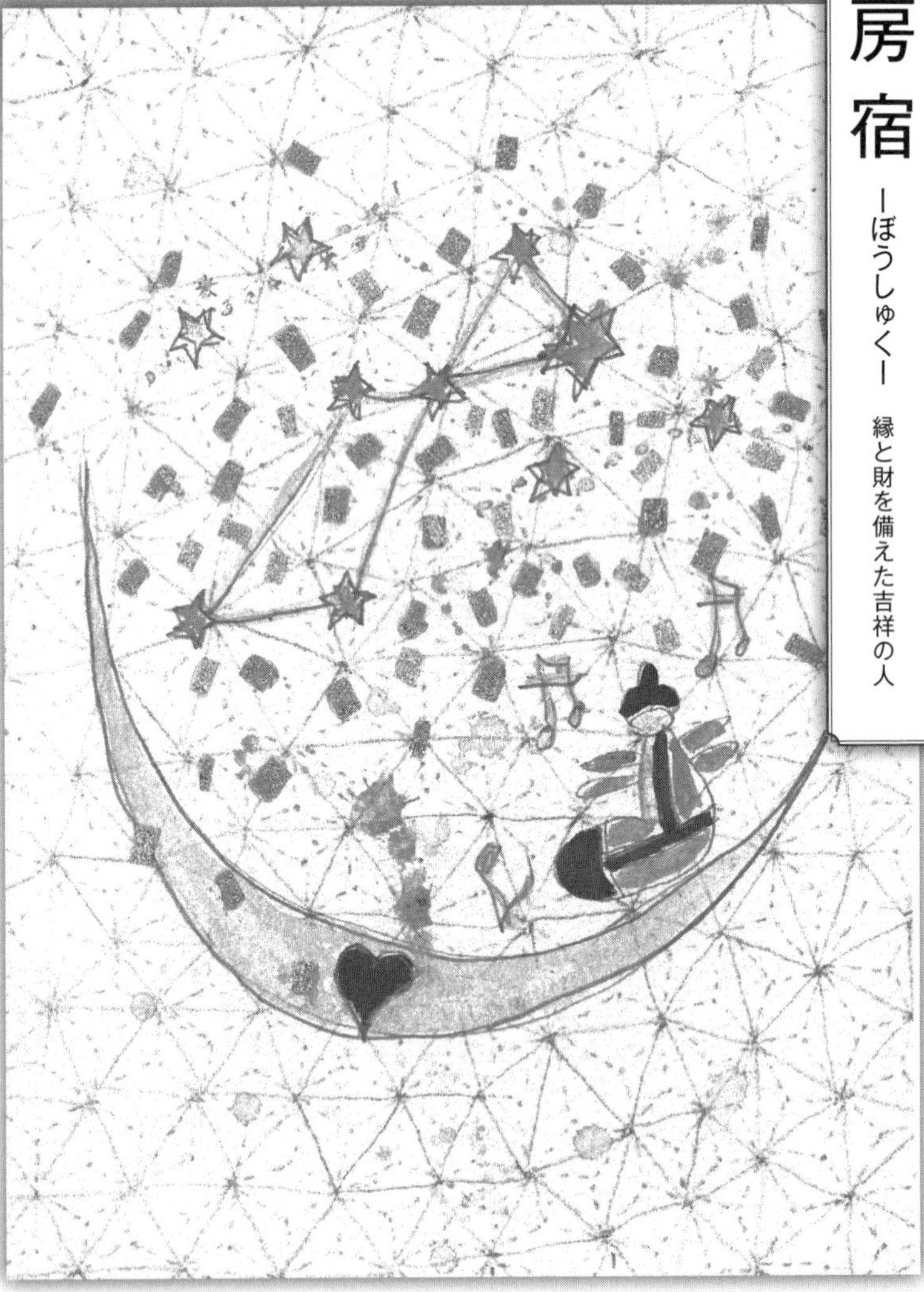

房宿

―ぼうしゅく―

緑と財を備えた吉祥の人

12宮	4区分（エレメント）	3区分（クオリティー）	10惑星
蠍宮4	水4	不動	冥王星

●概要

十二宮の中では、強い意志と心の内を見透かす力を備えた「蠍宮」に四足とも属しています

エレメントは、情緒性の深い「水」を表し、クオリティーでは「不動」にあたります。

惑星では、復活と再生を示す「冥王星」の影響を受けています。

そんなあなたは、生まれつきの高い品性と、労せずして財産が増える「財運」の持ち主です。

●基本的な性格

房宿生まれのあなたは、情感豊かな探求心と洞察力があり、どことなく高貴な気品が漂う人です。そして、「房」の字から連想する人体の「心房」の部屋のように、むやみに心を開かない無口な人が多く、奥深い面があります。一つのことに熱中する、研究心旺盛な活力に満ちていますが、用心深いので冒険することは好みません。また猜疑心が強く、なかなか人を信用しない傾向が。相手を観察し、分析したり、まるで心のセンサーが働くかのように敏感に察知して、相手の胸の内を読み取ることが得意です。物事を的確に見抜く直感力と判断力に長けているので、目的を決めたら、最後までやりぬく行動力があるでしょう。

●恋愛運

ミステリアスで妖艶な魅力のあなたは、フェロモン度も高いので何もしなくても異性の関心を集めるでしょう。豊かな情緒性と洞察力があるので、人の心を読み取ろうとします。一線を越えた途端に執着心が増し、嫉妬深くなる傾向があるので要注意。熱烈な愛情表現を抑え、感情をコントロールすること。執念深くなったり、疑惑を抱いたりでは、余計な不信感が増すばかりなので注意しましょう。

●家庭運

粘り強く、的確な判断力を持つあなたは、身のまわりの状況や相手の条件が揃った段階で前に進めていくでしょう。また、玉の輿運を持っているので、豊かで幸福な結婚生活を送ることもできます。感情をあらわにしないだけに、時折、気持ちや態度にムラが生じ、情緒不安定さがむき出しになって、家族が戸惑うことも。しかし、持ち前の忍耐力で、微々たることに動揺せずにいられたら、心が休まり温かい家庭を築けることでしょう。

●仕事運

「觜宮」に四足属する房宿は、緻密な観察力を持ち、抜群の集中力で物事に取り組む能力が備わっています。觜宮は復活と再生を意味することから、古いものから新しいものへと刷新する役割があり、また、旺盛な探求心で本物を見抜く力を活かせる分野が向いています。「財運」に恵まれ、お金に縁があるあなたは、銀行・証券関係・金融関係に適性があります。その他に、医療関係、検察、警察も吉。

●金運

強い金運の持ち主であるあなたは、小さい頃からあまりお金に苦労せず恵まれた環境で育っていることでしょう。もし、突如、立ちはだかる苦難があった時には、人生の壁に対して受けるショックが人より並みはずれて大きくなってしまうかも。しかし、あなたには、それを乗り越えるだけの忍耐力が備わっていることを忘れないで。苦労人で情報収集に長けた人物と交流すると、前に進む術が身について、さらなる金運力がアップするでしょう。

●健康

房宿のあなたは、人体の中では「右肘《みぎひじ》」に当たります。腱鞘炎《けんしょうえん》など「ひじ」に関わる病気に気をつけて。健康面はあまり強くないので健康診断は定期的に。女性の場合は婦人科系の病気などに注意。些細なことでもストレスが溜まりやすいので、肝機能・腎臓病・胃腸病・高血圧・糖尿病など成人病に注意が必要。お酒の飲み過ぎは運気をさげるのでほどほどに。

●ビューティー

房宿は「右肘《みぎひじ》」と二の腕を鍛えることが大事。ダンベルやアームマシンで筋力アップを。また、素早い動きのあるボクササイズやスカッシュなどがおすすめ。汗を出しストレスを発散することで健康維持にもつながります。また、ひじの角質を柔らかくするお手入れが効果的。

●ファッション

エレガントな気品と、どことなくフェロモンを感じさせる雰囲気には、落ち着きのある優美なファッションが吉。スマートなワンピースがおすすめです。引き締めた二の腕を思いっきり見せてノースリーブにブレスレットで演出しましょう。コケティッシュなスタイルもお似合いなので女性らしさの強調も。フレグランスはムスクやオリエンタル調がマッチします。

●開運法アドバイス

開運成就の秘訣は、考えすぎて動きが止まらないようにインスピレーションに従って情報収集しながら、必要なものを選択すること。そうすれば、不要と必要を振り分ける術が身につき、スピードアップに。知識のブラッシュアップや高度なスキル、ライセンスの取得など、自分の才能発掘のための投資を実行してみては。また、趣味も価値観も異なる人たちとの交流が、あなたの輝かしい未来を切り拓くきっかけとなるでしょう。

●ラッキーカラー　ブラック、ワインレッド

●パワーストーン　ブラッドストーン

力強い輝きを放つブラッドストーンは、古代インドでは血に関する病に効果があるとされ、媚薬や止血剤として使われてきた歴史があります。また、魔的なものを寄せつけない石とも信じられています。そのブラッドストーンを身につけることで、闘争心が高まり、目標達成に導かれます。

●真言

のうまく　さんまんだ　ぼだなん　あどらだのうきしゃたら　そわか

●有名人

香里奈、小雪、中川翔子、矢田亜希子、加藤あい、沢口靖子、チャン・グンソク、ATSUSHI（EXILE）、河相我聞、藤井フミヤ、明石家さんま、熊川哲也、伊藤博文、蓮舫、つかこうへい

●恋愛運の上昇時期

2月「親」、3月「栄」、6月「友」、10月「親」、11月「栄」です。持ち前のフェロモン度も一層高くなり、神秘的な魅力にあふれる時期です。相手との一体感を得られる時期なので、心も身体も濃度の高い恋愛ができるでしょう。

●恋愛運の下降時期

1月「壊」、9月「壊」です。痴情のもつれに注意。持ち前の深い愛は嫉妬心へと姿を変えてしまいます。もし、裏切られた場合は、猛烈な復讐心で胸を焦がすでしょう。そんなときは、魂を優しく包みこむような愛の歌を聴いてみましょう。

●仕事運の上昇時期

3月「栄」、5月「成」、11月「栄」、12月「危」です。金運上昇は、4月と8月の「安」です。才能が目覚め、開花する時期です。精力的に動き回ることで、仕事

や知識を蓄える能率もアップするでしょう。

●仕事運の下降時期

1月「壊」、9月「壊」です。自分の尺度で凝り固まり、思い込みが強まります。その結果、人の意見に耳を貸さずうわの空に。仕事が手につかず、目の前を通り過ぎて行く暗示が。そんなときは、人の世界観はみな違うと執着を解き放つことが大事です。

●房宿の心得

財や運に恵まれているあなたですから、人からの好感度も高いはず。恵まれているだけに、人の痛みや苦労を心底わかりにくいという心境になるときもあるかもしれません。恵まれた財や運気を人のために使うことを考えると、運気がさらに上昇していくでしょう。

●房宿とのおつき合いのコツ
縁と財を備えた吉祥の人

特殊な才能があり、苦労も難なく切り抜け、どうにかなる人生になっています。恵まれた環境に育ち、何ひとつ不自由のない人生を歩む人が多いです。ややもすると人の苦労に気づけないこともあるでしょう。人に優しくされたり大切にされることに慣れているので、執拗に追い求めないほうが興味を引くはず。もともとは依存性が強く、心の拠り所を求めているでしょう。

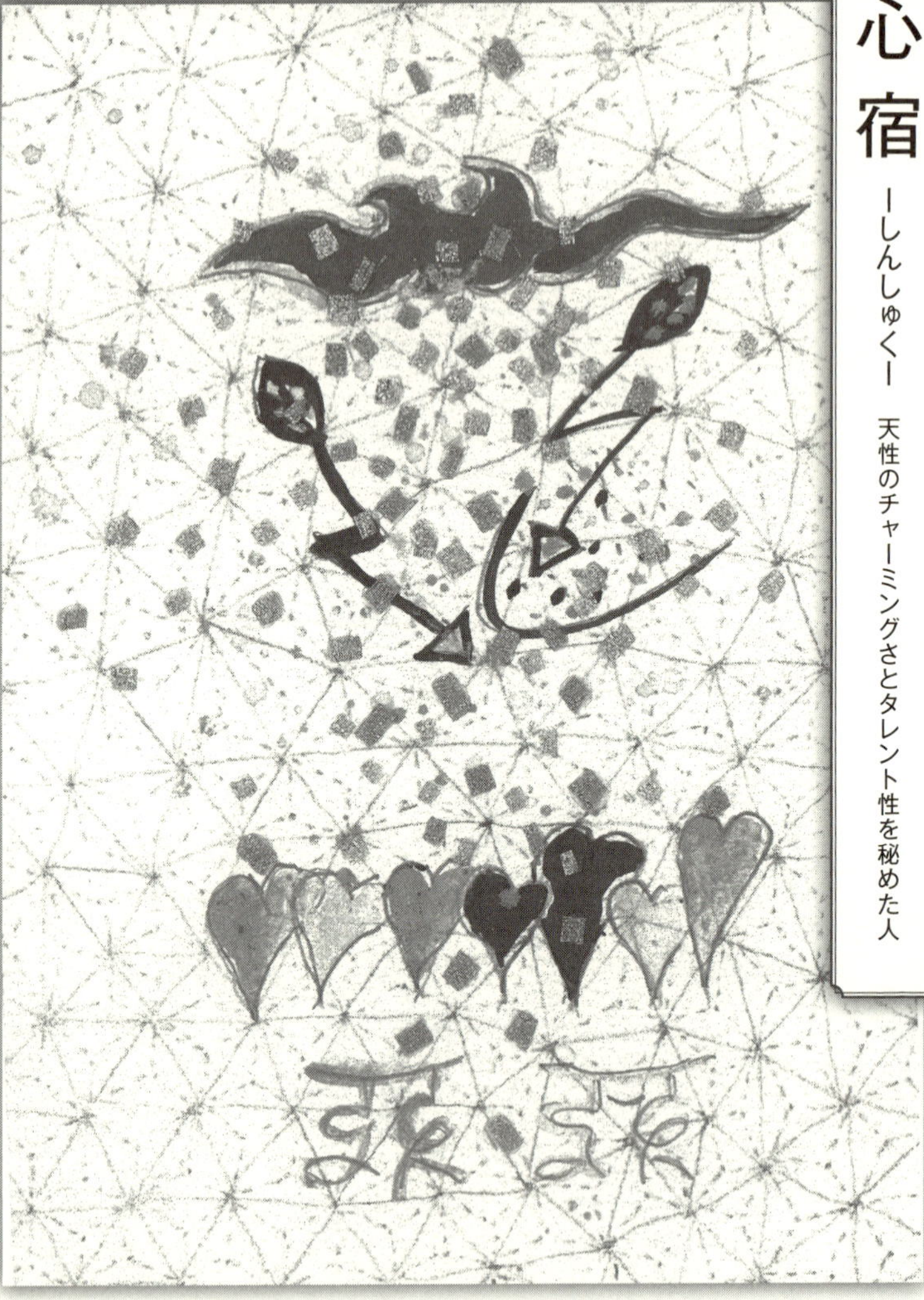

心宿

―しんしゅく―

天性のチャーミングさとタレント性を秘めた人

12宮	4区分（エレメント）	3区分（クオリティー）	10惑星
蠍宮4	水4	不動	冥王星

●概要

十二宮の中では、鋭い観察力と明察力に恵まれ、不思議な吸引力を備えた「蠍宮」に四足とも属します。エレメントは、情念深い感受性の「水」を表し、クオリティーでは「不動」にあたります。惑星では、状況を根底から変容させるエネルギーの象徴である「冥王星」の影響を受けています。そんなあなたは「人気運」と「地位運」に恵まれています。

●基本的な性格

心宿生まれのあなたは、表向きは気さくでチャーミング、まわりを明るくするムードがあり、神秘的な魅力に包まれている人です。そして、「心」の字が示すように、人の心の内側や物事の内面を見通す洞察力と、情報通の面を持ち合わせています。反面、心の内を明かさない秘密主義なところがあり猜疑心が強く、なかなか人を信用できない傾向も。しかし、人の心の動きを敏感に察知して、状況をうかがいながら対応する天性のタレント性を秘めているので、無意識の内に演技力を発揮します。また、好奇心旺盛で、頭の回転は速く、まわりを楽しくする雰囲気を持っているので、自然と周囲に人が集まってくるでしょう。

●恋愛運

神秘的なイメージを醸しだしているあなたは、相手の好みに合わせて自分の魅力を変幻自在に操ることが得意です。愛する人と深い絆を結びたいという欲望が強いので、遊びの恋愛には興味がないでしょう。ただ、その一途な愛情も、ときに激しい思い込みにすり替わってしまう危険性があります。愚痴や不満、猜疑心を取り払って、限りない愛を注ぐこと。それによって、女らしさに磨きがかかり幸せを手にすることができるでしょう。

●家庭運

快活で、愛嬌豊かなあなたは、人気運を授かっているので、運命的な相手と出会える結婚運の持ち主。特に早婚の方が安定した幸せをつかめるでしょう。場面に応じて仮面を取りかえながら、たくさんの顔を演じることができるあなたは、相手を飽きさせることはなさそうです。けれど、疑りやすく、深読み傾向があるため、嫉妬心が芽生える可能性も。そんなとき、まずは、相手の話を素直に聞き入れましょう。受け入れる術を身につければ、不安が解消され、いつものはつらつさを取り戻すことができ、ほがらかな家庭を築けるでしょう。

●仕事運

「觜宮」に四足属する心宿は、並外れた集中力で物事に取り組み、エキスパートになる力が備わっています。廃《すた》れたものを、新しいものへと再生するような役割があります。持ち前のプロ意識を活かしながら、洞察力が必要な分野の仕事に適しています。「人気運」を持つあなたは、愛嬌豊かで、人の心をつかむのがとても得意なので対面業種の、接客・販売・営業・カウンセラーに適性があります。真髄を見抜く力を活かして、研究や開発部門・企画関連・美術・音楽・演劇・神経科分野の医師も吉。

●金運

自分の関わる物事に敏感なあなたは、お金の工面ややりくりなど、その場に合わせた創意工夫が得意です。しかし、もっと粘ればもっと増やせるのではないかと、欲深さが出てしまう面があるので注意が必要。とはいっても、金銭面のさまざまなトラブルやピンチでも、蘇りがはかれる程の逆境運に恵まれています。ただ、一攫千金に走ってしまいがちなので、お金を稼ぐことより、殖やす方法に長けた人物との交流で、手堅く貯蓄ができるでしょう。

●健康

心宿のあなたは、人体の中では「左ひじ」に当たります。腱鞘炎など「ひじ」に関係する病気に注意。また、膀胱炎《ぼうこうえん》など泌尿器の疾患として現れることも。女性の場合は、婦人科系ホルモンバランスの乱れや、子宮器官系の病気に気をつけて。免疫力は強いものの、心のストレスからくる病気に弱いので精神的なバランスを心がけて。

●ビューティー

心宿は「ひじ」のケアが大切。しかし、強靭な体力があるので、格闘技系のシェイプボクシングなど、敏捷性のある種目がおすすめ。また、ダンベルやバーベルで筋力アップも。思いっきり汗を流すことで、心身のバランスが整いリフレッシュできるでしょう。また、アームマッサージやひじの角質を柔らかくするお手入れや腕にフェロモン系のフレグランスをひと吹きすれば魅力アップに。

●ファッション

魔性のような神秘的な佇まいが魅力的なあなたは、コケティッシュスタイルがお似合い。装いにはシフォンやレース使いで、ひじを隠さないワンピースなどがおすすめ。そしてインナーやキャミソールで変幻自在にフォルムを表現しましょう。また、ひじを強調するようなアームバンドやアームレットもおしゃれにプラスを。時計やブレスレットも繊細な柔らかさをポイントに。

●開運法アドバイス

開運成就の秘訣は、未知なることにも大胆に踏み込むこと。外ではとても明るく振舞い、内ではなぜか陰鬱な気分になってふさぎ込むことも。ピンチやアクシデントに遭遇しても、決して諦めることなく起死回生を図ることができる運を持っているので、物事をポジティブに捉えて、大きな転機と飛躍の波に乗りましょう。そして、興味の湧いたことにトライし、深めていけば間違いなく、運気アップの呼び水をさそうことに。

●ラッキーカラー　ブラック、コーラルピンク

●パワーストーン　ルチルクォーツ

爽やかな輝きを放つルチルクォーツは、古来より金運を上げるとして、風水の分野でもよく知られ好まれてきました。そのルチルクォーツを身につけることで、マイナスのエネルギーを除去し、エネルギーを強力に活性化させます。

●真言

のうまく　さんまんだ　ぼだなん　せいしゅった

のうきしゃたら　そわか

●有名人

菅野美穂、高岡早紀、常盤貴子、木村カエラ、レディー・ガガ、安藤美姫、松坂大輔、小池徹平、はるな愛、阿部寛、瑛太、反町隆史、梅沢富美男、向田邦子、松尾芭蕉、スティーブン・スピルバーグ

●恋愛運の上昇時期

2月「友」、7月「親」、10月「友」です。美しさに磨きがかかって、神秘的なフェロモンが吸引力となり、恋が引き寄せられてくるでしょう。この時期に出会った相手とは永続的な恋になる気配。

●恋愛運の下降時期

4月「衰」、6月「壊」、8月「衰」です。妖気な気持ちに包まれ、一途な愛情ゆえに、痴話げんかに発展する危険性が。執念深さや自分勝手な思い込みを抑えて、慈悲深い愛を注ぎましょう。

●仕事運の上昇時期

1月「成」、3月「業」、5月「危」、9月「成」です。

金運上昇は、12月「安」です。興味の湧いたことに目を向けて動き始めると、ツキを呼ぶことに。第六感が的中するときなので願望が次々と叶い、吉報が舞い込む予感が。

●仕事運の下降時期

4月「衰」、6月「壊」、8月「衰」11月「命」です。考えすぎや深読みが裏目に出てしまう時期。仕事相手から神経を逆なでする意見や小言を言われると、つい噛みついてしまうでしょう。その意見には大事なヒントが隠されていることを忘れずに。

●心宿の心得

境界線を持たない水のようにどこにいても天性の俳優のようなあなたです。人の心をつかんでいく不思議な魅力があります。人気を独り占めしてしまうこともあって要領がよいと思われたりもするはず。本来持っているピュアで素直な心を忘れずに人に接しましょう。

●心宿とのおつき合いのコツ
天性のチャーミングさとタレント性を秘めた人

人の心の動きを敏感に察知し、状況に合わせて上手に振る舞うことができる人。まるでカメレオンのようにどの場所にも馴染んでその色に染まれる不思議さんです。自分ができてしまうからこそ、人の裏表が気になり実は臆病。本音もなかなかストレートに言えず心の奥に隠します。裏表のない人や決断力のある人に弱く、ストレートな発言に魅力を感じやすい人です。本音を話せるパートナーを求めています。

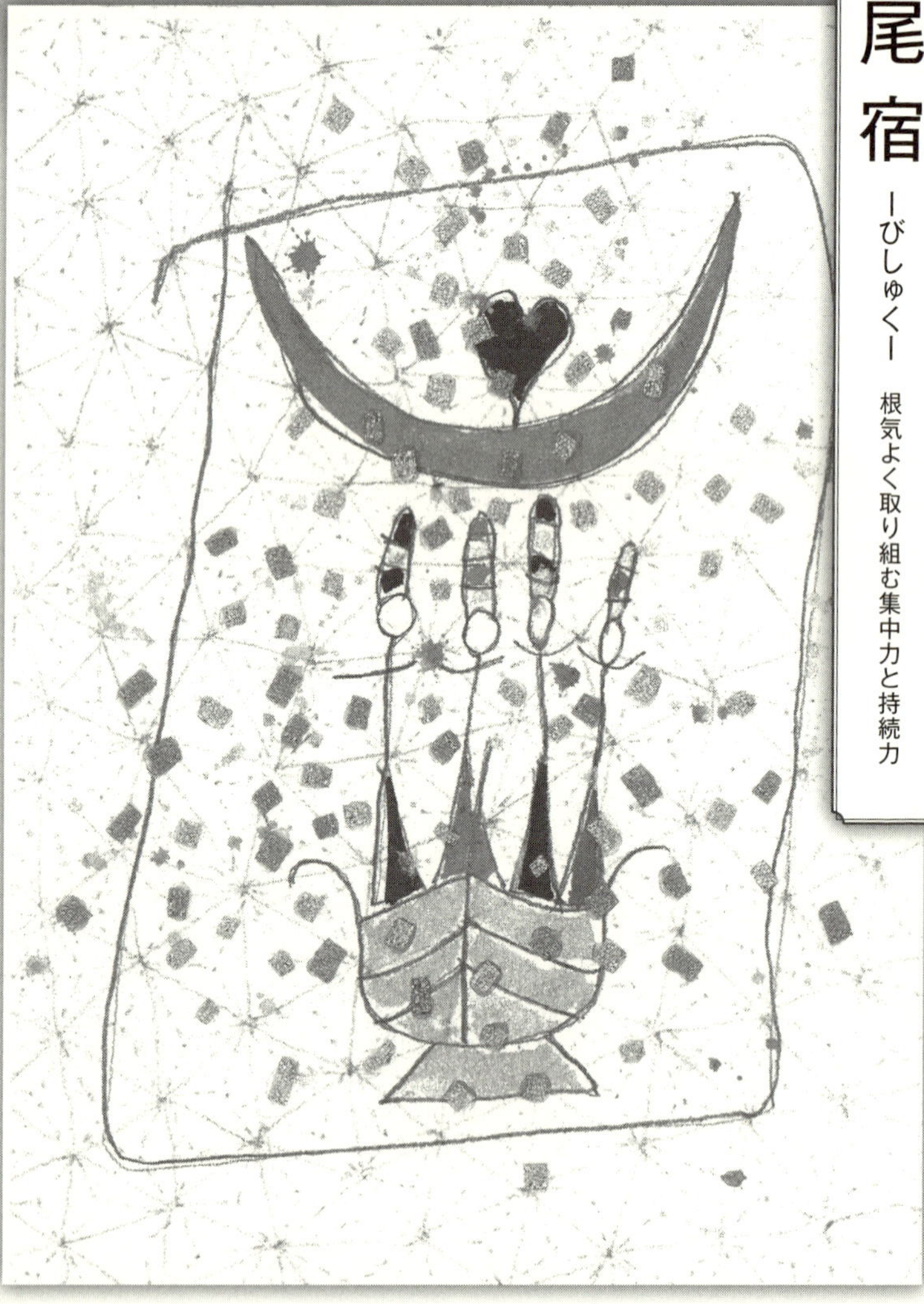

尾宿

ーびしゅくー

根気よく取り組む集中力と持続力

12宮	4区分（エレメント）	3区分（クオリティー）	10惑星
弓宮4	火4	柔軟	木星

●概要

十二宮の中では、探求心、競争心旺盛の行動力を備えた「弓宮」に四足とも属しています。エレメントは、エネルギーを深く溜め込む「火」を表し、クオリティーでは「柔軟」にあたります。

惑星では、楽観的で知識欲と行動力を象徴する「木星」の影響を受けています。そんなあなたは「名声運」と「財運」に恵まれています。

●基本的な性格

尾宿生まれのあなたは、精神性がとても高くどこか堂々として、今の時代には珍しいぐらい昔堅気の職人や名人に多くみられる古風なタイプの人です。そして、「尾」の字からは、体感を通った尾っぽが連想され、心の根っこのように迷わず直進します。まわりに惑わされることなく猪突猛進の力を発揮しますが、自分の信念に忠実なので、要領よく立ち回ったり、妥協したりするのは苦手かも。しかし目的達成のためなら努力を惜しみます゛、冒険心を持ち、競争心、闘争心も旺盛です。また、自分を信じ、どんなに厳しい状況であっても、驚くべき集中力と粘り強さで難なく乗り越え、やり遂げます。

●恋愛運

エネルギッシュで行動的なあなたは、リスクの高い恋ほど燃え上がる傾向が強く、わき目もふらず、好きな相手に向かってまっしぐらに突き進んでいくタイプです。しかし、何かを強制されたり束縛されたりすると、一気に熱が冷めてしまうことも。情熱の赴くまま奔放な恋に身を投じたり、見切り発車な行動にでることも。あまりの暴走では恋の成就は望めないでしょう。それゆえ、押したり引いたりといった、恋の駆け引きを身につけることが大事かも。

●家庭運

納得するまでやり遂げるたくましさを持つあなた

は、家族の中枢として、盾になり矛になって家庭を守ります。それゆえ、早婚の方がより早く開運し、幸せな家庭を築けるかも。何事においても真剣でエネルギーに満ちあふれているので、すべてにおいて活動的にやり遂げます。しかし、一度、躊躇するとなかなか決断できない面もあるので、そんなときには、自分だけで答えを出そうとしないで家族に頼りましょう。そうすれば、信頼し合える温かい家庭を築くことができるでしょう。

●仕事運

「弓宮」に四足属する尾宿は、綿密な計画を練り、旺盛な知識欲と行動力が必要とされる分野に向いています。実直で正直な姿勢は、あなたの持つ「名声運」にもつながり、学術や語学系の職種である、司法・法律関係・IT関連・出版業界・マスコミ業界・通訳・貿易関係に適性があります。また、海外に関連した職業も吉。

●金運

実直で楽観的なあなたは、集中力や競争心といった精神的能力もバランスよく持ち合わせているので、財運をつかむ運にも恵まれています。しかしお金へのこだわりそのものが薄いようです。それゆえ、自らの足場を固める準備として一部は貯蓄するなどの心がけが大切。何事にも研究熱心なあなたですが、既成の概念にとらわれがちなので先駆者的なパイオニア精神旺盛な人物と交流を。そうすることで、持っている財運力もさらにパワフルになるでしょう。

●健康

尾宿のあなたは、人体の中では「心」に当たります。精神力もありエネルギーに満ちあふれているので病気を寄せつけにくい丈夫な身体の持ち主。しかし、無理をしやすく、気がつくと重症になっているというケースも。脳溢血・脳血栓など脳に関わる疾患や、生活習慣病・高血圧からくる糖尿病・肺機能・肝機能障害などに注意が必要です。

●ビューティー

尾宿はメンタルケアと骨盤矯正のケアを怠らないことが大切。たとえばメンタルヘルスとして、リラクゼーション効果の高い呼吸法やヨガ、デトックス効果の高い岩盤浴など。骨盤ケアには、カイロプラティックで背骨や身体のゆがみを整えて、心と身体をクリーニングして、ストレスを溜め込まない体づくりを心がけましょう。また、健康維持のために根菜を摂取するのが効果的。

●ファッション

クラシカルな品格と誇り高さを醸し出しているあなたは、民族調のフォークロアの刺繍などをあしらったディテールを装うことで、どこか懐かしさを感じさせることができるでしょう。さりげなく、古風さを漂わせる独創的な雰囲気を演出するなら、自分に合う素材やデザインでのオーダーメイドもOK。

●開運法アドバイス

開運成就の秘訣は、独立精神を持つこと。何かを追いかけ、探求することが得意なので、既成の概念にとらわれず、留学、独立など人生の岐路となる決定を下すのも吉。何事も自信を持って挑みながら、自分自身の一番好きなことに熱中することができれば、周囲の信頼と評価を上げることができます。異国の文化と触れ合うことで成功の糸口もつかめるはず。自分の直感を信じて邁進すれば、思った以上のチャンスに恵まれ、さらなる幸運を引き寄せることでしょう。

●ラッキーカラー　スカイブルー、イエロー

●パワーストーン　ラピスラズリ

天空の輝きを放つ、ラピスラズリは、古代文明の装飾や宗教儀式に使われていました。ツタンカーメン王のマスクには、色鮮やかな当時のラピスラズリが残されています。ラピスラズリを身につけることで、強運を招き、真実を見極める判断能力を高めてくれます。

●真言

のうまく　さんまんだ　ぼだなん　ぼうら
のうきしゃたら　そわか

●有名人

菊川怜、高島彩、大地真央、木村多江、大地真央、美保純、山下智久、つるの剛士、鶴見慎吾、阿部サダヲ、宇崎竜童、小田和正、山中伸弥、松本零士、舛添要一

●恋愛運の上昇時期

3月「親」、4月「栄」、7月「友」、8月「栄」、11月「親」です。駆け引きや打算の無い一直線な愛が結実する時期です。大胆なアプローチが功を奏して意外な展開に。愛が具現化され実を結ぶ可能性が高いでしょう。

●恋愛運の下降時期

2月「壊」、10月「壊」、12月「衰」です。情熱の炎に身を焦がす時期。リスクの高い恋ほど、熱狂的に燃え上がる傾向。ただ、この時期の恋は一過性に終わる可能性が高く、冷めるのも早いでしょう。自分を冷静に見つめ、理性をコントロールしましょう。

●仕事運の上昇時期

1月「危」、4月「栄」、6月「成」、8月「栄」、9月「危」です。金運上昇は、5月「安」です。エネルギッシュな活躍ができる時期です。自信を持っ

て臨む姿勢が結果へとつながり、周囲からの信頼を得て大きな成果を手にするでしょう。何事も邁進し活躍の場を広げてください。

●仕事運の下降時期

2月「壊」、10月「壊」、12月「衰」です。新しいことを始めても、周囲からの理解を得られにくい時期なので、現状維持を心がけてください。解決策が見いだせないときは、闇雲に動かず静観し「明けない夜はない」と心に留めましょう。

●尾宿の心得

目標を決めたら必ず達成させる強力なパワーと集中力を持つあなたです。ややもすると、猪突猛進の猛々しさでまわりにいる人を驚かせてしまいがち。ジワジワと継続的にエネルギーを出し続けながら、周囲を見渡す余裕を大切に。

●尾宿とのおつき合いのコツ
根気よく取り組む集中力と持続力

どんな状況でも最後まで逃げずにやり遂げる粘り強さがあります。目標が決まれば信念を貫き、達成する成功運も持っています。物事を決定するのに時間がかかるので、情熱と寛容さを持ってリードされると素直に従います。しかし、一度決めたことは承認してあげてください。尾宿ならではの固定観念を理解し、継続的なパワーを賞賛しましょう。

箕宿

ーきしゅくー

怖いもの知らずの度胸が人を惹きつける

12宮	4区分（エレメント）	3区分（クオリティー）	10惑星
弓宮4	火4	柔軟	木星

●概要

十二宮の中では、旺盛な探求心と行動力で冒険を好む「弓宮」に四足とも属しています。

エレメントは、血気盛んで自由奔放な「火」を表し、クオリティーでは「柔軟」にあたります。

惑星では、拡大・発展・繁栄を象徴する「木星」の影響を受け、大局的な物の考えと共に精神性と哲学を好みます。そんなあなたは、良き理解者に恵まれる「独立運」の持ち主です。

●基本的な性格

箕宿生まれのあなたは、何事も徹底主義でドラスティックな感性を持ち、競争心、闘争心が旺盛。そして、「箕」の字が示すように、竹を割ったような気質で、細かなことにこだわらず、何事にも大らかで、エネルギッシュな人です。好き嫌いがはっきりしているので「大好き！」と思う気持ちは必ず表情に出てしまいます。刺激を求めて、いろいろなことにチャレンジしますが、手を広げすぎて収拾がつかなくなることも。しかし、何より行動の自由を奪われたり、拘束されたりすることを嫌がるので、のびのびと自由奔放に生きることを美徳としています。また、大局的な考えが得意で、自らを磨き学ぶことや上昇思考が強いので目標を決めれば、一心不乱に突進し必ず夢を実現させていくでしょう。

●恋愛運

自由奔放で華やかな魅力を醸し出すあなたは、恋愛に対してもこだわりが少なく、何事にもとらわれないスマートな恋愛を望む傾向があります。欲望に忠実で享楽にふける傾向があるので、複数の相手との恋を楽しんだり、何かとトラブルも多いでしょう。それゆえに、一途な愛情を捧げること。興味半分で異性を翻弄したり、相手が振り向いた途端に興味を失って飽きたりでは、不毛な恋愛ばかり繰り返すことになるので注意して。

●家庭運

テキパキと家事をこなすあなたは、周囲を立てる気遣いも得意なので、家庭の中心となり陽だまりのような存在となるでしょう。ただ、フットワークのよさが裏目に出て、つい頑張りすぎたり、思うようにコトが運ばないと家族に当たったり、喧嘩が絶えないことも。衝動的な言動を控えて、持ち前の満面の笑顔で家族と接しましょう。あなたの笑顔は家族に勇気と光を与える効果があります。そうすることで、ゆとりある家庭を築くことができるでしょう。

●仕事運

「弓宮」に四足属する宿は、国境や世代を超えて外へ飛び出して活躍する役割があります。知識を必要とする仕事、人生の意味や喜びを探求するような精神性の深い仕事に適しています。寛大で商才に恵まれているあなたは、良きパートナーに恵まれる「独立運」の持ち主です。ポジティブで勢いのあるリーダー気質と親分肌の特性を活かし、起業して会社を持ったり、独立採算制の仕事につけばスケールの大きな活躍が期待できるでしょう。マスコミ業界・出版関係・旅行関係・プロデュース業・マネージメント業に適性があります。

●金運

お金に関しても楽観的なあなたは、困難にあってもひるむことなく、経済的に困窮した場合のほうが意欲を燃やします。ただ、稼ぎ方も使い方も豪快で、さらに人一倍気風の良さがあるので、大盤振る舞いで人におごったり、ギャンブルにうつつを抜かすのはご法度。スケールが大きく楽天的で、目標が決まると突進しますが細部にまで目がいき届かない面があるので、緻密な金銭感覚に長けた人物と交流すれば、地位やお金を得ることができます。

●健康

箕宿のあなたは、人体では「右脇」に当たります。コンディションが低下すると、右脇をはじめいろいろな箇所に痛みが生じます。基本的に病気とは無縁ですが、お酒の飲みすぎに気をつけて。何事もやりすぎるタイプなので肝機能障害・胃けいれんなどにも注意が必要です。他には、筋肉痛・リュウマチ・筋肉や関節に関する場所に故障が出やすい傾向があります。

●ビューティー

箕宿は「脇」や全身のムダ毛のケアを怠らないことが大切。気になるなら、手っ取り早く永久脱毛をしてしまうのも得策かも。リズムに乗って、ラテン・ズンバ・エアロなどで汗を流すのがおすすめ。また、最新のスパに出かけてリフレッシュすれば身も心も開放感に包まれるでしょう。

●ファッション

アクティブに動くことが大好きなので、スポーツカジュアル、豪華なマニッシュファッションがおすすめです。たとえば、デニムをきれいに着こなしたり、ジャストフィットのカラーパンツもお似合い。

ドレスアップするならショートジャケットやボレロで華やかさを強調。また、ボディースーツなどで脇のラインをスッキリ見せることもポイント。

●開運法アドバイス

開運成就の秘訣は、自分の直感を信じること。備わった情熱と行動力が発揮されると運も味方になるはず。スケールが大きく楽天的で目標が決まると脇目もふらずに突進するので、大きな理想をかかげましょう。そして、細部にまで目を行き届かせて、緻密な解析力や分析力を身につけること。海外など異国の文化と触れ合うことで、豊かなインスピレーションに導かれて運が上昇していくでしょう。

●ラッキーカラー　グリーン

●パワーストーン　マラカイト

孔雀のような美しい輝きを放つマラカイトは、クレオパトラがマラカイトの粉をアイシャドウに使用したことから、魔除けや邪気を払う効果があるとされています。そのマラカイトを身につけることで、直観力、洞察力を高める効果があります。また、安眠を促し体力を回復させます。

●真言

のうまく　さんまんだ　ぼだなん　ふるばあしゃだのうきしゃたら　そわか

●有名人

優香、上野樹里、榮倉奈々、浅田真央、ブルゾンちえみ、岸恵子、水野真紀、中居正広、林修、中村雅俊、玉木宏、HIRO（EXILE）、堺正章、堺屋太一、桂由美、橋下徹、片岡鶴太郎、ドナルド・トランプ

●恋愛運の上昇時期

3月「友」、11月「友」、12月「栄」です。責めの一本やりの精神を貫けば、相手を振り向かせることに。情熱的な恋愛が実現するでしょう。

●恋愛運の下降時期

5月「衰」、7月「壊」です。アンモラルな関係に引きずられる暗示が。奔放な恋に興じていると、後でひどい目に遭うので注意して。心がザワついたときは、ハートのチャクラに意識を向けて内側の声を聴いてみましょう。

●仕事運の上昇時期

2月「成」、4月「業」、6月「危」、10月「成」、12月「栄」です。金運上昇は1月と9月の「安」の

時期です。スケールの大きい活躍が期待できる時期です。持ち前の探求心が拡大し一点突破で目標にたどり着きます。自分の好きなことを徹底的に貫いてOK。

●仕事運の下降時期

5月「衰」、7月「壊」の時期です。「森を見て木を見ず」の大局的な精神が災いする暗示があるので、細部に配分することが大事。おいしい話を持ちかけられても、直ぐに飛びつかないこと。

●箕宿の心得

天真爛漫で陽気なあなたです。ポジティブな思考もまわりに勇気を与えるでしょう。人からも慕われますが、実はかなりワンマンかもしれません。仕切り上手も強引だと嫌がられます。相手の立場や状況を判断しながら理解する気持ちを大切に。

●箕宿とのおつき合いのコツ

怖いもの知らずの度胸が人を惹きつける

裏表なくどんな相手にも同じ態度で接します。場の空気を見ながら気を配り、天性の技でその場を仕切ります。裏表がない分、人の裏表を敏感に察知するので本音トークや本気で接してくれる人を好みます。姉御肌や、兄貴タイプの人が多く、頼られたり慕われたりすると、とことん相手の面倒をみて大事にします。

斗宿

ーとしゅくー

志強く自らを輝かせるカリスマ性

12宮	4区分（エレメント）	3区分（クオリティー）	10惑星
弓宮1	火1	柔軟	木星
磨宮3	地3	活動	土星

●概要

十二宮の中では、情熱と探求心を備えた「弓宮」に一足、堅実で責任感と忍耐力を備えた「磨宮」に三足属し、この二つの宮の影響を受ける宿です。エレメントは、発展的な「火」と道徳的で実利を重んじる「地」を表し、クオリティーでは「柔軟」と「活動」にあたります。

惑星では、幸運と成功を表す「木星」と試練と忍耐、精神力を表す「土星」の影響を受けています。そんなあなたは、「名誉運」と「財運」に恵まれた宿です。

●基本的な性格

斗宿生まれのあなたは、一見穏やかに見えますが実は頑固。強固な忍耐力を持ち辛抱強い人です。そして、「斗」の字が示すように斗争心と闘争力が旺盛なので、人に弱みを見せる事はありません。プライドが高く、とくに対抗するライバルが出現すると俄然、奮闘力を発揮します。目標達成のために頭脳プレイで人を動かすなど、情に流されることなく冷酷な手段に出ることも。さらに、天から地を見下し、物申す尊大な態度をとる事もあるでしょう。しかし、先を見通すインスピレーションが鋭く、神秘的なものが大好き。また、堅物なイメージに感じられますが、実際には人を引きつけるカリスマ性があり、我慢強くさまざまな苦労をはねのけるパワーを持ち、活動的でエネルギッシュな精神力の持ち主です。

●恋愛運

恋愛とは単なる「時間とエネルギーの浪費かも」と考えるあなたは恋愛か仕事、どちらかの選択を問われたら迷わず仕事と答えるタイプです。真面目で用心深く危ない恋には目も触れず、常に堅実な恋愛を選択するので、大失恋の経験は少ないでしょう。孤独に強いタイプで、恋愛より仕事を選びがちなので、フリーの期間が長くても結構平気なはず。ときには理性を取り払い、タガを外すことが大切です。

恋愛は怖いものではないということを認識することで、充実した恋愛が成就することでしょう。相手に厳しくしすぎると孤立する危険性があるので注意して。

●家庭運

現実を直視し、目的意識が強いあなたは、社会的な大義名分を気にする傾向が。そして、自立心が旺盛なので、生涯独身を通すことも少なくないでしょう。それゆえ、結婚しても仕事を優先してしまいがちなので、理解を示して包容力のある相手を選ぶことが大切です。また、他人に弱みを見せることを嫌う傾向があるので、身内にだけは思う存分、心を開いて会話をしましょう。そうすることで、家族との親密度も高まり、強い信頼関係が築けます。

●仕事運

「弓宮」に一足、「磨宮」に三足属する斗宿は、並外れた洞察力と競争心を持ち、物事の本質を見極める知性の持ち主です。社会的な影響を人に与える力と、立ち位置を見極める力が備わっているので組織の中で力を発揮します。タフな精神力と向学心が旺盛な「名誉運」を持つあなたは、教師・公務員・通訳・銀行・証券関係・不動産関係に適性があります。その他に、スポーツ分野・宗教関係も吉。

●金運

目的意識が強く現実的なあなたは、用途によって計画的な使いわけや金銭的な余裕を作っておくなどとても堅実。財運に恵まれているあなたですが、一度熱くなると留まるところをしらない闘争心があるので、ギャンブルや投資などには手をださないほうが無難です。また、努力家ですが、意固地な面があるので大胆で豪快な考え方をする人物との交流を。その度胸の良い考えを取り入れると、人脈も広がり金運もダイナミックに上がっていくでしょう。

●健康

斗宿のあなたは、人体の中では「左脇」に当たります。基本的に丈夫な身体ですが、関節が硬い傾向があり、転んだ弾みに脇の打撲や骨折などの危険に注意。疲れや不摂生によって過食・便秘・下痢などが起こり、ストレスによる胃炎・胃潰瘍・胃腸の病気にも用心が必要です。また、チック症・強迫神経症・神経性の症状が出ることもありそう。

●ビューティー

斗宿は「脇」のケアと脇腹のメンテナンスが大切。腹斜筋を鍛えるツイストクランチやドローインの呼吸法で腹直筋を鍛える脇腹の引き締めが効果的。身体が硬い傾向にあるので、椅子に座りながら曲線の動きで、身体を柔らかくするジャイロキネシスがおすすめ。または、スタジオで木製マシンを使ってジャイロトニックも。

●ファッション

外見は穏やかですが、人を惹きつけるカリスマ的な要素があるので、伝統的で個性的なオーセンティックスタイルが一段と際立つでしょう。たとえば、高級感のある天然素材のスーツでラインを崩さず、正統派な着こなしで周囲を牽引する存在感を。またアクティブに動くときはヴィンテージのジーンズがお似合いです。

●開運法アドバイス

開運成就の秘訣は、目標や夢を明確にすること。それには、なりたい未来の自分をイメージしてコラージュを仕上げます。目標や夢を書き入れて、それを声にだしましょう。そうすると、音の波動が振動されあなたの願いは天に届いていくはず。また、さらなる向上を目指し専門的な知識を習得しましょう。そして、夢が叶った輝く未来の姿を、ビジュアル化することで、目標が具現化されていくでしょう。

●**ラッキーカラー**　パープル・ペールグリーン

●**パワーストーン**　ガーネット

柘榴《ざくろ》を思わせる果実のような輝きを放つガーネットは、古来より絆を結ぶ石とされ友情の証としてガーネットを贈り合う風習が世界で見られます。また、神聖な石として崇められ大切に扱われてきたといわれています。そのガーネットを身につけることで、忍耐力が養われ、目標を達成するエネルギーを与えてくれます。

●**真言**

のうまく　さんまんだ　ぼだなん　うったらあしゃだ　のうきしゃたら　そわか

●**有名人**

安室奈美恵、中山美穂、檀れい、宮崎美子、オノ・ヨーコ、本上まなみ、竹下景子、タイガー・ウッズ、ダルビッシュ有、浜田雅功、中村勘九郎、ジョニー・デップ、村上龍、橋田壽賀子、松下幸之助

●**恋愛運の上昇時期**

4月「親」、5月「栄」、8月「親」です。心から尊敬できる相手と巡り合える時期です。日頃締めつけていたタガが外れ、ハートがときめきます。そのときめきを抑え込まず、自然体で愛情を表現すれば、充実した恋愛が成就できるでしょう。

●**恋愛運の下降時期**

1月「衰」、3月「壊」、9月「衰」、11月「壊」です。けれんみのないつっけんどんな振る舞いで相手を威圧してしまう傾向が。求める条件も厳しくなり、理性が邪魔して、恋の炎がくすぶることに。ときには、自分を解放しタガを緩めることも大事です。

●**仕事運の上昇時期**

2月「危」、5月「栄」、7月「成」、10月「危」です。

金運上昇は6月「安」です。人の心を惹きつける力が強まり、持ち前の説得力が輝く時期。新しい人間関係のスタートでもあり、新たな才能が芽生えて注目の的になるでしょう。

●仕事運の下降時期

1月「衰」、3月「壊」、9月「衰」、11月「壊」、12月「命」です。制限や抑圧を強いられる時期です。打算的な行動に出たり、実利ばかりを追い求めてしまうと、負のスパイラルの連鎖が生じます。そんなときは、ワンネスに意識を向けてプラスのエネルギーフィールドを受け取りましょう。

●斗宿の心得

内側の強い精神力と外見の佇まいとのギャップが魅力的に映るあなたです。穏やかに見える外見と内面の強さが融合されてカリスマ性を漂わせるのでしょう。タガを外せない強さは窮屈に見られてしまうかもしれません。親しくなったら相手を頼って、ゆるやかなあなたも見せましょう。

●斗宿とのおつき合いのコツ

志強く自らを輝かせるカリスマ性

闘争心にあふれ、自分自身と闘いながら上を目指し、才能を開花させる力を持っています。外見は優しげなので、強い闘志を燃やす内面を見抜くには時間がかかるかも。それゆえ、自分と同じ采配を振るう人や忍耐努力して頑張る人を求めています。目指すところが同じ人と共感しやすいので、向上心を持って接すると心が通じ合うでしょう。

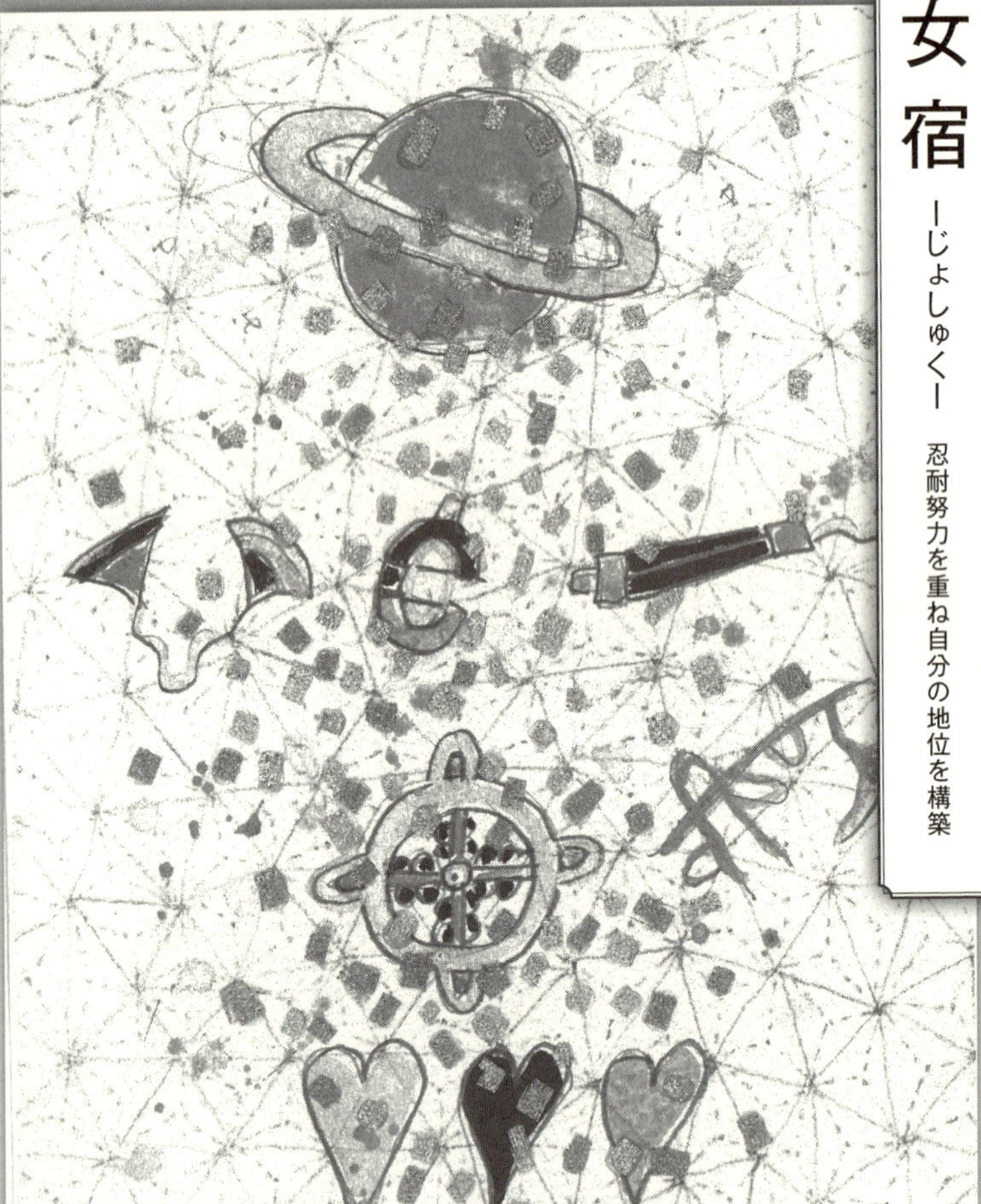

女宿

ーじょしゅくー

忍耐努力を重ね自分の地位を構築

12宮	4区分（エレメント）	3区分（クオリティー）	10惑星
磨宮4	地4	活動	土星

●概要

十二宮の中では、努力家で重圧に強い精神を備えた「磨宮」に四足とも属しています。

エレメントは、現実的で冷静沈着な「地」です。クオリティーでは「活動」にあたります。

惑星では、規律や道徳を象徴する「土星」の影響を受けています。そんなあなたは素晴らしい「名誉運」に恵まれています。

●基本的な性格

女宿生まれのあなたは、実直で真面目、高度な精神性と忍耐力が宿っている人です。そして、「女」の字が示す、女傑と呼ぶに相応しい歴史上の偉大な女戦士のように、大胆な気性で優れた智恵と実行力を秘めています。自分にも他人にも厳しく権威と秩序を重んじますが、粘り強い性分が前面に出ると誤解されたり、妬まれたりすることも。信念が強くプライドも高い、かなりの頑固者です。しかし、論理的思考で何事にも計画性をもって、綿密な調査をしてから、行動に移す慎重さを秘めています。また、若い頃から落ち着きがあり、深い魅力を醸し出しているあなたは、何かに熱中すると念力パワーを発揮して、苦難や困難に耐えながら目標に向かって道を切り開いていくでしょう。

●恋愛運

恋愛への欲求を激しく求めながらも、規律や道義などを強く意識する傾向があるので、ダイレクトに相手の胸に飛び込めないことが多いでしょう。たゆまず自己研磨を重ねる実直なあなたは、約束は必ず守り、自分に厳しく相手にも厳しいでしょう。ただ、愛をカタチで保証してほしいと相手に要求する面があり、社会的な肩書に拘るところも。相手に物質的なメリットを求めるのではなく、魂のつながりを重視するべき。時にはムードや勢いで突っ走ることも必要でしょう。

●家庭運

堅実に人生を歩むあなたは、環境や条件にこだわり過ぎて、生涯独身という結果に陥ってしまうことも。それゆえ、思い切って身を固める覚悟が必要です。並々ならぬ落ち着きと、深い愛に満ちあふれているので、夫はたくましい大黒柱。女性は良妻賢母で忍耐強く家庭を守りぬく姿勢があります。ただ、厳しい面が強調されると、家庭内の空気がギスギスしてしまうので注意して。そんなときは、ひと呼吸ついて素直な気持ちでいると家庭円満の和みが築けます。

●仕事運

「磨宮」に四足属する女宿は、一度目的が決まると、たぐいまれな集中力と粘り強さを発揮します。具体的で実際的な方面に興味が向かうため「勤め人」として高い評価を受けることができます。「名誉運」に恵まれたあなたは、組織の中でやり遂げる粘り強さが必要とされる、税理士・公務員・司法関係・教師・官僚に適性があります。また、女性を対象にした、美容、ファッション業界・書・舞・茶道・華道も吉。

●金運

緻密な計算と努力が得意なあなたは、計画的に貯蓄し金銭的な余裕を作るなどやりくり上手の堅実家です。余程のことがない限りお金に困ることはないでしょう。そして、ギャンブルや投資などにも、本気にならないので心配なさそうです。ただ、物事の構築能力はありますが、全てに気を張りつめて、お金の管理にもキリキリしすぎる面が。常に、オープンでユニークな感性を持つ人物と交流すると新しい発想が得られさらに金運がアップされるでしょう。

●健康

女宿のあなたは、人体の中では「腹（はら）」と「腸」に当たります。忍耐力と精神力を兼ね備えているため我慢強く、無理を繰り返して病気を慢性化させやすい傾向が。内臓全般・大腸・喘息・風邪をはじめとする感染症など、免疫が弱ると起こりやすくなる症状にも注意が必要です。女性は、血行障害からくる婦人特有の病気にも注意を払いましょう

●ビューティー

女宿はお腹まわりのケアが大切。ストレス解消と共に、ラテン系のリズムに乗ってベリーダンスや、癒しのリズムにあわせたフラダンスで、憧れの腰のくびれを手に入れましょう。また、ヨーグルト、納豆などの発酵食品で腸内環境を整えることも大切です。入浴後にはボディーローションなどでマッサージしながらくびれの確認も。

●ファッション

フェミニンなイメージが魅力的ですが、底に秘めたパワーを持っているので、伝統を感じさせるヴィンテージファッションがお似合いです。また、アンティークなバッグや和をベースにしたちりめんなどの小物をチョイスしたスタイルもイメージにぴったりです。ときには、思い切って着物にチャレンジも素敵です。

●開運法アドバイス

開運成就の秘訣は、伝統的な文化を重んじること。心身を厳しく鍛えることを美徳としているあなたは、社会のつながりを大切にし、地域社会における貢献活動の役割にも注目。また、現実の中にロマンを織り込むことで、新しい考えや発想を得ることができるはず。そうすることで達人と言われる技が輝いてくるでしょう。

●ラッキーカラー　朱色・ブラック

●パワーストーン　オニキス

まるで夜空のような輝きを放つオニキスは、古代

インドやペルシャでも邪気払い、魔除けの石として使われてきた歴史があり、キリスト教ではロザリオにも使われてきたようです。そのオニキスを身につけることで、心身のバランスを整え、忍耐力を強めて落ち着きを与えます。

●真言

のうまく　さんまんだ　ぼだなん　しらまな
のうきしゃたら　そわか

●有名人

今井美樹、和田アキ子、風吹ジュン、大島優子、梅宮アンナ、中森明菜、北野武、中井貴一、本木雅弘、三浦翔平、松坂桃李、須賀貴匡、大江健三郎、瀬戸内寂聴、弘法大師空海

●恋愛運の上昇時期

1月「栄」、4月「友」、8月「友」、9月「栄」、12月「親」です。物質レベルの感情を手放して魂レベルのつながりを信じれば理想的な異性との恋が発展します。ストレートに相手の胸に飛び込んでいきましょう。そうすれば、大人の恋が叶います。

●恋愛運の下降時期

6月「衰」です。ぶっきら棒な態度が原因で周囲につき合いにくい印象を与えてしまいます。損得勘定に走らず好きな異性に対して心を開きましょう。そして、漆黒の夜空に輝く星々を仰いで心をときめかせましょう。

●仕事運の上昇時期

1月「栄」、3月「成」、5月「業」、7月「危」、9月「栄」、11月「成」です。金運上昇は2月と10月の「安」です。積み上げてきた実績が実る時期です。

とくに、専門知識や技術の分野では、社会性へと発展する輝かしい栄光を手にすることに。

●仕事運の下降時期

6月「衰」です。持ち前の堅実さが災いして、些細なことを深刻に受け止めてしまうでしょう。ネガティブで融通性に欠ける面が出やすいので、現状維持を心に置き、コツコツと地道な努力を続けてください。

●女宿の心得

忍耐努力の星といわれるぐらい堅実で社会性の強いあなたです。結果を出すまでは最後まで諦めない強さを持っているだけに、成果が得られないと一人で悩み苦しむでしょう。気を許せる交友相手には、ラフな格好の自分をさらけ出してしまいましょう。

●女宿とのおつき合いのコツ

忍耐努力を重ね自分の地位を構築

自分の役割や立場を完璧にこなし、求められた以上の活躍をするでしょう。外見はしとやかですが激しい心情を持ち、自分にも人にも厳しい面がありま す。求めているものが何かをよく見極め、話を聴くことや協力する体制を整えることが大事。調子よくつき合う姿勢は避けた方がよさそうです。

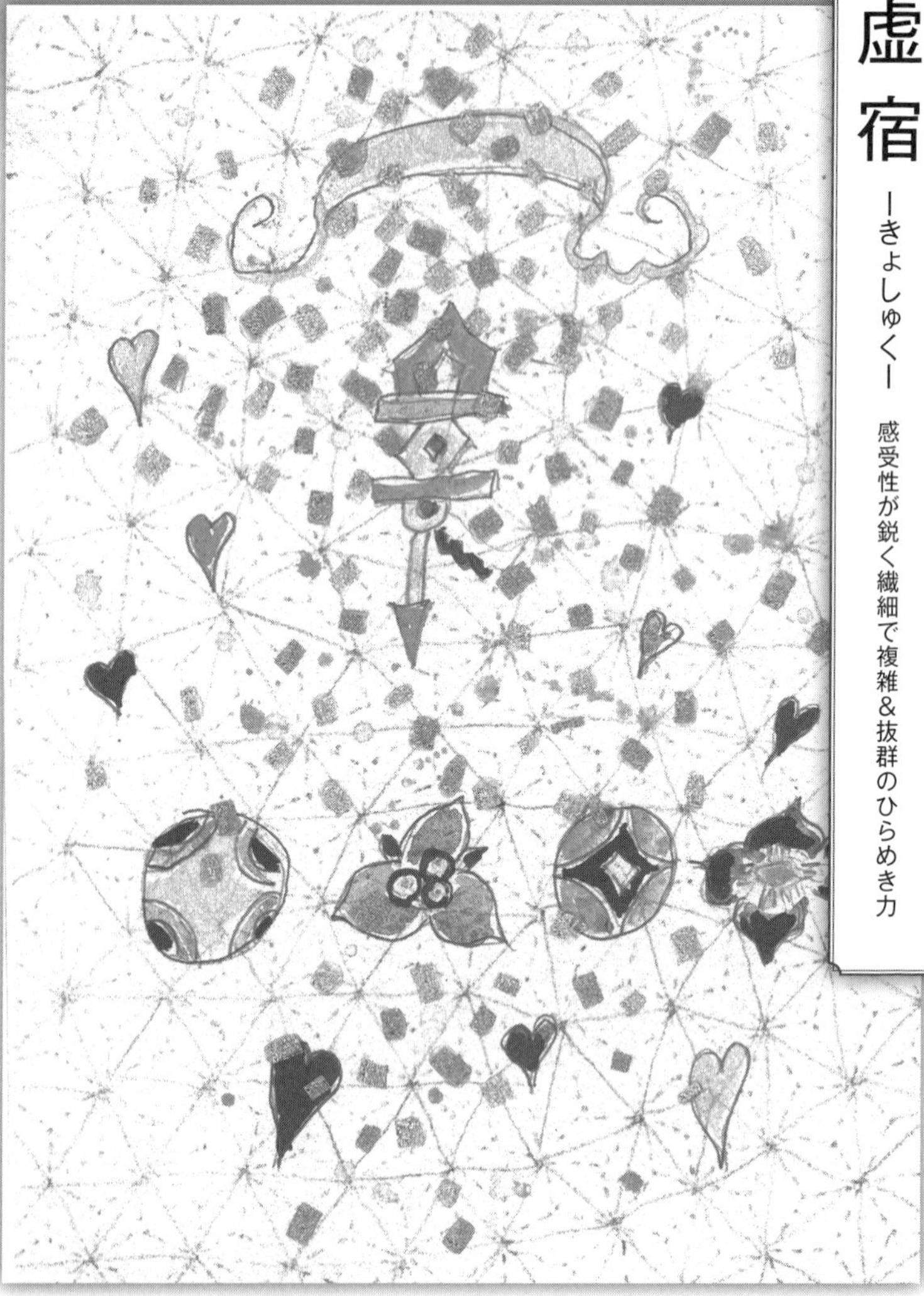

虚宿

―きょしゅく―

感受性が鋭く繊細で複雑&抜群のひらめき力

12宮	4区分（エレメント）	3区分（クオリティー）	10惑星
磨宮2	地2	活動	土星
瓶宮2	風2	不動	天王星

●概要

十二宮の中では、クールで野心家の「磨宮」に二足、論理的で奇奇怪怪の「瓶宮」に二足属し、この二つの宮の影響を受けます。エレメントは、計画的で堅実な「地」とその場しのぎの発想を好む「風」といった相反する二面性を持ち合わせています。クオリティーでは「活動」と「不動」にあたります。

惑星では、冷静で打算的な面が強い「土星」とオリジナリティーをあらわす「天王星」の影響を受けています。また同時に、陰と陽との要素を半分ずつ持ち合わせる特殊な宿。よって、とても複雑な性質が特徴です。そんなあなたは、豊かな「財運」に恵まれ、社会的にも高い地位につく事ができます。

●基本的な性格

虚宿生まれのあなたは、捉えどころのないちょっと風変わりで、束縛を嫌う性分であり、我が道をいく人です。そして、「虚」の字から連想されるように、虚と実、陰と陽が瞬時に交差する面と、現実性と空想的な二面性があり不思議な感性を持っています。尊大な態度で自己主張したり、内向的で気の弱い部分が目立ったり、自分の世界に浸ってしまう傾向も。しかし、一度決断すれば最後までやり遂げる強さを持ち、頭脳的なかけひきは上手です。気位の高さがあって、独自の世界観を持ち、発想力の豊かさに長けています。また、人の心を読み取ろうとするカンが鋭く、意思も強く管理能力に長けているので、大きな偉業を成し遂げる、能力を秘めているでしょう。

●恋愛運

真面目で用心深く、失敗を恐れる気持ちが強いので、相手に弱みを見せるのが苦手な傾向があります。ムードや勢いで突っ走ることは滅多になく、恋愛には不器用でしょう。面倒見も良いため頼りにされますが、ベタベタした依存関係とは無縁。恋のエモーションを感じたら何も考えずに相手に委ねること。

素直に甘えて、ロマンスに酔いしれることができれば、フェロモンが増して恋の勝利者に。

●家庭運

夢追いのロマンティストの気持ちと現実を大事にするあなたは、相容れない両方に日々葛藤する面があります。理想と現実を埋めるギャップを理解する手段として、社会で揉まれてからの晩婚や再婚に良縁があるでしょう。結婚したら、家族には矛盾した気持ちを否定せず、素直にあらわせば、気持ちが楽になって、理解が得られます。そのことから、親密なコミュニケーションが生まれて、結びつきの強い家庭を築くことができるでしょう。

●仕事運

「磨宮」に二足、「瓶宮」に二足属する虚宿は、孤独に強く、社会的な影響を人に与える能力があります。人々の創造性を刺激する分野の仕事が向いています。社会的地位に恵まれたあなたは、無駄を嫌う合理的な知性の持ち主です。ストイックな修錬が求められる、デザイナー・ライター・カメラマン・技術者・研究者・科学者・教職に適性があります。その他に、航空関係も吉。

●金運

財運に恵まれているあなたは、管理能力も高く無駄遣いしない方法を心得ています。収入を上手に割り振りして、計画的に貯蓄にまわし余裕資金などをつくりだすのが得意。そのことから、経済的に豊かな生活を送ることができるでしょう。ただ、プライドが高い反面、臆病な面があり、ときおり、空想に陥って人との交わりが苦手と思うことが。社交的な人物と積極的に交流すれば、人間関係が拡大しその情報交換によって金運アップの秘訣を得ることに。

●健康

虚宿のあなたは、人体の中では「腎臓」に当たります。膀胱炎・尿毒症・結石など腎臓をはじめとする内臓全般や喘息・気管支炎・上気道炎など呼吸器系の病気には注意。胃腸が若干弱いので、暴飲暴食は避けましょう。高血圧・脳溢血など、突発性の疾患にも気をつけて、疲れたと思ったら無理をせず休息を心がけるように。

●ビューティー

虚宿は「腎臓」部位のヒップまわりの引き締めとケアを怠らないことが大切。ヒップアップ効果が期待できるヒップアップスクワットがおすすめ。ヒップまわりの大殿筋と共に腹筋も鍛えられ、骨盤や姿勢矯正にもなるので、内臓もしっかり支えられることで若さと健康維持にもつながります。また、入浴後にはボディーローションなどでヒップまわりのマッサージケアも忘れずに。

●ファッション

複雑な感受性を持ち、どこか冷めたニヒリストのイメージがあるので、トップスからボトムまでブラックテイストのコーディネートやモノトーンのスタイルはかなりマッチするでしょう。また伝統的なトラッドスタイルのパンツスーツやタイトスカートスーツには、ヒップを強調するデザインベルトをアクセントに。

●開運法アドバイス

開運成就の秘訣は、存在感を発揮することです。真剣に取り組む姿勢と、実現に向かって自分が努力したことは、裏切ることはなく必ず結果となって残るはず。そして、知識のブラッシュアップやイマジネーションを豊かに働かせることで、実質的にかなりの成果を上げることとも。そのことから、確固たる存在感と実力が身につき、大きな偉業を成し遂げることが可能になるでしょう。

●ラッキーカラー　ブラック・ホワイト

●パワーストーン　ブルーレースアゲート

水のように穏やかで、澄んだやすらぎのある輝きを放つ、ブルーレースアゲートは、古来よりチベットでは「蓮の花」にたとえ、神の石として崇め、護符として大切にされてきたようです。そのブルーレースアゲートを身につけることで、身体の緊張を解きほぐし、愛と調和をもたらします。

●真言

のうまく　さんまんだ　ぼだなん　だにしゅた
のうきしゃたら　そわか

●有名人

美空ひばり、樋口可南子、菊地凛子、倉科カナ、加藤登紀子、高橋みなみ、つんく♂、坂口憲二、江口洋介、宮迫博之、石川遼、ブラッド・ピット、よしもとばなな、又吉直樹、田母神俊雄

●恋愛運の上昇時期

5月「親」、6月「栄」、12月「友」です。恋のスタートは友情から始まるケースが濃厚です。趣味などを通して恋が芽生え、ゆっくりと恋愛に進展していきそうです。

ときには何も考えずに相手に身をゆだねてロマンスに酔いしれましょう。そうすれば、恋のキューピッドが微笑みかけるでしょう。

●恋愛運の下降時期

2月「衰」、4月「壊」、8月「壊」、10月「衰」です。自分の気持ちに素直になれず、理想と現実の狭間に心が大きく揺れ動くことがあるでしょう。複雑な自分の感情をうまくコントロールすることが何よりも大事。

●仕事運の上昇時期

3月「危」、6月「栄」、11月「危」です。金運上昇は7月「安」です。内に秘めた情熱と野心が強まる時期です。壮大な構想は実現へと向かいます。卓越した想像力が働いて、かなりの成果を上げることができるでしょう。

●仕事運の下降時期

1月「命」、2月「衰」、4月「壊」、8月「壊」、10月「衰」です。思惑はすべて裏目に出てしまう暗示。焦りや不安が原因となり仕事に追い打ちをかけられてしまうことも。また、強迫観念に駆られ、身動きが取れなくなることもあるので注意して。そんなときは、ゆっくりと深い呼吸で心にゆとりを持ちましょう。

●虚宿の心得

才能があるだけに自分でもわからなくなってしまうぐらい、いろいろな顔を持つあなたです。今はどの「あなた」かしらと不思議な面持ちで見られることも多々あるかもしれません。しかし、どれをとっても独自の能力とあなただけの世界観です。迷いなく個性を最大限に生かしていきましょう。

●虚宿とのおつき合いのコツ

感受性が鋭く繊細で複雑&抜群のひらめき力

カンの鋭さと独自の世界観で、いくつもの顔を持っています。自分なりの人生哲学で、心の中に大きなロマンや夢を抱きます。否定せずに理解してあげることからスタートしましょう。夢と現実のギャップを埋めて共に楽しみながら歩んでいける人を探し求めています。虚宿の才能を伸ばすチャンスが到来すると、みるみる才能が開花するでしょう。

危宿

ーきしゅくー

大胆なことが大好きで好奇心旺盛な冒険家

12宮	4区分（エレメント）	3区分（クオリティー）	10惑星
瓶宮4	風4	不動	天王星

●概要

十二宮の中では、論理的でクールな面を持ち合わせながら、エキセントリックでクリエイティブ要素を持つ「瓶宮」に四足とも属しています。エレメントは、自由きままな「風」を表し、クオリティーでは「不動」にあたります。

惑星では、豊かな創造力で変革をもたらす「天王星」の影響を受け、自己研磨の精神と、上昇志向に恵まれた人が多いようです。

●基本的な性格

危宿生まれのあなたは、好奇心旺盛で平凡を嫌い、新しいもの好きで風変わりなものを好む人です。そして、「危」の字が示すように、物怖じすることなく、冒険的な道を歩んで行く強さがあります。フレキシブルな融通性を持っていますが、思いこみが激しく、熱中するものや興味の対象はコロコロと変化し気分屋な面も。しかし、知的思考が強く、自由を奪われることを嫌い、独自の考えやスタイルに強いこだわりを持っているので、夢や幻想の世界に流されることを好みます。また、不自由な安定よりも、不安定な自由を好み、理性よりも感性の面が強い傾向にあるので、直感力と美的センスを活かし、器用さと独特のアイデアを生みだすことで才能が活かされていくでしょう。

●恋愛運

知的でクールさが漂うあなたは、独自のスタイルと個性がとても魅惑的。常識に縛られないユニークな発想が斬新すぎて誤解を受けることも多いかも。基本的に自分のことが大好きで、好奇心も旺盛なので、恋愛対象もコロコロと変わりやすいでしょう。波長が合わないからといって、知らぬそぶりをしてしまうようでは、幸せにはなれません。また、アブノーマルな遊びや不倫には要注意。

●家庭運

スタイリッシュで都会的なあなたは、いつも軽快で人と違う感性を持っています。そんなあなたは、愛情を向ける対象が変わりやすいので、人生経験が豊かになってからの晩婚や再婚が吉と出るでしょう。こだわりなく、軽やかに振る舞い、家族の空気を感じ取って楽しませることが得意。しかし、そのときどきの気まぐれな行動が家族を傷つけるときも。ただ、ここぞという時には頑張るタイプなので、家族からは頼られる存在となるでしょう。

●仕事運

「瓶宮」に四足属する危宿は、仲間意識が強く、チームワークを大切にします。人々の創造性を刺激する役割があり、連帯感が必要な仕事、人と手を携えて取り組む仕事に向いています。トレンドを敏感に察知し、革新的なアイデアで創意工夫が得意なあなたは、技術分野・企画開発・学術研究・医薬関係・マスコミ関係・広告関係・出版に適性があります。その他に、航空関係なども吉。

●金運

きちんと計画を立てて効率的にお金を管理するのは苦手なあなたです。それよりもお金を使って得た価値に目を向けるほうが得意です。お金は使うためにあり「お金は天下の回りもの」「今のピンチをそんなに嘆くことはない」という気持ちが強いかもしれません。お金を使って得た価値をもとに、どのように次のチャンスをつかむかを考えると金運上昇するでしょう。しかし、のめり込んだら、とどまる所をしらないのでギャンブルや投資は、盲目的な一面があるのでご法度です。そんなあなたには、きちんとお金の管理ができる人物から、マネーセンスを習得することで、着実に貯金ができるようになるかもしれません。

●健康

危宿のあなたは、人体の中では「股（また）」に当たります。骨盤や股関節などのズレに注意。

また、血行障害を起こして、頭痛・冷え性・肩こり・腰痛・胃腸障害・消化不良・便秘・下痢を繰り返すときもあるので、大腸のポリープなどの病気には用心。不調になった時は、無理を続けずに早めの受診を心がけることが大事です。

●ビューティー

危宿は「股」関節まわりの筋肉を緩めるエクササイズに注目。ストレッチポールやバランスボールで体幹から整える効果がおすすめ。また、ヒップまわりのお手入れはリンパの流れにそってマッサージやセルライトケアも忘れずに。インナーは加圧の下着やレギンスパンツがしっくりきます。

●ファッション

独自のスタイルを持つスタイリッシュな魅力に恵まれたタイプなので、都会的でひんやりクールなファッションがお似合い。エナメルやレザー素材のジャケットに無機質に輝くメタリックなパンチング加工やバックルの取り入れるとよいでしょう。強さと脆さという二元性が加わった都会的センスを光らせて。また、細見のスタイリングパンツはもっともマッチするでしょう。

●開運法アドバイス

開運成就の秘訣は、逆境を乗り越えること。試練をどのようにして乗り越えるかで、人生の色合いも大きく変わります。何か苦難に遭遇したときは「これは試練を乗り越える課題に違いない」と、ピンチをチャンスに変えましょう。防御の姿勢よりアグレッシブに問題に取り組むことが得策。人に理解されないことでも自分が好きなら続けるという、強さをもって進むことで運気が上昇するでしょう。

●ラッキーカラー　メタリックカラー・ネイビーブルー

●パワーストーン　アメジスト

高貴な紫色の輝きを放つアメジストは、高僧の胸当ての宝石の一つとしても使われていたと、旧約聖書の『出エジプト記』に記述があります。さらに、世界各地で宗教儀式や権力者などに使われてきました。アメジストを身につけることで、高い浄化力とヒーリングパワーで心身を癒し直感力を高めてくれます。

●真言

のうまく　さんまんだ　ぼだなん　しゃたびしゃ
のうきしゃたら　そわか

●有名人

高島礼子、森高千里、高橋尚子、デヴィ・スカルノ、マリリン・モンロー、清水ミチコ、尾上菊之助、ジョン・レノン、武豊、高倉健、長瀬智也、速水もこみち、伊丹十三、山崎豊子、大島渚

●恋愛運の上昇時期

1月「親」、2月「栄」、5月「友」、9月「親」、10月「栄」です。異性からの好感度が高まる時期です。刺激に満ちた恋のチャンスが到来し自分の思い描く展開へと進んでいくでしょう。恋の追い風に乗ってアバンチュールを楽しんで。

●恋愛運の下降時期

7月「衰」、12月「壊」です。アブノーマルな恋に興じたり不毛な関係に浸ったり感情のコントロールが利かない時期です。そんな揺らぐ気持ちを安定させるには、心に平安をもたらすような「言霊」のサ

プリメントを処方しましょう。

●仕事運の上昇時期

2月「栄」、4月「成」、6月「業」、8月「成」、10月「栄」です。金運上昇は3月と11月の「安」です。良い意味で社会の影響を呼ぶような旋風を巻き起こす暗示。逆境を味方につけ、乗り越えられるときなので「努力は裏切らない」の精神をもって動けば、成功へと導かれます。

●仕事運の下降時期

7月「衰」、12月「壊」です。やりたい放題の振る舞いが原因でトラブルが浮上する暗示。意見の衝突が多くなり、精神的にストレスを感じることが多くなりそう。心の声に耳を傾けて人を受け入れる大きな器をイメージしましょう。

●危宿の心得

自由人という言葉がしっくりくるあなたです。気の向くまま思うままにどこにでも自由にアクティブに行動して、人気運もついてまわる、稀な人です。ピュアな心でいるからこそたくさんの愛が集まり、人に支えられているのでしょう。人への感謝の気持ちを忘れずに。

●危宿とのおつき合いのコツ

大胆なことが大好きで好奇心旺盛な冒険家

危ういことを危ういと思わない意外な行動が周囲を驚かせます。素晴らしい発想力と斬新なアイデアは魅力で、他の宿の人には真似できないでしょう。好きなことに突進し不安定な場所で自由を求めるユニークさがありますから、精神的にも支えてあげること。無邪気なので自分を必要としてくれる人は好きなはず。周りの人を楽しませる使命感も持っています。

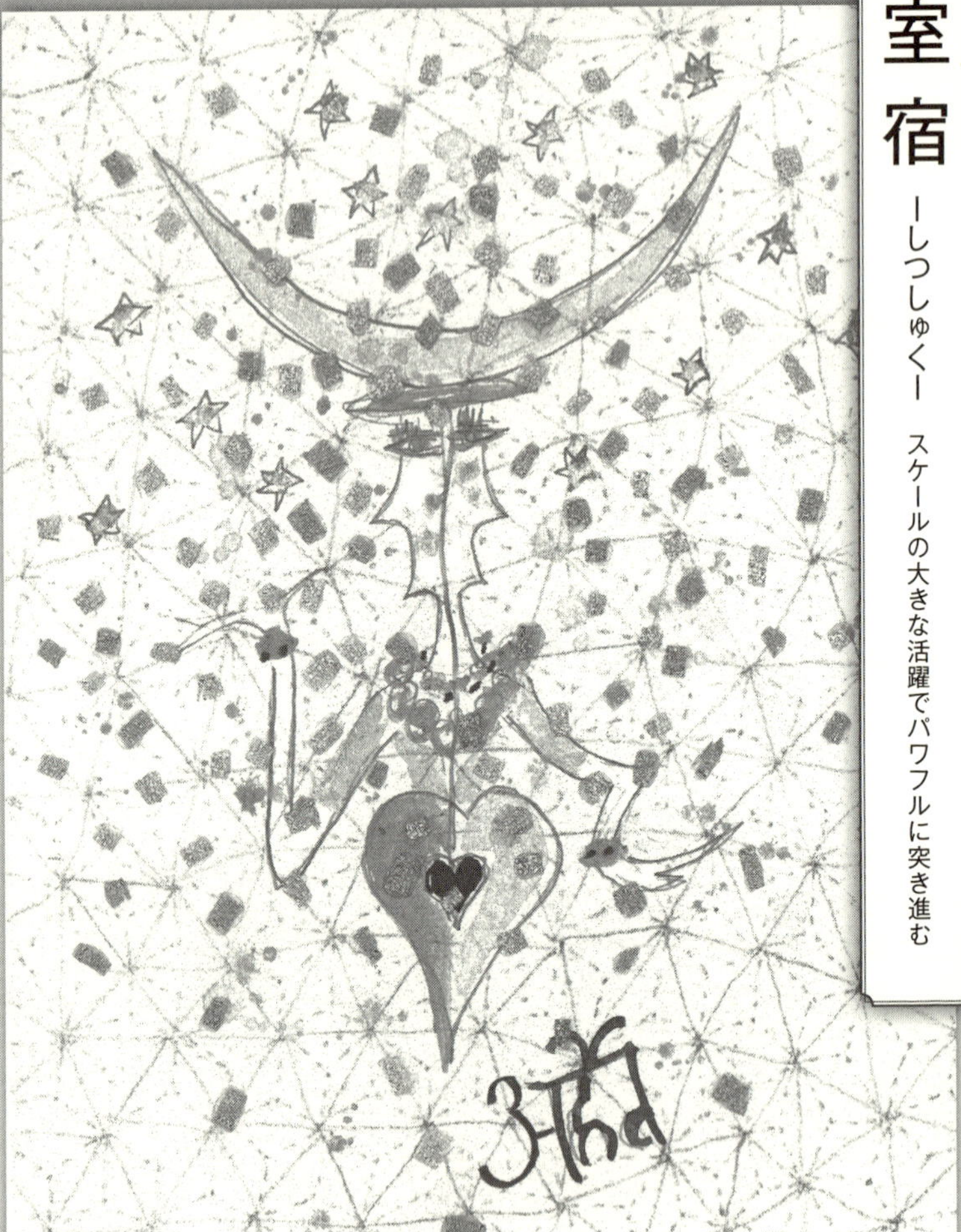

室宿

―しつしゅく―

スケールの大きな活躍でパワフルに突き進む

12宮	4区分（エレメント）	3区分（クオリティー）	10惑星
瓶宮3	風3	不動	天王星
魚宮1	水1	柔軟	海王星

●概要

十二宮の中では、論理的思考で斬新的な「瓶宮」に三足、繊細な感受性と豊かな想像力を持つ「魚宮」に一足属しており、この二つの宮の影響を受ける宿です。エレメントは、知的で革新的な「風」と神秘性の「水」の要素を持ち合わせます。クオリティーでは「不動」と「柔軟」にあたります。

惑星では、改革や変革パワーを持つ「天王星」と想像力や芸術性を表す「海王星」の影響を受けています。そんなあなたは別名「剛猛宿」と呼ばれることもあり「実力運」が備わっています。

●基本的な性格

室宿生まれのあなたは、ユニークで現実をダイナミックに動かす実力を兼ね備えた人です。そして、「室」の字から読み取れるように、自分の〝室〟である個性を表す部屋をしっかり持ち、自分を見失わない強さを秘めています。自由で創造的な感性に恵まれ、傍若無人としての印象が強く、自信に満ちあふれる言動や行動で、周囲を驚かせ圧倒させる面も。そして、斬新で革新的な考えを美徳としています。自分のアイデアに自信があるので他者の追随を許しません。また、エネルギッシュで独特な個性を持ち、まわりを見逃さず、さりげない目配りで独自の地位を築き、強烈な存在感で勝利を目指していきます。

●恋愛運

常に高いポリシーを持つあなたは、恋愛も同様と考えます。高い理想を抱き、幻想的な恋やセレブ的な環境での恋に憧れることが多くあります。誰に対しても、分け隔てなく接することができるので人気は抜群。どれほど相手を好きになっても、束縛されることを嫌う傾向が。年齢の離れた恋愛や、自分とは全く異なるバックグラウンドを持つ異性に惹かれたり、禁断の恋に身を投じることも。好きな人と共有する時間をもっと大切にすること。また、恋のトラブルに遭遇しても、いたずらに恐れず、その災いは必ず福に転じると強く信じましょう。

●家庭運

向上心あふれるあなたは、仕事も精力的に成し遂げるので、いつのまにか婚期が過ぎてしまうこともありそうです。けれども、結婚するとエネルギッシュさが家庭の中で大いに発揮され、献身的に尽くすでしょう。ただ、家族を引っ張っていくという気持ちが強いだけに、自分のペースがむき出しになってしまいがち。家族との絆があるからこそ、頑張れるという気持ちを忘れずに心がけることで、連帯感のつながりが絆の深い家庭となるでしょう。

●仕事運

「瓶宮」に三足属し、「魚宮」に一足属する室宿は、チームワークを大切にして、連帯感を携えて取り組む能力があります。

自由で大胆な発想力で才能が発揮できる仕事が向いています。「実力運」を持つあなたは、画期的な着想力と大胆な発想が得意な努力家なので、企画開発・技術開発・販売戦略・マスコミ関係・広告関係・美容関係・美術関係・音楽関係・芸術分野に適性があります。独立起業も吉。

●金運

金銭に関しても豪快に使う大胆さと、緻密な計画さの二つを併せ持つあなたです。名声運・出世運にも恵まれているので収入も段階ごとに上昇。それに伴って、返報性も大切にするあなたなので、沢山の縁や運を手にすることも多いはず。ただ、肝も据わっていて貪欲で強引な面があるので、冷静な判断力を持った尊敬できる人物との交流が必要。その人物の考えを学び、取り入れることで知識の幅も広がりあなたの存在運と金運がともにアップするでしょう。

●健康

室宿のあなたは、人体の中では「右腿（みぎもも）」に当たります。ストレスが重なると、血行障害からくる胃腸障害・腎臓病・膀胱炎を患いやすい傾向があります。また、手足の冷えや、けいれん、脚のケガに注意が必要。定期的な診断など、先回りして対処するよう気をつけておくと、持ち前のパワーを存分に発揮することができるでしょう。

●ビューティー

室宿は「太腿」のケアを怠らないことが大事。脚全体を使う水泳やフットマシンで筋力アップも効果的です。また、リンパドレナージュやセルフマッサージなどで、太もものセルライトや脂肪を分解・排泄を促すこともおすすめ。そして脚の脱毛処理もお手入れに加えて。

●ファッション

豪快なスケールの持ち主なので、常にイメージチェンジすることがおすすめです。ファッションポイントは、タイト、キュロット、ミニスカートで大胆に脚線美を露出すること。脚線美に注目したクロップドパンツやスキニーパンツもおすすめ。身体のシルエットが出る細身のドレスなど、さまざまなシーンでダイナミックに。また、靴のコーディネートも幅広くスタイリッシュに演出を。

●開運法アドバイス

開運成就の秘訣は、目上のアドバイスを聴き入れ、冷静な判断力を養いましょう。相手の考えを取り入れることで知識の幅も広がり、あなたの持ち前の存在感は確実にアップ。大胆な戦略と緻密な策略、この相反するセオリーを操ることができれば、大きな偉業も成し遂げられます。興味のある人物が現れたら、自分からコンタクトをとる努力をすると、新たな人間関係が始まり、人生がガラリと変わることもあるでしょう。

●ラッキーカラー　蛍光色・パステルピンク

●パワーストーン　ピンクカルサイト

輝きを放つピンクカルサイトは、パルテノン神殿をはじめ、古代エジプト、ギリシャ、ローマ時代にも、彫刻や建材として使われてきました。また、チベット文化圏では粉末にして、薬として利用されていた歴史もあります。そのピンクカルサイトを身につけることで、精神活動、知的能力や記憶力を活性化します。

●真言

のうまく　さんまんだ　ぼだなん　ほらば
ばつだらやち　のうきしゃたら　そわか

●有名人

黒柳徹子、仲間由紀恵、篠原涼子、鈴木杏樹、おおたわ史絵、市原悦子、タモリ、木村拓哉、草彅剛、櫻井翔、羽生結弦、マイケル・ジャクソン、篠山紀信、岡本太郎、田中角栄

●恋愛運の上昇時期

1月「友」、6月「親」、7月「栄」、9月「友」です。人気度は抜群に高まるときです。嬉しい恋のサプライズが多く、夢が現実的になってロマンスが生まれるでしょう。

●恋愛運の下降時期

3月「衰」、5月「壊」、11月「衰」です。危険な匂いが渦巻くワケありの異性に心惹かれてしまう時期です。禁断の恋に身を投じることもあるので、本気でのめり込まないように注意が必要です。

●仕事運の上昇時期

4月「危」、7月「栄」、8月「危」です。金運上昇は12月「成」です。大胆な戦略と駆け引きが功を奏する暗示。ダイナミックに動くことでプラスのエネルギーを引き寄せ、その結果、難なくコトを成し遂げられるでしょう。

●仕事運の下降時期

2月「命」、3月「衰」、5月「壊」、11月「衰」です。重要な任務で大きな選択を迫られたり、決断を強いられたり、何かと選択に迷う時期です。優先順位を考えながら、しっかりと腰を据えて挑むことが大切です。

●室宿の心得

エネルギッシュで豪快なあなたは、コミュニケーションにおいてもパワフルさがあるでしょう。興味関心を持った相手にはアプローチも積極的なはず。周りの目にはやや強引に映りますから、なんらかのトラブルに発展しがち。がむしゃらにならずにゆとりの心を持って、人との調和を計るようにすると一層、魅力が増します。

●室宿とのおつき合いのコツ
スケールの大きな活躍でパワフルに突き進む

陽気で豪快だからこそ不思議な勝負運の強さを持っています。試練を乗り越えさまざまな経験を積みあげていけばいくほど、運気を切り開くパワーをみなぎらせます。自分を信じる自信家だからこそ、あえてぶつからないことが大事。味方にすれば心強く、最善のつき合いができるはず。敵にまわさないことが得策です。

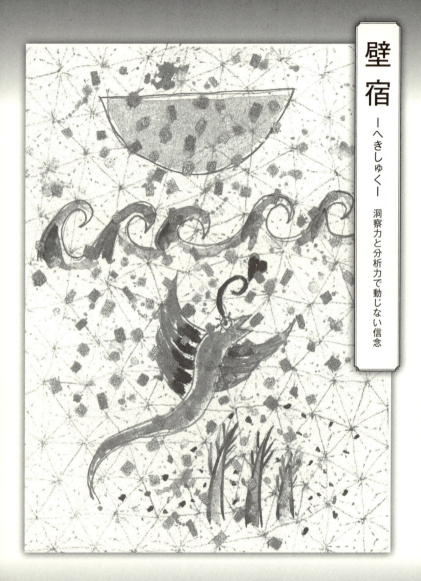

壁宿

—へきしゅく—

洞察力と分析力で動じない信念

12宮	4区分（エレメント）	3区分（クオリティー）	10惑星
魚宮4	水4	柔軟	海王星

●概要

十二宮の中では、繊細な感受性と直感力を持つ「魚宮」に四足とも属しています。エレメントは、感受性の強いスピリチュアルを秘めた「水」を表し、クオリティーでは「柔軟」にあたります。惑星では、情緒性と芸術性を表す「海王星」の影響を受けています。そんなあなたは、「蓄財運」と「引き立て運」に恵まれています。

●基本的な性格

壁宿生まれのあなたは、温厚、世話好きで優しく、周囲から好感をもたれ、内に秘めた直感や情緒豊かな芸術的センスに恵まれた人です。そして、「壁」の字が示すように、自分が壁になって人を護る姿勢や、なにかと相談を受け、頼りにされる面があります。頼まれたら断れずに善意を施し、それが転じて利用されたり、だまされたりして、精神面で壁を作り踏み込ませない面も。しかし、信心深く、困っている人を見ると、放っておけず自分を犠牲にしてまで、救おうとする精神が宿っています。また、転んでもタダでは起きない粘り強さを持ち、冷静な観察眼と分析力で自分の好きな事は、どこまでもとことん熱中し独自の足場を築いていくでしょう。

●恋愛運

あなたは「人を支えたい、人に尽くしたい」という気持ちが極めて強いので、献身的で強い愛情に満ちあふれた恋をするでしょう。想像力が豊かで、どこか夢見がちなタイプ。愛する人には誠心誠意に尽くすでしょう。ただし、一度嫌になるとアッサリ別れてしまうような気まぐれなところも。ひとりよがりではなく、客観的な視線を持つこと。四六時中、相手のことばかり考えたり、余計なお世話が過ぎると、悲恋を味わうことになりそう。ときに相手の要求を断る強さも大切。

●家庭運

根気強く、頼まれごとはきっちり受け入れるあなたは、結婚しても、自分がすべきことをきちんとやり遂げて、家族のために献身的に尽くします。蓄財運もあるので、家計経済もやりくり上手です。ただし、倹約、節約し過ぎて、自分の思い通りにやりくりしてしまうと、家庭内がギスギスして、皆の心が分散してしまうので注意。常に家族の気持ちを感じとることで、あなたの大きな寛容さと、情け深さが活かされて、柔和な家庭が築けるでしょう。

●仕事運

「魚宮」に四足属する壁宿は、独特の精神世界を活かしながら、クリエイティブな世界で活躍する役割があります。また、世話好きで、人助けに関しては抜群の才能を発揮します。心と心の触れ合いの中で人をサポートする、保健衛生・福祉事業関係・ファイナンシャルプランナー・コンサルタント・秘書・公務員・経理に適性があります。

●金運

蓄財運に恵まれているあなたは、無駄な出費をすることは滅多になく、倹約しながら手元のお金を上手に殖やしていくことができます。ただ、ギャンブルや投資は人から誘われてしまうと、断れずにお金を使ってしまう弱い面がでるので、手を出さないほうが無難でしょう。また、人の良さにつけ込まれ、騙されてしまう危険性がないように参謀的な人物の意見を取り入れることで、駆け引きや交渉術が身についで持っている金運が強まっていくでしょう。

●健康

壁宿のあなたは、人体の中では「左腿（ひだりもも）」に当たります。ストレスから血行障害を起こしやすく、足のケガ・手足の冷え・外反母趾・タコなど足の病気、交通事故による足のケガにも充分注意。また、靴選びの際には足が楽なものを選ぶなどの配慮が必要。心身共にデリケートな性質なので、慢性疲労から脾臓の病気を患いやすい傾向が。

●ビューティー

壁宿は「太腿」のケアを怠らないことが大事。フィットネスジムでは太腿を鍛えるレッグカールやエアロビクス・アクアエクササイズなどが効果的。また、リンパドレナージュやセルフマッサージなどで、太腿のセルライトや脂肪を分解し排泄を促しましょう。

●ファッション

芸術的センスとファンタジーの感性を持つタイプなので、ファンタジックに満ちあふれた独特のデザインがおすすめ。たとえば、柔らかふわふわ素材やレースに海の中をイメージする模様など、ドリーミーなムードが漂うフォルムのスタイルがお似合い。また、デザイン模様のカラータイツやカラーストッキングなどもおすすめです。

●開運法アドバイス

開運成就の秘訣は、自分自身の内面の声に耳を傾けること。内側から湧き出る発想に従うことで、不可能を可能にすることができます。芸術的な感性で誰も思いつかないようなモノを創り出すことも。一度悩み始めると物事を突き詰めて考えてしまうので、音楽を聴きながら絵を描いたりすることで、内なる心の世界を広げることができるでしょう。また、今までの経験で身につけた技能は大きく開花する暗示があります。迷いが生じたときは自分のインスピレーションにしたがうことを忘れずに。

●ラッキーカラー　ピーチ・ブルー

●パワーストーン　トルマリン

マイナスイオンを放つトルマリンは、アメリカではネイティブインディアンたちが、大地からのメッセージを伝える石として大切にしてきたようです。そのトルマリンを身につけることで、心身のバランスを保ち、心に活力と勇気を与え安定した状態を保ちます。

●真言

のうまく　さんまんだ　ぼだなん　うたのう　ばっだらば　のうきしゃたら　そわか

●有名人

吉永小百合、北乃きい、鈴木砂羽、荒川静香、安藤優子、蛯原友里、三國連太郎、国分太一、石塚英彦、薬丸裕英、綾野剛、市川染五郎、孫正義、宮部みゆき、樋口一葉

●恋愛運の上昇時期

2月「親」、3月「栄」、6月「友」、10月「親」、11月「栄」です。心も身体も一体感を得られるようなロマンティックな恋が叶う時期です。感情のやり取りやムードを大切にすれば、あなたが理想としている甘い恋も実現するでしょう。

●恋愛運の下降時期

1月「壊」、9月「壊」です。その場の状況に流されて、思わぬスキャンダルに巻き込まれる可能性も。そんなときは、目に見えることがすべてだとは思わないで、第六チャクラに意識を向けてサードアイで見てみることを忘れずに。

●仕事運の上昇時期

3月「栄」、5月「成」、7月「業」、11月「栄」、12月「危」です。金運上昇は4月と8月の「安」です。今まで取り組んできたことが実を結ぶ時期です。多くの独創的なアイデアに恵まれるので、その内側から湧き出る発想に従うと可能性が広がります。

●仕事運の下降時

1月「壊」、9月「壊」です。情に流されたり、戦略の方法を間違えたり、それが原因で、物事が滞ってしまうかも。仕事の難易度が立ちはだかって八方塞がりになるケースもあるので、そんなときは、内側に意識をむけてハイヤーセルフとつながる意識を持ちましょう。

●壁宿の心得

大きな壁のように人を支え守ることや世話焼きが嫌いではないあなたです。人様の役目になるならと進んで手を差し伸べる慈愛精神を持っています。何かと相談されることも多くあると思いますが、すべてを受け止めて自分を犠牲にしたり、ややもすると騙されたりするかもしれません。冷静さを失くさないように。

●壁宿とのおつき合いのコツ

洞察力と分析力で動じない信念

観察眼を持ち誰かや何かを守り支え助ける使命を秘めています。優しい心で守ることを生きがいにしている献身的な信念は、母性愛の強さ。裏方として大仕事をするかもしれません。人に頼りにされ、期待されると全力でこたえます。それゆえに、騙されることで傷つくことも多くあるでしょう。だからこそ、危うい話に軽くのらないようにしっかり見守り、あなたを信頼できる人として印象づけて。

奎宿

ーけいしゅくー

繊細で神秘的な雰囲気が漂う存在感

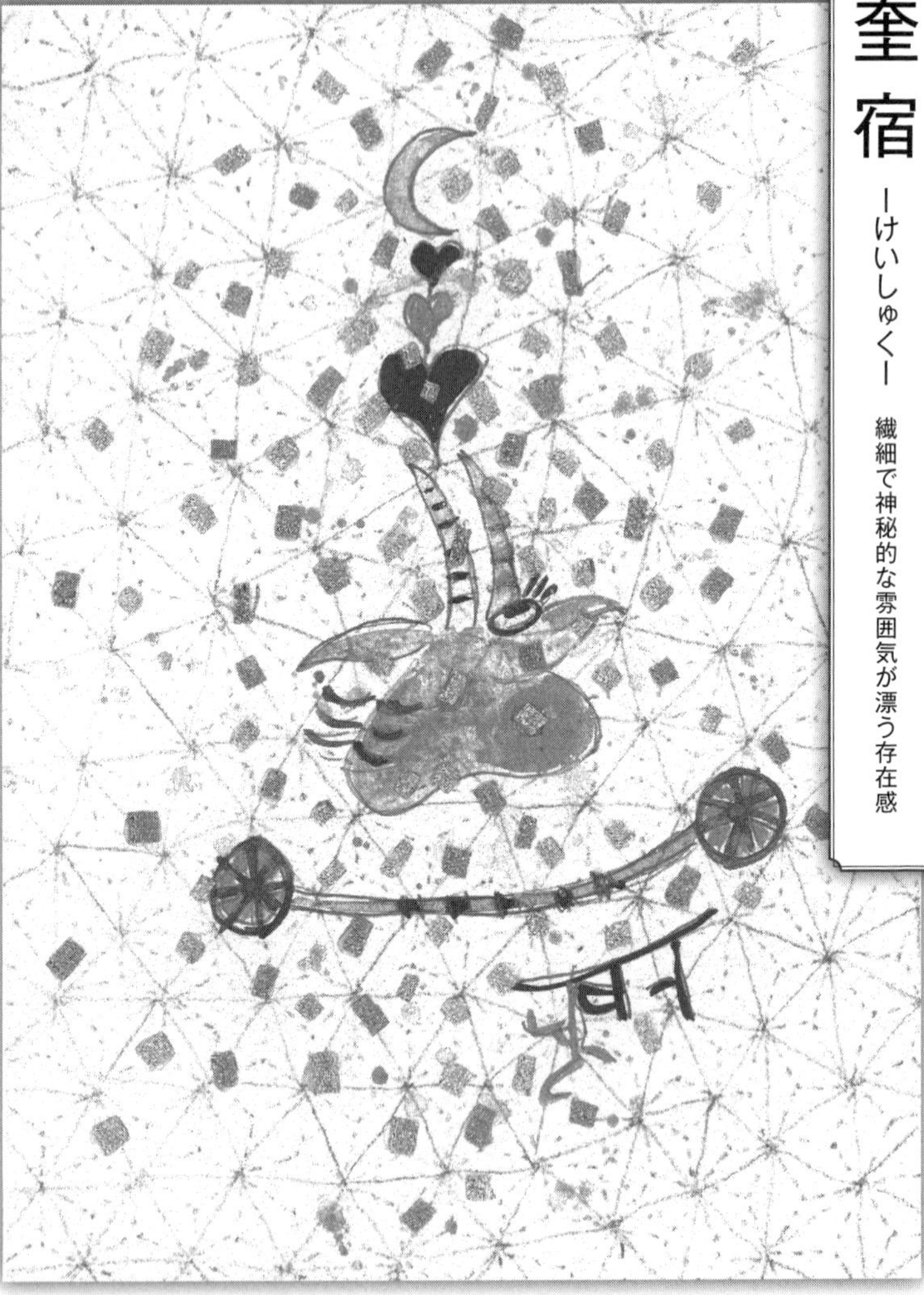

12宮	4区分（エレメント）	3区分（クオリティー）	10惑星
魚宮4	水4	柔軟	海王星

●概要

十二宮の中では、豊かな直感力と想像力に優れた「魚宮」に四足とも属しています。

エレメントは、冷静で神秘的な「水」を表し、クオリティーでは「柔軟」にあたります。

惑星では、神秘性を持ち、豊かな想像力と芸術性を表す「海王星」の影響を受けています。

そんなあなたは金銭感覚がしっかりしていて「蓄財運」に恵まれています。

●基本的な性格

奎宿生まれのあなたは、気位が高く上品で、清潔感に包まれ、とても礼儀正しく精神性の高い人です。そして「奎」の字を読み解くと、「学問の心を導く」とあります。人に対しても学びの姿勢を保ち、温厚柔和で人助けや奉仕精神が強く、まわりからも好かれ魅力があります。未知の世界であっても、びっくりするぐらい大胆にのめりこんだり、感情に流されて依存しやすい傾向も。しかし、カンや閃き、そして豊かな直感力と想像力に恵まれています。真面目で正義と誠実が表面化していて優しいです。常に健全を願い、見せかけだけの軽薄な人や対立を嫌う傾向があるでしょう。

●恋愛運

あなたは、思いやりにあふれ、深い愛情を注ぐことができるので異性にモテます。しかし、好きな相手には、激しい感情移入や強度に依存し過ぎる傾向があります。内側に強い情熱が潜んでいるため、パッションを駆り立てるような恋愛を望んでいる一面が。秘密の関係を持ちやすく、二重の恋に陥る可能性も高いでしょう。すべての物事を規則や形式で決めようとしないで、ユーモアのセンスを身につけること。そうすればロマンティックな恋のチャンスが増え、持ち前の恵まれた恋愛運が発揮できます。

●家庭運

玉の輿運の持ち主のあなたは、それゆえ、経済的に豊かな生活を送ることができるでしょう。そして、家庭にも気位や気品を好む傾向があります。ただ、生真面目さが出すぎてしまうと、融通の利かない頑固さが執念深さに変わり、険悪な雰囲気になってしまうときも。ぎこちなくなってしまう前に、タイミングを見て、謝るべきときには素直に謝る姿勢が大切です。そうすることで、家族団らんのアットホームな家庭が築けるでしょう。

●仕事運

「魚宮」に四足属する奎宿は、創造性を活かしながら芸術分野で、のびのびと才能を発揮できるでしょう。組織に縛られない仕事に向いています。上品で美しいものに魅かれるので、芸術に触れることや、知的で向学心にあふれる、医学・薬学関係・教職・研究職・化粧品に適性があります。水産業・海運業・福祉関係・保健衛生関係・自営業も吉。

●金運

お金に対して楽観的なあなたは、積極的な貯蓄は苦手なタイプかも。しかし、何事にも模範的でありたいと願っているので、無駄になるような買い物は滅多にしません。けれども、何かに熱狂的にのめり込み、一度熱くなってしまうと、融通の利かない執念深さが出てくるときが。それゆえ、ギャンブルや投資は避けるほうが無難です。サイドビジネスに長けている人物と交流すれば、収入を増やす手段が見つかり貯金をすることができるでしょう。

●健康

奎宿のあなたは、人体の中では「膝（ひざ）」に当たります。手足の冷え、膝に関わる病気やケガに注意。また、靴が原因で外反母趾や足を痛めやすい傾向も。突発的な高血圧・喉・気管支などの病気にも気をつけましょう。膝の病気、高血圧や気管支に注意が必要。日頃からの不摂生や、不規則な生活がカラダに悪影響を及ぼすことも。難しい健康法に頼るよりも規則正しい生活から始めましょう。

●ビューティー

奎宿は「膝（ひざ）」のケアが大切。血液が滞らないように循環させましょう。足や膝を鍛えるフットマシンや水泳、アクアエクササイズなどが効果的。思いっきり汗を流しストレス解消させて気分もスッキリ。また、膝の硬くなった角質や黒ずみの予防には、スクラブピーリングして、その後はボディクリームやローションで保湿ケアが大事。

●ファッション

清楚な雰囲気を漂わせているので、ロマンティックで上品なスタイルがお似合い。上品な装いにまとめるなら、雰囲気やデザインは流行を取り入れたクラッシクモードなイメージで。ロマンティックな印象なら、色使いやシルエットで演出して、Aラインのミニドレス、パンツ、スカートなどに、膝が見えるブーツがおすすめ。

●開運法アドバイス

開運成就の秘訣は、カンに頼りすぎて物事の理論を疎かにせず、論理的に結論を出すリアリストな考えを持つこと。また、文才力があるので、文章や文学との関わりを積極的に増やせれば運気アップにつながります。そして、浮かんだアイデアを実用的に落とし込んでいくと、予想以上の結果につながります。それには、自分の才能発掘を惜しまず実行しましょう。そうすれば天からの導きが得られ大きな幸運が訪れるでしょう。

●ラッキーカラー　ボルドー・マリンブルー

●パワーストーン　ローズクォーツ

美しいローズの輝きを放つローズクォーツは、古代ローマ時代では、制約の多い恋愛を成就させた人に、ローズクォーツの印章を送る風習もあったとか。彫刻などの工芸品は現代でも、とても人気がありま す。そのローズクォーツを身につけることで、高いヒーリングのエネルギーを持ちます。また、身体の疲労を和らげる効果もあります。

●真言

のうまく　さんまんだ　ぼだなん　りはち
のうきしゃたら　そわか

●有名人

北川景子、松たか子、大竹しのぶ、江角マキコ、松本伊代、板野友美、為末大、所ジョージ、尾崎豊、妻夫木聡、坂上忍、やしきたかじん、糸井重里、林真理子、谷川俊太郎

●恋愛運の上昇時期

2月「友」、7月「親」、10月「友」です。引く手あまたの恋の暗示。多くの異性から声がかかり一段とモテるときです。恋のチャンス到来なので、ひたむきな情や思いを相手に注ぐことで、エモーショナル豊かな恋愛ができるでしょう。

●恋愛運の下降時期

4月「衰」、6月「壊」、8月「衰」です。秘密の恋に溺れる暗示。同時に二人を愛するような恋に陥る危険性が。情事に明け暮れたり、愛に溺れてしまう危険性が潜んでいる時期なので注意して。自分を客観的にみつめることが恋愛成就の秘訣です。

●仕事運の上昇時期

1月「成」、5月「危」、9月「成」です。金運上昇は12月「安」です。リスクを感じても、物事に精力的に取り組めば、ハイリターンで返ってきます。

あえてチャレンジすることで、多くの引き寄せが発生して、仕事の流れも円滑に運べるでしょう。

●仕事運の下降時期

3月「命」、4月「衰」、6月「壊」、8月「衰」です。持ち前の第六感が鈍る時期です。カンに頼りすぎれば、あとでひどい仕打ちを受けてしまうかも。やっつけ仕事に出れば周囲の反感を買ってしまうので注意して。そんなときは、大地に根を張る大きな木をイメージし、内側に意識を向けて軌道修正しましょう。

●奎宿の心得

優しさあふれる雰囲気があり、たくましさと程遠いあなたは、自然と周囲から大切にされます。信用出来るまでは相手になかなか本音を話すことはしないでしょう。あまり秘密主義になりすぎると、自分にとって有意義な人まで離れていくこともあるので、相手を受け入れられるように間口を広げておきましょう。

●奎宿とのおつき合いのコツ

繊細で神秘的な雰囲気が漂う存在感

繊細でたくましさに欠けますが仲間や周囲に助けられる運を持ちます。所々で協力者に恵まれ、常に運が味方しているはず。誰かが助けたくなってしまうぐらい、その秘められた感性が魅力的に映ります。表の顔と裏の顔を探り、共通の秘密を持てたなら深いつながりで最強の絆が生まれるかもしれません。

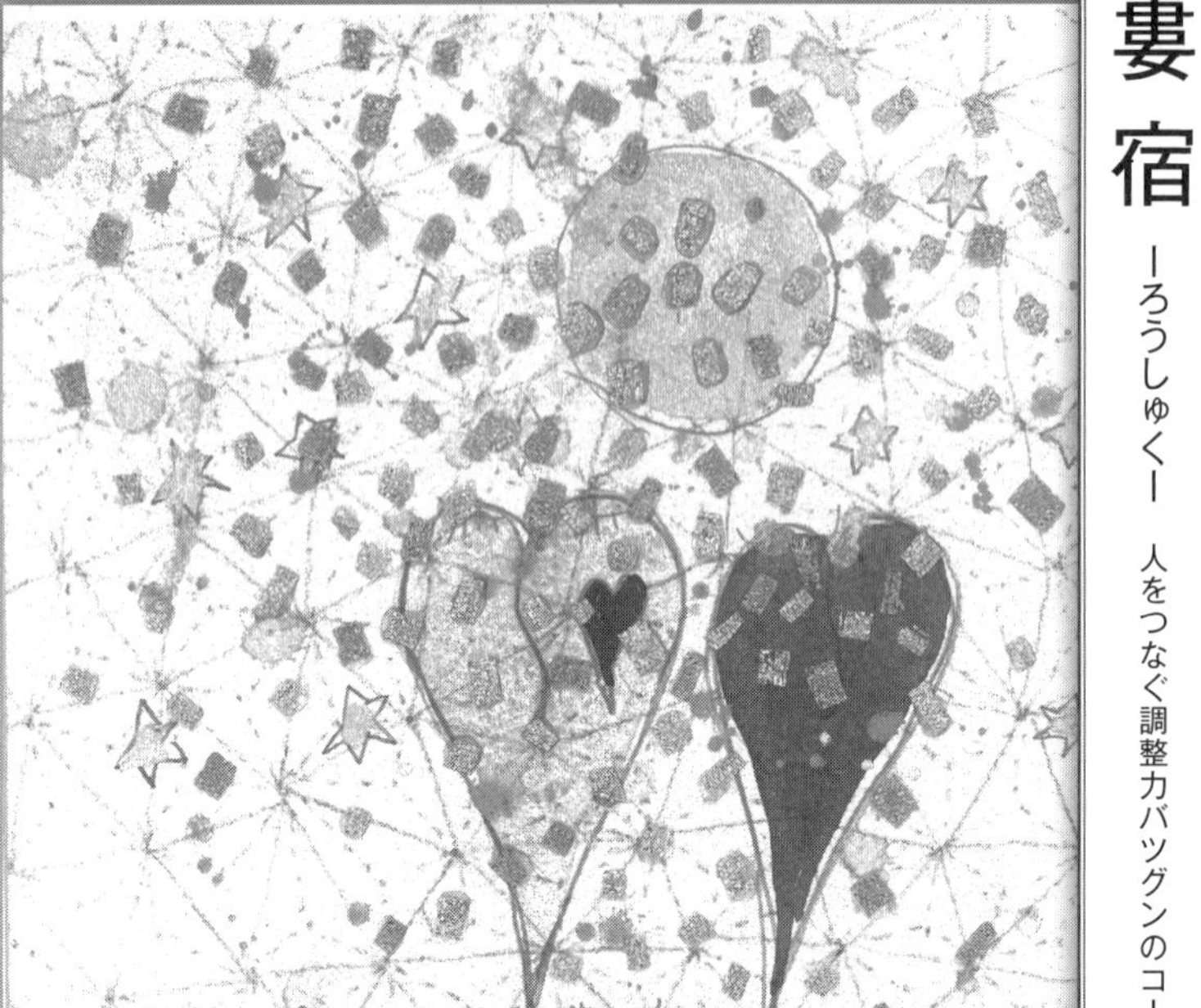

婁宿

—ろうしゅく—

人をつなぐ調整力バツグンのコーディネーター

12宮	4区分（エレメント）	3区分（クオリティー）	10惑星
羊宮4	火4	活動	火星

●概要

十二宮の中では、開拓と挑戦意欲を持つ「羊宮」に四足とも属しています。エレメントは、強く熱い枯淡のおもむきを秘めた「火」を表し、クオリティーでは「活動」にあたります。惑星では、意志の力と闘争心を象徴する「火星」の影響を受けています。そんなあなたは「人気運」に恵まれ、とても器用で智恵がある人です。

●基本的な性格

婁宿生まれのあなたは、曲がったことが大嫌いで、燃え上がるような正義感と勇敢さと共に、親しみやすさあふれる面を持ち合わせた人です。そして、「婁」の字は、「数」の変形でもあり、緻密な分析力や検索力に優れています。自分の考えを押し通し、思ったことは「物申す」の姿勢で、意見や発言を言わないと気が済まない気持ちと、自己主張が強いので考えを曲げない強情な面も。しかし、直感から湧き出るアイデアの豊富さとセンスもあり、多彩な才能に恵まれています。また、バイタリティーのある抜群の精神と行動力で、一度決めたら無我夢中で、必ずやり遂げる情熱と向上心で生き抜いていくでしょう。

●恋愛運

あなたは、メラメラ燃えたぎる炎のように情熱的です。恋愛も同様に、激しく一途な愛情を注ぎ、相手を追い求めていくことが多いでしょう。穏やかな恋愛には無縁です。退屈な日常を打ち破ってくれるような刺激的な恋を求めているため、言い寄られる恋には無関心。ときには略奪愛も厭《いと》わない滑稽な手段にでることも。年齢の離れた関係のほうが、意外にうまくいくでしょう。

後先を考えずに行動したり、思いやりに欠ける発言ばかりでは恋は一方通行。一歩引いて受け身でいるくらいがベストと心得ましょう。

●家庭運

自己愛が強く、エネルギッシュで勝気なあなたは、理想が高すぎて晩婚になるケースも。しかし、結婚すると良く気がつき、こまめに動き抜群の行動力で家庭をきり盛りしていきます。まっすぐで正直な性分なので、ときに、まわりが見えなくなり、自己主張しすぎて妥協できないときも。外ばかりに刺激を求めず、家族こそが心の拠りどころと信じて接していきましょう。そうすれば、生活にゆとりが出てホットな家庭が築けるでしょう。

●仕事運

「羊宮」に四足属する婁宿は、スピーディーな決断と行動力があるので競争力の激しい職種に向いています。「人気運」を持つあなたは、気遣い、気配りの機転が利き、接客業務の職種にあたると能力が発揮されます。営業関係・販売業界・広告業界に適性があります。その他に、レポーターなどのマスコミ関係も吉。

●金運

まっすぐで一本気なあなたは、迷いのない素早い決断力で損得勘定を敏感に察知する、ズバ抜けた能力と計算強さがあります。しかし、一度火がついてしまうと無我夢中で突っ走り冷静に考えられなくなってしまう面も。競争心と負けん気の強さで、引き時を見失ってしまいがちなので、ギャンブルや投資はご法度です。鋭敏な感知力があるので、知的で社交的な人物との交流をもつことでビジネスセンスが磨かれて地位やお金も得ることに。

●健康

婁宿のあなたは、人体の中では「脛（すね）」に当たります。動きが俊敏で行動範囲も広いので、バイタリティーが裏目に出ないよう、交通事故や打撲などに気をつけましょう。疲労やストレスが溜まっても頑張ってしまう性格なので、頭痛・高血圧・脳出血・脳梗塞などが出やすく、意外に虚弱体質なタイプが多いので日頃の健康管理は大切です。

●ビューティー

婁宿は「脛（すね）」ケアを怠らないことが大切。ムダ毛の脱毛や抑毛ローションなどでケアして、乾燥しやすいひざ下はマッサージやリンパを流すフットケアがおすすめです。

行動範囲も広く動きまわることが多いので、精神を落ち着かせるヨガやフットサロンで、リラックスできる時間を持つように心がけましょう。

●ファッション

正義感あふれる持ち主なので、ファッションも正統派なクラッシックがお似合い。たとえば、高貴な皮ジャケットにボトムはひざ下を強調したレギパンツやサルエルパンツにカチッとしたショートブーツがおすすめ。また、おしゃれを楽しむビューティーレッグとして、ひざ下のむくみもとる着圧レギンスやトレンカもイチ押し。

●開運法アドバイス

開運成就の秘訣は、直情的な行動を改め、ときにはじっくり考えてから結論を導き出しましょう。そのために、衝動的な行動をすこし抑えることも大事。知的で社交的なセミナーやパーティーなどの交流に出向いたり、参画すればしだいに成熟したまろやかな魅力と、広い視野から観察する力が備わってきます。そして、思ってもみなかった幸運をキャッチし、上昇気流の運気に乗れるでしょう。

●ラッキーカラー　赤・桜色

●パワーストーン　オレンジカルサイト

多彩な色を放つ、オレンジカルサイトは、パルテノン神殿をはじめ、古代エジプト、ギリシャ、ローマ時代にも、彫刻や建材として使われ、チベット文化圏では粉末にして薬として利用されていた歴史もあります。そのオレンジカルサイトを身につけることで、ポジティブな波動をもたらし、知的能力を活性化します。

●真言

のうまく　さんまんだ　ぼだなん　あしんび のうきしゃたら　そわか

●有名人

黒木瞳、飯島直子、南果歩、山口もえ、早見優、柴田理恵、すみれ、錦戸亮、松田龍平、石橋貴明、水谷豊、テリー伊藤、北方謙三、スティーブ・ジョブズ、ビル・ゲイツ

●恋愛運の上昇時期

3月「親」、4月「栄」、7月「友」、8月「栄」、11月「親」です。刺激に満ちた情熱的な恋が叶う時期です。その関係は熱愛に発展するケースが多く、列火の炎のように急速に恋が発展するでしょう。

●恋愛運の下降時期

2月「壊」、10月「壊」、12月「衰」です。激しい感情に駆られ、恋の炎に身を焦がす危険性があります。欲望に任せて無謀な行動に走れば大きな地雷を踏んでしまうことに。また、略奪愛に発展してしまう傾向も。そんなときは、宇宙のエネルギーに意識を向けて穏やかな波動を受け入れましょう。

●仕事運の上昇時期

1月「危」、4月「栄」、6月「成」、8月「栄」、9月「危」です。金運上昇は5月「安」です。着眼点やアイデアが冴える時期です。運気も上り調子な

ので、やるべきことを先回りするぐらいの勢いで進めれば、大きな評価につながるでしょう。

●仕事運の下降時期

2月「壊」、10月「壊」、12月「衰」です。青天の霹靂のように物事が急変する暗示。欲望に任せてアクションを起こせば、仕事は空回りするばかり。発言の場面では支離滅裂になってしまうことも。そんなときは、無理に動かずじっくり考えてから結論を導き出しましょう。

●婁宿の心得

面倒見のよいあなたです。人の隠された部分を見抜く力は大したもの。相手の弱さも見抜いてしまい、トラブルなどの場面では、的を射すぎた言動が身を危うくします。聡明さと優しさで相手の心の声を聴きながら寛容さを前面に。

●婁宿とのおつき合いのコツ

人をつなぐ調整力バツグンのコーディネーター

穏やかで親しみやすく、周りが気づかないような何気ない配慮ができます。鋭い観察眼で状況やニーズ、隠れた才能を見抜き、人と人をつなぐコーディネートも得意です。はっきりした考えを持っているので曖昧さは苦手です。それゆえに、高圧的な態度やコントロールしようする姿勢には敏感。サポート役に徹して、いつも側にいる感を示すと、心地よさを感じるでしょう。

胃宿

―いしゅく―

自立心旺盛でエネルギッシュな活動家

12宮	4区分（エレメント）	3区分（クオリティー）	10惑星
羊宮4	火4	活動	火星

●概要

十二宮の中では、直情傾向で自己主張の強い「羊宮」に四足とも属しています。エレメントは、情熱的で直感力に優れた「火」を表し、クオリティーでは「活動」にあたります。惑星では、前向きな意志と戦いを象徴する「火星」の影響を受けています。そんなあなたは勝ち負けにこだわる「勝負運」の持ち主です。

●基本的な性格

胃宿生まれのあなたは、オリジナリティー豊かなパワーと、闘争心旺盛な行動力に優れ、とても自信満々で度胸のある人です。そして、「胃」の字が示すように、何事も飲み込み吸収する力があります。好き嫌いがハッキリしていて明暗が顔に出やすい。強い個性とプライドも強く、何事も思い通りに進めたがる個人プレイ的な面があり、そのはみ出した勢いのある行動が原因で周囲から反感を買う傾向も。しかし、スピーディーで頭の回転が速く、運をつかむチャンスとタイミングの速さは抜群です。また、好奇心旺盛で強いリーダーシップ力を発揮することで、多くの人が集まり、ユーモアセンスも豊かで自分の人生を切り開いていく力があります。

●恋愛運

情熱的で、人目を引く魅力に包まれているあなたは、女性は相手をリードする姉御肌、男性は頼りがいのある存在。女性は特に年下の異性に一目惚れされやすいでしょう。障害のある恋愛も厭《いと》わず、情熱的に相手を愛しますが、相手のすべてを奪い取ろうとするところがあり、束縛したり嫉妬深くなったりします。また、一目惚れしやすい傾向も。客観的に自分を見つめることが何よりも大事。勢いだけで突き進むと後でひどい目に遭うので注意しましょう。「自分に必要な恋愛とは何か」と、思いをはせることが必要です。

●家庭運

自分の気持ちに正直で、自立心の強いあなたは、仕事を優先するあまり生涯独身を貫く場合も。しかし、結婚すると家族のために人一倍頑張ります。手早く料理をこなし、味つけも上手なので家族の胃袋をつかんで放しません。ただ、負けず嫌いなので、辛いことがあっても自分で解決しようとして、家族に頼ろうとしないところがあります。ときには、弱い自分を家族に見せることで、拠りどころのある、癒しの家庭を築くことができるでしょう。

●仕事運

「羊宮」に四足属する胃宿は、競い合いながら新たな価値や需要を生み出すパワーが備わっています。人の先頭に立ち開拓精神で新しいフィールドに挑む役割があり、競争の激しい仕事に適しています。抜群の「勝負運」の持ち主なので、競争意識を活かせる営業職に向いています。スポーツ関係・ファッション関係・貿易関係・飲食、食品関係にも適性があります。独立起業は吉と出るでしょう。

●金運

闘争心旺盛で迷いを見せないあなたは、視界に入るマネーチャンスを、多少大胆にも見えるやり方で手元に引き寄せることができます。また、勝負運があるのでギャンブルや投資は吉と出ますが、引き時を見失うと大損するので平常心を忘れずに。投資や出費は損と思わず、さらに稼ぎだしたお金をコミュニケーションで使えば信頼関係が深まります。そして、グローバルな視点を持つ人物と交流すると大金を得るチャンスに恵まれるでしょう。

●健康

胃宿のあなたは、人体の中では「足先」にあたります。健康には自負があり強靭な肉体を持っていますが、足腰の病気やケガ・手足の冷えには注意が必要です。薬剤に詳しく健康には留意しますが、胃宿の胃を示しているので飲み過ぎ食べ過ぎにも注意を。ときに短気で頭に血がのぼりやすいので脳出血・脳梗塞などにも用心が必要。

●ビューティー

胃宿は「足先」の血行促進が大切。とくに、冷え対策は足先から温まる足ツボマッサージは必要不可欠です。マッサージには血行と発汗を促すジンジャー精油がおすすめ。また、静かな大自然でマイナスイオンを全身に浴びながらの息抜きが何よりでしょう。

●ファッション

行動力抜群でパワフルなので、ファッションも勢いのある個性的なおしゃれが似合います。注目は足先。トレンディーアイテムとして、豪勢なストーンやラメ入りのペディキュア、さらに、ネイルシートで大胆なおしゃれを。ミュールサンダルにはトゥーリングやアンクレットもお似合い。そして、ひときわ存在感のある、スニーカー、パンプス、ブーツ、ブーティなど個性を強調するのも秘訣。

●開運法アドバイス

開運成就の秘訣は、人が真似できないようなオリジナリティーを追求することです。持ち前の独特な美意識を開花させることができれば、大きく開運します。グローバルな視点を持つことも大事ですが、直感ばかりを優先するのではなく、ときには手順を重視し、計画的に物事を進めていれば運気はさらにアップします。また、食へのこだわりが運気の底上げにつながるので、思う存分美味しい物を食しましょう。

●ラッキーカラー

ブルー・グリーン・レッド

●パワーストーン　タイガーアイ

独特でパワフルな輝きを放つタイガーアイは、古来より神の目として重宝されたことから、邪悪なエネルギーを跳ね返す効果があります。そのタイガーアイを身につけることで、視野と洞察力を与え物事を見極める能力を高めてくれます。

●真言

のうまく　さんまんだ　ぼだなん　ばらにのうきしゃたら　そわか

●有名人

深津絵里、沢尻エリカ、安田美沙子、小宮悦子、高畑充希、三上博史、DAIGO（ミュージシャン）、加山雄三、及川光博、東山紀之、名倉潤、大泉洋、夏目漱石、芥川龍之介、宮沢賢治、小池百合子

●恋愛運の上昇時期

3月「友」、11月「友」、12月「栄」です。燃え盛るような恋のトキメキが開花する暗示。一目惚れから恋が急展開することも。持ち前のフェロモンが盛んになる時期なので、相手の心を骨抜きにすることも可能でしょう。

●恋愛運の下降時期

5月「衰」、7月「壊」です。理性を失いやすい時期です。能動的に勢いだけで突き進めば、相手も自分も傷つけてしまうことに。衝動的な言動を抑えることも忘れずに接しましょう。愛は与えれば与えるほど大きく花開くことを信じて行動しましょう。

●仕事運の上昇時期

2月「成」、6月「危」、8月「業」、10月「成」、12月「栄」です。金運上昇は1月と9月の「安」です。人が真似できないような力量が発揮できる時期なの

で、パワー全開に邁進できるでしょう。トラブルが生じても直感を優先して動けば、一点突破で勝利を獲得するでしょう。

●仕事運の下降時期

4月「命」、5月「衰」、7月「壊」です。野心にとらわれて周囲に迷惑をかけてしまう暗示。小さなミスの積み重ねによって波乱を招く危険性があります。また、執着心をコントロールできなくなることも。危機管理を意識しながら受身に徹しましょう。

●胃宿の心得

組織のなかではリーダー的な存在になることも多くあるはず。独立心が強いだけに先頭に行き過ぎると孤立してしまうこともあるでしょう。相手の気持ちや状況を理解して人を導いていくと、周囲からの賞賛を得られます。そうなるとさらに交際術とビジネス術の技を光らせていくことができるでしょう。

●胃宿とのおつき合いのコツ

自立心旺盛でエネルギッシュな活動家

自分のやり方で大胆に人生を切り拓き自分のペースに巻き込むパワーがあります。それゆえに、バイタリティーと集中力で欲しい物を確実に手に入れます。張り合う気持ちやライバル意識をもって接するより、ストレートに頼る姿勢で懐に飛びこんでいくとつき合いやすいでしょう。距離を縮めるならおいしいものを一緒に食べる時間を大切にするとよいかも。

水星
冥王星
金星
水星
月
太陽
金星
火星
木星
土星
天王星
海王星

第3章

宿曜相性占い

宿曜占星術の相性占いの特徴

宿曜占星術のなかでも人間関係を占う「相性占い」は、他に類を見ない的中率の高さが特徴です。

宿曜占星術の相性占いは、相性が良い・悪いという二元論的な単純なものではありません。自分の宿（本命宿）と他の宿とはお互いにどのような関係性なのか？　という対人関係の相性を導き出すもので、宿曜占星術の大きな特徴となっています。

人と人を巡り会わせる縁。人は時として人力を超えた不思議な力に導かれるものです。「こうなったのも何かの縁」とつき合いを始めたりするのも、この縁の作用が影響しています。過去の縁を振り返り、現在の縁を発展させ、未来の縁に希望を託すこと。そしてその縁をどう受け入れ、発展させるかで、私たちの生きる道や世界も大きく変わってきます。

人は無意識のうちにさまざまな選択をしています。いつ何を（誰を）選ぶかで人間関係もどんどん変わっていきます。今の人間関係のほとんどは、私たちの選択と縁が形づくったものだといってもいいでしょう。

「円滑な人間関係を築くうえで、どのように相手とコミュニケーションをとるべきか」を紐解いていることが宿曜占星術の相性占いの大きな特徴です。

ここでは、人間関係の11のタイプと基本的な6種類の相性を紹介します。さらに詳しく相性を見たい場合は、ソウルメイト別のエレメントの相性をご覧ください。（238ページ以降参照）

人間関係の11のタイプ

私たちを取り巻く人間関係は、どんなに複雑に見えても、整理すれば11のタイプに分けられるというのが宿曜占星術の基本です。

11のタイプとは次のとおりです。

①似たもの同士の人「命」(めい)

現世で出会うべき宿縁で結ばれているソウルメイトの関係です。同じ価値観を持ち、人生の使命や役割も似ているので、損得抜きに応援でき、力の貸し借りも無理なくできます。時を経て再会しても、すぐに以前と同じような関係に戻れるでしょう。

②サポートしてもらう人「業」(ぎょう)

前世からのつながりのあるソウルメイトの関係です。どこか懐かしさを感じる相手で、前世での貸しを返してくれるかのように無償のサポートをしてくれます。価値観や行動パターンが似ているので、口に出さなくても以心伝心でお互いのことが自然とわかってしまいます。

③サポートしてあげる人「胎」(たい)

来世でも出会うソウルメイトの関係です。宿命的な縁や志を受け継ぐことになるでしょう。相手につき従うケースはありますが、強制的なものではなく、未来に縁をつなぐような連携的なものとなるでしょう。本音のつき合いができるので、助け合いながら困難を乗り越えていくことができます。

④繁栄をもたらす人「栄」(えい)

希望に満ちた有益な関係を築くことができます。発展が期待でき、望んでいるものや希望、理想といったものが似ています。

⑤心のつながりをもたらす人「衰」(すい)

他愛もない会話で盛り上がる楽しい関係。優しさに触れるうちに好きになっていた、ということが多く、精神的な結びつきが強い相手です。恋愛関係の場合は、どんな障害があっても乗り越えようとします。

⑥安定を持って破壊する人「安」（あん）

相手を抑圧し、無意識に攻撃してしまいます。些細なことでも衝突しがちで、挑発的な言葉を投げかけたり、相手の不安な気持ちを煽《あお》るような行動をとってしまうことも。ただ、あなたが全く知らない領域について相手はとても詳しいはずなので、上手くつき合えば、お互いの世界が拡がることになるでしょう。

⑦危険を与える人「危」（き）

精神レベルの異なることが多く、意見や考え方に相違が生じやすいでしょう。緊張した雰囲気になりやすく、なんとなく虫が好かないような煙たい存在になりがちですが、ビジネス面では良い働きに。大きなリスクを感じても、ハイリターンで返ってくる可能性があります。

⑧成功に導かれる人「成」（せい）

仕事面で成功へと導いてくれる相手です。考え方は違いますが、さまざまな知識や情報の交換ができ、知的好奇心をかき立てられるでしょう。適度な距離感を保つことができれば、有益な協力関係を築けます。

⑨破壊される人「壊」（かい）

一触即発のように、あらゆる意味で強烈なパッションを焚きつけられる相手です。最初は意気投合して盛り上がることもありますが、愛情が絡むことで摩擦が生じ、憎しみを生む結果に。相手が師弟の「師」にあたる尊敬できる存在であれば、破壊される作用は良い方向に働きます。また、クリエイティブな分野での働きは、大成功する場合もありますが、失敗のリスクも覚悟して。

⑩交友をもたらす人「友」（ゆう）

精神レベルが似通っている場合が多いので、つき合いやすい相手と感じるでしょう。ただ、友人のように楽しい相手だけに、一緒にいると遊びのほうに気が向いて仕事がはかどりません。

⑪親愛をもたらす人「親」(しん)

希望や進むべき道を示してくれたり、人生をより豊かにしてくれたりする家族のような関係です。絡むことで、自分のやりたいことや夢が明確になります。

基本的な6種類の相性

私たちのまわりにいる人はすべて、11のタイプのどこかにあてはまることになります。

さらにこの11のタイプは、「命(めい)」、「業・胎(ぎょうたい)」、「栄・親(えいしん)」、「友・衰(ゆうすい)」、「安・壊(あんかい)」、「危・成(きせい)」という6つのペアに分けられます。

【命の関係】

●基本的な相性

同じ宿を持つ「命」の相手とは、運命的な縁がとても深い人です。お互いに「命」の関係となる相性の確率は、6種類ある相性関係の中でも一番低く、出会いの確率も27分の1となります。たとえ住む世界が違っても不思議と尊重し合え、さりげなく必要な手助けをしてくれるので、絡むことで揺ぎない信頼関係を築けます。めったに出会うことのない相手ですが、一度出会ってしまったら強力な因縁が生じるので、なかなか離れることができない関係となります。また、似ているだけに、考えていることが手に取るようにわかってしまい、相手の嫌な部分と自分を重ねて嫌悪感を抱いてしまいます。しかし、公私にわたって惜しみなく、サポート力を発揮することができれば、かけがえのない存在となります。

●恋愛・結婚の相性

初めて会ったような気がしない懐かしさを感じる相手です。話していると相手の気持ちをすんなり理解でき、気持ちが通じ合います。お互いの考えが一致する点が多く、同じ匂いを感じる相手なので、すぐに恋に落ちてしまうというパターンです。あなたが心地よいと感じるものは相手も心地よいと感じ、あなたが嫌だと感じることは相手も同じように嫌だと感じるでしょう。ただ、お互いの気分や反応が似ているだけに、疎《うと》ましく感じて心が離れてしまい、自然消滅する懸念もあります。

結婚した場合には、たとえ育ってきた環境や年代が違っていても価値観を共有できるでしょう。ただ、濃密過ぎる結びつきから、お互いの気持ちがぶつかることもあります。近づき過ぎると互いに息苦しさを感じて嫌気がさしてしまうので、たとえ夫婦関係でも適度な距離感が必要だということを覚えておきましょう。同じ性質なだけにお互いの弱点もよく知っているので、痛いところを突いたり、突かれたりと衝突してしまう場合もありますが、いずれにしても強い絆で結ばれていて、「運命の人」と思える相性です。

●仕事の相性

考え方が似ているので、お互いに上手く歩調を合わせることができます。違う役割であれば個性を発揮できますが、同じ役割や任務を課せられた場合は、神経が過敏に働いて対抗意識を感じてしまうかもしれません。また、プライドがぶつかり合って、お互いに一歩も譲らないといったことも少なくないでしょう。でも、お互いの存在が強力なモチベーションとなり、仕事面では素晴らしい働きになることもあります。グループの中に「命」の関係が三人以上いると、同じ役割は必要ないと感じて自然と退くこともあるでしょう。運命的な縁がとても深いので、協力できる体制になれば、これ以上ないほどの最強のコンビとなって、驚異的な力を発揮することができます。思うような成果がすぐに表れなくても、焦ったり途中でやめたりしないことが大切です。そうすれば、強力な縁に後押しされて物事が円滑に運び、大きな成果を得られるでしょう。

【業・胎の関係】

●基本的な相性

自分から見て「業」の人は、前世（カルマ）を意味し、はるか前の世界で何らかのつながりがあった関係です。「胎」の人は、来世（受胎）を意味し、自分が生まれ変わる宿。人生のターニングポイントで出会うケースが多く、その巡り合わせは宿命と言っていいでしょう。運命的な連鎖反応や、リレーションが生じる関係で、来世にタスキを渡すような関わりをします。お互いに果たすべき役割があり、人生が大きく変わるような影響を与えられたり、自分を重要な人や場所へつないでくれたりするソウルメイトです。

共通の話題が豊富で趣味も合います。憎しみ合うこともなく、実にあっさりとした関係なので、生涯を通して良い信頼関係を築くことができるでしょう。重要な意味を持つ関係なので、仕事や活動などを一緒に行う場合は、無償の精神で協力できる相手です。

●恋愛・結婚の相性

お互いの魂と感情が喚起されるような、とても縁が深い関係です。価値観や物事への反応などが似ているので、言葉は少なくても気持ちをわかり合えます。しかしそれは恋愛という感情ではなく、なんとも神秘的で奥の深いものです。つき合っていくうちに、以心伝心とでもいうような相手の思いやりに、感動してしまうこともありそうです。連携プレーは予想以上にいい結果となるので、協力して目標を成し遂げるなど、チャレンジ精神が加われば絆はさらに強まります。関係ができあがれば、深いパートナーシップを築いていけるでしょう。

結婚の場合には、神秘的なつながりで結ばれているので、いつのまにか気持ちが深い愛情へと変化して、結ばれるケースが多いでしょう。相手を疑ったりすることもなく、とても落ち着いた生活を営むことができます。共通の趣味を持つと、生涯を通していつまでも新鮮な気持ちを持ち続けることができます。現実的な問題に対して逃げ腰にならずに、揃って協力することができれば、お互いがなくてはならない存在になり、完璧なパートナーシップをとれるでしょう。

●仕事の相性

人生が大きく変わるような影響を与えたり、与えられたり、自分を重要な人物や場所へつないでくれたりと、仕事面でもソウルメイトのような関係です。重要な意味を持つ関係なので、仕事や活動などを一緒に行う場合は、無償の精神で協力できます。一度諦めた企画や計画があるのなら、もう一度トライしてみましょう。そうすれば「業・胎」の不思議な縁に導かれて、その企画がのちに大成功する可能性があります。仕事関係者でも、一丸となってひとつのプランに取り組めば、なんでもできそうな万能感にあふれて自分の行動に自信がみなぎり、新天地が開けるでしょう。自分の能力を最大限に発揮するためにも、「業・胎」の関係は必要不可欠です。今まで自分の考えがまとまらなかったことや、はっきりとした方向性がつかめなかったことでも、相談すれば解決策はもちろん、大きな成果につながるヒントを得られるでしょう。

【栄・親の関係】

●基本的な相性

自分から見て「栄」の人は繁栄を表し、「親」の人は親愛を表しています。お互いの信頼度が非常に高く、絡むことで相乗効果が発揮できるウィンウィンの組み合わせです。最初の印象は薄い感じですが、すべてにおいて協力関係が成り立つ良縁でつながっているので、長くつき合うほどに関係も深まり、かけがえのない存在となるでしょう。尊敬の念を抱ける相手なので、お互いを高め合うことができ、永続的なつき合いができます。互いにないものを補い合えて、波長もピッタリと合致しているので、つき合いが深まるほど自分も世界も広げていけるような理想的な関係です。

●恋愛・結婚の相性

空気のような存在になりやすく、情熱に欠けるため、進展には少々時間がかかる場合があります。お互いの短所を自然な形で受け入れることができるので、たとえ対立したとしても話し合いで解決できます。親友のように仲が良い二人の間には、周囲からの中傷や邪魔が入ることはありません。いつも幸せな雰囲気に包まれて、最高のカップルとして末永くつき合うことができるでしょう。年月を重ねるほど親密な関係に発展していきますが、対立よりも調和を重んじる関係なので、お互いの気持ちがピッタリ合いすぎて刺激に欠ける面があります。

結婚相手としては最高の関係で、将来のビジョンを共有し、人生を共に築いていけます。経済的にも安定し、永続的に幸せな状態が続きます。お互いに自信を与えるような働きをするので、さまざまな可能性が広がって充実した生活を送れるでしょう。申し分なしの関係ですが、穏やかな生活が原因でマンネリ化することもあり、面白くないと勘違いをしてしまうケースもあるようです。ときには情熱をぶつけ合い、適度な刺激を心がけてください。常にまっすぐな気持ちで相手にぶつかっていくことが大切です。

●仕事の相性

お互いの能力と才能を高め合う最高の組み合わせです。第一印象はピンとこなくても時間をかけてつき合えば、相手の頼もしさに気づくでしょう。一度関係を築き上げれば、そこにヒビが入ることはまずありません。頭であれこれ理解しようとしないで、互いを信じて行動すれば大きな成功を手にすることができます。また、お互いが持っている力を、のびのびと解放的に発揮することができるので、一人で業務を行うよりも二人で協力すればパワーがプラスに働くでしょう。そして、同じプロジェクトで熱中すれば、期待以上の成果を得ることに。お互いのポテンシャルやモチベーションを上げてくれる存在なので、ハードな予定も難なくクリアできます。一緒に組めば実績が認められて念願の異動が実現したり、昇給や昇格が叶うなどラッキーが重なることも夢ではありません。

【友・衰の関係】

●基本的な相性

自分から見て「友」の人は交友、友情を表し、「衰」の人は愛情、衰弱を表しています。「友」の人のほうが優位な立場になり、反対に「衰」の人は、メランコリックな弱い立場になります。精神的な絆で結ばれているので意気投合しやすく、仲の良い、バランスのとれた組み合わせです。お互いに感心してしまう場合が多く、人生観や価値観に共鳴をして飽きることなく語り合える関係です。楽しい話題を提供することができて飽きない相手ですが、現実的で合理的な関係とは言い難く、どちらかというとプライベートな場面で盛り上がるフレンドリーな関係です。

●恋愛・結婚の相性

心のつながりを感じとれる関係なので、お互い損得抜きに好きになってしまいます。言葉を交わさなくても気持ちが通じ合うので、仲良く寄り添って過ごせます。そして、これ以上ないのではと思うほど、ラブラブな関係に。ただ、あまりにべったりと寄り添っていると、客観的な視点を持てなくなる危険があります。二人の世界に浸りきってまわりから孤立しないように心がけましょう。

結婚となると見えない力が二人の行く末を阻んでしまい、周囲からの反対を受けるケースが多いでしょう。愛し合って結ばれても、お金の問題が生じたり、小さなイザコザが元で問題が発生して、どちらかが大きな負担を負ってしまうケースがあるでしょう。障害にぶつかった場合は放置しないで、現実的な視点で話し合うことが必要です。また、理想ばかりを語り合っているようでは、いつまでたっても豊かな生活は遠のいてしまいます。堅実的な将来設計を持つことが大事です。

●仕事の相性

お互いの人生観や価値観に共鳴し、話しが合うので飽きることなく語り合えるでしょう。ただ、仕事面では判断が甘くなる傾向があるので注意が必要です。現実的で合理的な関係とは言い難く、どちらかというとプライベートな場面で盛り上がるフレンドリーな関係なので、仕事の関係となると足並みが揃わず、ぎくしゃくしてしまいます。金銭面での利益も望めないかもしれません。また、お互いのことを美化してしまう場合が多く、その馴れ合いの関係が災いして、互いのプライバシーまでどんどん入り込んでしまいます。その結果、仕事とプライベートの境目がなくなってしまう危険性があるので注意が必要です。何か仕事を始めるときは、現実的な考えを持つ人物を加えてチームを組むとバランスが取れて、物事がスムーズに運びます。

【安・壊の関係】

●基本的な相性

自分から見て「安」の人は、文字通り「安心してつき合える人」、「壊」になる人は、「その人によって自分が破壊される人」を表しています。「安・壊の関係」は、破壊する側とされる側、というアンバランスな組み合わせです。よって「安」に当たる人には、自分が優位な立場になり、「壊」に当たる人からは、自分が破壊される劣位な立場になります。一緒にいるとかなりのエネルギーを使う相手ですが、切磋琢磨しながら大きく現実を動かすことも可能です。相手の処世術に翻弄されるケースもありますが、とても刺激的で、うまくつき合えばお互いの未知な才能を引き出してくれるでしょう。ただ、青天の霹靂のような出来事が生じやすく、つき合い方を間違えれば破滅を招く恐れもあるので注意が必要です。何らかの理由で不満や不信感、失望や不安などがふくらんでしまえば、その思いは憎しみへと変化することは否めません。

●恋愛・結婚の相性

トラブルも多く、まるで禁断の果実を味わうように、愛憎が交じり合った関係です。出会ったときは電気が走るような衝撃を感じて一目惚れするケースが多く、まわりの意見を聞き入れず突っ走るので、急激に恋が発展します。お互いに性的な魅力を感じてしまい、その結果、快楽に溺れて理性を失うこともあります。ときが経つにつれ、強力な束縛を強いられたり、言動に翻弄されたり、終いには冷静な判断ができなくなってしまいます。相手に描いた幻想は虚しくも打ち砕かれ、闇に迷い込んだようにすべてがわからなくなることも。

つき合ってすぐに電撃婚といったケースが多く、結婚後もかごの鳥の生活のように重苦しい閉塞感を味わうかもしれません。周囲の反対を押し切って結婚する場合が多く、不倫や略奪愛の末に結ばれるケースも多いでしょう。苦労して結婚した割には倦怠期は早く訪れます。何かと揉《も》め事が多いので、周囲から見るとすぐに破局すると思われがちですが、どんなにこじれても修復しないままズルズルと二人の関係から抜け出せません。複雑に糸が絡み合って解けないのです。破壊作用を緩和させるには、相手を束縛しないで手放す気持ちが必要でしょう。

●仕事の相性

問題が発生すると何の解決策も示してくれなかったり、無理難題を押しつけて相手を追い込んでしまったり、仕事面では損失を招くことがあるので注意が必要です。また、冷静な判断力を失いやすく、根拠のない自信だけで突っ走ってしまうケースも。傷つけるような言葉を何度も口走ったり、執拗《しつよう》な揺さぶりをかけてばかりいると、突発的なトラブルが生じるケースがあります。そして、野心から平気で裏切ったり、そそのかしたり、何かと不誠実な態度をとってしまいます。新規開拓など新しいことを始めると、かえってミスが重なって評価を下げてしまうことになるでしょう。また、権力闘争に巻き込まれるなど、行きたくない方向に背中を押されて、本意とは逆の展開になりそうです。約束事は、きっちり守るように心がけることが必要です。

【危・成の関係】

●基本的な相性

自分から見て「危」の人は危険を表し、「成」の人は成功を表しています。互いの価値観や感性の違いなどが原因で、微妙な心のズレが繰り返されます。そうした対照的なところに惹かれて関係がスタートするケースが多いでしょう。気が合うときは、これ以上ないというほど意見も一致しますが、相手の考えに違和感を抱くことが多いので、ときに衝突することも。そんな適度なぶつかり合いが絶妙なスパイスとなって、意外に関係は長続きします。現実面では良い影響を及ぼす関係なので、お金や仕事が絡むほどに発展する組み合わせです。衝突したり、ぶつかり合うこともありますが、よい意味でライバル関係になって、大きな刺激と充実感を味わえるような関係になるでしょう。場面に応じてイニシアチブを譲り合うことができれば、お互いの関係は得がたいものに変わっていきます。

●恋愛・結婚の相性

いったんぶつかり合うと、歯に衣着せぬ喧嘩《けんか》に発展してしまうこともあり、なかなか腹の虫が収まりません。相談なしに何でも好き勝手に決めてしまうことが多く、腹立たしさを感じることも。異質な感情を持ち合わせていますが、お互いの違いをアッサリ認め合うことができるので、喧嘩するほどに仲が良い関係が築けます。でも、行動ペースがあまりにも違いすぎるため、イライラさせられます。

結婚生活は案外うまく運びます。耳の痛いことを言い合うこともありますが、執拗に詮索したり、無用な干渉をすることは少ないでしょう。でも、お金の切れ目が縁の切れ目となるケースも多く、金銭的なトラブルが発生した場合は、アッサリ離婚してしまうこともあります。現実的には頼れる相手ですが、精神的にはすれ違いが多く、二人の関係に隙間風を吹かせるような出来事も否めないかもしれません。

●仕事の相性

切磋琢磨しながらお互いが成長できる関係です。現実面では目的が一致するケースが多いので、常に対等な関係を築くことができ、頼れる存在となります。お互いの使いどころを心得ているため、お金や仕事が絡むほどに経済面での発展が約束されます。ただ、相手の言っている意味を取り違えることが多く、その意味を理解できないまま放置しておくと、トラブルが生じる危険性があります。また、メールや電話でのやり取りでも誤解を招くような言動になりやすいので、内容を復唱したり、相手の話を最後まで聴くなど細心の注意と確認を怠らないようにしましょう。そして、意見が分かれた場合は、正面からぶつかるのではなく、どこかで相手を立ててあげる賢さを持つことも大切。決して焦らずお互いの長所を評価していけば、最強のコンビネーションに。さらに、場面に応じてイニシアチブを譲り合えれば、お互いの関係は得難いものに変わっていきます。

栄
友
親
衰
危
安
成
壊

エレメント「火・地・風・水」でみるソウルメイトごとの相性

【昴宿・翼宿・斗宿】

●ソウルメイト「命」「業」「胎」

名声運、出世運、海外運を共有するソウルメイトの関係です。「火」と「地」の同じエレメントの働きにより考え方も一致します。一緒に組むことで目上の人からの縁が生じたり、多くの引き立てを受けるでしょう。ただ、お互いに確固たる意志を秘めプライドも高いので、時には譲り合うことを心がけて。

●ラッキーパーソン「栄」「親」

畢宿・軫宿・女宿とは、「地」の現実的な考えが一致することが多く、お金を生む関係です。一緒にいると居心地が良いので、お互いになくてはならない存在に。張宿・箕宿・胃宿とは「火」の情熱的な精神で盛り上がります。また情報のやり取りをすることで、斬新なアイデアが閃いて実力を発揮できます。

●精神性でつながる「友」「衰」

星宿・尾宿・婁宿の「火」が結びつき、パワフルなエネルギーが融合されて、熱い語らいができる相手です。觜宿・角宿・虚宿の現実的な「地」が結びつくことで、実際的な関わりができ、価値観や目標など共通点が一致するでしょう。「風」の影響で会話が弾み、楽しい雰囲気が続く関係です。

●破壊をもたらす「安」「壊」

参宿・亢宿・危宿の「風」の軽薄さがカチンときて、つい苦言や辛辣な言葉で攻撃してしまいます。柳宿・心宿・奎宿の「水」の破壊作用により、心も身体も縛られてしまう恐れがあります。また本音と建て前の区別がつかずに翻弄されることが多く、なんともやりきれない気持ちに。

●現実性でつながる「危」「成」

井宿・氏宿・室宿の理知的な「風」と情緒的な「水」の作用により、ないものを補い合えて現実面では良い働きをします。お互いの得意分野を尊重すれば、得難い関係に。鬼宿・房宿・壁宿の、思いつきで動く「水」の働きとは接点はありませんが、その価値観を受け入れ、タッグを組めば実利的な発展を期待できます。

昴宿	火・地		エレメント	地	火	火	地・風	風	水	風・水	水
命	業	胎	関係	栄	親	友	衰	安	壊	危	成
昴宿	翼宿	斗宿	近距離	畢宿	胃宿	婁宿	觜宿	参宿	奎宿	井宿	壁宿
			中距離	女宿	張宿	星宿	虚宿	危宿	柳宿	室宿	鬼宿
			遠距離	軫宿	箕宿	尾宿	角宿	亢宿	心宿	氐宿	房宿

翼宿	火・地		エレメント	地	火	火	地・風	風	水	風・水	水
命	業	胎	関係	栄	親	友	衰	安	壊	危	成
翼宿	斗宿	昴宿	近距離	軫宿	張宿	星宿	角宿	亢宿	柳宿	氐宿	鬼宿
			中距離	畢宿	箕宿	尾宿	觜宿	参宿	心宿	井宿	房宿
			遠距離	女宿	胃宿	婁宿	虚宿	危宿	奎宿	室宿	壁宿

斗宿	火・地		エレメント	地	火	火	地・風	風	水	風・水	水
命	業	胎	関係	栄	親	友	衰	安	壊	危	成
斗宿	昴宿	翼宿	近距離	女宿	箕宿	尾宿	虚宿	危宿	心宿	室宿	房宿
			中距離	軫宿	胃宿	婁宿	角宿	亢宿	奎宿	氐宿	壁宿
			遠距離	畢宿	張宿	星宿	觜宿	参宿	柳宿	井宿	鬼宿

【畢宿・軫宿・女宿】

●ソウルメイト「命」「業」「胎」

健康運、社交運、名誉運を共有するソウルメイトの関係です。「地」の同じエレメントの働きにより、何事も実践的に挑みながら現実化していく強靭な底力があります。一緒に物事に挑めば、実力者からの縁に恵まれ多くの支持を集めることに。ただ、頑固で融通が利かない面が仇となることもあるので、適度な柔軟性を身につけるように心がけましょう。

●ラッキーパーソン「栄」「親」

觜宿・角宿・虚宿の「風」の軽やかなフットワークで多大な協力を得ます。また実利的な「地」の働きで現実を動かして、人脈やネットワークを拡大することができるでしょう。昴宿・翼宿・斗宿の「火」のバイタリティあふれる行動に刺激され、積極的で前向きに活動することができます。そして安定した「地」の働きにより関係が継続します。

●精神性でつながる「友」「衰」

張宿・箕宿・胃宿は「火」の影響から、熱くみなぎるパワーが得られる頼もしい存在。参宿・亢宿・危宿とは、「風」の作用で会話がはずみ、楽しみながら和気あいあいの関係に。ただ、移り気な気持ちが見え隠れすることが気になるときも。

●破壊をもたらす「安」「壊」

井宿・氐宿・室宿の理路整然とまくしたてる「風」の勢いと、さまざまな形に変化する「水」の落ち着きない態度にムッとします。そんなときは、自分のペースを崩さず貫き通し、頑なな態度で相手に威圧感を与えてしまいます。星宿・尾宿・婁宿の「火」の破壊作用によって、暑苦しい圧迫感で押しつぶされそうな感覚に。

●現実性でつながる「危」「成」

鬼宿・房宿・壁宿の繊細な「水」のサポートにより、

現実面で助けられます。ただ、多少の緊張感が生じることも。柳宿・心宿・奎宿の「水」の働きにより、あなたの頑なさがやわらげられ、意外なヒントを得て、実利的な成果を上げます。ただ、本音を読み取れず困惑することも。

畢宿	地		エレメント	地・風	火・地	火	風	風・水	火	水	水
命	業	胎	関係	栄	親	友	衰	安	壊	危	成
畢宿	軫宿	女宿	近距離	觜宿	昴宿	胃宿	参宿	井宿	婁宿	鬼宿	奎宿
			中距離	虚宿	翼宿	張宿	危宿	室宿	星宿	壁宿	柳宿
			遠距離	角宿	斗宿	箕宿	亢宿	氐宿	尾宿	房宿	心宿

軫宿	地		エレメント	地・風	火・地	火	風	風・水	火	水	水
命	業	胎	関係	栄	親	友	衰	安	壊	危	成
軫宿	女宿	畢宿	近距離	角宿	翼宿	張宿	亢宿	氐宿	星宿	房宿	柳宿
			中距離	觜宿	斗宿	箕宿	参宿	井宿	尾宿	鬼宿	心宿
			遠距離	虚宿	昴宿	胃宿	危宿	室宿	婁宿	壁宿	奎宿

女宿	地		エレメント	地・風	火・地	火	風	風・水	火	水	水
命	業	胎	関係	栄	親	友	衰	安	壊	危	成
女宿	畢宿	軫宿	近距離	虚宿	斗宿	箕宿	危宿	室宿	尾宿	壁宿	心宿
			中距離	角宿	昴宿	胃宿	亢宿	氐宿	婁宿	房宿	奎宿
			遠距離	觜宿	翼宿	張宿	参宿	井宿	星宿	鬼宿	柳宿

【觜宿・角宿・虚宿】

●ソウルメイト「命」「業」「胎」

物質運、財運、ビジネス運を共有するソウルメイトの関係です。「地」と「風」のエレメントの働きにより社交的です。思考や理論からくる推測だけでなく、実際的な考えも得意な二面性を兼ね備えています。一緒に物事に取り組むことで、人がまわりに多く集まってくるでしょう。ただ、人に頭を下げる役割は苦手なところがあるので謙虚な気持ちを忘れずに。

●ラッキーパーソン「栄」「親」

参宿・亢宿・危宿とは「風」の知性で結びつきます。互いを認め合いながら、何かに向かって立ち向かうことができるので、人生の幅が広がる関係。畢宿・軫宿・女宿とは「地」の堅実的な働きにより、一緒になって確実に目標を成し遂げます。また、無理なく自然体でつき合えるよき理解者として頼りになる存在です。

●精神性でつながる「友」「衰」

昴宿・翼宿・斗宿の「地」で結びつき、共通の価値観が得られ、お互いのグラウンディング力が高まります。そして、「火」の影響で、エネルギーが得られ、活力が湧いてくるでしょう。井宿・氐宿・室宿の「風」が結びつくことで考えが一致します。そして「水」の作用から、気ままな振る舞いに翻弄される間柄です。

●破壊をもたらす「安」「壊」

鬼宿・房宿・壁宿の、感情がコロコロ変化する「水」の態度が目についてしまいます。また、コントロールしたくなる気持ちに駆られたり、自分の枠にはめようとしてしまいます。張宿・箕宿・胃宿の破壊的な「火」の驚異にいつも圧倒され、自分のペースを崩されて疲労困憊することに。

●現実性でつながる「危」「成」

柳宿・心宿・奎宿の「水」は、なかなか自分の本心を出さずにいますが、あなたの手の内をしっかり見据えているかもしれません。そのことからライバル的な存在になります。しかし、結果的に実利を生みます。星宿・尾宿・婁宿のエネルギッシュな「火」に一目を置いてしまいます。モノを見る視点が違い、接点もないですが、かけ離れているからこそ、お互いの能力を発揮できて、現実面での相乗効果が生まれるでしょう。

觜宿	地・風		エレメント	風	地	火・地	風・水	水	火	水	火
命	業	胎	関係	栄	親	友	衰	安	壊	危	成
觜宿	角宿	虚宿	近距離	参宿	畢宿	昴宿	井宿	鬼宿	胃宿	柳宿	婁宿
			中距離	危宿	軫宿	翼宿	室宿	壁宿	張宿	奎宿	星宿
			遠距離	亢宿	女宿	斗宿	氐宿	房宿	箕宿	心宿	尾宿

角宿	地・風		エレメント	風	地	火・地	風・水	水	火	水	火
命	業	胎	関係	栄	親	友	衰	安	壊	危	成
角宿	虚宿	觜宿	近距離	亢宿	軫宿	翼宿	氐宿	房宿	張宿	心宿	星宿
			中距離	参宿	女宿	斗宿	井宿	鬼宿	箕宿	柳宿	尾宿
			遠距離	危宿	畢宿	昴宿	室宿	壁宿	胃宿	奎宿	婁宿

虚宿	地・風		エレメント	風	地	火・地	風・水	水	火	水	火
命	業	胎	関係	栄	親	友	衰	安	壊	危	成
虚宿	觜宿	角宿	近距離	危宿	女宿	斗宿	室宿	壁宿	箕宿	奎宿	尾宿
			中距離	亢宿	畢宿	昴宿	氐宿	房宿	胃宿	心宿	婁宿
			遠距離	参宿	軫宿	翼宿	井宿	鬼宿	張宿	柳宿	星宿

【参宿・亢宿・危宿】

●ソウルメイト「命」「業」「胎」

人気運、統領運、交際運を共有するソウルメイトの関係です。「風」の同じエレメントの働きにより、雄弁で人づき合いがよく、幅広い交友関係を持ちます。一緒に行動を起こすことで、情報収集や流行に敏感な分野が活かされて活躍の場が広がるでしょう。ただ、極端な行動に走りやすい傾向があるので注意が必要なときも。

●ラッキーパーソン「栄」「親」

井宿・氐宿・室宿とは、困った時に頼れる仲であり、「水」の優しさに助けられます。「風」の働きから会話も盛り上がるでしょう。觜宿・角宿・虚宿からは、「地」の実直さを学ぶことができます。刺激を好む「風」の働きで一緒にいて楽しい相手です。なぜか不思議と心を許してしまい、また何かと助けてくれる存在でもあります。

●精神性でつながる「友」「衰」

畢宿・軫宿・女宿の寛大な「地」の影響により、精神面での支えになり、気を許すことができるでしょう。鬼宿・房宿・壁宿の感情的な「水」の作用により、やりきれない気持ちになることもあるので適度な距離を置くことを心がけて。

●破壊をもたらす「安」「壊」

柳宿・心宿・奎宿の受動的な「水」の心情がつかみにくく、ずっと一緒にいるとイライラさせられて、つい荒い口調で切り込み、襲撃してしまいます。昴宿・翼宿・斗宿の「火」が爆発すると、思わぬ損害を被ります。そして、「地」の頑固さが重くのしかかることで、身動きが取れなくなってしまうでしょう。

●現実性でつながる「危」「成」

星宿・尾宿・婁宿の「火」のチャレンジ精神に圧倒されますが、ないものを補い合えて成長できます。

ただ、しだいにライバル意識が芽生えることも。張宿・箕宿・胃宿の血気盛んな「火」の働きにより、前進力を得ます。恐いもの知らずに突き進んでいくその存在感に勇気をもらい、モチベーションも上がります。そして、競争心がみなぎって現実面では大きな成果を得ることに。

参宿	風		エレメント	風・水	地・風	地	水	水	火・地	火	火
命	業	胎	関係	栄	親	友	衰	安	壊	危	成
参宿	亢宿	危宿	近距離	井宿	觜宿	畢宿	鬼宿	柳宿	昴宿	星宿	胃宿
			中距離	室宿	角宿	軫宿	壁宿	奎宿	翼宿	婁宿	張宿
			遠距離	氐宿	虚宿	女宿	房宿	心宿	斗宿	尾宿	箕宿

亢宿	風		エレメント	風・水	地・風	地	水	水	火・地	火	火
命	業	胎	関係	栄	親	友	衰	安	壊	危	成
亢宿	危宿	参宿	近距離	氐宿	角宿	軫宿	房宿	心宿	翼宿	尾宿	張宿
			中距離	井宿	虚宿	女宿	鬼宿	柳宿	斗宿	星宿	箕宿
			遠距離	室宿	觜宿	畢宿	壁宿	奎宿	昴宿	婁宿	胃宿

危宿	風		エレメント	風・水	地・風	地	水	水	火・地	火	火
命	業	胎	関係	栄	親	友	衰	安	壊	危	成
危宿	参宿	亢宿	近距離	室宿	虚宿	女宿	壁宿	奎宿	斗宿	婁宿	箕宿
			中距離	氐宿	觜宿	畢宿	房宿	心宿	昴宿	尾宿	胃宿
			遠距離	井宿	角宿	軫宿	鬼宿	柳宿	翼宿	星宿	張宿

【井宿・氐宿・室宿】

●ソウルメイト「命」「業」「胎」

物質運、所有運、人気運を共有するソウルメイトの関係です。「風」と「水」の同じエレメントの働きにより、論理的な知性に富み、意外に感情的な面も。一緒に目標に挑めば結束力が強まりなんなくコトを成し遂げます。仲間にも恵まれ、妥協を許さずダイナミックに突き進む面が共通しているので、周囲から尊敬され慕われます。

ただ、意見や発言を注意深く観察することが何よりも大事です。

●ラッキーパーソン「栄」「親」

鬼宿・房宿・壁宿が持つ、「水」の愛情あふれる豊かな感性に共鳴します。また、隠れた魅力が引き出され、人生の幅が広がるでしょう。参宿・亢宿・危宿の持つ「風」のコミュニケーション能力が発揮でき、あなたの未来に重要な人間関係を広げるきっかけを与えてくれます。

●精神性でつながる「友」「衰」

觜宿・角宿・虚宿の「地」の影響により、何かと支えてくれるので気が合います。そして、「風」で結びつき、軽やかな会話で自然と心が開かれて、自由に振る舞うことができるでしょう。柳宿・心宿・奎宿の「水」の作用により、愛情を感じますが、心情がつかみにくいので、ときに振り回されることも。

●破壊をもたらす「安」「壊」

星宿・尾宿・婁宿の「火」のバイタリティーと詰めの甘さが何かと気になってしまい、理路整然とたたみかけるように攻撃してしまいます。畢宿・軫宿・女宿の利己的な「地」の力のコントロールにより、利用されてしまうことも。また、持ち前の統率力や理性を失い、自分の才能に引け目を感じてしまうでしょう。

●現実性でつながる「危」「成」

張宿・箕宿・胃宿の燃え盛る「火」の存在に煽り立てられ、競争心が湧き上がります。一見、危険を感じる相手ですが刺激も多く、頑張る意欲が湧いてきます。昴宿・翼宿・斗宿の「火」の情熱、そして、実際的な「地」の働きと、タッグを組めば、現実をダイナミックに動かすことになるでしょう。お互いに尊敬の念を忘れずに。

井宿	風・水		エレメント	水	風	地・風	水	火	地	火	火・地
命	業	胎	関係	栄	親	友	衰	安	壊	危	成
井宿	氐宿	室宿	近距離	鬼宿	参宿	觜宿	柳宿	星宿	畢宿	張宿	昴宿
			中距離	壁宿	亢宿	角宿	奎宿	婁宿	軫宿	胃宿	翼宿
			遠距離	房宿	危宿	虚宿	心宿	尾宿	女宿	箕宿	斗宿

氐宿	風・水		エレメント	水	風	地・風	水	火	地	火	火・地
命	業	胎	関係	栄	親	友	衰	安	壊	危	成
氐宿	室宿	井宿	近距離	房宿	亢宿	角宿	心宿	尾宿	軫宿	箕宿	翼宿
			中距離	鬼宿	危宿	虚宿	柳宿	星宿	女宿	張宿	斗宿
			遠距離	壁宿	参宿	觜宿	奎宿	婁宿	畢宿	胃宿	昴宿

室宿	風・水		エレメント	水	風	地・風	水	火	地	火	火・地
命	業	胎	関係	栄	親	友	衰	安	壊	危	成
室宿	井宿	氐宿	近距離	壁宿	危宿	虚宿	奎宿	婁宿	女宿	胃宿	斗宿
			中距離	房宿	参宿	觜宿	心宿	尾宿	畢宿	箕宿	昴宿
			遠距離	鬼宿	亢宿	角宿	柳宿	星宿	軫宿	張宿	翼宿

【鬼宿・房宿・壁宿】

●ソウルメイト「命」「業」「胎」

財運、地位運、交際運を共有するソウルメイトの関係です。「水」の同じエレメントの働きにより、面倒見がよく、好意的で、情緒性や感性を大切にします。一緒に行動することで、研ぎ澄まされた直感力や観察眼が活かされて力が湧き上がります。その場の状況に流されることなく、ポジティブな感情を常にキープすることで活動力が高まり、人間関係も円滑になるでしょう。

●ラッキーパーソン「栄」「親」

柳宿・心宿・奎宿の「水」が結びつき、癒されて心からリラックスできます。井宿・氐宿・室宿の「風」は、人とのつながりを支えてくれるので、交流が豊かになります。そして、自由に流動する「水」が結びつき、本来の無邪気な自分を取り戻せるでしょう。

●精神性でつながる「友」「衰」

参宿・亢宿・危宿の「風」の影響により、会話がはずみ自然と心が開かれます。星宿・尾宿・婁宿の「火」の作用から、熱い情熱で温もりを与えてくれますが、ときに圧倒され、暑苦しく感じることが多いでしょう。

●破壊をもたらす「安」「壊」

張宿・箕宿・胃宿の猛々《たけだけ》しい「火」の勢いがなにかと目について、冷たい言葉や態度で水を差してしまいます。觜宿・角宿・虚宿の冷酷な「地」の圧力により、持ち前の自由な感性が拘束され、身動きがとれなくなることも。また、言葉による攻撃を受け、嵐のような激しい「風」の破壊作用によりコントロールを失ってしまいます。

●現実性でつながる「危」「成」

昴宿・翼宿・斗宿の熱烈な「火」の存在がリーダー

的に映ります。そして、地道な「地」の粘り強さが、あなたを刺激するでしょう。畢宿・軫宿・女宿のもつ実利性の「地」の働きに助けられます。価値観がまったく違うので共感はできないものの手を組むことで、お金やビジネスの発展につながる関係です。

鬼宿	水		エレメント	水	風・水	風	火	火	地・風	火・地	地
命	業	胎	関係	栄	親	友	衰	安	壊	危	成
鬼宿	房宿	壁宿	近距離	柳宿	井宿	参宿	星宿	張宿	觜宿	翼宿	畢宿
			中距離	奎宿	氐宿	亢宿	婁宿	胃宿	角宿	昴宿	軫宿
			遠距離	心宿	室宿	危宿	尾宿	箕宿	虚宿	斗宿	女宿

房宿	水		エレメント	水	風・水	風	火	火	地・風	火・地	地
命	業	胎	関係	栄	親	友	衰	安	壊	危	成
房宿	壁宿	鬼宿	近距離	心宿	氐宿	亢宿	尾宿	箕宿	角宿	斗宿	軫宿
			中距離	柳宿	室宿	危宿	星宿	張宿	虚宿	翼宿	女宿
			遠距離	奎宿	井宿	参宿	婁宿	胃宿	觜宿	昴宿	畢宿

壁宿	水		エレメント	水	風・水	風	火	火	地・風	火・地	地
命	業	胎	関係	栄	親	友	衰	安	壊	危	成
壁宿	鬼宿	房宿	近距離	奎宿	室宿	危宿	婁宿	胃宿	虚宿	昴宿	女宿
			中距離	心宿	井宿	参宿	尾宿	箕宿	觜宿	斗宿	畢宿
			遠距離	柳宿	氐宿	亢宿	星宿	張宿	角宿	翼宿	軫宿

【柳宿・心宿・奎宿】

●ソウルメイト「命」「業」「胎」

交渉運、地位運、蓄財運を共有するソウルメイトの関係です。「水」の同じエレメントの働きにより、思慮深く繊細なイメージですが、気配り上手で優しい包容力にあふれています。一緒に組むことで実力者や目上の人からの縁が生じ、臨機応変な対応が活かされて、周囲からの引き立ても多くあるでしょう。相手の立場に立ってものを考えることができれば、さらに縁が深まります。

●ラッキーパーソン「栄」「親」

星宿・尾宿・婁宿の「火」の影響により、情熱を得られ、温かく包み込んでくれます。

鬼宿・房宿・壁宿の「水」の結びつきにより、相思相愛のベストパートナーに。お互いの感性が豊かなので、なにごとも全身で受け止めてくれる関係です。

●精神性でつながる「友」「衰」

井宿・氐宿・室宿の「風」の影響により、円滑なコミュニケーションができます。また、心を許せる相手なので自然体でつき合えます。そして「水」で結びつき、多くを語らなくてもお互いに理解しあい、安心してつき合える関係です。張宿・箕宿・胃宿の「火」の作用から、モチベーションが高まりますが、お互いに熱しやすく、冷めやすいので、すれ違いが生じて誤解を生むことも。

●破壊をもたらす「安」「壊」

昴宿・翼宿・斗宿の「火」の魅惑さと、落ち着きある「地」の働きに対して、ついつい嫉妬心が湧き上がり、邪魔立てをしたり、攻撃してしまいます。参宿・亢宿・危宿の大胆な「風」の勢力に太刀打ちできずに、操縦不能で支配されてしまいます。

●現実性でつながる「危」「成」

畢宿・軫宿・女宿の頑なで現実的な「地」の考え方と食い違いがありますが、切磋琢磨しながらお互いに成長できます。觜宿・角宿・虚宿の実質的な「地」と理論的な「風」の影響で刺激を受けます。その緊張感が仕事においてはお互いの広がりを見せるでしょう。

柳宿	水		エレメント	火	水	風・水	火	火・地	風	地	地・風
命	業	胎	関係	栄	親	友	衰	安	壊	危	成
柳宿	心宿	奎宿	近距離	星宿	鬼宿	井宿	張宿	翼宿	参宿	軫宿	觜宿
			中距離	婁宿	房宿	氐宿	胃宿	昴宿	亢宿	畢宿	角宿
			遠距離	尾宿	壁宿	室宿	箕宿	斗宿	危宿	女宿	虚宿

心宿	水		エレメント	火	水	風・水	火	火・地	風	地	地・風
命	業	胎	関係	栄	親	友	衰	安	壊	危	成
心宿	奎宿	柳宿	近距離	尾宿	房宿	氐宿	箕宿	斗宿	亢宿	女宿	角宿
			中距離	星宿	壁宿	室宿	張宿	翼宿	危宿	軫宿	虚宿
			遠距離	婁宿	鬼宿	井宿	胃宿	昴宿	参宿	畢宿	觜宿

奎宿	水		エレメント	火	水	風・水	火	火・地	風	地	地・風
命	業	胎	関係	栄	親	友	衰	安	壊	危	成
奎宿	柳宿	心宿	近距離	婁宿	壁宿	室宿	胃宿	昴宿	危宿	畢宿	虚宿
			中距離	尾宿	鬼宿	井宿	箕宿	斗宿	参宿	女宿	觜宿
			遠距離	星宿	房宿	氐宿	張宿	翼宿	亢宿	軫宿	角宿

【星宿・尾宿・婁宿】

●ソウルメイト「命」「業」「胎」

不動産運、名声運、勝負運を共有するソウルメイトの関係です。「火」の同じエレメントの働きにより自分の世界観を大切にします。一緒にタッグを組むことで、闘争心も倍増されてパワフルなエネルギーとなり、直感力も強まります。目標に向かってまっしぐらに、何事も手際よくこなすでしょう。ただ、自分勝手な振る舞いが過ぎないように。

●ラッキーパーソン「栄」「親」

張宿・箕宿・胃宿とはお互いの「火」の働きから、長所が伸ばせる存在です。柳宿・心宿・奎宿の「水」の影響により、情緒的な感性が得られ、心も癒され何かとサポートしてくれるでしょう。

●精神性でつながる「友」「衰」

鬼宿・房宿・壁宿の「水」の影響により、一緒にいると気持ちが落ち着き、癒される存在です。昴宿・翼宿・斗宿の「地」の作用から、その安定感で心が和みますが、現実面では足並みがそろわずギクシャクします。ただ、情熱的な「火」の結びつきによりプライベートでは盛り上がります。

●破壊をもたらす「安」「壊」

畢宿・軫宿・女宿の愚鈍な「地」の働きにヤキモキして、急き立てたり、追い込んだり、心無い悪態をついてしまうでしょう。井宿・氐宿・室宿の豪快な「風」に振り回され、暴走と崩壊の道をたどる危険性があります。また、粘着的な嫉妬に苦しんだり、情動的な「水」の感情が読めずにもてあそばれてしまうでしょう。

●現実性でつながる「危」「成」

觜宿・角宿・虚宿の実利的な「地」と知性的な「風」の考え方に違和感があり、歩調が合わずに困惑しますが、現実的には、競い合うことで能力を生み出すことができる相手です。参宿・亢宿・危宿の軽快な「風」の働きにより勢いが増します。適度のぶつかり合いが絶妙なスパイスとなって現実面では発展します。

星宿 火			エレメント	火	水	水	火・地	地	風・水	地・風	風
命	業	胎	関係	栄	親	友	衰	安	壊	危	成
星宿	尾宿	婁宿	近距離	張宿	柳宿	鬼宿	翼宿	軫宿	井宿	角宿	参宿
			中距離	胃宿	心宿	房宿	昴宿	畢宿	氐宿	觜宿	亢宿
			遠距離	箕宿	奎宿	壁宿	斗宿	女宿	室宿	虚宿	危宿

尾宿 火			エレメント	火	水	水	火・地	地	風・水	地・風	風
命	業	胎	関係	栄	親	友	衰	安	壊	危	成
尾宿	婁宿	星宿	近距離	箕宿	心宿	房宿	斗宿	女宿	氐宿	虚宿	亢宿
			中距離	張宿	奎宿	壁宿	翼宿	軫宿	室宿	角宿	危宿
			遠距離	胃宿	柳宿	鬼宿	昴宿	畢宿	井宿	觜宿	参宿

婁宿 火			エレメント	火	水	水	火・地	地	風・水	地・風	風
命	業	胎	関係	栄	親	友	衰	安	壊	危	成
婁宿	星宿	尾宿	近距離	胃宿	奎宿	壁宿	昴宿	畢宿	室宿	觜宿	危宿
			中距離	箕宿	柳宿	鬼宿	斗宿	女宿	井宿	虚宿	参宿
			遠距離	張宿	心宿	房宿	翼宿	軫宿	氐宿	角宿	亢宿

【張宿・箕宿・胃宿】

●ソウルメイト「命」「業」「胎」

援助運、独立運、勝負運を共有するソウルメイトの関係です。「火」の同じエレメントの働きにより、競争心や闘争心が旺盛で存在感にあふれています。一丸となって行動することで、機転も利き周囲を牽引する力を発揮できます。常にポジティブで迷いがなく決断が早いのは取り柄ですが、独断専行にならないように心がけましょう。

●ラッキーパーソン「栄」「親」

昴宿・翼宿・斗宿の「地」の働きから、安定感を得られ一緒にいると安心感が広がります。また「火」の情熱が結びつき、心地よくバランスをとってくれるので信頼感が生まれます。星宿・尾宿・婁宿と「火」の触れ合いにより、生命力が湧き上がりパワーを発揮できるでしょう。また、何かとサポートしてくれる相手です。

●精神性でつながる「友」「衰」

柳宿・心宿・奎宿の「水」の影響により、癒しを得られます。お互いに心の拠りどころとして、なくてはならない存在です。畢宿・軫宿・女宿の「地」の作用から、落ち着きある心の触れ合いを得られます。ただ、お金に関する価値観のズレに注意して。

●破壊をもたらす「安」「壊」

觜宿・角宿・虚宿の利己的な「地」の考えと、社交的に振る舞う「風」の働きが八方美人に見えてイライラしてしまいます。また、傲慢な態度で圧力をかけてしまうでしょう。鬼宿・房宿・壁宿の霊的な「水」に翻弄され、策略の罠にはまり足元をすくわれることも。

●現実性でつながる「危」「成」

参宿・亢宿・危宿の友好的な「風」が、最初は人なつっこく映るでしょう。やがて、振り回されることもありますが、現実面では対等な関係を築くことができ、頼れる存在となります。井宿・氐宿・室宿の知的好奇心旺盛な「風」と「水」のサポート能力により現実を動かすことができますが、ぶつかり合うことは否めません。同じ目的のために力を合わせると、成功裡におさめることができる存在でしょう。ただ、主導権は相手に握らせたほうが得策。

張宿	火		エレメント	火・地	火	水	地	地・風	水	風	風・水
命	業	胎	関係	栄	親	友	衰	安	壊	危	成
張宿	箕宿	胃宿	近距離	翼宿	星宿	柳宿	軫宿	角宿	鬼宿	亢宿	井宿
			中距離	昴宿	尾宿	心宿	畢宿	觜宿	房宿	参宿	氐宿
			遠距離	斗宿	婁宿	奎宿	女宿	虚宿	壁宿	危宿	室宿

箕宿	火		エレメント	火・地	火	水	地	地・風	水	風	風・水
命	業	胎	関係	栄	親	友	衰	安	壊	危	成
箕宿	胃宿	張宿	近距離	斗宿	尾宿	心宿	女宿	虚宿	房宿	危宿	氐宿
			中距離	翼宿	婁宿	奎宿	軫宿	角宿	壁宿	亢宿	室宿
			遠距離	昴宿	星宿	柳宿	畢宿	觜宿	鬼宿	参宿	井宿

胃宿	火		エレメント	火・地	火	水	地	地・風	水	風	風・水
命	業	胎	関係	栄	親	友	衰	安	壊	危	成
胃宿	張宿	箕宿	近距離	昴宿	婁宿	奎宿	畢宿	觜宿	壁宿	参宿	室宿
			中距離	斗宿	星宿	柳宿	女宿	虚宿	鬼宿	危宿	井宿
			遠距離	翼宿	尾宿	心宿	軫宿	角宿	房宿	亢宿	氐宿

第4章

人間関係にみる
相性の法則

なんと729通りのパワーが自分のもとに

あなたは人脈づくりが上手ですか？　人脈とは人間関係のこと。プライベートやビジネス、家族間でも人間関係は重要です。人は支えあい影響しあって生きています。時にそれは、複雑に絡み合っているなと感じませんか？

人のご縁を宿曜秘宝でみると、自然に導かれるご縁の組み合わせはなんと729通り。それだけのパワーを自分のもとに集められたら百人力です。

宿曜の秘宝のなかには「人間関係」における相性の法則があります。相手は自分と相性が良いか悪いか、そんな二択で決めるのではなく、自分にとってどういう「役目」がある人なのか、それをみることが重要です。「誰と出会うか」「誰と組むか」であなたの人生は変わっていきます。

あなたのパワーを引き出す最強のご縁を知るには、自分と相手はどのような相性なのかを知ることです。そして、つき合い方を深く理解しておくことです。

「何をしていいかわからない」と悩んでいたり「人生の方向性」を模索していたり、そんな方も多いと思います。それには、「意味」があるのです。それは、「ゴールデンゲート」を開けるために必要な時期だからです。

では、「ゴールデンゲート」とは何でしょうか。それは、自分のステージアップを迎えた時や今までの自分からさらなる高みを目指す時のことです。そんな時に「現れる人」が、ゴールデンゲートを開ける「鍵」となる人です。

そんな人との関わり方しだいで上手く自分のパワーを増大するために、宿曜秘宝の相性の法則をみていきましょう。

人力パワーがあふれる11の関係性

「円滑な人間関係を築くうえで、どのように相手とコミュニケーションをとるべきか」を紐解いたものが宿曜秘宝の相性の法則です。人と人が出会った瞬間に人生が大きく変わるような影響を与え合い、重要な人や場所へつなぎ、無償で協力し合うのです。まさにこのパワーも「百人力」です。

人間関係の根底には、人としての「愛と感謝」の気持ちがあることが大切です。人生には、なくてはならない存在の人や、あなたに必要な人が現れるので「あの人は嫌い。あの人は苦手」と言っていられません。関係性を知ると、つき合うコツが自然とわかってきます。そして、お互いの関係で相乗効果が生まれて、どちらもどんどん運が良くなります。

①似たものどうしの人＝「命」

似ているエネルギーを持ち、同じような波長を出しているので、相乗効果が生まれます。

②サポートしてもらう人＝「業」

無償の愛のベクトルをあなたに向けてくれるため、あふれんばかりのエネルギーをもらえます。

③サポートしてあげる人＝「胎」

無償の愛でエネルギーを与えることによって、与えた側にもラッキーが舞い込みます。

④繁栄をもたらす人＝「栄」

飛躍する力や華やぐエネルギーをお互いに与え合います。たとえるなら招き猫のような存在です。

⑤親愛をもたらす人＝「親」

夢に向かって親密な交流を持ち、エネルギーを与え合います。たとえるなら黄金の貯金箱のような存在です。

⑥交友をもたらす人＝「友」

精神性の高さが似ているので、仲良しこよしになれます。ワイワイと楽しいエネルギーが行ったり来たりします。

⑦心のつながりをもたらす人＝「衰」

優しさに触れるうちに絆が深まり、好きになる感情が高まってラブのエネルギーが完成します。

⑧安定をもって破壊する＝「安」

無意識で安定的に抑圧したり、攻撃したくなったり、ときには擁護したくなったりとビーム光線のようなエネルギーを向けます。ただ未知の領域にも詳しいので、上手く接するとお互いの世界観が広がり有用なエネルギーに変化します。

⑨破壊される人＝「壊」

強烈なパッションを焚きつける光線ビームを感じたり受けたりします。あなたの重たい鎧を外し、ダイヤモンドの原石を磨いてくれるような相手。尊敬の念を持つ師弟関係や上下関係の「師」にあたる存在の場合は、良好なエネルギーとなりえます。

⑩危険を与える人＝「危」

リスクを伴うけれど、ピンチがチャンスです。エネルギーはハイリターンで返ってきます。

⑪成功に導かれる人＝「成」

情報交換すると知的好奇心をかき立てられ、有益なエネルギーが勢いよくたくさん舞い込みます。

ラクラクと自分の枠を飛び越える6つの相性

自分から見て相手はどんなタイプで、どんなエネルギーをもたらすのか、これを知るだけでも「人力パワー」がグンとアップします。それぞれの環境でふさわしい相性の人と組めば最高の結果をもたらしますし、その環境において相性がふさわしくない人であったとしても、相手の「宿」を知っていれば、お互いの相性を有効活用することができるのです。

また、相性を知ったうえで、相手がどのようなエネルギーを持っていて、どんなときにそのエネルギーを受けとればよいか、さらに自分の持つエネルギーをどんな相手に差しのべたらよいかもわかります。

人間関係を円滑にするうえで最高のバイブルになります。

①命・命（めい・めい）

「命・命」の関係となる相性の相手と出会う確率は、6種類ある関係性のなかでも一番低く、27分の1となります。だからこそ、出会ったときには相手に対して惜しみないサポート力を発揮すると、自分と等身大の相手である「命」の関係性だけに、百人力の人力パワーを受けとることになります。

②業・胎（ぎょう・たい）

人生の「ターニングポイント」で出会うケースが多く、その巡り合わせは「宿命」と言っていいでしょう。

運命的な連鎖反応が生じる関係で、その反応は来世にタスキを渡すまで影響します。相互に無償の精神で協力し合いエネルギーを分け合う関係です。協力関係が成り立つ宿縁の波長もぴったり合致するので、自分のまわりに表れると「運気エネルギー」もどんどん上がっていきます。

●命・業・胎（めい・ぎょう・たい）

仕事でもプライベートでもどんな環境においても似たような価値観を持ち、損得勘定抜きに応援できる関係です。運命の分かれ道や人生の岐路に立っている時に出会い、ステージアップのために背中を押し一緒に歩んでくれる「人力パワー」を持つ人といえます。力の貸し借りも無理なくできてしまう、現世で出会うべき相手なのです。「命・命（めい・めい）」「業・胎（ぎょう・たい）」は魂がつながるソウルメイトの関係。運命的な縁がとても深い関係性です。

自分から見て「命」「業」「胎」の関係にある相手はソウルメイトと言えます。輪廻転生で自分が生まれ変わる「宿」なので、魂が似ているグループの一員です。

自分の枠を飛び越えた出会いをする相手であると同時に、人生を大きく変えるような影響を与え合います。重要な人や場所へつなぎ、無償の精神で協力しあう関係です。まさにこのパワーも百人力です。

自分一人では困難なことでも、人力パワーを「もらう」「あげる」の交換作用を起こして、難なく切り抜けられてしまいます。そして、成功に導かれ運気もパワーアップしていくのです。

③栄・親(えいしん)

自分のステージアップの時やこれまでの自分からさらに高みを目指す時にまず現れるのは、「栄・親(えい・しん)」の関係です。

「栄・親」は、お互いにウィンウィンで発展的な関係性。最初はお互いに印象が薄いのですが、長くつき合うとかけがえのない存在になっていきます。なぜなら、自分と似ているエネルギーを保有していて、お互いにほしいエネルギーをもらえる相手だからです。

この関係性で物事にあたると、自分ができないことや苦手なこともラクラクとできてしまいます。そして一人の力の限界を飛び越えて、双方にパワーがあふれだします。

お互いの波長もピッタリと合致しているので、深まれば深まるほど、自分も世界も広がっていきます。それゆえに仕事以外でもベストパートナーとなり、常に幸運を伴う理想的な関係性です。

④友・衰(ゆう・すい)

人生には、悲しいとき、辛いとき、心が折れそうなときがあります。そんなときにそばにいてくれて自分の気持ちをくみ取り、受け入れてくれる人がいたらどんなに頼もしく心強いことでしょう。精神的なつながりでお互いに支えあう「友・衰(ゆう・すい)」の関係は、たとえるなら「ラブラブ」と呼べるもの。とても親密な親友や恋人の相性です。精神的な絆で結ばれて意気投合し、気持ちのよいエネルギーを交換できる関係性です。それぞれの人生観や価値観に共鳴して、飽きることなく語り合える間柄の二人。現実的で合理的な関係とは言い難く、どちらかというとプライベートな場面で盛り上がるフレンドリーな相手です。仕事のストレスや疲れを緩和できるエネルギーがゆるやかに流れるので、心が和み、一緒にいて安らぎます。幸せホルモンがあふれだし、明日の仕事の活力となる人力パワーといえます。

⑤安・壊（あん・かい）

同じ相手であっても場面によって関係性が変わったり、いろいろなシチュエーションで変化する人間関係もあります。

たとえば仕事では好相性なのに、プライベートだとどうもしっくりこない。逆に友達としては最高だけど、仕事になるとぶつかってしまう。恋人としては情熱的になれるけれど、結婚を考えると躊躇してしまう、などなど。

「安・壊（あん・かい）」の相性は、お互いに一皮向ける関係性といえます。この関係では、最初は試練が伴います。お互いの未知の才能を交換するので、どうしても相手のことがわからず、自分も相手も傷ついてしまうことがあるのです。

ただ、この関係性をパワーに変えると、あなたも相手もひとまわりもふたまわりも成長し、次のステージへのゴールデンゲートが開きます。ポイントは、多少痛みが伴っても、自分を磨いてくれる相手であると認識することです。

⑥危・成（き・せい）

「自分がどうしていいかわからない時」「方向が見えない時」に現れるのが「危・成（き・せい）」の人です。あなたがビジネスを発展させたい時に、自分が気づかなかった能力に気づかせてくれたり、成長させてくれる関係性です。「危・成」の人はビジネスパーソンですが、ときにはピンチやリスクなどの危うさも伴います。それが、ゆくゆくは成功へとつながるベストチャンスになる可能性がある相性です。

そして、考えが違うからこそ、お互いを尊重し合い、最終的には「尊敬し合える」良質のエネルギーとなっていきます。この関係性がやがてビジネスの成功を生みだします。ポイントは、考え方が違う相手を受け入れ尊敬すること。それが、人力パワーとなりビジネスを成功させます。結婚も生涯のビジネスと捉えると、経済発展の源と考えることもできる関係です。あなたが次のステージに行きたい時、ビジネスや人生の成功を加速したい時に選ぶと、パワーを得ることのできる相性です。

袖すり合うも多生の縁は必然的

「袖すり合うも多生の縁」。これは仏教用語のひとつで、生まれ変わりの輪廻転生を表しています。「前世・現世・来世」でもご縁でつながっているという意味です。

人と人をつなぐご縁は不思議なもので、奇跡的な運命を感じることも多いものです。この世で、この時代に、この国で、この地で、この場所でこの時に、この瞬間に出会うことは、まさに「不思議なご縁」としかいいようがありません。

この世に誕生したことに意味があり、そしてご縁があったからこそやってこれたのだと思います。すべては何かのご縁がつながって、いまここに生きて、存在しています。人は一人ぼっちでは生きていけません。両親の縁がなければ生まれていなかったのです。

今、ここで出会ったご縁は偶然ではなく必然であると信じると、ご縁に感謝したい思いになります。自分はどんな人とご縁があるのか、自分の運気エネルギーはどうなっているのか、まわりの人との関係を知り、今の自分にとって必要な人との関係性を知れば、自分が今どんな人間関係に囲まれているのかがわかってきます。

過去から学び未来を築く

現在だけではなく、過去に出会ったご縁をみてみましょう。その行く末はどうなっているでしょうか。過去の出会いや出来事をさかのぼって調べてみると、「あの出会いは不思議だった」と今になってわかる事実がたくさんあります。そのことに気づいたときが、私のなかで宿曜の相性の法則がストンと腑に落ちた瞬間でした。

宿曜の秘宝を使えば、過去から学びつつ未来を築いていけるのです。過去からの学びは、宿曜を理解するうえでとても重要になってきます。過去のご縁を振り返り、現在のご縁を発展させて未来の縁に希望を託すことができるのです。そして、その縁をどう受け入れて発展させるかで、私たちが人生で歩む道や見えてくる世界は大きく変わってきます。

人は無意識のうちにさまざまな選択をしています。いつ、何を、誰を選ぶかで、人間関係もどんどん変わっていきます。誰と出会うか、誰と組むかで、人生の成功の大部分が決まります。今の人間関係のほとんどは、あなたの選択と縁が形づくったものだといってもいいでしょう。そう、自分が作ってきたご縁。そして、その環境に自分を置いているのです。

人のエネルギーを感じて人と運を引き寄せる

あなたのまわりにいる人は、あなたがつくりあげてきた人脈があればこそ存在しています。人の相性は固定化されたものではなく、さまざまなシーンで変化していきます。

まわりを見渡してみると、「あの人はツイているよね。いつも運がいいよね」という人が必ず存在します。

そのような人のまわりには、なぜか運の良い人が多いものです。そうなると相乗効果が生まれて、どちらもどんどん運が良くなっていきます。

運の良い人のまわりには、同じように運の良い人が集まるのには理由があります。宿曜秘宝のタイプ分類を知り、自分の宝箱を開けるだけで、そのような相乗効果を容易に生み出すことができます。

また、宿曜を学ぶごとに、人のエネルギーを感じることができるようになります。電波や音波のように、人も一人ひとり目には見えない波動を出しています。セミナーなどに参加したときに感じる、隣の人から発せられる波動。いい感じ、穏やかな感じ、嫌な感じ、ピリピリした感じ、などを感じたことはありませんか。

宿曜の秘宝を知ると、運気が良くなり、運の良いオーラを放つようになるので、運の良い人が引き寄せられてきます。

自分にとって相手はどんな人で、相手にとっての自分はどんな人なのか。苦手意識を持たずに互いのエネルギーを感じあい、自分にどんな影響を与えてくれるのかを知っておきましょう。そして相手に何を与えればよいか、双方のエネルギー交換をすることでエネルギーを充電しあえば、場の空気が良くなって運も上がりエネルギーも倍増してくのです。

第5章

未来を創る宿曜運勢

大事な人生の節目には運気最良の日を選ぶ

さまざまな決断をしたり何かを始めたりするときには、運気の良い日を上手く使うと運が味方をします。もちろん「思い立ったが吉日」という言葉もある通り、早く着手するに越したことはない場合もあるでしょう。でも、タイミングというものは、私たちが思う以上に重要で、結果に大きな影響を及ぼします。人生のなかでも特に大事なことをする日は、吉日とされる日を選ぶようにしましょう。そうすることで物事がスムーズに運ぶようになります。

では、その吉日はどのように決めたらいいのでしょう。「大安吉日」という日もありますが、それは誰にとっても「大安吉日」です。そこで、自分だけの「吉日」を選びます。それは自分がこの世に「宿ったとき」に決められた宿命の「宿」。この世に宿った日や誕生には、あなただけの情報がたくさん組み込まれています。

「宿」とは、その人が持って生まれたさまざまな情報が詰め込まれた「設計図」であり、運気とタイミングの良し悪しがわかる「未来の予想図」でもあります。宿ったその日から運命のホロスコープは回り始めているのです。

人の一生のなかで、何かをスタートする日は無数にあります。生まれた日・入社した日・転居した日・入籍した日・会社設立日。これらはすべて人生を左右するさまざまな契約日です。その日は運命を定める日付と言えます。その日付の持つ数字を「運命数」と呼びます。

最良の日をなんとなく決めるのか、運勢を知ったうえで決めるのかによって、未来には大きな差が生まれます。スタートしたときの日が良いと、その先の結果は良好なものになります。良い日を選んで重要なコトや行動をすると、素晴らしい出会いや再会が待っているのです。さらにミラクルとしか呼べないような幸運が起きるのです。そして、運の良い場所に引き寄せられていきます。

仕事や家庭において、重大・重要なことを「いつ始めるか」で、良い結果を生み出せるかどうかが変わってきます。特に、日を決めるときには、宿曜の運勢で時を読んでください。

「数年のうちに結婚する」➡入籍日、引っ越し日、転居日
「住宅購入や土地購入を検討している」➡契約日
「起業を考えている」➡会社設立日
「ウェブサイトを開設する」➡開設日
「講座やセミナーの講演をする」➡集客開始日、開催日
「新製品の発表」➡関わる人との相性と幸運日

人生を左右する重大・重要なことをする人にとって、日取りは大切なのです。

コンサルタントをさせていただいている私が実際に目の当たりにしていることですが、成功している企業の社長や役員、起業している女性に、起業日、就任日、契約日などをうかがうと、その方の「宿」のグットタイミングな「運気リズム」に一致していることに驚かされます。予定されている未来の大事な案件も、運気の良い日取りで、計画を立てて動こうとされます。意外に思われるかもしれませんが、知らないうちに運勢が味方するようなスケジュールを決定していっているのです。企業の場合は、創業日がその会社の行く末を決めてしまうものです。成功している人の多くは、運勢を活用して運を味方につけているのです。

反対に上手く回っていないとか、なんだかいつも空回りしているという方もいらっしゃいます。その方が過去に大事なスタートを切った日付をみてみると、「あら、残念」という日を選んでいらっしゃることがわかります。会社にとって運が良いか悪いかは、最初に運をつかむタイミングが少なからず影響しているのです。

私も、宿曜で運気を知ったからには、大事なスタートは、必ず良い日を選ぶようにしています。複数の人で何かを始めるという時も、チームにとって最良の日を選択しています。

この「運の最良日を選ぶ」ことは、みなさんが思う以上に重要です。チームのメンバー全員の運気の良い日を設定すれば、相乗効果が生まれ、数名で百人力のパワーを発揮できるのです。運の最良日を知って入れば、決断も行動も早くなり無駄のないスタートが切れます。そして次から次へとよいサイクルで物事が展開し、素晴らしい未来をデザインしていくことができるのです。

運の恵みを信じてみる

「運」の「良い日」「良い月」「良い年」に、運の恵みを信じて決断、着手、行動すれば、驚くほどよい展開になることが多いものです。しかし、「今日は良い日なのに何も良いことがなかった」と思う時もあるかもしれません。それは、「自分の運」のむく方向に動いてないからかもしれません。

運気が良い日は、運ばれてきたチャンスをベストタイミングでつかむことができる日。だからこそ、まずは行動することが大事です。そして、タイミングよくキャッチしなくては、とてももったいないことです。

何もしないで、うれしいことや楽しいことがやってくるのではなく、今まで努力を積み重ねてきた人、あきらめずに頑張った人へのご褒美として、幸運がやってきます。つまり運は、徳積をしていない人には、何も朗報がやってこない日になってしまうかもしれないのです。せっかくの良い日に、それは非常にもったいないことです。

しかし、運気が良い日にもかかわらず、不運や不幸、負のスパイラル、災難が起こっている場合は、運気のひずみが原因かもしれません。

運気のひずみは、この世に宿った時から回り始めた、運気リズムであるホロスコープと関係します。

●運の良い日は行動する！なのに

↓行動に移さずジレンマに陥る

●運が低迷しているとき！なのに

↓新しいことをスタートした、契約した

などなど、自分のホロスコープの運のリズムに逆行している時を長く過ごしてしまったために、運気のタイミングがズレてしまっているのです。運が低迷している時は、負のスパイラルに陥りがちです。たとえば、自己主張が強すぎたり、他人を妬んだり、他人や自分を恨んだり、そんな時間が長いと運気が崩れることがあるのです。

その調整をすると、運が上向くことは間違いありません。

また、運気が良い日なのに、トラブル、アクシデント、不運があったときには「このくらいですんでよかった」「不幸中の幸いだった」と「禍を転じて福と為す」のように、何か大きな存在に守護されていることへの感謝の気持ちを持つようにしてください。

また、「気を引き締めなさい」というサインと受け止めましょう。運気が良いのに失恋や別れを経験したという場合は、結果として悪縁の相手だったから運の良いときに別れたということもありえるのです。

「宿曜経」の起源は今から約3000年前。インドで暦として発祥し、平安時代に遣唐使として中国に渡った弘法大師空海によって日本に伝えられました。宿曜の運勢とは、空海が日本に伝えた暦なのです。「宿曜」では、東洋の暦と西洋の暦の両方の学問をベースにして運勢を読み解いていきます。経典にも認められた「宿曜」を、私は学問と呼んで差し支えないと思っています。それほどの膨大な情報量をもとにした圧倒的な叡智の蓄積の賜物、まさに秘宝と呼べるものです。私自身も長くこの「宿曜運勢」で生活のリズムを調えています。

宿曜の運勢リズムと相性の的中率は、多くの方から非常に高く評価されています。時の運である運命の流れを知ると開運成就に導かれ、幸運を手にすることになります。

「時」を読み「運」をつかむ運気リズム

宿曜は、密教のなかにある宿曜教の経典に認められた運気を用いて「運気リズム」として紐解いたバイオリズムです。心のリズムであり氣（エネルギー）の流れと宇宙の法則のデータなのです。

バイオリズムは「生命」を意味するバイオと「規則的な運動」を意味するリズムのこと。生命体の生理・感情・知性などの周期パターンを示します。

すべては波のような「波動」という一定リズムの周期や周波数を持っていて、運気もあなただけの運気リズムで構成されています。運気とは、「人生における一定の波のリズム」。運気の波動がよい時は山のように上がった波。逆の時は下向きの波。その両方が上下しながらゆっくり流れていくものです。運でいうなら、「上がったり、下がったり」まるで心電図のような波形をしています。海の潮の満ち引きのようなものなのです。潮が満ちてきたときが、バイオリズムでいうと上がってきた感じ。潮が引いたときが、バイオリズムでいう下がってきた感じです。しかし、どちらが良いとか悪いとかいうものではなく、どちらも必要なのです。

これは、陰と陽のように夜と昼と同じことです。夜は、月があり、昼には太陽があります。これも宇宙のバイオリズムです。波が上がったときは、自分を「外に出す」「見せる」「魅せる」「表現する」「実践する」「活動する」。波が下がったときは「内側を整える」「身体と心を休める」「浄化させる」「学びに勤しむ」「自己研磨に励む」。やるべきことを変えるだけです。

このバイオリズムにそって動くと、ここ一番のステージアップやターニングポイントのベストタイミングに結果が出てきます。

きちんと「時」を読み、「運」をつかむ。それが、自分だけのバイオリズムです。

宿曜では月の満ち欠けに合わせて27日間をひとつのサイクルで運気リズムを割り出しています。「宿」ごとの「年運・月運・日運」を知ることができます。それも「バイオリズム」です。宿曜は「年・月・日」の運気リズムがわかります。「未来が先読み」できるので、物事が計画通りに進みます。宿曜は月と密接な関係を表します。月の満ち欠けのリズムに合わせて約29・5日に一度やってくる新月。毎月まわってくる新月が持つ力は毎回同じではありません。新月が起こる瞬間に月が位置している星座の力の影響を受けるからです。12の星座はそれぞれ違う力を持っています。

自分、家族、友人、仕事関係者、ありとあらゆる関係での運勢を宿曜で知ることができます。そのタイミングを知っていることがとても大事です。宿曜が教える運勢の通りに行動することは、自分のバイオリズム通りに動くことになり、宿曜が「運命を好転する未来図」になります。そして、自分だけではなく一緒に行動する相手の運気を知ることで、自分の運気が落ちているときには運気が上がっている人に助けてもらうとよいのです。タイミングを知って運気の良い場所に行くことで自分の波動が上がり、自分もまわりの人も運気を底上げすることができるのです。

月の運気リズムの過ごし方

月の運気リズムは、宿曜の運勢の27宿ある、その「宿」のバイオリズムを表しています。それも「年運」「月運」「日運」で「運勢」を読み解きます。その「運勢」は「相性」と同様に「年・月・日」のすべてを「命・業・胎・栄・衰・安・危・成・壊・友・親」の11分類で表します。

サイクルの流れはほぼ矢印の流れ通りです。

命・栄・衰・安・危・成・壊・友・親 ↓

↑ **業・栄・衰・安・危・成・壊・友・親** ↓

↑ **胎・栄・衰・安・危・成・壊・友・親**

となります。「命」「業」「胎」で切り替わります。

●命（めい）＝現世（活動期）

今、そして現在やるべき課題がはっきり出てくるとき。自分を振り返ったり内観したり、瞑想して気づきの初日を迎えてください。

サイクルは、

命→栄→衰→安→危→成→壊→友→親

「命」を過ごして翌日からの「活動期間中」は、日にもよりますが積極的に活動すると幸運をゲットできるときです。

●業（ぎょう）＝前世（魔のウィーク）

サイクルは、

業→栄→衰→安→危→成→壊

カルマが現れてくるとき。前世でやり残したことが、過去からの宿題として現れやすい週です。この期間は体力・精神力も落ちぎみで、体調も不安定になりやすく、人間関係も行き詰りが増します。この「業」は因果応報のとき。原因・結果としての報いが、いいも悪いも自分に返ってくるときです。悪い因果が色濃いことが多く「要注意の週」と読み解きます。そんなときは、まわりをよく見て受け身に徹すること。新しいことはスタートしないこと。「メンテナンスの週」と心得て、物理的な断捨離、整理整頓、クリーンアップ、心身の浄化、自分に向き合う、そんな週として過ごしましょう。受け身に徹して人をサポートすることも徳積になります。

●胎（たい）＝来世 転換期

サイクルは、

友→親→胎→栄→衰→安→危→成→壊→友→親

これから先の「未来を描く」とき。やりたいことや目標・夢・希望に向かうときです。次の課題に向けての準備や計画をする「種まき」をするのに適した時期。明るい未来を期待して前向きに進む週です。

本当のあなたを教えてくれる月星座

「月星座」は、あなたが生まれた瞬間に月が運行していた星座の位置。

これに対して「太陽星座」は、一般的な12星座占いで使われる星座。あなたが生まれた日に太陽が運行していた星座のことです。自分の12星座である太陽星座は、誰でも知っているものです。しかし、月星座を知っている方は少ないはず。両方知っておいたほうが自分を知る目安になります。

太陽星座は、その人の外側、社会性、見た目の性格がはっきり出ます。一方で月星座は、その人の内側、感情、奥深い内面の見えづらいところまでがはっきりと見えます。

11の運勢ワードで見る年・月・日の運勢リズム

【命】

●「命」の年

28年に一度訪れる「命」の年は、「現世のターニングポイント」となります。「命」とは生まれ直す、原点回帰という意味があるので、原点に立ち返り初心に戻りましょう。「私は何故生まれてきたのか」といった現世での役割に気づかされることに。現在の取り巻く環境で一見バラバラに存在していた人やモノが、しだいに同じ目的を持つようになるでしょう。そうした、シンクロニシティを通して現在抱えている問題を見直すことができ、解決の糸口を見いだすことに。

●「命」の月

状況を判断する能力が低下する月です。新しいことを始めるより、現状を見直す努力が必要です。何か選択を迫られても焦って結論を出さないで、じっくり考えることが必要です。目先のことだけでなく長いスパンで物事を考えましょう。流れを変えようとしてもうまくいかない可能性が高いので、現状維持を心がけて。

●「命」の日

「活動期　現世のサイクル」の最初の日。自分の我が強く出やすい日です。判断力が鈍っているので、お金に関すること、人間関係は特に注意が必要です。この日に何かを始めたり、決断したことは後に大きな影響を及ぼすので、悔やむことがないように、何事も慎重に考えて答えを導き出しましょう。アクシデントが生じても、やみくもに動かず一旦立ち止まって考えます。ハイヤーセルフに意識を向ければ、今、起こっている出来事の本当の意味が理解でき、意外な発見を得られるかも。

【業】

●「業」の年

28年に一度訪れる「業」の年は、「前世のターニングポイント」となります。「業」とは「過去」「カルマ」という意味があるので、過去を振り返りましょう。「私はどこからきたのか」といった、前世からのつながりを思い出すことに。インド思想における「輪廻転生」のように過去から学ぶことが多く、その引き継がれたカルマが歴然と現れる年となるでしょう。これまでの過去や前世も含めて、「自分の花は自分で蒔いた種から咲く」ということを思い知らされることも。「業」とは因果応報という意味もあるので、重圧を感じることが起こっても、それは、前世からの因果と心得て、その試練を逃げずに立ち向かいましょう。

●「業」の月

予測不可能な出来事が多く、スケジュールに追われる多忙な時期です。忙しさにかまけて、大事なことを先延ばしにするのはご法度。リズムに乗れない状況に陥っても、バイタリティーを発揮して最後までやり遂げることが大事。この時期つかんだチャンスが将来の飛躍につながることも多いので、チャレンジ精神を持つこと。初心の気持ちに立ち返り、大地とグラウンディングするイメージを大切に。そしてエネルギーを充電してから、地に足をつけて次の大きな課題に取り組みましょう。

●「業」の日

「魔のウィーク　前世のサイクル」の最初の日。とりわけ仕事運は良好ですが、それ以外は凶となります。あなたのカルマが色濃く露呈され、前世での因縁が生じやすく、宿命的なことが必然的に廻ってくる日です。何かと予断が許せない日。堆積した案件を一気に片づければ、この後に続く魔のウィークの働きが軽減されるでしょう。

【胎】

●「胎」の年

28年に一度訪れる「胎」の年は、「来世のターニングポイント」となります。

「胎」とは未来のビジョンという意味があるので、自分の将来をビジュアライズするのに最適です。「私はどこへ向かっているのか」という気持ちに駆られることが多くあるでしょう。未来のゲートを開き、感覚や心の反応に目を向けましょう。ハイヤーセルフに意識を向けて聴いてみれば、大きなヒントを得られ、次なるステージに向かう道筋を得ることに。

●「胎」の月

ワンネスに意識を向けて、未来の自分を思い描きましょう。目標の仕切り直しに適している時期です。目の前のことを無理に変えようとするのではなく、物事を冷静な目で判断し受け止めること。目的をもたずに、ふらふらとさまよってしまうと思いもよらぬことに遭遇してしまいます。第六チャクラ（第三の目）を開くイメージで未来を創造しましょう。そうすればシグネチャーバイブレーションが高まり、視野が広がるでしょう。そして、教養を身につけることにフォーカスすれば開運へ導かれます。

●「胎」の日

「転換期　来世のサイクル」の3日目の日、未来に関わる運命的な出来事が多い日です。

運気は不安定ですが、新しい目標を掲げることは吉となります。ガイドの言葉に耳を傾けて、未来の夢やビジョンを思い描きましょう。自分の進むべき道に向かって準備を怠らないことが大事。「命」の日と同じく因縁が生じやすく、後で大きな意味を持つことになるので慎重な行動を心がけて。

【栄】

●「栄」の年

仕事からプライベートまですべてにおいて大吉の年です。

そして、結婚運がもっとも上昇する年に。留学・独立など人生の岐路となる決定や思い切った行動が飛躍につながるでしょう。

勢いのある時期なので、冒険的に行動すれば予想以上のチャンスが舞い込むでしょう。モチベーションが上がる時期なので、ラッキーなことが重なります。

●「栄」の月

すべてにおいて運気が上昇しているので、新しいことを始めるには最適です。

結婚を考えている人はこの時期に決断を。プライベートからオフィシャルな場面までチャンス到来の時期です。以前からやりたかったことや新たなチャレンジをしかけることで可能性が開け、明るい未来へと導かれるでしょう。勢いのある時期なので絶妙のタイミングでベストチャンスがやってきます。

●「栄」の日

吉祥をもたらす日。

仕事・恋愛・結婚運ともに上昇。運気が確実にレベルアップする日であり積極的な行動がカギとなります。

何かを生み出す力に恵まれた日なので、躊躇せず大胆に動き、果敢にチャレンジすることで、あなたの生き方の幅が拡大していくでしょう。そして、ワクワクすることに夢中になれば運が味方をしてくれる日です。

※但し、魔のウィーク「栄」の日は、よからぬことが栄える危険性があるので注意が必要。

【衰】

●「衰」の年

体力と気力が衰退傾向なので新しいことを始める

のは不向きです。

金運・健康運が下降ぎみ。前途多難な運気なので、葛藤や苦難の「渦中の人」になり、悩みが絶えないでしょう。無用なブロックを外して、好きなモノや趣味に集中することが運気の充電にもなります。学びのときと心得て、レッスンやスクールに通い始めるのに最適な年です。

●「衰」の月

身体の抵抗力や免疫力が弱っている時期なので、体調不良に悩まされることが多く、想定外のことが勃発して予定が大幅に狂ってしまうなど、八方塞がりになってしまうこともしばしば起こるでしょう。そんなときは、金銭感覚を養い生活面のたて直しに力を注ぐことが大事です。また、ストイックにならないでマインドを解放し、自分を優しくホールドすることが大切です。

●「衰」の日

健康運・金運が下降となり、自暴自棄や不信感といったネガティブな思考に陥りやすい日です。物事のスタートには不向きで、進もうとすると見えない何かに邪魔立てされてしまうような、魔が入り込んだり、魔が差すようなことが起こります。人間関係や金銭トラブルに注意が必要です。

災難回避として、結果や見返りを期待せずに身のまわりの整理整頓や次の計画の準備をするなど、調整力を働かせましょう。
※ただし、魔のウィーク「衰」の日は本来凶運がさらに増幅する懸念があるので注意が必要。

【安】

●「安」の年

心身共に安定の年であり伸び伸びと自由に過ごせる運気。金運・移動運・レジャー運が吉。人生の拠点や基盤作りのための、家や土地などの不動産、車や家電などの出費は開運へと導かれます。いろいろな場所に出かけて見聞を広めるなど、興味を持ったことは即行動に移すこと。自分の欲求に素直に従うことで、探していた何かが見つかるかもしれません。またこの時期に没頭したことは、将来必ず役に立つので、知識欲を旺盛に働かせましょう。

●「安」の月

金運・旅行運も上昇傾向なので、見聞を広める観光スポットに出かけたり、スポーツで汗を流すなど、レジャーの充実にも最適です。また、「移動」が幸運を呼ぶキーワードとなるので、引っ越しにも吉。心が安定する穏やかな時期なので、天体観測や月光浴などのイベントを通して宇宙に意識を向ければ、天からのエネルギーを受け取ることができるでしょう。テコ入れしたい問題がある場合は、外部に援助を求めれば思い通りにことが進むでしょう。宇宙の法則に身を委ねることで運気も上昇します。

●「安」の日

何かに守られているような日です。旅行・移動・引越し・金運は大吉。安定・定着がキーワードなので、移転届や相続関連の話し合いにも最適な日です。お金を動かすには最適な日なので、預貯金や保険関連のプラン変更も吉。心も身体も安定しているので潜在能力や直感力が冴えわたり、自然体で自分の能力を発揮することができるでしょう。また、散歩やサイクリング、ドライブといった移動にかかわるアクションは、すべて開運に導かれます。ゆったりと情緒的に「安」の日を楽しみましょう。

※ただし、魔のウィーク「安」の日は、不安や不安定が凶運となるので、移動やお金に関しては注意が必要。

【危】

●「危」の年

とりわけ仕事運・社交運は吉。刺激に満ちあふれたエキサイティングな年です。本業とは別のビジネスや活動に興味を抱くことが増えますが、機転が利く時期なので両立は可能でしょう。図に乗りすぎると失態を招くこともあるので、自分なりに歯止めをかける努力を。活躍の場が増えても謙虚な態度を心がけること。何かと危うい運気ですが、ハイリスクの案件でもハイリターンで返ってきます。仕事関連の人たちに感謝を込めて「ありがとうの言霊」を送りましょう。そうすれば、新しい理解者との出会いがあり社交運は上昇傾向へ。

●「危」の月

吉凶混合の月運です。仕事運・社交運は上昇の時期なので、焦点を絞って努力をすれば結果がついてきて脚光を浴びる機会が増えるでしょう。ただし、安易な考えで物事を進めるとトラブルを招くので、よくコミュニケーションを図り、誤解を招くような言動は慎みましょう。そして、自分が間違った見解をしているな、と気づいたらすぐに軌道修正が必要。なりふり構わない思い切った行動を避け、リスク発生時は注意深く受け止めて、素早い対応や問題解決が必要なときです。

●「危」の日

吉にも凶にもなる混合の日です。とくに仕事運は吉ですが、それ以外は注意が必要。色ごとのトラブルや突発的なアクシデントも多く、事故やケガに注意が必要です。また人ともぶつかりやすく、口論も多くなり、誤解も生じやすい場面に遭遇するでしょう。本能の赴くまま直感力に頼りすぎず、発言や行動を正して、感情をコントロールすることが大切です。

※ただし、魔のウィーク「危」の日は、危険が増す凶運となるので予断を許さずに行動しましょう。

【成】

●「成」の年

成果や結果を出せる年です。努力が実る時期です。

何かを始めることに適しています。学業・仕事運が上昇するので、情報の収集をしながら、知識の引き出しを増やしましょう。一歩先を目指す高度なスキル、ライセンスの認定取得などすべて吉。アクシデントに翻弄される暗示もありますが、リスクを恐れずにチャレンジする精神が大事。成功するイメージを思い描くことで運気はさらに上昇ムードに入ります。そして、起死回生を狙えばモチベーションがアップし、創造的で飛躍的な活躍が期待できるでしょう。

●「成」の月

仕事・勉学・研究・趣味に意識を向ければ成功へ導かれる時期。何事も計画通りに進み、自分の視野や世界観が大きく広がるでしょう。この時期に、起業したり、サークルを結成したり、新しい何かのスタートやチャレンジをすれば実利的な良い方向へ進展するでしょう。また、浮かんだアイデアを現実的に落とし込むことで、予想以上の結果を手にすることも。困難なことでも前向きに捉えれば、飛躍的な展開が見えてくるでしょう。

●「成」の日

仕事・才能運は上昇し、成功へと導かれる運気です。積み重ねてきたことや取り組んできたことの努力が実り、成果としてあらわれる日。会社の設立や契約ごとなど、この日に何かを始めると達成率が高まります。とくに、学業や仕事、創作や表現活動、ダイエットの開始などにこの日を使うとパワーが発揮され成就します。ここ一番というときの実力を発揮するチャンスでもあるので、大胆なチャレンジや思い切った決断があなたを成功へと導く日となります。

※ただし、魔のウィーク「成」の日は、禍々《まがまが》しいものを引き寄せてしまうので注意が必要。

【壊】

●「壊」の年

波瀾含みのセンセーショナルなことが多い年です。仕事・人間関係・ライフスタイルなどで災いが起こりやすく、なかなか思うようにならないかも。試練や苦難が舞い込み、逆境での辛抱や我慢強さが強要されるでしょう。この年は、自分のことより他人や周囲のことを考えて謙虚な姿勢を心がけること。しかし、「壊」の年だからといって、自暴自棄になる必要はありません。断行・捨行・離行といった、断捨離を心がけ、いらないもの、廃れたものは処分して、新境地開拓のための準備に傾注することが望ましいです。そして極力、新しいことを始めないほうが得策。また、「壊」の年で鍛えた心は強靭な精神力となり、ネクストステップへの成長の糧となるでしょう。

●「壊」の月

困難な問題が表面化する時期。物事が裏目裏目に出てしまい、精神的ストレスやダメージを感じることも多いでしょう。人間関係でトラブルの暗示があり、我が出やすくなっているので、相手を理解し相手の立場に立った行動を心がけることが大切。いつも以上に相手の気持ちを考えて行動し、受身に徹すること。災難回避として、負の感情やエネルギーを手放し、浄化させましょう。この月は精神面でも現実面でもデトックス期間と心得て不用なものを処分したり、きちんと整理整頓を心がけ、再構築することが大切です。

●「壊」の日

災難が多く破壊を意味する凶運の日です。その破壊のエネルギーは本人の望まない不本意な形でやってくることが多いので、極力何かを始めるのは避けること。破壊作用が働いてしまう日なので、いつになく強気になり、傲慢な自己主張が原因で周囲を振りまわしてしまうことも。挑発的な態度にでれば、それが原因で大きなトラブルを招くことに。災難回避のコツはすべてにおいて受身に徹することです。

また、ガレージや押し入れの整理、溜まった雑誌や本の処分、不用な電話番号やメールアドレスなどを削除するのにも最適な日です。
※ただし、魔のウィーク「壊」の日は、破壊運が増幅するので要注意です。

【友】

●「友」の年

対人運・恋愛運・レジャー運、共に上昇する幸運期です。

人との結びつきが生まれやすい時期であり、人気運も上昇時期なので、積極的に出会いのフィールドを広げることを心がけましょう。

また、コミュニケーション運が最高の年であり、周囲の協力や助けを得られやすい時期なので、何事もアクティブに動くことで上昇ムードの年になります。

●「友」の月

人やモノに恵まれ、人気運・コミュニケーション運が上昇する月です。

出会いも多く、有意義な時間を共有できるでしょう。笑顔が開運のカギとなり、周囲に笑顔を振りまいて好影響を与えることで運気もアップします。

また、何かにチャレンジすれば、興味の幅が広がり才能が開花することも。

●「友」の日

コミュニケーション・レジャー・恋愛運が上昇する大吉日。

良い人間関係に恵まれて、気持ちも明るく、前向きでいられるので穏やかに過ごすことができる日です。

幸運を授かる日でもあり、この日に出会ったモノや人は、のちに良縁となる可能性があるでしょう。

人を介してラッキーが舞い込む暗示も。ありのままの自分のよさを出し切っていくことで運気上昇になるでしょう。ファッションやヘアメイクなどのイメージチェンジにも最高の日です。

【親】

●「親」の年

出会い運・恋愛運・レジャー運も上昇する年です。

積極的に交流の場に出向けば、交友関係の発展が期待できます。新しい人間関係が広がる年なので、同じ志や共通の趣味を持つ人と共に行動しましょう。そうすれば、発想の転換やアイデアの閃きを感じ、新しい感動や喜びが共有できて有意義な一年となるでしょう。また、目指す目標を達成するために、この年に、何をすべきか長期的な見地で考え、魂がワクワクするような行動を開始するのに相応しい年です。

●「親」の月

人間関係が円滑に運ぶ幸運期です。

自分の気持ちに素直になれるときでもあり、心の赴くままに行動すれば、注目度が高まるでしょう。苦手だった相手に積極的な働きかけをすることで、険悪な関係も好転するでしょう。好感をもつ相手には積極的に連絡をとって絆を深めていきましょう。友人からの誘いやイベントは幸運をもたらしてくれるので進んで参加を。また、この時期に育てた愛の芽は、やがて結婚へと花開く可能性があります。

●「親」の日

「友」の日と同じく、コミュニケーション・レジャーは上昇し、とくに恋愛運は大吉日。

気持ちも前向きになる日なので、よい人間関係が信頼の輪になり、ここで出会った人とは親密な関係に展開するでしょう。また、幸運を授かる日でもあり、関心ごとなどの興味や好奇心をもつことで運気はさらに上昇します。仲のよい友人や彼（彼女）とショッピングや映画、そして、美味しい料理に舌つづみを打てば親密度はより深まります。

出版によせて

髙畑さんが定年退職間近の2013年9月に
直談判という手段で門をたたき
書籍出版のために宿曜をもう一度一から学びたいと伝えられました。
そのときの髙畑さんの強い思いが私の心を動かしたのです。

それからは、髙畑さんにとって怒涛のマンツーマンレッスンが続き
日常のすべてが宿曜一色に染まった日々だったはずです。
その宿曜漬けの日々は、およそ一年続きました。
髙畑さんが一から学びなおす姿には、宿曜に対するなみなみならぬ思いと同時に
他の人には感じたことのない、天性の才能を感じました。
今では、つわものクラスの師範に成長されたことを誇りに思っております。

このたび『そこまでわかる! あなたの未来 宿曜占星術』が
改訂新版として世に出ることで、多くの方の人生の道標となり
夢を実現するきっかけになればと心より祈願しております。

竹本光晴

おわりに

私は現在の仕事を始めるまで、マックスファクターとP&GグループのP&Gマックスファクター合同会社にトータルで36年間、在籍していました。最初は販売職からスタートしましたが、大半は社員教育を中心に人材管理と人材育成に専念してきました。P&Gは、なんといっても社員数13万人を超えるグローバル企業です。社内のマネージメントも一筋縄ではいきません。社員数の少ない企業であっても人間関係の軋轢は生まれるというのに、大企業ともなりますと小さな摩擦がいずれ大きなひずみとなり、事業の屋台骨に影響を及ぼすことも少なくありません。しかし、逆を言えばベストな人材配置と育成ができればそれだけ掛け算で、いえ、むしろ乗算で業績を伸ばすことも可能になります。そこで私は、自分の置かれたポジションを最大に活かすべく、当時から宿曜を人材開発・チームビルディングへと反映させてきました。もちろん、その人の置かれたポジションで能力を発揮することは最優先で考えます。人間関係の良し悪しを宿曜で見極め、その人が持っている能力を最大限に発揮しやすい場所へと登用。そうして個人の力が最大限に発揮できる場所に配置すると、個人のスキルアップはもちろん、会社全体の売上やブランドの雰囲気にも目覚ましい影響が現れるようになったのです。

こうして在職中に、6万人を超えるカウンセリング・コーチングをしてきました。退職後、この宿曜の素晴らしさをさらに多くの人に伝えるべく、「宿曜秘宝コンサルタント」として独立しました。活動して5年になりますが、ありがたいことに約6000人を超える人に「宿曜の秘法」を伝えさせていただきました。

能力や気質を知らずに人材配置をすれば、ビジネスの構築でも思うような展開はのぞめません。たとえば、同じ「宿」や「ソウルメイト」が組織内に多すぎると、運気のサイクルが同じなため、運気が下がるときも一緒になります。つまり、一斉にオチてしまう可能性も大きいのですね。一人が下がっている時は、別の運気が上がっている人のパワーを借りられるような「宿」で組織を構成する。そうすれば、いいバランスで組織全体も動いていきます。こうして組織づくりに宿曜秘宝を活かすと、未来の「運勢リズム」も予測できます。それも、どこまでもつづく「未来の年運・月運・日運」がわかってしまうのです。

実際に、企業ではこの運気を最大限に運用しています。古代から智慧のある人たちは、月や星の動きと地上の出来事との間に目に見えない不思議な因果関係があることに気づいていました。月のパワーを一度体験すれば、そのメッセージの面白さに虜になることは間違いありません。ぜひ宿曜を活用し、運気の流れを先読みすることの面白さ、そして未来をデザインできることで広がる可能性を感じてみてください。宿曜で人生が変わり未来を切り拓くことができるのですから。

そして最後に改訂版制作にあたり師事する竹本光晴先生、『宿曜オラクルカード』画を提供いただいた株式会社JMA・アソシエイツの林武利代表、編集者の向千鶴子さまへ御礼を申しあげますとともに、感謝申しあげます。この本を手にとっていただいたことをありがたく思っております。

2019年2月5日

一般社団法人　宿曜秘宝協会代表理事

髙畑 三惠子

■髙畑 三恵子（たかはた みえこ）プロフィール

1978年、東京マックスファクター販売会社に入社し、メイクアップアーティストを経て本社に配属。美容教育課で美容部員の教育を担当。また、得意先や消費者へのセミナー・講習・講座の企業研修にも携わる。1991年、P&Gグループ傘下になり、P&Gマックスファクター合同会社のビューティーカウンセラーとして、SK Ⅱブランドを中心とする社員教育及び人材管理の育成に専念。社外においては、得意先様向け、消費者向けの社外企業研修の開発・立案・計画・教育の活動も実施。2013年末、P&G退職。現在は、36年間の在職中に驚異的な販売実績を上げ、多くの人間関係形成に役立てた相性学・人間学を活かして、総合美容サロン・化粧品専門店などの分野で活動。宿曜の相性学・人間学など、NLP的要素を含む心理学をベースにしたカウンセリング、対面セッションの鑑定、講座、セミナーなど多岐にわたって活躍中。一般社団法人宿曜秘宝協会を設立し、宿曜秘宝養成講座を開催している。

【出版・随筆】

- ■書籍『そこまでわかる！あなたの未来　宿曜占星術』（監修：竹本光晴／ビオ・マガジン）
  初版2015年3月18日、重版2016年9月8日
- ■月刊誌『anemone』（ビオ・マガジン）2014年8月号掲載
  竹本光晴氏の宿曜占星術記事執筆に協力
- ■『宿曜オラクルカード』（ベータールーム）2018年2月18日出版
- ■「Yahoo占い」2017年4月23日スタート
- ■月刊誌『anemone』（ビオ・マガジン）2018年1月号掲載
  取材記事「金運がアップする『ファッション+メイク』のコツ!!」協力・監修
- ■宿曜占いサイト　2018年10月開設

【取得資格】

日本エステティック協会認定エステティッシャン認定資格、AFT色彩コーディネーター認定資格、NPOカラー＆メイクセラピー認定資格、NPO日本交流分析士認定資格、米国NLP教会認定NLP認定資格、ジェネラティブトランス認定資格（催眠療法心理カウンセリング）、株式会社カルチャー講師、竹本光晴宿曜占星術師の師範認定資格

【活動実績】

- ■2013年末にP&Gを退職後、36年間の在職中に驚異的な販売実績向上とさまざまな人間関係に役立てた相性学・人間学を活かし、様々な分野で講師として活動
- ■カルチャー講師
- ■宿曜の相性学・人間学など、NLP的要素を含む心理学をベースにしたカウンセリングや個人セッションを行うコンサルタントとして活動
- ■宿曜を中心とした講座やセミナーを開催
- ■2017年から宿曜占星術師養成講座を開催
- ■2018年3月、一般社団法人宿曜秘宝協会を設立

宿曜秘宝協会　https://syukuyo.jp　宿曜占いサイト https://syukuyo.com

巻末資料

本命宿早見表

1920年

	1	2	3	4	5	6	7	8	9	10	11	12	13	14	15	16	17	18	19	20	21	22	23	24	25	26	27	28	29	30	31
1月	畢	觜	参	井	鬼	柳	星	張	翼	軫	角	亢	氐	房	心	尾	箕	斗	女	虚	虚	危	室	壁	奎	婁	胃	昴	畢	觜	参
2月	井	鬼	柳	星	張	翼	軫	角	亢	氐	房	心	尾	箕	斗	女	虚	危	室	室	壁	奎	婁	胃	昴	畢	觜	参	井		
3月	鬼	柳	星	張	翼	軫	角	亢	氐	房	心	尾	箕	斗	女	虚	危	室	壁	奎	婁	胃	昴	畢	觜	参	井	鬼	柳	星	張
4月	翼	軫	角	亢	氐	房	心	尾	箕	斗	女	虚	危	室	壁	奎	婁	胃	胃	昴	畢	觜	参	井	鬼	柳	星	張	翼	軫	
5月	角	亢	氐	房	心	尾	箕	斗	女	虚	危	室	壁	奎	婁	胃	昴	畢	觜	参	井	鬼	柳	星	張	翼	軫	角	亢	氐	房
6月	心	尾	箕	斗	女	虚	危	室	壁	奎	婁	胃	昴	畢	觜	参	井	鬼	柳	星	張	翼	軫	角	亢	氐	房	心	尾	箕	
7月	斗	女	虚	危	室	壁	奎	婁	胃	昴	畢	觜	参	井	鬼	鬼	柳	星	張	翼	軫	角	亢	氐	房	心	尾	箕	斗	女	虚
8月	危	室	壁	奎	婁	胃	昴	畢	觜	参	井	鬼	柳	張	翼	軫	角	亢	氐	房	心	尾	箕	斗	女	虚	危	室	壁	奎	婁
9月	胃	昴	畢	觜	参	井	鬼	柳	星	張	翼	角	亢	氐	房	心	尾	箕	斗	女	虚	危	室	壁	奎	婁	胃	昴	畢	觜	
10月	参	井	鬼	柳	星	張	翼	軫	角	亢	氐	氐	房	心	尾	箕	斗	女	虚	危	室	壁	奎	婁	胃	昴	畢	觜	参	井	鬼
11月	柳	星	張	翼	軫	角	亢	氐	房	心	心	尾	箕	斗	女	虚	危	室	壁	奎	婁	胃	昴	畢	觜	参	井	鬼	柳	星	
12月	張	翼	軫	角	亢	氐	房	心	尾	斗	女	虚	危	室	壁	奎	婁	胃	昴	畢	觜	参	井	鬼	柳	星	張	翼	軫	角	亢

1921年

	1	2	3	4	5	6	7	8	9	10	11	12	13	14	15	16	17	18	19	20	21	22	23	24	25	26	27	28	29	30	31
1月	氐	房	心	尾	箕	斗	女	虚	虚	危	室	壁	奎	婁	胃	昴	畢	觜	参	井	鬼	柳	星	張	翼	軫	角	亢	氐	房	心
2月	尾	箕	斗	女	虚	危	室	室	壁	奎	婁	胃	昴	畢	觜	参	井	鬼	柳	星	張	翼	軫	角	亢	氐	房	心			
3月	尾	箕	斗	女	虚	危	室	壁	奎	奎	婁	胃	昴	畢	觜	参	井	鬼	柳	星	張	翼	軫	角	亢	氐	房	心	尾	箕	斗
4月	女	虚	危	室	壁	奎	婁	胃	昴	畢	觜	参	井	鬼	柳	星	張	翼	軫	角	亢	氐	房	心	尾	箕	斗	女	虚	危	
5月	室	壁	奎	婁	胃	昴	畢	畢	觜	参	井	鬼	柳	星	張	翼	軫	角	亢	氐	房	心	尾	箕	斗	女	虚	危	室	壁	奎
6月	婁	胃	昴	畢	觜	参	井	鬼	柳	星	張	翼	軫	角	亢	氐	房	心	尾	箕	斗	女	虚	危	室	壁	奎	婁	胃	昴	
7月	畢	觜	参	井	鬼	柳	星	張	翼	軫	角	亢	氐	房	心	尾	箕	斗	女	虚	危	室	壁	奎	婁	胃	昴	畢	觜	参	井
8月	鬼	柳	星	張	翼	軫	角	亢	氐	房	心	尾	箕	斗	女	虚	危	室	壁	奎	婁	胃	昴	畢	觜	参	井	鬼	柳	星	張
9月	翼	角	亢	氐	房	心	尾	箕	斗	女	虚	危	室	壁	奎	婁	胃	昴	畢	觜	参	井	鬼	柳	星	張	翼	軫	角	亢	
10月	氐	房	心	尾	箕	斗	女	虚	危	室	壁	奎	婁	胃	昴	畢	觜	参	井	鬼	柳	星	張	翼	軫	角	亢	氐	房	心	心
11月	尾	箕	斗	女	虚	危	室	壁	奎	婁	胃	昴	畢	觜	参	井	鬼	柳	星	張	翼	軫	角	亢	氐	房	心	尾	斗	女	
12月	虚	危	室	壁	奎	婁	胃	昴	畢	觜	参	井	鬼	柳	星	張	翼	軫	角	亢	氐	房	心	尾	箕	斗	女	虚	虚	危	室

1922年

	1	2	3	4	5	6	7	8	9	10	11	12	13	14	15	16	17	18	19	20	21	22	23	24	25	26	27	28	29	30	31
1月	壁	奎	婁	胃	昴	畢	觜	参	井	鬼	柳	星	張	翼	軫	角	亢	氐	房	心	尾	箕	斗	女	虚	危	室	室	壁	奎	婁
2月	胃	昴	畢	觜	参	井	鬼	柳	星	張	翼	軫	角	亢	氐	房	心	尾	箕	斗	女	虚	危	室	壁	奎	奎	婁			
3月	胃	昴	畢	觜	参	井	鬼	柳	星	張	翼	軫	角	亢	氐	房	心	尾	箕	斗	女	虚	危	室	壁	奎	婁	胃	昴	畢	觜
4月	参	井	鬼	柳	星	張	翼	軫	角	亢	氐	房	心	尾	箕	斗	女	虚	危	室	壁	奎	婁	胃	昴	畢	畢	觜	参	井	
5月	鬼	柳	星	張	翼	軫	角	亢	氐	房	心	尾	箕	斗	女	虚	危	室	壁	奎	婁	胃	昴	畢	觜	参	参	井	鬼	柳	星
6月	張	翼	軫	角	亢	氐	房	心	尾	箕	斗	女	虚	危	室	壁	奎	婁	胃	昴	畢	觜	参	井	参	井	鬼	柳	星	張	
7月	翼	軫	角	亢	氐	房	心	尾	箕	斗	女	虚	危	室	壁	奎	婁	胃	昴	畢	觜	参	井	鬼	柳	星	張	翼	軫	角	亢
8月	氐	房	心	尾	箕	斗	女	虚	危	室	壁	奎	婁	胃	昴	畢	觜	参	井	鬼	柳	星	張	翼	軫	角	亢	氐	房	心	尾
9月	箕	斗	女	虚	危	室	壁	奎	婁	胃	昴	畢	觜	参	井	鬼	柳	星	張	翼	角	亢	氐	房	心	尾	箕	斗	女	虚	
10月	危	室	壁	奎	婁	胃	昴	畢	觜	参	井	鬼	柳	星	張	翼	軫	角	亢	氐	房	心	尾	箕	斗	女	虚	危	室	壁	奎
11月	婁	胃	昴	畢	觜	参	井	鬼	柳	星	張	翼	軫	角	亢	氐	房	心	心	尾	箕	斗	女	虚	危	室	壁	奎	婁	胃	
12月	昴	畢	觜	参	井	鬼	柳	星	張	翼	軫	角	亢	氐	房	心	尾	斗	女	虚	危	室	壁	奎	婁	胃	昴	畢	觜	参	井

1923年

	1	2	3	4	5	6	7	8	9	10	11	12	13	14	15	16	17	18	19	20	21	22	23	24	25	26	27	28	29	30	31
1月	鬼	柳	星	張	翼	軫	角	亢	氐	房	心	尾	箕	斗	女	虚	虚	危	室	壁	奎	婁	胃	昴	畢	觜	参	井	鬼	柳	星
2月	張	翼	軫	角	亢	氐	房	心	尾	箕	斗	女	虚	危	室	室	壁	奎	婁	胃	昴	畢	觜	参	井	鬼	柳	星			
3月	張	翼	軫	角	亢	氐	房	心	尾	箕	斗	女	虚	危	室	壁	奎	婁	胃	昴	畢	觜	参	井	鬼	柳	星	張	翼	軫	角
4月	亢	氐	房	心	尾	箕	斗	女	虚	危	室	壁	奎	婁	胃	胃	昴	畢	觜	参	井	鬼	柳	星	張	翼	軫	角	亢	氐	
5月	房	心	尾	箕	斗	女	虚	危	室	壁	奎	婁	胃	昴	畢	畢	觜	参	井	鬼	柳	星	張	翼	軫	角	亢	氐	房	心	尾
6月	箕	斗	女	虚	危	室	壁	奎	婁	胃	昴	畢	觜	参	井	鬼	柳	星	張	翼	軫	角	亢	氐	房	心	尾	箕	斗	女	
7月	虚	危	室	壁	奎	婁	胃	昴	畢	觜	参	井	鬼	鬼	柳	星	張	翼	軫	角	亢	氐	房	心	尾	箕	斗	女	虚	危	室
8月	壁	奎	婁	胃	昴	畢	觜	参	井	鬼	柳	張	翼	軫	角	亢	氐	房	心	尾	箕	斗	女	虚	危	室	壁	奎	婁	胃	昴
9月	畢	觜	参	井	鬼	柳	星	張	翼	軫	角	亢	氐	房	心	尾	箕	斗	女	虚	危	室	壁	奎	婁	胃	昴	畢	觜	参	
10月	井	鬼	柳	星	張	翼	軫	角	亢	氐	房	心	尾	箕	斗	女	虚	危	室	壁	奎	婁	胃	昴	畢	觜	参	井	鬼	柳	星
11月	張	翼	軫	角	亢	氐	房	心	心	尾	箕	斗	女	虚	危	室	壁	奎	婁	胃	昴	畢	觜	参	井	鬼	柳	星	張	翼	
12月	軫	角	亢	氐	房	心	尾	斗	女	虚	危	室	壁	奎	婁	胃	昴	畢	觜	参	井	鬼	柳	星	張	翼	軫	角	亢	氐	房

1924年

	1	2	3	4	5	6	7	8	9	10	11	12	13	14	15	16	17	18	19	20	21	22	23	24	25	26	27	28	29	30	31
1月	心	尾	箕	斗	女	虚	危	室	壁	奎	婁	胃	昴	畢	觜	参	井	鬼	柳	星	張	翼	軫	角	亢	氐	房	心	尾	箕	斗
2月	女	虚	危	室	室	壁	奎	婁	胃	昴	畢	觜	参	井	鬼	柳	星	張	翼	軫	角	亢	氐	房	心	尾	箕	斗	女		
3月	虚	危	室	壁	奎	奎	婁	胃	昴	畢	觜	参	井	鬼	柳	星	張	翼	軫	角	亢	氐	房	心	尾	箕	斗	女	虚	危	室
4月	壁	奎	婁	胃	昴	畢	觜	参	井	鬼	柳	星	張	翼	軫	角	亢	氐	房	心	尾	箕	斗	女	虚	危	室	壁	奎	婁	
5月	胃	昴	畢	畢	觜	参	井	鬼	柳	星	張	翼	軫	角	亢	氐	房	心	尾	箕	斗	女	虚	危	室	壁	奎	婁	胃	昴	畢
6月	觜	参	井	鬼	柳	星	張	翼	軫	角	亢	氐	房	心	尾	箕	斗	女	虚	危	室	壁	奎	婁	胃	昴	畢	觜	参	井	
7月	鬼	鬼	柳	星	張	翼	軫	角	亢	氐	房	心	尾	箕	斗	女	虚	危	室	壁	奎	婁	胃	昴	畢	觜	参	井	鬼	柳	星
8月	張	翼	軫	角	亢	氐	房	心	尾	箕	斗	女	虚	危	室	壁	奎	婁	胃	昴	畢	觜	参	井	鬼	柳	星	張	翼	角	亢
9月	氐	房	心	尾	箕	斗	女	虚	危	室	壁	奎	婁	胃	昴	畢	觜	参	井	鬼	柳	星	張	翼	軫	角	亢	氐	氐	房	
10月	心	尾	箕	斗	女	虚	危	室	壁	奎	婁	胃	昴	畢	觜	参	井	鬼	柳	星	張	翼	軫	角	亢	氐	房	心	尾	箕	斗
11月	女	虚	危	室	壁	奎	婁	胃	昴	畢	觜	参	井	鬼	柳	星	張	翼	軫	角	亢	氐	房	心	尾	箕	斗	女	虚	危	
12月	室	壁	奎	婁	胃	昴	畢	觜	参	井	鬼	柳	星	張	翼	軫	角	亢	氐	房	心	尾	箕	斗	女	虚	危	室	壁	奎	婁

1925年

	1	2	3	4	5	6	7	8	9	10	11	12	13	14	15	16	17	18	19	20	21	22	23	24	25	26	27	28	29	30	31
1月	胃	昴	畢	觜	参	井	鬼	柳	星	張	翼	軫	角	亢	氐	房	心	尾	箕	斗	女	虚	危	室	壁	奎	婁	胃	昴	畢	觜
2月	参	井	鬼	柳	星	張	翼	軫	角	亢	氐	房	心	尾	箕	斗	女	虚	危	室	壁	奎	奎	婁	胃	昴	畢	觜			
3月	参	井	鬼	柳	星	張	翼	軫	角	亢	氐	房	心	尾	箕	斗	女	虚	危	室	壁	奎	婁	胃	昴	畢	觜	参	井	鬼	柳
4月	星	張	翼	軫	角	亢	氐	房	心	尾	箕	斗	女	虚	危	室	壁	奎	婁	胃	昴	畢	畢	觜	参	井	鬼	柳	星	張	
5月	翼	軫	角	亢	氐	房	心	尾	箕	斗	女	虚	危	室	壁	奎	婁	胃	昴	畢	觜	参	畢	觜	参	井	鬼	柳	星	張	翼
6月	軫	角	亢	氐	房	心	尾	箕	斗	女	虚	危	室	壁	奎	婁	胃	昴	畢	觜	参	井	鬼	柳	星	張	翼	軫	角	亢	
7月	氐	房	心	尾	箕	斗	女	虚	危	室	壁	奎	婁	胃	昴	畢	觜	参	井	鬼	鬼	柳	星	張	翼	軫	角	亢	氐	房	心
8月	尾	箕	斗	女	虚	危	室	壁	奎	婁	胃	昴	畢	觜	参	井	鬼	柳	張	翼	軫	角	亢	氐	房	心	尾	箕	斗	女	虚
9月	危	室	壁	奎	婁	胃	昴	畢	觜	参	井	鬼	柳	星	張	翼	軫	角	亢	氐	房	心	尾	箕	斗	女	虚	危	室	壁	
10月	奎	婁	胃	昴	畢	觜	参	井	鬼	柳	星	張	翼	軫	角	亢	氐	氐	房	心	尾	箕	斗	女	虚	危	室	壁	奎	婁	胃
11月	昴	畢	觜	参	井	鬼	柳	星	張	翼	軫	角	亢	氐	房	心	尾	箕	斗	女	虚	危	室	壁	奎	婁	胃	昴	畢	觜	
12月	参	井	鬼	柳	星	張	翼	軫	角	亢	氐	房	心	尾	箕	斗	女	虚	危	室	壁	奎	婁	胃	昴	畢	觜	参	井	鬼	柳

1926年

	1	2	3	4	5	6	7	8	9	10	11	12	13	14	15	16	17	18	19	20	21	22	23	24	25	26	27	28	29	30	31
1月	星	張	翼	軫	角	亢	氐	房	心	尾	箕	斗	女	虚	危	室	壁	奎	婁	胃	昴	畢	觜	参	井	鬼	柳	星	張	翼	軫
2月	角	亢	氐	房	心	尾	箕	斗	女	虚	危	室	室	壁	奎	婁	胃	昴	畢	觜	参	井	鬼	柳	星	張	翼	軫			
3月	角	亢	氐	房	心	尾	箕	斗	女	虚	危	室	壁	奎	婁	胃	昴	畢	觜	参	井	鬼	柳	星	張	翼	軫	角	亢	氐	房
4月	心	尾	箕	斗	女	虚	危	室	壁	奎	婁	胃	昴	畢	觜	参	井	鬼	柳	星	張	翼	軫	角	亢	氐	房	心	尾	箕	
5月	斗	女	虚	危	室	壁	奎	婁	胃	昴	畢	畢	觜	参	井	鬼	柳	星	張	翼	軫	角	亢	氐	房	心	尾	箕	斗	女	虚
6月	危	室	壁	奎	婁	胃	昴	畢	觜	参	井	鬼	柳	星	張	翼	軫	角	亢	氐	房	心	尾	箕	斗	女	虚	危	室	壁	
7月	奎	婁	胃	昴	畢	觜	参	井	鬼	鬼	柳	星	張	翼	軫	角	亢	氐	房	心	尾	箕	斗	女	虚	危	室	壁	奎	婁	胃
8月	昴	畢	觜	参	井	鬼	柳	張	翼	軫	角	亢	氐	房	心	尾	箕	斗	女	虚	危	室	壁	奎	婁	胃	昴	畢	觜	参	井
9月	鬼	柳	星	張	翼	軫	角	亢	氐	房	心	尾	箕	斗	女	虚	危	室	壁	奎	婁	胃	昴	畢	觜	参	井	鬼	柳	星	
10月	張	翼	軫	角	亢	氐	氐	房	心	尾	箕	斗	女	虚	危	室	壁	奎	婁	胃	昴	畢	觜	参	井	鬼	柳	星	張	翼	軫
11月	角	亢	氐	房	心	尾	箕	斗	女	虚	危	室	壁	奎	婁	胃	昴	畢	觜	参	井	鬼	柳	星	張	翼	軫	角	亢	氐	
12月	房	心	尾	箕	斗	女	虚	危	室	壁	奎	婁	胃	昴	畢	觜	参	井	鬼	柳	星	張	翼	軫	角	亢	氐	房	心	尾	箕

1927年

	1	2	3	4	5	6	7	8	9	10	11	12	13	14	15	16	17	18	19	20	21	22	23	24	25	26	27	28	29	30	31
1月	斗	女	虚	虚	危	室	壁	奎	婁	胃	昴	畢	觜	参	井	鬼	柳	星	張	翼	軫	角	亢	氐	心	觜	尾	箕	斗	女	虚
2月	危	室	壁	奎	婁	胃	昴	畢	觜	参	井	鬼	柳	星	張	翼	軫	角	亢	氐	房	心	尾	箕	斗	女	危	星			
3月	室	壁	奎	奎	婁	胃	昴	畢	觜	参	井	鬼	柳	星	張	翼	軫	角	亢	氐	房	心	尾	箕	斗	女	虚	危	室	壁	奎
4月	婁	胃	昴	畢	觜	参	井	鬼	柳	星	張	翼	軫	角	亢	氐	房	心	尾	箕	斗	女	虚	危	室	壁	奎	婁	胃	昴	
5月	畢	觜	参	井	鬼	柳	星	張	翼	軫	角	亢	氐	房	心	尾	箕	斗	女	虚	危	室	壁	奎	婁	胃	昴	畢	觜	参	参
6月	井	鬼	柳	星	張	翼	軫	角	亢	氐	房	心	尾	箕	斗	女	虚	危	室	壁	奎	婁	胃	昴	畢	觜	参	井	鬼	柳	
7月	星	張	翼	軫	角	亢	氐	房	心	尾	箕	斗	女	虚	危	室	壁	奎	婁	胃	昴	畢	觜	参	井	鬼	柳	星	張	翼	軫
8月	角	亢	氐	房	心	尾	箕	斗	女	虚	危	室	壁	奎	婁	胃	昴	畢	觜	参	井	鬼	柳	星	張	翼	角	亢	氐	房	心
9月	尾	箕	斗	女	虚	危	室	壁	奎	婁	胃	昴	畢	觜	参	井	鬼	柳	星	張	翼	軫	角	亢	氐	氐	房	心	尾	箕	
10月	斗	女	虚	危	室	壁	奎	婁	胃	昴	畢	觜	参	鬼	斗	柳	星	張	翼	軫	角	亢	氐	房	心	心	尾	箕	斗	女	虚
11月	危	室	壁	奎	婁	胃	昴	畢	觜	参	井	鬼	柳	星	張	翼	軫	角	亢	氐	房	心	尾	斗	女	虚	危	室	壁	奎	
12月	婁	胃	昴	畢	觜	参	井	鬼	柳	星	張	翼	軫	角	亢	氐	房	心	尾	箕	斗	女	虚	虚	危	室	壁	奎	婁	胃	昴

1928年

	1	2	3	4	5	6	7	8	9	10	11	12	13	14	15	16	17	18	19	20	21	22	23	24	25	26	27	28	29	30	31
1月	畢	觜	参	井	鬼	柳	星	張	翼	軫	角	亢	氐	房	心	尾	箕	斗	女	虚	危	室	室	壁	奎	婁	胃	昴	畢	觜	参
2月	井	鬼	柳	星	張	翼	軫	角	亢	氐	房	心	尾	箕	斗	女	虚	危	室	壁	奎	婁	胃	昴	畢	觜	参	井	鬼		
3月	柳	星	張	翼	軫	角	亢	氐	房	心	尾	箕	斗	女	虚	危	室	壁	奎	婁	胃	奎	婁	胃	昴	畢	觜	参	井	鬼	柳
4月	星	張	翼	軫	角	亢	氐	房	心	尾	箕	斗	女	虚	危	室	壁	奎	婁	胃	昴	畢	觜	参	井	鬼	柳	星	張	翼	
5月	軫	角	亢	氐	房	心	尾	箕	斗	女	虚	危	室	壁	奎	婁	胃	昴	畢	觜	参	井	鬼	柳	星	張	翼	軫	角	亢	氐
6月	房	心	尾	箕	斗	女	虚	危	室	壁	奎	婁	胃	昴	畢	觜	参	参	井	鬼	柳	星	張	翼	軫	角	亢	氐	房	心	
7月	尾	箕	斗	女	虚	危	室	壁	奎	婁	胃	昴	畢	觜	参	井	鬼	柳	星	張	翼	軫	角	亢	氐	房	心	尾	箕	斗	女
8月	虚	危	室	壁	奎	婁	胃	昴	畢	觜	参	井	鬼	柳	張	翼	軫	角	亢	氐	房	心	尾	箕	斗	女	虚	危	室	壁	奎
9月	婁	胃	昴	畢	觜	参	井	鬼	柳	星	張	翼	軫	角	亢	氐	房	心	尾	箕	斗	女	虚	危	室	壁	奎	婁	胃	昴	
10月	畢	觜	参	井	鬼	柳	星	張	翼	軫	角	亢	氐	氐	房	心	尾	箕	斗	女	虚	危	室	壁	奎	婁	胃	昴	畢	觜	参
11月	井	鬼	柳	星	張	翼	軫	角	亢	氐	房	心	尾	箕	斗	女	虚	危	室	壁	奎	婁	胃	昴	畢	觜	参	井	鬼	柳	
12月	星	張	翼	軫	角	亢	氐	房	心	尾	箕	斗	女	虚	危	室	壁	奎	婁	胃	昴	畢	觜	参	井	鬼	柳	星	張	翼	軫

1929年

	1	2	3	4	5	6	7	8	9	10	11	12	13	14	15	16	17	18	19	20	21	22	23	24	25	26	27	28	29	30	31
1月	角	亢	氐	房	心	尾	箕	斗	女	虚	虚	危	室	壁	奎	婁	胃	昴	畢	觜	参	井	鬼	柳	星	張	翼	軫	角	亢	氐
2月	房	心	尾	箕	斗	女	虚	危	室	室	壁	奎	婁	胃	昴	畢	觜	参	井	鬼	柳	星	張	翼	軫	角	亢	氐			
3月	房	心	尾	箕	斗	女	虚	危	室	壁	奎	婁	胃	昴	畢	觜	参	井	鬼	柳	星	張	翼	軫	角	亢	氐	房	心	尾	箕
4月	斗	女	虚	危	室	壁	奎	婁	胃	胃	昴	畢	觜	参	井	鬼	柳	星	張	翼	軫	角	亢	氐	房	心	尾	箕	斗	女	
5月	虚	危	室	壁	奎	婁	胃	昴	畢	觜	参	井	鬼	柳	星	張	翼	軫	角	亢	氐	房	心	尾	箕	斗	女	虚	危	室	壁
6月	奎	婁	胃	昴	畢	觜	参	井	鬼	柳	星	張	翼	軫	角	亢	氐	房	心	尾	箕	斗	女	虚	危	室	壁	奎	婁	胃	
7月	昴	畢	觜	参	井	鬼	鬼	柳	星	張	翼	軫	角	亢	氐	房	心	尾	箕	斗	女	虚	危	室	壁	奎	婁	胃	昴	畢	觜
8月	参	井	鬼	柳	張	翼	軫	角	亢	氐	房	心	尾	箕	斗	女	虚	危	室	壁	奎	婁	胃	昴	畢	觜	参	井	鬼	柳	星
9月	張	翼	角	亢	氐	房	心	尾	箕	斗	女	虚	危	室	壁	奎	婁	胃	昴	畢	觜	参	井	鬼	柳	星	張	翼	軫	角	
10月	亢	氐	氐	房	心	尾	箕	斗	女	虚	危	室	壁	奎	婁	胃	昴	畢	觜	参	井	鬼	柳	星	張	翼	軫	角	亢	氐	房
11月	心	尾	箕	斗	女	虚	危	室	壁	奎	婁	胃	昴	畢	觜	参	井	鬼	柳	星	張	翼	軫	角	亢	氐	房	心	尾	箕	
12月	斗	女	虚	危	室	壁	奎	婁	胃	昴	畢	觜	参	井	鬼	柳	星	張	翼	軫	角	亢	氐	房	心	尾	箕	斗	女	虚	虚

1930年

	1	2	3	4	5	6	7	8	9	10	11	12	13	14	15	16	17	18	19	20	21	22	23	24	25	26	27	28	29	30	31
1月	危	室	壁	奎	婁	胃	昴	畢	觜	参	井	鬼	柳	星	張	翼	軫	角	亢	氐	房	心	尾	箕	斗	女	虚	危	室	室	壁
2月	奎	婁	胃	昴	畢	觜	参	井	鬼	柳	星	張	翼	軫	角	亢	氐	房	心	尾	箕	斗	女	虚	危	室	壁	奎			
3月	婁	胃	昴	畢	觜	参	井	鬼	柳	星	張	翼	軫	角	亢	氐	房	心	尾	箕	斗	女	虚	危	室	壁	奎	婁	胃	胃	昴
4月	畢	觜	参	井	鬼	柳	星	張	翼	軫	角	亢	氐	房	心	尾	箕	斗	女	虚	危	室	壁	奎	婁	胃	昴	畢	畢	觜	
5月	参	井	鬼	柳	星	張	翼	軫	角	亢	氐	房	心	尾	箕	斗	女	虚	危	室	壁	奎	婁	胃	昴	畢	觜	参	井	鬼	柳
6月	星	張	翼	軫	角	亢	氐	房	心	尾	箕	斗	女	虚	危	室	壁	奎	婁	胃	昴	畢	觜	参	井	鬼	柳	星	張	翼	
7月	軫	角	亢	氐	房	心	尾	箕	斗	女	虚	危	室	壁	奎	婁	胃	昴	畢	觜	参	井	鬼	柳	星	鬼	柳	星	張	翼	軫
8月	角	亢	氐	房	心	尾	箕	斗	女	虚	危	室	壁	奎	婁	胃	昴	畢	觜	参	井	鬼	柳	張	翼	軫	角	亢	氐	房	心
9月	尾	箕	斗	女	虚	危	室	壁	奎	婁	胃	昴	畢	觜	参	井	鬼	柳	星	張	翼	角	亢	氐	房	心	尾	箕	斗	女	
10月	虚	危	室	壁	奎	婁	胃	昴	畢	觜	参	井	鬼	柳	星	張	翼	軫	角	亢	氐	氐	房	心	尾	箕	斗	女	虚	危	室
11月	壁	奎	婁	胃	昴	畢	觜	参	井	鬼	柳	星	張	翼	軫	角	亢	氐	房	心	尾	箕	斗	女	虚	危	室	壁	奎	婁	
12月	胃	昴	畢	觜	参	井	鬼	柳	星	張	翼	軫	角	亢	氐	房	心	尾	箕	斗	女	虚	危	室	壁	奎	婁	胃	昴	畢	觜

1931年

	1	2	3	4	5	6	7	8	9	10	11	12	13	14	15	16	17	18	19	20	21	22	23	24	25	26	27	28	29	30	31
1月	参	井	鬼	柳	星	張	翼	軫	角	亢	氐	房	心	尾	箕	斗	女	虚	虚	危	室	壁	奎	婁	胃	昴	畢	觜	参	井	鬼
2月	柳	星	張	翼	軫	角	亢	氐	房	心	尾	箕	斗	女	虚	危	室	壁	奎	婁	胃	昴	畢	觜	参	井	鬼	柳			
3月	星	張	翼	軫	角	亢	氐	房	心	尾	箕	斗	女	虚	危	室	壁	奎	奎	婁	胃	昴	畢	觜	参	井	鬼	柳	星	張	翼
4月	軫	角	亢	氐	房	心	尾	箕	斗	女	虚	危	室	壁	奎	婁	胃	胃	昴	畢	觜	参	井	鬼	柳	星	張	翼	軫	角	
5月	亢	氐	房	心	尾	箕	斗	女	虚	危	室	壁	奎	婁	胃	昴	畢	畢	觜	参	井	鬼	柳	星	張	翼	軫	角	亢	氐	房
6月	心	尾	箕	斗	女	虚	危	室	壁	奎	婁	胃	昴	畢	觜	参	井	鬼	柳	星	張	翼	軫	角	亢	氐	房	心	尾	箕	
7月	斗	女	虚	危	室	壁	奎	婁	胃	昴	畢	觜	参	井	鬼	柳	星	張	翼	軫	角	亢	氐	房	心	尾	箕	斗	女	虚	危
8月	室	壁	奎	婁	胃	昴	畢	觜	参	井	鬼	柳	星	張	翼	軫	角	亢	氐	房	心	尾	箕	斗	女	虚	危	室	壁	奎	婁
9月	胃	昴	畢	觜	参	井	鬼	柳	星	張	翼	角	亢	氐	房	心	尾	箕	斗	女	虚	危	室	壁	奎	婁	胃	昴	畢	觜	
10月	参	井	鬼	柳	星	張	翼	軫	角	亢	氐	房	心	尾	箕	斗	女	虚	危	室	壁	奎	婁	胃	昴	畢	觜	参	井	鬼	柳
11月	星	張	翼	軫	角	亢	氐	房	心	心	尾	箕	斗	女	虚	危	室	壁	奎	婁	胃	昴	畢	觜	参	井	鬼	柳	星	張	
12月	翼	軫	角	亢	氐	房	心	尾	斗	女	虚	危	室	壁	奎	婁	胃	昴	畢	觜	参	井	鬼	柳	星	張	翼	軫	角	亢	氐

1932年

	1	2	3	4	5	6	7	8	9	10	11	12	13	14	15	16	17	18	19	20	21	22	23	24	25	26	27	28	29	30	31
1月	房	心	尾	箕	斗	女	虚	虚	危	室	壁	奎	婁	胃	昴	畢	觜	参	井	鬼	柳	星	張	翼	軫	角	亢	氐	房	心	尾
2月	箕	斗	女	虚	危	室	壁	奎	婁	胃	昴	畢	觜	参	井	鬼	柳	星	張	翼	軫	角	亢	氐	房	心	尾	箕	斗		
3月	女	虚	危	室	壁	奎	奎	婁	胃	昴	畢	觜	参	井	鬼	柳	星	張	翼	軫	角	亢	氐	房	心	尾	箕	斗	女	虚	危
4月	室	壁	奎	婁	胃	胃	昴	畢	觜	参	井	鬼	柳	星	張	翼	軫	角	亢	氐	房	心	尾	箕	斗	女	虚	危	室	壁	
5月	奎	婁	胃	昴	畢	畢	觜	参	井	鬼	柳	星	張	翼	軫	角	亢	氐	房	心	尾	箕	斗	女	虚	危	室	壁	奎	婁	胃
6月	昴	畢	觜	参	井	鬼	柳	星	張	翼	軫	角	亢	氐	房	心	尾	箕	斗	女	虚	危	室	壁	奎	婁	胃	昴	畢	觜	
7月	参	井	鬼	鬼	柳	星	張	翼	軫	角	亢	氐	房	心	尾	箕	斗	女	虚	危	室	壁	奎	婁	胃	昴	畢	觜	参	井	鬼
8月	柳	張	翼	軫	角	亢	氐	房	心	尾	箕	斗	女	虚	危	室	壁	奎	婁	胃	昴	畢	觜	参	井	鬼	柳	星	張	翼	軫
9月	角	亢	氐	房	心	尾	箕	斗	女	虚	危	室	壁	奎	婁	胃	昴	畢	觜	参	井	鬼	柳	星	張	翼	軫	角	亢	氐	
10月	房	心	尾	箕	斗	女	虚	危	室	壁	奎	婁	胃	昴	畢	觜	参	井	鬼	柳	星	張	翼	軫	角	亢	氐	房	心	尾	箕
11月	斗	女	虚	危	室	壁	奎	婁	胃	昴	畢	觜	参	井	鬼	柳	星	張	翼	軫	角	亢	氐	房	心	尾	箕	斗	女	虚	
12月	危	室	壁	奎	婁	胃	昴	畢	觜	参	井	鬼	柳	星	張	翼	軫	角	亢	氐	房	心	尾	箕	斗	女	虚	危	室	壁	奎

1933年

	1	2	3	4	5	6	7	8	9	10	11	12	13	14	15	16	17	18	19	20	21	22	23	24	25	26	27	28	29	30	31
1月	婁	胃	昴	畢	觜	参	井	鬼	柳	星	張	翼	軫	角	亢	氐	房	心	尾	箕	斗	女	虚	危	室	室	壁	奎	婁	胃	昴
2月	畢	觜	参	井	鬼	柳	星	張	翼	軫	角	亢	氐	房	心	尾	箕	斗	女	虚	危	室	壁	奎	婁	胃	昴	畢			
3月	觜	参	井	鬼	柳	星	張	翼	軫	角	亢	氐	房	心	尾	箕	斗	女	虚	危	室	壁	奎	婁	胃	胃	昴	畢	觜	参	井
4月	鬼	柳	星	張	翼	軫	角	亢	氐	房	心	尾	箕	斗	女	虚	危	室	壁	奎	婁	胃	昴	畢	畢	觜	参	井	鬼	柳	
5月	星	張	翼	軫	角	亢	氐	房	心	尾	箕	斗	女	虚	危	室	壁	奎	婁	胃	昴	畢	觜	参	井	鬼	柳	星	張	翼	軫
6月	角	亢	氐	房	心	尾	箕	斗	女	虚	危	室	壁	奎	婁	胃	昴	畢	觜	参	井	鬼	参	井	鬼	柳	星	張	翼	軫	
7月	角	亢	氐	房	心	尾	箕	斗	女	虚	危	室	壁	奎	婁	胃	昴	畢	觜	参	井	鬼	鬼	柳	星	張	翼	軫	角	亢	氐
8月	房	心	尾	箕	斗	女	虚	危	室	壁	奎	婁	胃	昴	畢	觜	参	井	鬼	柳	張	翼	軫	角	亢	氐	房	心	尾	箕	斗
9月	女	虚	危	室	壁	奎	婁	胃	昴	畢	觜	参	井	鬼	柳	星	張	翼	軫	角	亢	氐	房	心	尾	箕	斗	女	虚	危	
10月	室	壁	奎	婁	胃	昴	畢	觜	参	井	鬼	柳	星	張	翼	軫	角	亢	氐	房	心	尾	箕	斗	女	虚	危	室	壁	奎	婁
11月	胃	昴	畢	觜	参	井	鬼	柳	星	張	翼	軫	角	亢	氐	房	心	心	尾	箕	斗	女	虚	危	室	壁	奎	婁	胃	昴	
12月	畢	觜	参	井	鬼	柳	星	張	翼	軫	角	亢	氐	房	心	尾	斗	女	虚	危	室	壁	奎	婁	胃	昴	畢	觜	参	井	鬼

1934年

	1	2	3	4	5	6	7	8	9	10	11	12	13	14	15	16	17	18	19	20	21	22	23	24	25	26	27	28	29	30	31
1月	柳	星	張	翼	軫	角	亢	氐	房	心	尾	箕	斗	女	虚	危	室	壁	奎	婁	胃	昴	畢	觜	参	井	鬼	柳	星	張	翼
2月	軫	角	亢	氐	房	心	尾	箕	斗	女	虚	危	室	室	壁	奎	婁	胃	昴	畢	觜	参	井	鬼	柳	星	張	翼			
3月	軫	角	亢	氐	房	心	尾	箕	斗	女	虚	危	室	壁	奎	婁	胃	昴	畢	觜	参	井	鬼	柳	星	張	翼	軫	角	亢	氐
4月	房	心	尾	箕	斗	女	虚	危	室	壁	奎	婁	胃	胃	昴	畢	觜	参	井	鬼	柳	星	張	翼	軫	角	亢	氐	房	心	
5月	尾	箕	斗	女	虚	危	室	壁	奎	婁	胃	昴	畢	觜	参	井	鬼	柳	星	張	翼	軫	角	亢	氐	房	心	尾	箕	斗	女
6月	虚	危	室	壁	奎	婁	胃	昴	畢	觜	参	参	井	鬼	柳	星	張	翼	軫	角	亢	氐	房	心	尾	箕	斗	女	虚	危	
7月	室	壁	奎	婁	胃	昴	畢	觜	参	井	鬼	鬼	柳	星	張	翼	軫	角	亢	氐	房	心	尾	箕	斗	女	虚	危	室	壁	奎
8月	婁	胃	昴	畢	觜	参	井	鬼	柳	張	翼	軫	角	亢	氐	房	心	尾	箕	斗	女	虚	危	室	壁	奎	婁	胃	昴	畢	觜
9月	参	井	鬼	柳	星	張	翼	軫	角	亢	氐	房	心	尾	箕	斗	女	虚	危	室	壁	奎	婁	胃	昴	畢	觜	参	井	鬼	
10月	柳	星	張	翼	軫	角	亢	氐	氐	房	心	尾	箕	斗	女	虚	危	室	壁	奎	婁	胃	昴	畢	觜	参	井	鬼	柳	星	張
11月	翼	軫	角	亢	氐	房	心	尾	箕	斗	女	虚	危	室	壁	奎	婁	胃	昴	畢	觜	参	井	鬼	柳	星	張	翼	軫	角	
12月	亢	氐	房	心	尾	箕	斗	女	虚	危	室	壁	奎	婁	胃	昴	畢	觜	参	井	鬼	柳	星	張	翼	軫	角	亢	氐	房	心

1935年

	1	2	3	4	5	6	7	8	9	10	11	12	13	14	15	16	17	18	19	20	21	22	23	24	25	26	27	28	29	30	31
1月	尾	箕	斗	女	虚	危	室	壁	奎	婁	胃	昴	畢	觜	参	井	鬼	柳	星	張	翼	軫	角	亢	氐	房	心	尾	箕	斗	女
2月	虚	危	室	室	壁	奎	婁	胃	昴	畢	觜	参	井	鬼	柳	星	張	翼	軫	角	亢	氐	房	心	尾	箕	斗	女			
3月	虚	危	室	壁	奎	婁	胃	昴	畢	觜	参	井	鬼	柳	星	張	翼	軫	角	亢	氐	房	心	尾	箕	斗	女	虚	危	室	壁
4月	奎	婁	胃	昴	畢	觜	参	井	鬼	柳	星	張	翼	軫	角	亢	氐	房	心	尾	箕	斗	女	虚	危	室	壁	奎	婁	胃	
5月	昴	畢	畢	觜	参	井	鬼	柳	星	張	翼	軫	角	亢	氐	房	心	尾	箕	斗	女	虚	危	室	壁	奎	婁	胃	昴	畢	觜
6月	参	井	鬼	柳	星	張	翼	軫	角	亢	氐	房	心	尾	箕	斗	女	虚	危	室	壁	奎	婁	胃	昴	畢	觜	参	井	鬼	
7月	鬼	柳	星	張	翼	軫	角	亢	氐	房	心	尾	箕	斗	女	虚	危	室	壁	奎	婁	胃	昴	畢	觜	参	井	鬼	柳	張	翼
8月	軫	角	亢	氐	房	心	尾	箕	斗	女	虚	危	室	壁	奎	婁	胃	昴	畢	觜	参	井	鬼	柳	星	張	翼	軫	角	亢	氐
9月	房	心	尾	箕	斗	女	虚	危	室	壁	奎	婁	胃	昴	畢	觜	参	井	鬼	柳	星	張	翼	軫	角	亢	氐	氐	房	心	
10月	尾	箕	斗	女	虚	危	室	壁	奎	婁	胃	昴	畢	觜	参	井	鬼	柳	星	張	翼	軫	角	亢	氐	房	心	尾	箕	斗	女
11月	虚	危	室	壁	奎	婁	胃	昴	畢	觜	参	井	鬼	柳	星	張	翼	軫	角	亢	氐	房	心	尾	箕	斗	女	虚	危	室	
12月	壁	奎	婁	胃	昴	畢	觜	参	井	鬼	柳	星	張	翼	軫	角	亢	氐	房	心	尾	箕	斗	女	虚	虚	危	室	壁	奎	婁

1936年

	1	2	3	4	5	6	7	8	9	10	11	12	13	14	15	16	17	18	19	20	21	22	23	24	25	26	27	28	29	30	31
1月	胃	昴	畢	觜	参	井	鬼	柳	星	張	翼	軫	角	亢	氐	房	心	尾	箕	斗	女	虚	危	室	壁	奎	婁	胃	昴	畢	觜
2月	参	井	鬼	柳	星	張	翼	軫	角	亢	氐	房	心	尾	箕	斗	女	虚	危	室	壁	奎	奎	婁	胃	昴	畢	觜	参		
3月	井	鬼	柳	星	張	翼	軫	角	亢	氐	房	心	尾	箕	斗	女	虚	危	室	壁	奎	婁	胃	昴	畢	觜	参	井	鬼	柳	星
4月	張	翼	軫	角	亢	氐	房	心	尾	箕	斗	女	虚	危	室	壁	奎	婁	胃	昴	胃	昴	畢	觜	参	井	鬼	柳	星	張	
5月	翼	軫	角	亢	氐	房	心	尾	箕	斗	女	虚	危	室	壁	奎	婁	胃	昴	畢	畢	觜	参	井	鬼	柳	星	張	翼	軫	角
6月	亢	氐	房	心	尾	箕	斗	女	虚	危	室	壁	奎	婁	胃	昴	畢	觜	参	井	鬼	柳	星	張	翼	軫	角	亢	氐	房	
7月	心	尾	箕	斗	女	虚	危	室	壁	奎	婁	胃	昴	畢	觜	参	井	鬼	鬼	柳	星	張	翼	軫	角	亢	氐	房	心	尾	箕
8月	斗	女	虚	危	室	壁	奎	婁	胃	昴	畢	觜	参	井	鬼	柳	張	翼	軫	角	亢	氐	房	心	尾	箕	斗	女	虚	危	室
9月	壁	奎	婁	胃	昴	畢	觜	参	井	鬼	柳	星	張	翼	軫	角	亢	氐	房	心	尾	箕	斗	女	虚	危	室	壁	奎	婁	
10月	胃	昴	畢	觜	参	井	鬼	柳	星	張	翼	軫	角	亢	氐	房	心	尾	箕	斗	女	虚	危	室	壁	奎	婁	胃	昴	畢	觜
11月	参	井	鬼	柳	星	張	翼	軫	角	亢	氐	房	心	心	尾	箕	斗	女	虚	危	室	壁	奎	婁	胃	昴	畢	觜	参	井	
12月	鬼	柳	星	張	翼	軫	角	亢	氐	房	心	尾	箕	斗	女	虚	危	室	壁	奎	婁	胃	昴	畢	觜	参	井	鬼	柳	星	張

1937年

	1	2	3	4	5	6	7	8	9	10	11	12	13	14	15	16	17	18	19	20	21	22	23	24	25	26	27	28	29	30	31
1月	翼	軫	角	亢	氐	房	心	尾	箕	斗	女	虚	虚	危	室	壁	奎	婁	胃	昴	畢	觜	参	井	鬼	柳	星	張	翼	軫	角
2月	亢	氐	房	心	尾	箕	斗	女	虚	危	室	壁	奎	婁	胃	昴	畢	觜	参	井	鬼	柳	星	張	翼	軫	角	亢			
3月	氐	房	心	尾	箕	斗	女	虚	危	室	壁	奎	奎	婁	胃	昴	畢	觜	参	井	鬼	柳	星	張	翼	軫	角	亢	氐	房	心
4月	尾	箕	斗	女	虚	危	室	壁	奎	婁	胃	昴	畢	觜	参	井	鬼	柳	星	張	翼	軫	角	亢	氐	房	心	尾	箕	斗	
5月	女	虚	危	室	壁	奎	婁	胃	昴	畢	觜	参	井	鬼	柳	星	張	翼	軫	角	亢	氐	房	心	尾	箕	斗	女	虚	危	室
6月	壁	奎	婁	胃	昴	畢	觜	参	参	井	鬼	柳	星	張	翼	軫	角	亢	氐	房	心	尾	箕	斗	女	虚	危	室	壁	奎	
7月	婁	胃	昴	畢	觜	参	井	鬼	柳	星	張	翼	軫	角	亢	氐	房	心	尾	箕	斗	女	虚	危	室	壁	奎	婁	胃	昴	畢
8月	觜	参	井	鬼	柳	張	翼	軫	角	亢	氐	房	心	尾	箕	斗	女	虚	危	室	壁	奎	婁	胃	昴	畢	觜	参	井	鬼	柳
9月	星	張	翼	軫	角	亢	氐	房	心	尾	箕	斗	女	虚	危	室	壁	奎	婁	胃	昴	畢	觜	参	井	鬼	柳	星	張	翼	
10月	軫	角	亢	氐	房	心	尾	箕	斗	女	虚	危	室	壁	奎	婁	胃	昴	畢	觜	参	井	鬼	柳	星	張	翼	軫	角	亢	氐
11月	房	心	心	尾	箕	斗	女	虚	危	室	壁	奎	婁	胃	昴	畢	觜	参	井	鬼	柳	星	張	翼	軫	角	亢	氐	房	心	
12月	尾	箕	斗	女	虚	危	室	壁	奎	婁	胃	昴	畢	觜	参	井	鬼	柳	星	張	翼	軫	角	亢	氐	房	心	尾	箕	斗	女

1938年

	1	2	3	4	5	6	7	8	9	10	11	12	13	14	15	16	17	18	19	20	21	22	23	24	25	26	27	28	29	30	31
1月	虚	虚	危	室	壁	奎	婁	胃	昴	畢	觜	参	井	鬼	柳	星	張	翼	軫	角	亢	氐	房	心	尾	箕	斗	女	虚	危	室
2月	壁	奎	婁	胃	昴	畢	觜	参	井	鬼	柳	星	張	翼	軫	角	亢	氐	房	心	尾	箕	斗	女	虚	危	室	壁			
3月	奎	奎	婁	胃	昴	畢	觜	参	井	鬼	柳	星	張	翼	軫	角	亢	氐	房	心	尾	箕	斗	女	虚	危	室	壁	奎	婁	胃
4月	胃	昴	畢	觜	参	井	鬼	柳	星	張	翼	軫	角	亢	氐	房	心	尾	箕	斗	女	虚	危	室	壁	奎	婁	胃	昴	畢	
5月	觜	参	井	鬼	柳	星	張	翼	軫	角	亢	氐	房	心	尾	箕	斗	女	虚	危	室	壁	奎	婁	胃	昴	畢	觜	参	井	鬼
6月	柳	星	張	翼	軫	角	亢	氐	房	心	尾	箕	斗	女	虚	危	室	壁	奎	婁	胃	昴	畢	觜	参	井	鬼	鬼	柳	星	
7月	張	翼	軫	角	亢	氐	房	心	尾	箕	斗	女	虚	危	室	壁	奎	婁	胃	昴	畢	觜	参	井	鬼	柳	張	翼	軫	角	亢
8月	氐	房	心	尾	箕	斗	女	虚	危	室	壁	奎	婁	胃	昴	畢	觜	参	井	鬼	柳	星	張	翼	張	翼	軫	角	亢	氐	房
9月	心	尾	箕	斗	女	虚	危	室	壁	奎	婁	胃	昴	畢	觜	参	井	鬼	柳	星	張	翼	軫	角	亢	氐	房	心	尾	箕	
10月	斗	女	虚	危	室	壁	奎	婁	胃	昴	畢	觜	参	井	鬼	柳	星	張	翼	軫	角	亢	氐	房	心	尾	箕	斗	女	虚	危
11月	室	壁	奎	婁	胃	昴	畢	觜	参	井	鬼	柳	星	張	翼	軫	角	亢	氐	房	心	心	尾	箕	斗	女	虚	危	室	壁	
12月	奎	婁	胃	昴	畢	觜	参	井	鬼	柳	星	張	翼	軫	角	亢	氐	房	心	尾	箕	斗	女	虚	危	室	壁	奎	婁	胃	昴

1939年

	1	2	3	4	5	6	7	8	9	10	11	12	13	14	15	16	17	18	19	20	21	22	23	24	25	26	27	28	29	30	31
1月	畢	觜	参	井	鬼	柳	星	張	翼	軫	角	亢	氐	房	心	尾	箕	斗	女	虚	危	室	壁	奎	婁	胃	昴	畢	觜	参	井
2月	鬼	柳	星	張	翼	軫	角	亢	氐	房	心	尾	箕	斗	女	虚	危	室	室	壁	奎	婁	胃	昴	畢	觜	参	井			
3月	鬼	柳	星	張	翼	軫	角	亢	氐	房	心	尾	箕	斗	女	虚	危	室	壁	奎	奎	婁	胃	昴	畢	觜	参	井	鬼	柳	星
4月	張	翼	軫	角	亢	氐	房	心	尾	箕	斗	女	虚	危	室	壁	奎	婁	胃	胃	昴	畢	觜	参	井	鬼	柳	星	張	翼	
5月	軫	角	亢	氐	房	心	尾	箕	斗	女	虚	危	室	壁	奎	婁	胃	昴	畢	觜	参	井	鬼	柳	星	張	翼	軫	角	亢	氐
6月	房	心	尾	箕	斗	女	虚	危	室	壁	奎	婁	胃	昴	畢	觜	参	井	鬼	柳	星	張	翼	軫	角	亢	氐	房	心	尾	
7月	箕	斗	女	虚	危	室	壁	奎	婁	胃	昴	畢	觜	参	井	鬼	鬼	柳	星	張	翼	軫	角	亢	氐	房	心	尾	箕	斗	女
8月	虚	危	室	壁	奎	婁	胃	昴	畢	觜	参	井	鬼	柳	張	翼	軫	角	亢	氐	房	心	尾	箕	斗	女	虚	危	室	壁	奎
9月	婁	胃	昴	畢	觜	参	井	鬼	柳	星	張	翼	角	亢	氐	房	心	尾	箕	斗	女	虚	危	室	壁	奎	婁	胃	昴	畢	
10月	觜	参	井	鬼	柳	星	張	翼	軫	角	亢	氐	氐	房	心	尾	箕	斗	女	虚	危	室	壁	奎	婁	胃	昴	畢	觜	参	井
11月	鬼	柳	星	張	翼	軫	角	亢	氐	房	心	尾	箕	斗	女	虚	危	室	壁	奎	婁	胃	昴	畢	觜	参	井	鬼	柳	星	
12月	張	翼	軫	角	亢	氐	房	心	尾	箕	斗	女	虚	危	室	壁	奎	婁	胃	昴	畢	觜	参	井	鬼	柳	星	張	翼	軫	角

1940年

	1	2	3	4	5	6	7	8	9	10	11	12	13	14	15	16	17	18	19	20	21	22	23	24	25	26	27	28	29	30	31
1月	亢	氐	房	心	尾	箕	斗	女	虚	危	室	壁	奎	婁	胃	昴	畢	觜	参	井	鬼	柳	星	張	翼	軫	角	亢	氐	房	心
2月	尾	箕	斗	女	虚	危	室	室	壁	奎	婁	胃	昴	畢	觜	参	井	鬼	柳	星	張	翼	軫	角	亢	氐	房	心	尾		
3月	箕	斗	女	虚	危	室	壁	奎	奎	婁	胃	昴	畢	觜	参	井	鬼	柳	星	張	翼	軫	角	亢	氐	房	心	尾	箕	斗	女
4月	虚	危	室	壁	奎	婁	胃	胃	昴	畢	觜	参	井	鬼	柳	星	張	翼	軫	角	亢	氐	房	心	尾	箕	斗	女	虚	危	
5月	室	壁	奎	婁	胃	昴	畢	觜	参	井	鬼	柳	星	張	翼	軫	角	亢	氐	房	心	尾	箕	斗	女	虚	危	室	壁	奎	婁
6月	胃	昴	畢	觜	参	参	井	鬼	柳	星	張	翼	軫	角	亢	氐	房	心	尾	箕	斗	女	虚	危	室	壁	奎	婁	胃	昴	
7月	畢	觜	参	井	鬼	柳	星	張	翼	軫	角	亢	氐	房	心	尾	箕	斗	女	虚	危	室	壁	奎	婁	胃	昴	畢	觜	参	井
8月	鬼	柳	星	張	翼	軫	角	亢	氐	房	心	尾	箕	斗	女	虚	危	室	壁	奎	婁	胃	昴	畢	觜	参	井	鬼	柳	星	張
9月	翼	角	亢	氐	房	心	尾	箕	斗	女	虚	危	室	壁	奎	婁	胃	昴	畢	觜	参	井	鬼	柳	星	張	翼	軫	角	亢	
10月	氐	房	心	尾	箕	斗	女	虚	危	室	壁	奎	婁	胃	昴	畢	觜	参	井	鬼	柳	星	張	翼	軫	角	亢	氐	房	心	心
11月	尾	箕	斗	女	虚	危	室	壁	奎	婁	胃	昴	畢	觜	参	井	鬼	柳	星	張	翼	軫	角	亢	氐	房	心	尾	斗	女	
12月	虚	危	室	壁	奎	婁	胃	昴	畢	觜	参	井	鬼	柳	星	張	翼	軫	角	亢	氐	房	心	尾	箕	斗	女	虚	虚	危	室

1941年

	1	2	3	4	5	6	7	8	9	10	11	12	13	14	15	16	17	18	19	20	21	22	23	24	25	26	27	28	29	30	31
1月	壁	奎	婁	胃	昴	畢	觜	参	井	鬼	柳	星	張	翼	軫	角	亢	氐	房	心	尾	箕	斗	女	虚	危	室	壁	奎	婁	胃
2月	昴	畢	觜	参	井	鬼	柳	星	張	翼	軫	角	亢	氐	房	心	尾	箕	斗	女	虚	危	室	壁	奎	奎	婁	胃			
3月	昴	畢	觜	参	井	鬼	柳	星	張	翼	軫	角	亢	氐	房	心	尾	箕	斗	女	虚	危	室	壁	奎	婁	胃	胃	昴	畢	觜
4月	参	井	鬼	柳	星	張	翼	軫	角	亢	氐	房	心	尾	箕	斗	女	虚	危	室	壁	奎	婁	胃	昴	畢	觜	参	井	鬼	
5月	柳	星	張	翼	軫	角	亢	氐	房	心	尾	箕	斗	女	虚	危	室	壁	奎	婁	胃	昴	畢	觜	参	参	井	鬼	柳	星	張
6月	翼	軫	角	亢	氐	房	心	尾	箕	斗	女	虚	危	室	壁	奎	婁	胃	昴	畢	觜	参	井	鬼	鬼	柳	星	張	翼	軫	
7月	角	亢	氐	房	心	尾	箕	斗	女	虚	危	室	壁	奎	婁	胃	昴	畢	觜	参	井	鬼	柳	鬼	柳	星	張	翼	軫	角	亢
8月	氐	房	心	尾	箕	斗	女	虚	危	室	壁	奎	婁	胃	昴	畢	觜	参	井	鬼	柳	星	張	翼	軫	角	亢	氐	房	心	尾
9月	箕	斗	女	虚	危	室	壁	奎	婁	胃	昴	畢	觜	参	井	鬼	柳	星	張	翼	角	亢	氐	房	心	尾	箕	斗	女	虚	
10月	危	室	壁	奎	婁	胃	昴	畢	觜	参	井	鬼	柳	星	張	翼	軫	角	亢	氐	房	心	尾	箕	斗	女	虚	危	室	壁	奎
11月	婁	胃	昴	畢	觜	参	井	鬼	柳	星	張	翼	軫	角	亢	氐	房	心	心	尾	箕	斗	女	虚	危	室	壁	奎	婁	胃	
12月	昴	畢	觜	参	井	鬼	柳	星	張	翼	軫	角	亢	氐	房	心	尾	斗	女	虚	危	室	壁	奎	婁	胃	昴	畢	觜	参	井

1942年

	1	2	3	4	5	6	7	8	9	10	11	12	13	14	15	16	17	18	19	20	21	22	23	24	25	26	27	28	29	30	31
1月	鬼	柳	星	張	翼	軫	角	亢	氐	房	心	尾	箕	斗	女	虚	虚	危	室	壁	奎	婁	胃	昴	畢	觜	参	井	鬼	柳	星
2月	張	翼	軫	角	亢	氐	房	心	尾	箕	斗	女	虚	危	室	壁	奎	婁	胃	昴	畢	觜	参	井	鬼	柳	星	張			
3月	翼	軫	角	亢	氐	房	心	尾	箕	斗	女	虚	危	室	壁	奎	奎	婁	胃	昴	畢	觜	参	井	鬼	柳	星	張	翼	軫	角
4月	亢	氐	房	心	尾	箕	斗	女	虚	危	室	壁	奎	婁	胃	昴	畢	觜	参	井	鬼	柳	星	張	翼	軫	角	亢	氐	房	
5月	心	尾	箕	斗	女	虚	危	室	壁	奎	婁	胃	昴	畢	畢	觜	参	井	鬼	柳	星	張	翼	軫	角	亢	氐	房	心	尾	箕
6月	斗	女	虚	危	室	壁	奎	婁	胃	昴	畢	觜	参	参	井	鬼	柳	星	張	翼	軫	角	亢	氐	房	心	尾	箕	斗	女	
7月	虚	危	室	壁	奎	婁	胃	昴	畢	觜	参	井	鬼	柳	星	張	翼	軫	角	亢	氐	房	心	尾	箕	斗	女	虚	危	室	壁
8月	奎	婁	胃	昴	畢	觜	参	井	鬼	柳	星	張	翼	軫	角	亢	氐	房	心	尾	箕	斗	女	虚	危	室	壁	奎	婁	胃	昴
9月	畢	觜	参	井	鬼	柳	星	張	翼	軫	角	亢	氐	房	心	尾	箕	斗	女	虚	危	室	壁	奎	婁	胃	昴	畢	觜	参	
10月	井	鬼	柳	星	張	翼	軫	角	亢	氐	房	心	尾	箕	斗	女	虚	危	室	壁	奎	婁	胃	昴	畢	觜	参	井	鬼	柳	星
11月	張	翼	軫	角	亢	氐	房	心	心	尾	箕	斗	女	虚	危	室	壁	奎	婁	胃	昴	畢	觜	参	井	鬼	柳	星	張	翼	
12月	軫	角	亢	氐	房	心	尾	斗	女	虚	危	室	壁	奎	婁	胃	昴	畢	觜	参	井	鬼	柳	星	張	翼	軫	角	亢	氐	房

1943年

	1	2	3	4	5	6	7	8	9	10	11	12	13	14	15	16	17	18	19	20	21	22	23	24	25	26	27	28	29	30	31
1月	心	尾	箕	斗	女	虚	危	室	壁	奎	婁	胃	昴	畢	觜	参	井	鬼	柳	星	張	翼	軫	角	亢	氐	房	心	尾	箕	斗
2月	女	虚	危	室	室	壁	奎	婁	胃	昴	畢	觜	参	井	鬼	柳	星	張	翼	軫	角	亢	氐	房	心	尾	箕	斗			
3月	女	虚	危	室	壁	奎	婁	胃	昴	畢	觜	参	井	鬼	柳	星	張	翼	軫	角	亢	氐	房	心	尾	箕	斗	女	虚	危	室
4月	壁	奎	婁	胃	胃	昴	畢	觜	参	井	鬼	柳	星	張	翼	軫	角	亢	氐	房	心	尾	箕	斗	女	虚	危	室	壁	奎	
5月	婁	胃	昴	畢	觜	参	井	鬼	柳	星	張	翼	軫	角	亢	氐	房	心	尾	箕	斗	女	虚	危	室	壁	奎	婁	胃	昴	畢
6月	觜	参	参	井	鬼	柳	星	張	翼	軫	角	亢	氐	房	心	尾	箕	斗	女	虚	危	室	壁	奎	婁	胃	昴	畢	觜	参	
7月	井	鬼	柳	星	張	翼	軫	角	亢	氐	房	心	尾	箕	斗	女	虚	危	室	壁	奎	婁	胃	昴	畢	觜	参	井	鬼	柳	星
8月	張	翼	軫	角	亢	氐	房	心	尾	箕	斗	女	虚	危	室	壁	奎	婁	胃	昴	畢	觜	参	井	鬼	柳	星	張	翼	軫	角
9月	亢	氐	房	心	尾	箕	斗	女	虚	危	室	壁	奎	婁	胃	昴	畢	觜	参	井	鬼	柳	星	張	翼	軫	角	亢	氐	房	
10月	心	尾	箕	斗	女	虚	危	室	壁	奎	婁	胃	昴	畢	觜	参	井	鬼	柳	星	張	翼	軫	角	亢	氐	房	心	心	尾	箕
11月	斗	女	虚	危	室	壁	奎	婁	胃	昴	畢	觜	参	井	鬼	柳	星	張	翼	軫	角	亢	氐	房	心	尾	箕	斗	女	虚	
12月	危	室	壁	奎	婁	胃	昴	畢	觜	参	井	鬼	柳	星	張	翼	軫	角	亢	氐	房	心	尾	箕	斗	女	虚	危	室	壁	奎

1944年

	1	2	3	4	5	6	7	8	9	10	11	12	13	14	15	16	17	18	19	20	21	22	23	24	25	26	27	28	29	30	31
1月	婁	胃	昴	畢	觜	参	井	鬼	柳	星	張	翼	軫	角	亢	氐	房	心	尾	箕	斗	女	虚	危	室	室	壁	奎	婁	胃	昴
2月	畢	觜	参	井	鬼	柳	星	張	翼	軫	角	亢	氐	房	心	尾	箕	斗	女	虚	危	室	壁	奎	婁	胃	昴	畢	觜		
3月	参	井	鬼	柳	星	張	翼	軫	角	亢	氐	房	心	尾	箕	斗	女	虚	危	室	壁	奎	婁	胃	昴	畢	觜	参	井	鬼	柳
4月	星	張	翼	軫	角	亢	氐	房	心	尾	箕	斗	女	虚	危	室	壁	奎	婁	胃	昴	畢	畢	觜	参	井	鬼	柳	星	張	
5月	翼	軫	角	亢	氐	房	心	尾	箕	斗	女	虚	危	室	壁	奎	婁	胃	昴	畢	觜	畢	觜	参	井	鬼	柳	星	張	翼	軫
6月	角	亢	氐	房	心	尾	箕	斗	女	虚	危	室	壁	奎	婁	胃	昴	畢	觜	参	参	井	鬼	柳	星	張	翼	軫	角	亢	
7月	氐	房	心	尾	箕	斗	女	虚	危	室	壁	奎	婁	胃	昴	畢	觜	参	井	鬼	柳	星	張	翼	軫	角	亢	氐	房	心	尾
8月	箕	斗	女	虚	危	室	壁	奎	婁	胃	昴	畢	觜	参	井	鬼	柳	星	張	翼	軫	角	亢	氐	房	心	尾	箕	斗	女	虚
9月	危	室	壁	奎	婁	胃	昴	畢	觜	参	井	鬼	柳	星	張	翼	角	亢	氐	房	心	尾	箕	斗	女	虚	危	室	壁	奎	
10月	婁	胃	昴	畢	觜	参	井	鬼	柳	星	張	翼	軫	角	亢	氐	氐	房	心	尾	箕	斗	女	虚	危	室	壁	奎	婁	胃	昴
11月	畢	觜	参	井	鬼	柳	星	張	翼	軫	角	亢	氐	房	心	心	尾	箕	斗	女	虚	危	室	壁	奎	婁	胃	昴	畢	觜	
12月	参	井	鬼	柳	星	張	翼	軫	角	亢	氐	房	心	尾	斗	女	虚	危	室	壁	奎	婁	胃	昴	畢	觜	参	井	鬼	柳	星

1945年

	1	2	3	4	5	6	7	8	9	10	11	12	13	14	15	16	17	18	19	20	21	22	23	24	25	26	27	28	29	30	31
1月	張	翼	軫	角	亢	氐	房	心	尾	箕	斗	女	虚	虚	危	室	壁	奎	婁	胃	昴	畢	觜	参	井	鬼	柳	星	張	翼	軫
2月	角	亢	氐	房	心	尾	箕	斗	女	虚	危	室	室	壁	奎	婁	胃	昴	畢	觜	参	井	鬼	柳	星	張	翼	軫			
3月	角	亢	氐	房	心	尾	箕	斗	女	虚	危	室	壁	奎	婁	胃	昴	畢	觜	参	井	鬼	柳	星	張	翼	軫	角	亢	氐	房
4月	心	尾	箕	斗	女	虚	危	室	壁	奎	婁	胃	昴	畢	觜	参	井	鬼	柳	星	張	翼	軫	角	亢	氐	房	心	尾	箕	
5月	斗	女	虚	危	室	壁	奎	婁	胃	昴	畢	畢	觜	参	井	鬼	柳	星	張	翼	軫	角	亢	氐	房	心	尾	箕	斗	女	虚
6月	危	室	壁	奎	婁	胃	昴	畢	觜	参	井	鬼	柳	星	張	翼	軫	角	亢	氐	房	心	尾	箕	斗	女	虚	危	室	壁	
7月	奎	婁	胃	昴	畢	觜	参	井	鬼	柳	星	張	翼	軫	角	亢	氐	房	心	尾	箕	斗	女	虚	危	室	壁	奎	婁	胃	昴
8月	畢	觜	参	井	鬼	柳	星	張	翼	軫	角	亢	氐	房	心	尾	箕	斗	女	虚	危	室	壁	奎	婁	胃	昴	畢	觜	参	井
9月	鬼	柳	星	張	翼	角	亢	氐	房	心	尾	箕	斗	女	虚	危	室	壁	奎	婁	胃	昴	畢	觜	参	井	鬼	柳	星	張	
10月	翼	軫	角	亢	氐	氐	房	心	尾	箕	斗	女	虚	危	室	壁	奎	婁	胃	昴	畢	觜	参	井	鬼	柳	星	張	翼	軫	角
11月	亢	氐	房	心	心	尾	箕	斗	女	虚	危	室	壁	奎	婁	胃	昴	畢	觜	参	井	鬼	柳	星	張	翼	軫	角	亢	氐	
12月	房	心	尾	箕	斗	女	虚	危	室	壁	奎	婁	胃	昴	畢	觜	参	井	鬼	柳	星	張	翼	軫	角	亢	氐	房	心	尾	箕

1946年

	1	2	3	4	5	6	7	8	9	10	11	12	13	14	15	16	17	18	19	20	21	22	23	24	25	26	27	28	29	30	31
1月	斗	女	虚	危	室	壁	奎	婁	胃	昴	畢	觜	参	井	鬼	柳	星	張	翼	軫	角	亢	氐	房	心	尾	箕	斗	女	虚	危
2月	室	室	壁	奎	婁	胃	昴	畢	觜	参	井	鬼	柳	星	張	翼	軫	角	亢	氐	房	心	尾	箕	斗	女	虚	危			
3月	室	壁	奎	奎	婁	胃	昴	畢	觜	参	井	鬼	柳	星	張	翼	軫	角	亢	氐	房	心	尾	箕	斗	女	虚	危	室	壁	奎
4月	婁	胃	昴	畢	觜	参	井	鬼	柳	星	張	翼	軫	角	亢	氐	房	心	尾	箕	斗	女	虚	危	室	壁	奎	婁	胃	昴	
5月	畢	觜	参	井	鬼	柳	星	張	翼	軫	角	亢	氐	房	心	尾	箕	斗	女	虚	危	室	壁	奎	婁	胃	昴	畢	觜	参	参
6月	井	鬼	柳	星	張	翼	軫	角	亢	氐	房	心	尾	箕	斗	女	虚	危	室	壁	奎	婁	胃	昴	畢	觜	参	井	鬼	柳	
7月	星	張	翼	軫	角	亢	氐	房	心	尾	箕	斗	女	虚	危	室	壁	奎	婁	胃	昴	畢	觜	参	井	鬼	柳	張	翼	軫	角
8月	亢	氐	房	心	尾	箕	斗	女	虚	危	室	壁	奎	婁	胃	昴	畢	觜	参	井	鬼	柳	星	張	翼	軫	角	亢	氐	房	心
9月	尾	箕	斗	女	虚	危	室	壁	奎	婁	胃	昴	畢	觜	参	井	鬼	柳	星	張	翼	軫	角	亢	氐	房	心	尾	箕	斗	
10月	女	虚	危	室	壁	奎	婁	胃	昴	畢	觜	参	井	鬼	柳	星	張	翼	軫	角	亢	氐	房	心	心	尾	箕	斗	女	虚	危
11月	室	壁	奎	婁	胃	昴	畢	觜	参	井	鬼	柳	星	張	翼	軫	角	亢	氐	房	心	尾	箕	斗	女	虚	危	室	壁	奎	
12月	婁	胃	昴	畢	觜	参	井	鬼	柳	星	張	翼	軫	角	亢	氐	房	心	尾	箕	斗	女	虚	危	室	壁	奎	婁	胃	昴	畢

1947年

	1	2	3	4	5	6	7	8	9	10	11	12	13	14	15	16	17	18	19	20	21	22	23	24	25	26	27	28	29	30	31
1月	觜	参	井	鬼	柳	星	張	翼	軫	角	亢	氐	房	心	尾	箕	斗	女	虚	危	室	室	壁	奎	婁	胃	昴	畢	觜	参	井
2月	鬼	柳	星	張	翼	軫	角	亢	氐	房	心	尾	箕	斗	女	虚	危	室	壁	奎	奎	婁	胃	昴	畢	觜	参	井			
3月	鬼	柳	星	張	翼	軫	角	亢	氐	房	心	尾	箕	斗	女	虚	危	室	壁	奎	婁	胃	奎	婁	胃	昴	畢	觜	参	井	鬼
4月	柳	星	張	翼	軫	角	亢	氐	房	心	尾	箕	斗	女	虚	危	室	壁	奎	婁	胃	昴	畢	觜	参	井	鬼	柳	星	張	
5月	翼	軫	角	亢	氐	房	心	尾	箕	斗	女	虚	危	室	壁	奎	婁	胃	昴	畢	觜	参	井	鬼	柳	星	張	翼	軫	角	亢
6月	氐	房	心	尾	箕	斗	女	虚	危	室	壁	奎	婁	胃	昴	畢	觜	参	参	井	鬼	柳	星	張	翼	軫	角	亢	氐	房	
7月	心	尾	箕	斗	女	虚	危	室	壁	奎	婁	胃	昴	畢	觜	参	井	鬼	柳	星	張	翼	軫	角	亢	氐	房	心	尾	箕	斗
8月	女	虚	危	室	壁	奎	婁	胃	昴	畢	觜	参	井	鬼	柳	張	翼	軫	角	亢	氐	房	心	尾	箕	斗	女	虚	危	室	壁
9月	奎	婁	胃	昴	畢	觜	参	井	鬼	柳	星	張	翼	軫	角	亢	氐	房	心	尾	箕	斗	女	虚	危	室	壁	奎	婁	胃	
10月	昴	畢	觜	参	井	鬼	柳	星	張	翼	軫	角	亢	氐	房	心	尾	箕	斗	女	虚	危	室	壁	奎	婁	胃	昴	畢	觜	参
11月	井	鬼	柳	星	張	翼	軫	角	亢	氐	房	心	心	尾	箕	斗	女	虚	危	室	壁	奎	婁	胃	昴	畢	觜	参	井	鬼	
12月	柳	星	張	翼	軫	角	亢	氐	房	心	尾	斗	女	虚	危	室	壁	奎	婁	胃	昴	畢	觜	参	井	鬼	柳	星	張	翼	軫

1948年

	1	2	3	4	5	6	7	8	9	10	11	12	13	14	15	16	17	18	19	20	21	22	23	24	25	26	27	28	29	30	31
1月	角	亢	氐	房	心	尾	箕	斗	女	虚	虚	危	室	壁	奎	婁	胃	昴	畢	觜	参	井	鬼	柳	星	張	翼	軫	角	亢	氐
2月	房	心	尾	箕	斗	女	虚	危	室	室	壁	奎	婁	胃	昴	畢	觜	参	井	鬼	柳	星	張	翼	軫	角	亢	氐	房		
3月	心	尾	箕	斗	女	虚	危	室	壁	奎	奎	婁	胃	昴	畢	觜	参	井	鬼	柳	星	張	翼	軫	角	亢	氐	房	心	尾	箕
4月	斗	女	虚	危	室	壁	奎	婁	胃	昴	畢	觜	参	井	鬼	柳	星	張	翼	軫	角	亢	氐	房	心	尾	箕	斗	女	虚	
5月	危	室	壁	奎	婁	胃	昴	畢	畢	觜	参	井	鬼	柳	星	張	翼	軫	角	亢	氐	房	心	尾	箕	斗	女	虚	危	室	壁
6月	奎	婁	胃	昴	畢	觜	参	井	鬼	柳	星	張	翼	軫	角	亢	氐	房	心	尾	箕	斗	女	虚	危	室	壁	奎	婁	胃	
7月	昴	畢	觜	参	井	鬼	鬼	柳	星	張	翼	軫	角	亢	氐	房	心	尾	箕	斗	女	虚	危	室	壁	奎	婁	胃	昴	畢	觜
8月	参	井	鬼	柳	張	翼	軫	角	亢	氐	房	心	尾	箕	斗	女	虚	危	室	壁	奎	婁	胃	昴	畢	觜	参	井	鬼	柳	星
9月	張	翼	角	亢	氐	房	心	尾	箕	斗	女	虚	危	室	壁	奎	婁	胃	昴	畢	觜	参	井	鬼	柳	星	張	翼	軫	角	
10月	亢	氐	氐	房	心	尾	箕	斗	女	虚	危	室	壁	奎	婁	胃	昴	畢	觜	参	井	鬼	柳	星	張	翼	軫	角	亢	氐	房
11月	心	尾	箕	斗	女	虚	危	室	壁	奎	婁	胃	昴	畢	觜	参	井	鬼	柳	星	張	翼	軫	角	亢	氐	房	心	尾	箕	
12月	斗	女	虚	危	室	壁	奎	婁	胃	昴	畢	觜	参	井	鬼	柳	星	張	翼	軫	角	亢	氐	房	心	尾	箕	斗	女	虚	危

1949年

	1	2	3	4	5	6	7	8	9	10	11	12	13	14	15	16	17	18	19	20	21	22	23	24	25	26	27	28	29	30	31
1月	室	壁	奎	婁	胃	昴	畢	觜	参	井	鬼	柳	星	張	翼	軫	角	亢	氐	房	心	尾	箕	斗	女	虚	危	室	室	壁	奎
2月	婁	胃	昴	畢	觜	参	井	鬼	柳	星	張	翼	軫	角	亢	氐	房	心	尾	箕	斗	女	虚	危	室	壁	奎	奎			
3月	婁	胃	昴	畢	觜	参	井	鬼	柳	星	張	翼	軫	角	亢	氐	房	心	尾	箕	斗	女	虚	危	室	壁	奎	婁	胃	胃	昴
4月	畢	觜	参	井	鬼	柳	星	張	翼	軫	角	亢	氐	房	心	尾	箕	斗	女	虚	危	室	壁	奎	婁	胃	昴	畢	觜	参	
5月	井	鬼	柳	星	張	翼	軫	角	亢	氐	房	心	尾	箕	斗	女	虚	危	室	壁	奎	婁	胃	昴	畢	觜	参	参	井	鬼	柳
6月	星	張	翼	軫	角	亢	氐	房	心	尾	箕	斗	女	虚	危	室	壁	奎	婁	胃	昴	畢	觜	参	井	鬼	柳	星	張	翼	
7月	軫	角	亢	氐	房	心	尾	箕	斗	女	虚	危	室	壁	奎	婁	胃	昴	畢	觜	参	井	鬼	柳	星	張	翼	軫	角	亢	氐
8月	房	心	尾	箕	斗	女	虚	危	室	壁	奎	婁	胃	昴	畢	觜	参	井	鬼	柳	星	張	翼	張	翼	軫	角	亢	氐	房	心
9月	尾	箕	斗	女	虚	危	室	壁	奎	婁	胃	昴	畢	觜	参	井	鬼	柳	星	張	翼	角	亢	氐	房	心	尾	箕	斗	女	
10月	虚	危	室	壁	奎	婁	胃	昴	畢	觜	参	井	鬼	柳	星	張	翼	軫	角	亢	氐	氐	房	心	尾	箕	斗	女	虚	危	室
11月	壁	奎	婁	胃	昴	畢	觜	参	井	鬼	柳	星	張	翼	軫	角	亢	氐	房	心	尾	箕	斗	女	虚	危	室	壁	奎	婁	
12月	胃	昴	畢	觜	参	井	鬼	柳	星	張	翼	軫	角	亢	氐	房	心	尾	箕	斗	女	虚	危	室	壁	奎	婁	胃	昴	畢	觜

1950年

	1	2	3	4	5	6	7	8	9	10	11	12	13	14	15	16	17	18	19	20	21	22	23	24	25	26	27	28	29	30	31
1月	参	井	鬼	柳	星	張	翼	軫	角	亢	氐	房	心	尾	箕	斗	女	虚	危	室	壁	奎	婁	胃	昴	畢	觜	参	井	鬼	柳
2月	星	張	翼	軫	角	亢	氐	房	心	尾	箕	斗	女	虚	危	室	室	壁	奎	婁	胃	昴	畢	觜	参	井	鬼	柳			
3月	星	張	翼	軫	角	亢	氐	房	心	尾	箕	斗	女	虚	危	室	壁	奎	奎	婁	胃	昴	畢	觜	参	井	鬼	柳	星	張	翼
4月	軫	角	亢	氐	房	心	尾	箕	斗	女	虚	危	室	壁	奎	婁	胃	昴	畢	觜	参	井	鬼	柳	星	張	翼	軫	角	亢	
5月	氐	房	心	尾	箕	斗	女	虚	危	室	壁	奎	婁	胃	昴	畢	畢	觜	参	井	鬼	柳	星	張	翼	軫	角	亢	氐	房	心
6月	尾	箕	斗	女	虚	危	室	壁	奎	婁	胃	昴	畢	觜	参	参	井	鬼	柳	星	張	翼	軫	角	亢	氐	房	心	尾	箕	
7月	斗	女	虚	危	室	壁	奎	婁	胃	昴	畢	觜	参	井	鬼	柳	星	張	翼	軫	角	亢	氐	房	心	尾	箕	斗	女	虚	危
8月	室	壁	奎	婁	胃	昴	畢	觜	参	井	鬼	柳	星	張	翼	軫	角	亢	氐	房	心	尾	箕	斗	女	虚	危	室	壁	奎	婁
9月	胃	昴	畢	觜	参	井	鬼	柳	星	張	翼	角	亢	氐	房	心	尾	箕	斗	女	虚	危	室	壁	奎	婁	胃	昴	畢	觜	
10月	参	井	鬼	柳	星	張	翼	軫	角	亢	氐	房	心	尾	箕	斗	女	虚	危	室	壁	奎	婁	胃	昴	畢	觜	参	井	鬼	柳
11月	星	張	翼	軫	角	亢	氐	房	心	心	尾	箕	斗	女	虚	危	室	壁	奎	婁	胃	昴	畢	觜	参	井	鬼	柳	星	張	
12月	翼	軫	角	亢	氐	房	心	尾	斗	女	虚	危	室	壁	奎	婁	胃	昴	畢	觜	参	井	鬼	柳	星	張	翼	軫	角	亢	氐

1951年

	1	2	3	4	5	6	7	8	9	10	11	12	13	14	15	16	17	18	19	20	21	22	23	24	25	26	27	28	29	30	31
1月	房	心	尾	箕	斗	女	虚	虚	危	室	壁	奎	婁	胃	昴	畢	觜	参	井	鬼	柳	星	張	翼	軫	角	亢	氐	房	心	尾
2月	箕	斗	女	虚	危	室	壁	奎	婁	胃	昴	畢	觜	参	井	鬼	柳	星	張	翼	軫	角	亢	氐	房	心	尾	箕			
3月	斗	女	虚	危	室	壁	奎	奎	婁	胃	昴	畢	觜	参	井	鬼	柳	星	張	翼	軫	角	亢	氐	房	心	尾	箕	斗	女	虚
4月	危	室	壁	奎	婁	胃	昴	畢	觜	参	井	鬼	柳	星	張	翼	軫	角	亢	氐	房	心	尾	箕	斗	女	虚	危	室	壁	
5月	奎	婁	胃	昴	畢	畢	觜	参	井	鬼	柳	星	張	翼	軫	角	亢	氐	房	心	尾	箕	斗	女	虚	危	室	壁	奎	婁	胃
6月	昴	畢	觜	参	参	井	鬼	柳	星	張	翼	軫	角	亢	氐	房	心	尾	箕	斗	女	虚	危	室	壁	奎	婁	胃	昴	畢	
7月	觜	参	井	鬼	柳	星	張	翼	軫	角	亢	氐	房	心	尾	箕	斗	女	虚	危	室	壁	奎	婁	胃	昴	畢	觜	参	井	鬼
8月	柳	星	張	翼	軫	角	亢	氐	房	心	尾	箕	斗	女	虚	危	室	壁	奎	婁	胃	昴	畢	觜	参	井	鬼	柳	星	張	翼
9月	角	亢	氐	房	心	尾	箕	斗	女	虚	危	室	壁	奎	婁	胃	昴	畢	觜	参	井	鬼	柳	星	張	翼	軫	角	亢	氐	
10月	氐	房	心	尾	箕	斗	女	虚	危	室	壁	奎	婁	胃	昴	畢	觜	参	井	鬼	柳	星	張	翼	軫	角	亢	氐	房	心	尾
11月	箕	斗	女	虚	危	室	壁	奎	婁	胃	昴	畢	觜	参	井	鬼	柳	星	張	翼	軫	角	亢	氐	房	心	尾	箕	斗	女	
12月	虚	危	室	壁	奎	婁	胃	昴	畢	觜	参	井	鬼	柳	星	張	翼	軫	角	亢	氐	房	心	尾	箕	斗	女	虚	危	室	壁

1952年

	1	2	3	4	5	6	7	8	9	10	11	12	13	14	15	16	17	18	19	20	21	22	23	24	25	26	27	28	29	30	31
1月	奎	婁	胃	昴	畢	觜	参	井	鬼	柳	星	張	翼	軫	角	亢	氐	房	心	尾	箕	斗	女	虚	危	室	室	壁	奎	婁	胃
2月	昴	畢	觜	参	井	鬼	柳	星	張	翼	軫	角	亢	氐	房	心	尾	箕	斗	女	虚	危	室	壁	奎	婁	胃	昴	畢		
3月	觜	参	井	鬼	柳	星	張	翼	軫	角	亢	氐	房	心	尾	箕	斗	女	虚	危	室	壁	奎	婁	胃	胃	昴	畢	觜	参	井
4月	鬼	柳	星	張	翼	軫	角	亢	氐	房	心	尾	箕	斗	女	虚	危	室	壁	奎	婁	胃	昴	畢	觜	参	井	鬼	柳	星	
5月	張	翼	軫	角	亢	氐	房	心	尾	箕	斗	女	虚	危	室	壁	奎	婁	胃	昴	畢	觜	参	参	井	鬼	柳	星	張	翼	軫
6月	角	亢	氐	房	心	尾	箕	斗	女	虚	危	室	壁	奎	婁	胃	昴	畢	觜	参	井	参	井	鬼	柳	星	張	翼	軫	角	
7月	亢	氐	房	心	尾	箕	斗	女	虚	危	室	壁	奎	婁	胃	昴	畢	觜	参	井	鬼	鬼	柳	星	張	翼	軫	角	亢	氐	房
8月	心	尾	箕	斗	女	虚	危	室	壁	奎	婁	胃	昴	畢	觜	参	井	鬼	柳	星	張	翼	軫	角	亢	氐	房	心	尾	箕	斗
9月	女	虚	危	室	壁	奎	婁	胃	昴	畢	觜	参	井	鬼	柳	星	張	翼	角	亢	氐	房	心	尾	箕	斗	女	虚	危	室	
10月	壁	奎	婁	胃	昴	畢	觜	参	井	鬼	柳	星	張	翼	軫	角	亢	氐	氐	房	心	尾	箕	斗	女	虚	危	室	壁	奎	婁
11月	胃	昴	畢	觜	参	井	鬼	柳	星	張	翼	軫	角	亢	氐	房	心	尾	箕	斗	女	虚	危	室	壁	奎	婁	胃	昴	畢	
12月	觜	参	井	鬼	柳	星	張	翼	軫	角	亢	氐	房	心	尾	箕	斗	女	虚	危	室	壁	奎	婁	胃	昴	畢	觜	参	井	鬼

1953年

	1	2	3	4	5	6	7	8	9	10	11	12	13	14	15	16	17	18	19	20	21	22	23	24	25	26	27	28	29	30	31
1月	柳	星	張	翼	軫	角	亢	氐	房	心	尾	箕	斗	女	虚	危	室	壁	奎	婁	胃	昴	畢	觜	参	井	鬼	柳	星	張	翼
2月	軫	角	亢	氐	房	心	尾	箕	斗	女	虚	危	室	室	壁	奎	婁	胃	昴	畢	觜	参	井	鬼	柳	星	張	翼			
3月	軫	角	亢	氐	房	心	尾	箕	斗	女	虚	危	室	壁	奎	婁	胃	昴	畢	觜	参	井	鬼	柳	星	張	翼	軫	角	亢	氐
4月	房	心	尾	箕	斗	女	虚	危	室	壁	奎	婁	胃	胃	昴	畢	觜	参	井	鬼	柳	星	張	翼	軫	角	亢	氐	房	心	
5月	尾	箕	斗	女	虚	危	室	壁	奎	婁	胃	昴	畢	觜	参	井	鬼	柳	星	張	翼	軫	角	亢	氐	房	心	尾	箕	斗	女
6月	虚	危	室	壁	奎	婁	胃	昴	畢	觜	参	井	鬼	柳	星	張	翼	軫	角	亢	氐	房	心	尾	箕	斗	女	虚	危	室	
7月	壁	奎	婁	胃	昴	畢	觜	参	井	鬼	鬼	柳	星	張	翼	軫	角	亢	氐	房	心	尾	箕	斗	女	虚	危	室	壁	奎	婁
8月	胃	昴	畢	觜	参	井	鬼	柳	星	張	翼	軫	角	亢	氐	房	心	尾	箕	斗	女	虚	危	室	壁	奎	婁	胃	昴	畢	觜
9月	参	井	鬼	柳	星	張	翼	角	亢	氐	房	心	尾	箕	斗	女	虚	危	室	壁	奎	婁	胃	昴	畢	觜	参	井	鬼	柳	
10月	星	張	翼	軫	角	亢	氐	氐	房	心	尾	箕	斗	女	虚	危	室	壁	奎	婁	胃	昴	畢	觜	参	井	鬼	柳	星	張	翼
11月	軫	角	亢	氐	房	心	心	尾	箕	斗	女	虚	危	室	壁	奎	婁	胃	昴	畢	觜	参	井	鬼	柳	星	張	翼	軫	角	
12月	亢	氐	房	心	尾	斗	女	虚	危	室	壁	奎	婁	胃	昴	畢	觜	参	井	鬼	柳	星	張	翼	軫	角	亢	氐	房	心	尾

1954年

	1	2	3	4	5	6	7	8	9	10	11	12	13	14	15	16	17	18	19	20	21	22	23	24	25	26	27	28	29	30	31
1月	箕	斗	女	虚	虚	危	室	壁	奎	婁	胃	昴	畢	觜	参	井	鬼	柳	星	張	翼	軫	角	亢	氐	房	心	尾	箕	斗	女
2月	虚	危	室	室	壁	奎	婁	胃	昴	畢	觜	参	井	鬼	柳	星	張	翼	軫	角	亢	氐	房	心	尾	箕	斗	女			
3月	虚	危	室	壁	奎	婁	胃	昴	畢	觜	参	井	鬼	柳	星	張	翼	軫	角	亢	氐	房	心	尾	箕	斗	女	虚	危	室	壁
4月	奎	婁	胃	昴	畢	觜	参	井	鬼	柳	星	張	翼	軫	角	亢	氐	房	心	尾	箕	斗	女	虚	危	室	壁	奎	婁	胃	
5月	昴	畢	畢	觜	参	井	鬼	柳	星	張	翼	軫	角	亢	氐	房	心	尾	箕	斗	女	虚	危	室	壁	奎	婁	胃	昴	畢	觜
6月	参	井	鬼	柳	星	張	翼	軫	角	亢	氐	房	心	尾	箕	斗	女	虚	危	室	壁	奎	婁	胃	昴	畢	觜	参	井	鬼	
7月	柳	星	張	翼	軫	角	亢	氐	房	心	尾	箕	斗	女	虚	危	室	壁	奎	婁	胃	昴	畢	觜	参	井	鬼	柳	星	張	翼
8月	軫	角	亢	氐	房	心	尾	箕	斗	女	虚	危	室	壁	奎	婁	胃	昴	畢	觜	参	井	鬼	柳	星	張	翼	角	亢	氐	房
9月	心	尾	箕	斗	女	虚	危	室	壁	奎	婁	胃	昴	畢	觜	参	井	鬼	柳	星	張	翼	軫	角	亢	氐	氐	房	心	尾	
10月	箕	斗	女	虚	危	室	壁	奎	婁	胃	昴	畢	觜	参	井	鬼	柳	星	張	翼	軫	角	亢	氐	房	心	心	尾	箕	斗	女
11月	虚	危	室	壁	奎	婁	胃	昴	畢	觜	参	井	鬼	柳	星	張	翼	軫	角	亢	氐	房	心	尾	斗	女	虚	危	室	壁	
12月	奎	婁	胃	昴	畢	觜	参	井	鬼	柳	星	張	翼	軫	角	亢	氐	房	心	尾	箕	斗	女	虚	虚	危	室	壁	奎	婁	胃

1955年

	1	2	3	4	5	6	7	8	9	10	11	12	13	14	15	16	17	18	19	20	21	22	23	24	25	26	27	28	29	30	31
1月	昴	畢	觜	参	井	鬼	柳	星	張	翼	軫	角	亢	氐	房	心	尾	箕	斗	女	虚	危	室	室	壁	奎	婁	胃	昴	畢	觜
2月	参	井	鬼	柳	星	張	翼	軫	角	亢	氐	房	心	尾	箕	斗	女	虚	危	室	壁	奎	奎	婁	胃	昴	畢	觜			
3月	参	井	鬼	柳	星	張	翼	軫	角	亢	氐	房	心	尾	箕	斗	女	虚	危	室	壁	奎	婁	胃	昴	畢	觜	参	井	鬼	柳
4月	星	張	翼	軫	角	亢	氐	房	心	尾	箕	斗	女	虚	危	室	壁	奎	婁	胃	昴	胃	昴	畢	觜	参	井	鬼	柳	星	
5月	張	翼	軫	角	亢	氐	房	心	尾	箕	斗	女	虚	危	室	壁	奎	婁	胃	昴	畢	畢	觜	参	井	鬼	柳	星	張	翼	軫
6月	角	亢	氐	房	心	尾	箕	斗	女	虚	危	室	壁	奎	婁	胃	昴	畢	觜	参	井	鬼	柳	星	張	翼	軫	角	亢	氐	
7月	房	心	尾	箕	斗	女	虚	危	室	壁	奎	婁	胃	昴	畢	觜	参	井	鬼	柳	星	張	翼	軫	角	亢	氐	房	心	尾	箕
8月	斗	女	虚	危	室	壁	奎	婁	胃	昴	畢	觜	参	井	鬼	柳	星	張	翼	軫	角	亢	氐	房	心	尾	箕	斗	女	虚	危
9月	室	壁	奎	婁	胃	昴	畢	觜	参	井	鬼	柳	星	張	翼	角	亢	氐	房	心	尾	箕	斗	女	虚	危	室	壁	奎	婁	
10月	胃	昴	畢	觜	参	井	鬼	柳	星	張	翼	軫	角	亢	氐	氐	房	心	尾	箕	斗	女	虚	危	室	壁	奎	婁	胃	昴	畢
11月	觜	参	井	鬼	柳	星	張	翼	軫	角	亢	氐	房	心	尾	箕	斗	女	虚	危	室	壁	奎	婁	胃	昴	畢	觜	参	井	
12月	鬼	柳	星	張	翼	軫	角	亢	氐	房	心	尾	箕	斗	女	虚	危	室	壁	奎	婁	胃	昴	畢	觜	参	井	鬼	柳	星	張

1956年

	1	2	3	4	5	6	7	8	9	10	11	12	13	14	15	16	17	18	19	20	21	22	23	24	25	26	27	28	29	30	31
1月	翼	軫	角	亢	氐	房	心	尾	箕	斗	女	虚	虚	危	室	壁	奎	婁	胃	昴	畢	觜	参	井	鬼	柳	星	張	翼	軫	角
2月	亢	氐	房	心	尾	箕	斗	女	虚	危	室	室	壁	奎	婁	胃	昴	畢	觜	参	井	鬼	柳	星	張	翼	軫	角	亢		
3月	氐	房	心	尾	箕	斗	女	虚	危	室	壁	奎	婁	胃	昴	畢	觜	参	井	鬼	柳	星	張	翼	軫	角	亢	氐	房	心	尾
4月	箕	斗	女	虚	危	室	壁	奎	婁	胃	胃	昴	畢	觜	参	井	鬼	柳	星	張	翼	軫	角	亢	氐	房	心	尾	箕	斗	
5月	女	虚	危	室	壁	奎	婁	胃	昴	畢	觜	参	井	鬼	柳	星	張	翼	軫	角	亢	氐	房	心	尾	箕	斗	女	虚	危	室
6月	壁	奎	婁	胃	昴	畢	觜	参	参	井	鬼	柳	星	張	翼	軫	角	亢	氐	房	心	尾	箕	斗	女	虚	危	室	壁	奎	
7月	婁	胃	昴	畢	觜	参	井	鬼	柳	星	張	翼	軫	角	亢	氐	房	心	尾	箕	斗	女	虚	危	室	壁	奎	婁	胃	昴	畢
8月	觜	参	井	鬼	柳	張	翼	軫	角	亢	氐	房	心	尾	箕	斗	女	虚	危	室	壁	奎	婁	胃	昴	畢	觜	参	井	鬼	柳
9月	星	張	翼	軫	角	亢	氐	房	心	尾	箕	斗	女	虚	危	室	壁	奎	婁	胃	昴	畢	觜	参	井	鬼	柳	星	張	翼	
10月	軫	角	亢	氐	房	心	尾	箕	斗	女	虚	危	室	壁	奎	婁	胃	昴	畢	觜	参	井	鬼	柳	星	張	翼	軫	角	亢	氐
11月	房	心	心	尾	箕	斗	女	虚	危	室	壁	奎	婁	胃	昴	畢	觜	参	井	鬼	柳	星	張	翼	軫	角	亢	氐	房	心	
12月	尾	斗	女	虚	危	室	壁	奎	婁	胃	昴	畢	觜	参	井	鬼	柳	星	張	翼	軫	角	亢	氐	房	心	尾	箕	斗	女	虚

1957年

	1	2	3	4	5	6	7	8	9	10	11	12	13	14	15	16	17	18	19	20	21	22	23	24	25	26	27	28	29	30	31
1月	虚	危	室	壁	奎	婁	胃	昴	畢	觜	参	井	鬼	柳	星	張	翼	軫	角	亢	氐	房	心	尾	箕	斗	女	虚	危	室	室
2月	壁	奎	婁	胃	昴	畢	觜	参	井	鬼	柳	星	張	翼	軫	角	亢	氐	房	心	尾	箕	斗	女	虚	危	室	壁			
3月	奎	奎	婁	胃	昴	畢	觜	参	井	鬼	柳	星	張	翼	軫	角	亢	氐	房	心	尾	箕	斗	女	虚	危	室	壁	奎	婁	胃
4月	昴	畢	觜	参	井	鬼	柳	星	張	翼	軫	角	亢	氐	房	心	尾	箕	斗	女	虚	危	室	壁	奎	婁	胃	昴	畢	畢	
5月	觜	参	井	鬼	柳	星	張	翼	軫	角	亢	氐	房	心	尾	箕	斗	女	虚	危	室	壁	奎	婁	胃	昴	畢	觜	参	井	鬼
6月	柳	星	張	翼	軫	角	亢	氐	房	心	尾	箕	斗	女	虚	危	室	壁	奎	婁	胃	昴	畢	觜	参	井	鬼	鬼	柳	星	
7月	張	翼	軫	角	亢	氐	房	心	尾	箕	斗	女	虚	危	室	壁	奎	婁	胃	昴	畢	觜	参	井	鬼	柳	張	翼	軫	角	亢
8月	氐	房	心	尾	箕	斗	女	虚	危	室	壁	奎	婁	胃	昴	畢	觜	参	井	鬼	柳	星	張	翼	角	亢	氐	房	心	尾	箕
9月	斗	女	虚	危	室	壁	奎	婁	胃	昴	畢	觜	参	井	鬼	柳	星	張	翼	軫	角	亢	氐	角	亢	氐	房	心	尾	箕	
10月	斗	女	虚	危	室	壁	奎	婁	胃	昴	畢	觜	参	井	鬼	柳	星	張	翼	軫	角	亢	氐	房	心	尾	箕	斗	女	虚	危
11月	室	壁	奎	婁	胃	昴	畢	觜	参	井	鬼	柳	星	張	翼	軫	角	亢	氐	房	心	心	尾	箕	斗	女	虚	危	室	壁	
12月	奎	婁	胃	昴	畢	觜	参	井	鬼	柳	星	張	翼	軫	角	亢	氐	房	心	尾	斗	女	虚	危	室	壁	奎	婁	胃	昴	畢

1958年

	1	2	3	4	5	6	7	8	9	10	11	12	13	14	15	16	17	18	19	20	21	22	23	24	25	26	27	28	29	30	31
1月	觜	参	井	鬼	柳	星	張	翼	軫	角	亢	氐	房	心	尾	箕	斗	女	虚	虚	危	室	壁	奎	婁	胃	昴	畢	觜	参	井
2月	鬼	柳	星	張	翼	軫	角	亢	氐	房	心	尾	箕	斗	女	虚	危	室	室	壁	奎	婁	胃	昴	畢	觜	参	井			
3月	鬼	柳	星	張	翼	軫	角	亢	氐	房	心	尾	箕	斗	女	虚	危	室	壁	奎	婁	胃	昴	畢	觜	参	井	鬼	柳	星	張
4月	翼	軫	角	亢	氐	房	心	尾	箕	斗	女	虚	危	室	壁	奎	婁	胃	胃	昴	畢	觜	参	井	鬼	柳	星	張	翼	軫	
5月	角	亢	氐	房	心	尾	箕	斗	女	虚	危	室	壁	奎	婁	胃	昴	畢	畢	觜	参	井	鬼	柳	星	張	翼	軫	角	亢	氐
6月	房	心	尾	箕	斗	女	虚	危	室	壁	奎	婁	胃	昴	畢	觜	参	井	鬼	柳	星	張	翼	軫	角	亢	氐	房	心	尾	
7月	箕	斗	女	虚	危	室	壁	奎	婁	胃	昴	畢	觜	参	井	鬼	鬼	柳	星	張	翼	軫	角	亢	氐	房	心	尾	箕	斗	女
8月	虚	危	室	壁	奎	婁	胃	昴	畢	觜	参	井	鬼	柳	張	翼	軫	角	亢	氐	房	心	尾	箕	斗	女	虚	危	室	壁	奎
9月	婁	胃	昴	畢	觜	参	井	鬼	柳	星	張	翼	角	亢	氐	房	心	尾	箕	斗	女	虚	危	室	壁	奎	婁	胃	昴	畢	
10月	觜	参	井	鬼	柳	星	張	翼	軫	角	亢	氐	氐	房	心	尾	箕	斗	女	虚	危	室	壁	奎	婁	胃	昴	畢	觜	参	井
11月	鬼	柳	星	張	翼	軫	角	亢	氐	房	心	尾	箕	斗	女	虚	危	室	壁	奎	婁	胃	昴	畢	觜	参	井	鬼	柳	星	
12月	張	翼	軫	角	亢	氐	房	心	尾	箕	斗	女	虚	危	室	壁	奎	婁	胃	昴	畢	觜	参	井	鬼	柳	星	張	翼	軫	角

1959年

	1	2	3	4	5	6	7	8	9	10	11	12	13	14	15	16	17	18	19	20	21	22	23	24	25	26	27	28	29	30	31
1月	亢	氐	房	心	尾	箕	斗	女	虚	危	室	壁	奎	婁	胃	昴	畢	觜	参	井	鬼	柳	星	張	翼	軫	角	亢	氐	房	心
2月	尾	箕	斗	女	虚	危	室	室	壁	奎	婁	胃	昴	畢	觜	参	井	鬼	柳	星	張	翼	軫	角	亢	氐	房	心			
3月	尾	箕	斗	女	虚	危	室	壁	奎	婁	胃	昴	畢	觜	参	井	鬼	柳	星	張	翼	軫	角	亢	氐	房	心	尾	箕	斗	女
4月	虚	危	室	壁	奎	婁	胃	胃	昴	畢	觜	参	井	鬼	柳	星	張	翼	軫	角	亢	氐	房	心	尾	箕	斗	女	虚	危	
5月	室	壁	奎	婁	胃	昴	畢	畢	觜	参	井	鬼	柳	星	張	翼	軫	角	亢	氐	房	心	尾	箕	斗	女	虚	危	室	壁	奎
6月	婁	胃	昴	畢	觜	参	井	鬼	柳	星	張	翼	軫	角	亢	氐	房	心	尾	箕	斗	女	虚	危	室	壁	奎	婁	胃	昴	
7月	畢	觜	参	井	鬼	鬼	柳	星	張	翼	軫	角	亢	氐	房	心	尾	箕	斗	女	虚	危	室	壁	奎	婁	胃	昴	畢	觜	参
8月	井	鬼	柳	張	翼	軫	角	亢	氐	房	心	尾	箕	斗	女	虚	危	室	壁	奎	婁	胃	昴	畢	觜	参	井	鬼	柳	星	張
9月	翼	軫	角	亢	氐	房	心	尾	箕	斗	女	虚	危	室	壁	奎	婁	胃	昴	畢	觜	参	井	鬼	柳	星	張	翼	軫	角	
10月	亢	氐	房	心	尾	箕	斗	女	虚	危	室	壁	奎	婁	胃	昴	畢	觜	参	井	鬼	柳	星	張	翼	軫	角	亢	氐	房	心
11月	心	尾	箕	斗	女	虚	危	室	壁	奎	婁	胃	昴	畢	觜	参	井	鬼	柳	星	張	翼	軫	角	亢	氐	房	心	尾	斗	
12月	女	虚	危	室	壁	奎	婁	胃	昴	畢	觜	参	井	鬼	柳	星	張	翼	軫	角	亢	氐	房	心	尾	箕	斗	女	虚	虚	危

1960年

	1	2	3	4	5	6	7	8	9	10	11	12	13	14	15	16	17	18	19	20	21	22	23	24	25	26	27	28	29	30	31
1月	室	壁	奎	婁	胃	昴	畢	觜	参	井	鬼	柳	星	張	翼	軫	角	亢	氐	房	心	尾	箕	斗	女	虚	危	室	壁	奎	婁
2月	胃	昴	畢	觜	参	井	鬼	柳	星	張	翼	軫	角	亢	氐	房	心	尾	箕	斗	女	虚	危	室	壁	奎	奎	婁	胃		
3月	昴	畢	觜	参	井	鬼	柳	星	張	翼	軫	角	亢	氐	房	心	尾	箕	斗	女	虚	危	室	壁	奎	婁	胃	昴	畢	觜	参
4月	井	鬼	柳	星	張	翼	軫	角	亢	氐	房	心	尾	箕	斗	女	虚	危	室	壁	奎	婁	胃	昴	畢	畢	觜	参	井	鬼	
5月	柳	星	張	翼	軫	角	亢	氐	房	心	尾	箕	斗	女	虚	危	室	壁	奎	婁	胃	昴	畢	觜	参	井	鬼	柳	星	張	翼
6月	軫	角	亢	氐	房	心	尾	箕	斗	女	虚	危	室	壁	奎	婁	胃	昴	畢	觜	参	井	鬼	鬼	柳	星	張	翼	軫	角	
7月	亢	氐	房	心	尾	箕	斗	女	虚	危	室	壁	奎	婁	胃	昴	畢	觜	参	井	鬼	柳	星	鬼	柳	星	張	翼	軫	角	亢
8月	氐	房	心	尾	箕	斗	女	虚	危	室	壁	奎	婁	胃	昴	畢	觜	参	井	鬼	柳	張	翼	軫	角	亢	氐	房	心	尾	箕
9月	斗	女	虚	危	室	壁	奎	婁	胃	昴	畢	觜	参	井	鬼	柳	星	張	翼	軫	角	亢	氐	房	心	尾	箕	斗	女	虚	
10月	危	室	壁	奎	婁	胃	昴	畢	觜	参	井	鬼	柳	星	張	翼	軫	角	亢	氐	房	心	尾	箕	斗	女	虚	危	室	壁	奎
11月	婁	胃	昴	畢	觜	参	井	鬼	柳	星	張	翼	軫	角	亢	氐	房	心	心	尾	箕	斗	女	虚	危	室	壁	奎	婁	胃	
12月	昴	畢	觜	参	井	鬼	柳	星	張	翼	軫	角	亢	氐	房	心	尾	斗	女	虚	危	室	壁	奎	婁	胃	昴	畢	觜	参	井

1961年

	1	2	3	4	5	6	7	8	9	10	11	12	13	14	15	16	17	18	19	20	21	22	23	24	25	26	27	28	29	30	31
1月	鬼	柳	星	張	翼	軫	角	亢	氐	房	心	尾	箕	斗	女	虚	虚	危	室	壁	奎	婁	胃	昴	畢	觜	参	井	鬼	柳	星
2月	張	翼	軫	角	亢	氐	房	心	尾	箕	斗	女	虚	危	室	壁	奎	婁	胃	昴	畢	觜	参	井	鬼	柳	星	張			
3月	翼	軫	角	亢	氐	房	心	尾	箕	斗	女	虚	危	室	壁	奎	奎	婁	胃	昴	畢	觜	参	井	鬼	柳	星	張	翼	軫	角
4月	亢	氐	房	心	尾	箕	斗	女	虚	危	室	壁	奎	婁	胃	昴	畢	觜	参	井	鬼	柳	星	張	翼	軫	角	亢	氐	房	
5月	心	尾	箕	斗	女	虚	危	室	壁	奎	婁	胃	昴	畢	畢	觜	参	井	鬼	柳	星	張	翼	軫	角	亢	氐	房	心	尾	箕
6月	斗	女	虚	危	室	壁	奎	婁	胃	昴	畢	觜	参	井	鬼	柳	星	張	翼	軫	角	亢	氐	房	心	尾	箕	斗	女	虚	
7月	危	室	壁	奎	婁	胃	昴	畢	觜	参	井	鬼	鬼	柳	星	張	翼	軫	角	亢	氐	房	心	尾	箕	斗	女	虚	危	室	壁
8月	奎	婁	胃	昴	畢	觜	参	井	鬼	柳	張	翼	軫	角	亢	氐	房	心	尾	箕	斗	女	虚	危	室	壁	奎	婁	胃	昴	畢
9月	觜	参	井	鬼	柳	星	張	翼	軫	角	亢	氐	房	心	尾	箕	斗	女	虚	危	室	壁	奎	婁	胃	昴	畢	觜	参	井	
10月	鬼	柳	星	張	翼	軫	角	亢	氐	氐	房	心	尾	箕	斗	女	虚	危	室	壁	奎	婁	胃	昴	畢	觜	参	井	鬼	柳	星
11月	張	翼	軫	角	亢	氐	房	心	尾	箕	斗	女	虚	危	室	壁	奎	婁	胃	昴	畢	觜	参	井	鬼	柳	星	張	翼	軫	
12月	角	亢	氐	房	心	尾	箕	斗	女	虚	危	室	壁	奎	婁	胃	昴	畢	觜	参	井	鬼	柳	星	張	翼	軫	角	亢	氐	房

1962年

	1	2	3	4	5	6	7	8	9	10	11	12	13	14	15	16	17	18	19	20	21	22	23	24	25	26	27	28	29	30	31
1月	心	尾	箕	斗	女	虚	危	室	壁	奎	婁	胃	昴	畢	觜	参	井	鬼	柳	星	張	翼	軫	角	亢	氐	房	心	尾	箕	斗
2月	女	虚	危	室	室	壁	奎	婁	胃	昴	畢	觜	参	井	鬼	柳	星	張	翼	軫	角	亢	氐	房	心	尾	箕	斗			
3月	女	虚	危	室	壁	奎	婁	胃	昴	畢	觜	参	井	鬼	柳	星	張	翼	軫	角	亢	氐	房	心	尾	箕	斗	女	虚	危	室
4月	壁	奎	婁	胃	胃	昴	畢	觜	参	井	鬼	柳	星	張	翼	軫	角	亢	氐	房	心	尾	箕	斗	女	虚	危	室	壁	奎	
5月	婁	胃	昴	畢	觜	参	井	鬼	柳	星	張	翼	軫	角	亢	氐	房	心	尾	箕	斗	女	虚	危	室	壁	奎	婁	胃	昴	畢
6月	觜	参	井	鬼	柳	星	張	翼	軫	角	亢	氐	房	心	尾	箕	斗	女	虚	危	室	壁	奎	婁	胃	昴	畢	觜	参	井	
7月	鬼	鬼	柳	星	張	翼	軫	角	亢	氐	房	心	尾	箕	斗	女	虚	危	室	壁	奎	婁	胃	昴	畢	觜	参	井	鬼	柳	張
8月	翼	軫	角	亢	氐	房	心	尾	箕	斗	女	虚	危	室	壁	奎	婁	胃	昴	畢	觜	参	井	鬼	柳	星	張	翼	軫	角	亢
9月	氐	房	心	尾	箕	斗	女	虚	危	室	壁	奎	婁	胃	昴	畢	觜	参	井	鬼	柳	星	張	翼	軫	角	亢	氐	氐	房	
10月	心	尾	箕	斗	女	虚	危	室	壁	奎	婁	胃	昴	畢	觜	参	井	鬼	柳	星	張	翼	軫	角	亢	氐	房	心	尾	箕	斗
11月	女	虚	危	室	壁	奎	婁	胃	昴	畢	觜	参	井	鬼	柳	星	張	翼	軫	角	亢	氐	房	心	尾	箕	斗	女	虚	危	
12月	室	壁	奎	婁	胃	昴	畢	觜	参	井	鬼	柳	星	張	翼	軫	角	亢	氐	房	心	尾	箕	斗	女	虚	虚	危	室	壁	奎

1963年

	1	2	3	4	5	6	7	8	9	10	11	12	13	14	15	16	17	18	19	20	21	22	23	24	25	26	27	28	29	30	31
1月	婁	胃	昴	畢	觜	参	井	鬼	柳	星	張	翼	軫	角	亢	氐	房	心	尾	箕	斗	女	虚	危	室	壁	奎	婁	胃	昴	畢
2月	觜	参	井	鬼	柳	星	張	翼	軫	角	亢	氐	房	心	尾	箕	斗	女	虚	危	室	壁	奎	奎	婁	胃	昴	畢			
3月	觜	参	井	鬼	柳	星	張	翼	軫	角	亢	氐	房	心	尾	箕	斗	女	虚	危	室	壁	奎	婁	胃	昴	畢	觜	参	井	鬼
4月	柳	星	張	翼	軫	角	亢	氐	房	心	尾	箕	斗	女	虚	危	室	壁	奎	婁	胃	昴	畢	畢	觜	参	井	鬼	柳	星	
5月	張	翼	軫	角	亢	氐	房	心	尾	箕	斗	女	虚	危	室	壁	奎	婁	胃	昴	畢	觜	畢	觜	参	井	鬼	柳	星	張	翼
6月	軫	角	亢	氐	房	心	尾	箕	斗	女	虚	危	室	壁	奎	婁	胃	昴	畢	觜	参	井	鬼	柳	星	張	翼	軫	角	亢	
7月	氐	房	心	尾	箕	斗	女	虚	危	室	壁	奎	婁	胃	昴	畢	觜	参	井	鬼	鬼	柳	星	張	翼	軫	角	亢	氐	房	心
8月	尾	箕	斗	女	虚	危	室	壁	奎	婁	胃	昴	畢	觜	参	井	鬼	柳	張	翼	軫	角	亢	氐	房	心	尾	箕	斗	女	虚
9月	危	室	壁	奎	婁	胃	昴	畢	觜	参	井	鬼	柳	星	張	翼	軫	角	亢	氐	房	心	尾	箕	斗	女	虚	危	室	壁	
10月	奎	婁	胃	昴	畢	觜	参	井	鬼	柳	星	張	翼	軫	角	亢	氐	房	心	尾	箕	斗	女	虚	危	室	壁	奎	婁	胃	昴
11月	畢	觜	参	井	鬼	柳	星	張	翼	軫	角	亢	氐	房	心	心	尾	箕	斗	女	虚	危	室	壁	奎	婁	胃	昴	畢	觜	
12月	参	井	鬼	柳	星	張	翼	軫	角	亢	氐	房	心	尾	箕	斗	女	虚	危	室	壁	奎	婁	胃	昴	畢	觜	参	井	鬼	柳

1964年

	1	2	3	4	5	6	7	8	9	10	11	12	13	14	15	16	17	18	19	20	21	22	23	24	25	26	27	28	29	30	31
1月	星	張	翼	軫	角	亢	氐	房	心	尾	箕	斗	女	虚	虚	危	室	壁	奎	婁	胃	昴	畢	觜	参	井	鬼	柳	星	張	翼
2月	軫	角	亢	氐	房	心	尾	箕	斗	女	虚	危	室	壁	奎	婁	胃	昴	畢	觜	参	井	鬼	柳	星	張	翼	軫	角		
3月	亢	氐	房	心	尾	箕	斗	女	虚	危	室	壁	奎	奎	婁	胃	昴	畢	觜	参	井	鬼	柳	星	張	翼	軫	角	亢	氐	房
4月	心	尾	箕	斗	女	虚	危	室	壁	奎	婁	胃	昴	畢	觜	参	井	鬼	柳	星	張	翼	軫	角	亢	氐	房	心	尾	箕	
5月	斗	女	虚	危	室	壁	奎	婁	胃	昴	畢	畢	觜	参	井	鬼	柳	星	張	翼	軫	角	亢	氐	房	心	尾	箕	斗	女	虚
6月	危	室	壁	奎	婁	胃	昴	畢	觜	参	井	鬼	柳	星	張	翼	軫	角	亢	氐	房	心	尾	箕	斗	女	虚	危	室	壁	
7月	奎	婁	胃	昴	畢	觜	参	井	鬼	柳	星	張	翼	軫	角	亢	氐	房	心	尾	箕	斗	女	虚	危	室	壁	奎	婁	胃	昴
8月	畢	觜	参	井	鬼	柳	星	張	翼	軫	角	亢	氐	房	心	尾	箕	斗	女	虚	危	室	壁	奎	婁	胃	昴	畢	觜	参	井
9月	鬼	柳	星	張	翼	角	亢	氐	房	心	尾	箕	斗	女	虚	危	室	壁	奎	婁	胃	昴	畢	觜	参	井	鬼	柳	星	張	
10月	翼	軫	角	亢	氐	氐	房	心	尾	箕	斗	女	虚	危	室	壁	奎	婁	胃	昴	畢	觜	参	井	鬼	柳	星	張	翼	軫	角
11月	亢	氐	房	心	尾	箕	斗	女	虚	危	室	壁	奎	婁	胃	昴	畢	觜	参	井	鬼	柳	星	張	翼	軫	角	亢	氐	房	
12月	心	尾	箕	斗	女	虚	危	室	壁	奎	婁	胃	昴	畢	觜	参	井	鬼	柳	星	張	翼	軫	角	亢	氐	房	心	尾	箕	斗

1965年

	1	2	3	4	5	6	7	8	9	10	11	12	13	14	15	16	17	18	19	20	21	22	23	24	25	26	27	28	29	30	31
1月	女	虚	虚	危	室	壁	奎	婁	胃	昴	畢	觜	参	井	鬼	柳	星	張	翼	軫	角	亢	氐	房	心	尾	箕	斗	女	虚	危
2月	室	室	壁	奎	婁	胃	昴	畢	觜	参	井	鬼	柳	星	張	翼	軫	角	亢	氐	房	心	尾	箕	斗	女	虚	危			
3月	室	壁	奎	婁	胃	昴	畢	觜	参	井	鬼	柳	星	張	翼	軫	角	亢	氐	房	心	尾	箕	斗	女	虚	危	室	壁	奎	婁
4月	胃	胃	昴	畢	觜	参	井	鬼	柳	星	張	翼	軫	角	亢	氐	房	心	尾	箕	斗	女	虚	危	室	壁	奎	婁	胃	昴	
5月	畢	觜	参	井	鬼	柳	星	張	翼	軫	角	亢	氐	房	心	尾	箕	斗	女	虚	危	室	壁	奎	婁	胃	昴	畢	觜	参	参
6月	井	鬼	柳	星	張	翼	軫	角	亢	氐	房	心	尾	箕	斗	女	虚	危	室	壁	奎	婁	胃	昴	畢	觜	参	井	鬼	柳	
7月	星	張	翼	軫	角	亢	氐	房	心	尾	箕	斗	女	虚	危	室	壁	奎	婁	胃	昴	畢	觜	参	井	鬼	柳	張	翼	軫	角
8月	亢	氐	房	心	尾	箕	斗	女	虚	危	室	壁	奎	婁	胃	昴	畢	觜	参	井	鬼	柳	星	張	翼	軫	角	亢	氐	房	心
9月	尾	箕	斗	女	虚	危	室	壁	奎	婁	胃	昴	畢	觜	参	井	鬼	柳	星	張	翼	軫	角	亢	氐	房	心	尾	箕	斗	
10月	女	虚	危	室	壁	奎	婁	胃	昴	畢	觜	参	井	鬼	柳	星	張	翼	軫	角	亢	氐	房	心	尾	箕	斗	女	虚	危	室
11月	壁	奎	婁	胃	昴	畢	觜	参	井	鬼	柳	星	張	翼	軫	角	亢	氐	房	心	尾	箕	斗	女	虚	危	室	壁	奎	婁	
12月	胃	昴	畢	觜	参	井	鬼	柳	星	張	翼	軫	角	亢	氐	房	心	尾	箕	斗	女	虚	虚	危	室	壁	奎	婁	胃	昴	畢

1966年

	1	2	3	4	5	6	7	8	9	10	11	12	13	14	15	16	17	18	19	20	21	22	23	24	25	26	27	28	29	30	31
1月	觜	参	井	鬼	柳	星	張	翼	軫	角	亢	氐	房	心	尾	箕	斗	女	虚	危	室	室	壁	奎	婁	胃	昴	畢	觜	参	井
2月	鬼	柳	星	張	翼	軫	角	亢	氐	房	心	尾	箕	斗	女	虚	危	室	壁	奎	婁	胃	昴	畢	觜	参	井	鬼			
3月	柳	星	張	翼	軫	角	亢	氐	房	心	尾	箕	斗	女	虚	危	室	壁	奎	婁	胃	胃	昴	畢	觜	参	井	鬼	柳	星	張
4月	翼	軫	角	亢	氐	房	心	尾	箕	斗	女	虚	危	室	壁	奎	婁	胃	昴	畢	胃	昴	畢	觜	参	井	鬼	柳	星	張	
5月	翼	軫	角	亢	氐	房	心	尾	箕	斗	女	虚	危	室	壁	奎	婁	胃	昴	畢	觜	参	井	鬼	柳	星	張	翼	軫	角	亢
6月	氐	房	心	尾	箕	斗	女	虚	危	室	壁	奎	婁	胃	昴	畢	觜	参	参	井	鬼	柳	星	張	翼	軫	角	亢	氐	房	
7月	心	尾	箕	斗	女	虚	危	室	壁	奎	婁	胃	昴	畢	觜	参	井	鬼	柳	星	張	翼	軫	角	亢	氐	房	心	尾	箕	斗
8月	女	虚	危	室	壁	奎	婁	胃	昴	畢	觜	参	井	鬼	柳	張	翼	軫	角	亢	氐	房	心	尾	箕	斗	女	虚	危	室	壁
9月	奎	婁	胃	昴	畢	觜	参	井	鬼	柳	星	張	翼	軫	角	亢	氐	房	心	尾	箕	斗	女	虚	危	室	壁	奎	婁	胃	
10月	昴	畢	觜	参	井	鬼	柳	星	張	翼	軫	角	亢	氐	房	心	尾	箕	斗	女	虚	危	室	壁	奎	婁	胃	昴	畢	觜	参
11月	井	鬼	柳	星	張	翼	軫	角	亢	氐	房	心	尾	箕	斗	女	虚	危	室	壁	奎	婁	胃	昴	畢	觜	参	井	鬼	柳	
12月	星	張	翼	軫	角	亢	氐	房	心	尾	箕	斗	女	虚	危	室	壁	奎	婁	胃	昴	畢	觜	参	井	鬼	柳	星	張	翼	軫

1967年

	1	2	3	4	5	6	7	8	9	10	11	12	13	14	15	16	17	18	19	20	21	22	23	24	25	26	27	28	29	30	31
1月	角	亢	氐	房	心	尾	箕	斗	女	虚	虚	危	室	壁	奎	婁	胃	昴	畢	觜	参	井	鬼	柳	星	張	翼	軫	角	亢	氐
2月	房	心	尾	箕	斗	女	虚	危	室	壁	奎	婁	胃	昴	畢	觜	参	井	鬼	柳	星	張	翼	軫	角	亢	氐	房			
3月	心	尾	箕	斗	女	虚	危	室	壁	奎	奎	婁	胃	昴	畢	觜	参	井	鬼	柳	星	張	翼	軫	角	亢	氐	房	心	尾	箕
4月	斗	女	虚	危	室	壁	奎	婁	胃	胃	昴	畢	觜	参	井	鬼	柳	星	張	翼	軫	角	亢	氐	房	心	尾	箕	斗	女	
5月	虚	危	室	壁	奎	婁	胃	昴	畢	觜	参	井	鬼	柳	星	張	翼	軫	角	亢	氐	房	心	尾	箕	斗	女	虚	危	室	壁
6月	奎	婁	胃	昴	畢	觜	参	参	井	鬼	柳	星	張	翼	軫	角	亢	氐	房	心	尾	箕	斗	女	虚	危	室	壁	奎	婁	
7月	胃	昴	畢	觜	参	井	鬼	鬼	柳	星	張	翼	軫	角	亢	氐	房	心	尾	箕	斗	女	虚	危	室	壁	奎	婁	胃	昴	畢
8月	觜	参	井	鬼	柳	張	翼	軫	角	亢	氐	房	心	尾	箕	斗	女	虚	危	室	壁	奎	婁	胃	昴	畢	觜	参	井	鬼	柳
9月	星	張	翼	角	亢	氐	房	心	尾	箕	斗	女	虚	危	室	壁	奎	婁	胃	昴	畢	觜	参	井	鬼	柳	星	張	翼	軫	
10月	角	亢	氐	氐	房	心	尾	箕	斗	女	虚	危	室	壁	奎	婁	胃	昴	畢	觜	参	井	鬼	柳	星	張	翼	軫	角	亢	氐
11月	房	心	尾	箕	斗	女	虚	危	室	壁	奎	婁	胃	昴	畢	觜	参	井	鬼	柳	星	張	翼	軫	角	亢	氐	房	心	尾	
12月	箕	斗	女	虚	危	室	壁	奎	婁	胃	昴	畢	觜	参	井	鬼	柳	星	張	翼	軫	角	亢	氐	房	心	尾	箕	斗	女	虚

1968年

	1	2	3	4	5	6	7	8	9	10	11	12	13	14	15	16	17	18	19	20	21	22	23	24	25	26	27	28	29	30	31
1月	危	室	壁	奎	婁	胃	昴	畢	觜	参	井	鬼	柳	星	張	翼	軫	角	亢	氐	房	心	尾	箕	斗	女	虚	危	室	室	壁
2月	奎	婁	胃	昴	畢	觜	参	井	鬼	柳	星	張	翼	軫	角	亢	氐	房	心	尾	箕	斗	女	虚	危	室	壁	奎	婁		
3月	胃	昴	畢	觜	参	井	鬼	柳	星	張	翼	軫	角	亢	氐	房	心	尾	箕	斗	女	虚	危	室	壁	奎	婁	胃	胃	昴	畢
4月	觜	参	井	鬼	柳	星	張	翼	軫	角	亢	氐	房	心	尾	箕	斗	女	虚	危	室	壁	奎	婁	胃	昴	畢	畢	觜	参	
5月	井	鬼	柳	星	張	翼	軫	角	亢	氐	房	心	尾	箕	斗	女	虚	危	室	壁	奎	婁	胃	昴	畢	觜	参	井	鬼	柳	星
6月	張	翼	軫	角	亢	氐	房	心	尾	箕	斗	女	虚	危	室	壁	奎	婁	胃	昴	畢	觜	参	井	鬼	鬼	柳	星	張	翼	
7月	軫	角	亢	氐	房	心	尾	箕	斗	女	虚	危	室	壁	奎	婁	胃	昴	畢	觜	参	井	鬼	柳	張	翼	軫	角	亢	氐	房
8月	心	尾	箕	斗	女	虚	危	室	壁	奎	婁	胃	昴	畢	觜	参	井	鬼	柳	星	張	翼	軫	張	翼	軫	角	亢	氐	房	心
9月	尾	箕	斗	女	虚	危	室	壁	奎	婁	胃	昴	畢	觜	参	井	鬼	柳	星	張	翼	角	亢	氐	房	心	尾	箕	斗	女	
10月	虚	危	室	壁	奎	婁	胃	昴	畢	觜	参	井	鬼	柳	星	張	翼	軫	角	亢	氐	氐	房	心	尾	箕	斗	女	虚	危	室
11月	壁	奎	婁	胃	昴	畢	觜	参	井	鬼	柳	星	張	翼	軫	角	亢	氐	房	心	尾	箕	斗	女	虚	危	室	壁	奎	婁	
12月	胃	昴	畢	觜	参	井	鬼	柳	星	張	翼	軫	角	亢	氐	房	心	尾	箕	斗	女	虚	危	室	壁	奎	婁	胃	昴	畢	觜

1969年

	1	2	3	4	5	6	7	8	9	10	11	12	13	14	15	16	17	18	19	20	21	22	23	24	25	26	27	28	29	30	31
1月	参	井	鬼	柳	星	張	翼	軫	角	亢	氐	房	心	尾	箕	斗	女	虚	危	室	壁	奎	婁	胃	昴	畢	觜	参	井	鬼	柳
2月	星	張	翼	軫	角	亢	氐	房	心	尾	箕	斗	女	虚	危	室	室	壁	奎	婁	胃	昴	畢	觜	参	井	鬼	柳			
3月	星	張	翼	軫	角	亢	氐	房	心	尾	箕	斗	女	虚	危	室	壁	奎	婁	胃	昴	畢	觜	参	井	鬼	柳	星	張	翼	軫
4月	角	亢	氐	房	心	尾	箕	斗	女	虚	危	室	壁	奎	婁	胃	胃	昴	畢	觜	参	井	鬼	柳	星	張	翼	軫	角	亢	
5月	氐	房	心	尾	箕	斗	女	虚	危	室	壁	奎	婁	胃	昴	畢	觜	参	井	鬼	柳	星	張	翼	軫	角	亢	氐	房	心	尾
6月	箕	斗	女	虚	危	室	壁	奎	婁	胃	昴	畢	觜	参	参	井	鬼	柳	星	張	翼	軫	角	亢	氐	房	心	尾	箕	斗	
7月	女	虚	危	室	壁	奎	婁	胃	昴	畢	觜	参	井	鬼	柳	星	張	翼	軫	角	亢	氐	房	心	尾	箕	斗	女	虚	危	室
8月	壁	奎	婁	胃	昴	畢	觜	参	井	鬼	柳	星	張	翼	軫	角	亢	氐	房	心	尾	箕	斗	女	虚	危	室	壁	奎	婁	胃
9月	昴	畢	觜	参	井	鬼	柳	星	張	翼	軫	角	亢	氐	房	心	尾	箕	斗	女	虚	危	室	壁	奎	婁	胃	昴	畢	觜	
10月	参	井	鬼	柳	星	張	翼	軫	角	亢	氐	房	心	尾	箕	斗	女	虚	危	室	壁	奎	婁	胃	昴	畢	觜	参	井	鬼	柳
11月	星	張	翼	軫	角	亢	氐	房	心	心	尾	箕	斗	女	虚	危	室	壁	奎	婁	胃	昴	畢	觜	参	井	鬼	柳	星	張	
12月	翼	軫	角	亢	氐	房	心	尾	斗	女	虚	危	室	壁	奎	婁	胃	昴	畢	觜	参	井	鬼	柳	星	張	翼	軫	角	亢	氐

1970年

	1	2	3	4	5	6	7	8	9	10	11	12	13	14	15	16	17	18	19	20	21	22	23	24	25	26	27	28	29	30	31
1月	房	心	尾	箕	斗	女	虚	虚	危	室	壁	奎	婁	胃	昴	畢	觜	参	井	鬼	柳	星	張	翼	軫	角	亢	氐	房	心	尾
2月	箕	斗	女	虚	危	室	壁	奎	婁	胃	昴	畢	觜	参	井	鬼	柳	星	張	翼	軫	角	亢	氐	房	心	尾	箕			
3月	斗	女	虚	危	室	壁	奎	奎	婁	胃	昴	畢	觜	参	井	鬼	柳	星	張	翼	軫	角	亢	氐	房	心	尾	箕	斗	女	虚
4月	危	室	壁	奎	婁	胃	昴	畢	觜	参	井	鬼	柳	星	張	翼	軫	角	亢	氐	房	心	尾	箕	斗	女	虚	危	室	壁	
5月	奎	婁	胃	昴	畢	觜	参	井	鬼	柳	星	張	翼	軫	角	亢	氐	房	心	尾	箕	斗	女	虚	危	室	壁	奎	婁	胃	昴
6月	畢	觜	参	参	井	鬼	柳	星	張	翼	軫	角	亢	氐	房	心	尾	箕	斗	女	虚	危	室	壁	奎	婁	胃	昴	畢	觜	
7月	参	井	鬼	鬼	柳	星	張	翼	軫	角	亢	氐	房	心	尾	箕	斗	女	虚	危	室	壁	奎	婁	胃	昴	畢	觜	参	井	鬼
8月	柳	張	翼	軫	角	亢	氐	房	心	尾	箕	斗	女	虚	危	室	壁	奎	婁	胃	昴	畢	觜	参	井	鬼	柳	星	張	翼	軫
9月	角	亢	氐	房	心	尾	箕	斗	女	虚	危	室	壁	奎	婁	胃	昴	畢	觜	参	井	鬼	柳	星	張	翼	軫	角	亢	氐	
10月	房	心	尾	箕	斗	女	虚	危	室	壁	奎	婁	胃	昴	畢	觜	参	井	鬼	柳	星	張	翼	軫	角	亢	氐	房	心	心	尾
11月	箕	斗	女	虚	危	室	壁	奎	婁	胃	昴	畢	觜	参	井	鬼	柳	星	張	翼	軫	角	亢	氐	房	心	尾	箕	斗	女	
12月	虚	危	室	壁	奎	婁	胃	昴	畢	觜	参	井	鬼	柳	星	張	翼	軫	角	亢	氐	房	心	尾	箕	斗	女	虚	危	室	壁

1971年

	1	2	3	4	5	6	7	8	9	10	11	12	13	14	15	16	17	18	19	20	21	22	23	24	25	26	27	28	29	30	31
1月	奎	婁	胃	昴	畢	觜	参	井	鬼	柳	星	張	翼	軫	角	亢	氐	房	心	尾	箕	斗	女	虚	危	室	室	壁	奎	婁	胃
2月	昴	畢	觜	参	井	鬼	柳	星	張	翼	軫	角	亢	氐	房	心	尾	箕	斗	女	虚	危	室	壁	奎	婁	胃	昴			
3月	畢	觜	参	井	鬼	柳	星	張	翼	軫	角	亢	氐	房	心	尾	箕	斗	女	虚	危	室	壁	奎	婁	胃	胃	昴	畢	觜	参
4月	井	鬼	柳	星	張	翼	軫	角	亢	氐	房	心	尾	箕	斗	女	虚	危	室	壁	奎	婁	胃	昴	畢	觜	参	井	鬼	柳	
5月	星	張	翼	軫	角	亢	氐	房	心	尾	箕	斗	女	虚	危	室	壁	奎	婁	胃	昴	畢	觜	参	井	鬼	柳	星	張	翼	軫
6月	角	亢	氐	房	心	尾	箕	斗	女	虚	危	室	壁	奎	婁	胃	昴	畢	觜	参	井	鬼	参	井	鬼	柳	星	張	翼	軫	
7月	角	亢	氐	房	心	尾	箕	斗	女	虚	危	室	壁	奎	婁	胃	昴	畢	觜	参	井	鬼	柳	星	張	翼	軫	角	亢	氐	房
8月	心	尾	箕	斗	女	虚	危	室	壁	奎	婁	胃	昴	畢	觜	参	井	鬼	柳	星	張	翼	軫	角	亢	氐	房	心	尾	箕	斗
9月	女	虚	危	室	壁	奎	婁	胃	昴	畢	觜	参	井	鬼	柳	星	張	翼	角	亢	氐	房	心	尾	箕	斗	女	虚	危	室	
10月	壁	奎	婁	胃	昴	畢	觜	参	井	鬼	柳	星	張	翼	軫	角	亢	氐	氐	房	心	尾	箕	斗	女	虚	危	室	壁	奎	婁
11月	胃	昴	畢	觜	参	井	鬼	柳	星	張	翼	軫	角	亢	氐	房	心	心	尾	箕	斗	女	虚	危	室	壁	奎	婁	胃	昴	
12月	畢	觜	参	井	鬼	柳	星	張	翼	軫	角	亢	氐	房	心	尾	箕	斗	女	虚	危	室	壁	奎	婁	胃	昴	畢	觜	参	井

1972年

	1	2	3	4	5	6	7	8	9	10	11	12	13	14	15	16	17	18	19	20	21	22	23	24	25	26	27	28	29	30	31
1月	鬼	柳	星	張	翼	軫	角	亢	氐	房	心	尾	箕	斗	女	虚	危	室	壁	奎	婁	胃	昴	畢	觜	参	井	鬼	柳	星	張
2月	翼	軫	角	亢	氐	房	心	尾	箕	斗	女	虚	危	室	室	壁	奎	婁	胃	昴	畢	觜	参	井	鬼	柳	星	張	翼		
3月	軫	角	亢	氐	房	心	尾	箕	斗	女	虚	危	室	壁	奎	婁	胃	昴	畢	觜	参	井	鬼	柳	星	張	翼	軫	角	亢	氐
4月	房	心	尾	箕	斗	女	虚	危	室	壁	奎	婁	胃	胃	昴	畢	觜	参	井	鬼	柳	星	張	翼	軫	角	亢	氐	房	心	
5月	尾	箕	斗	女	虚	危	室	壁	奎	婁	胃	昴	畢	觜	参	井	鬼	柳	星	張	翼	軫	角	亢	氐	房	心	尾	箕	斗	女
6月	虚	危	室	壁	奎	婁	胃	昴	畢	觜	参	井	鬼	柳	星	張	翼	軫	角	亢	氐	房	心	尾	箕	斗	女	虚	危	室	
7月	壁	奎	婁	胃	昴	畢	觜	参	井	鬼	鬼	柳	星	張	翼	軫	角	亢	氐	房	心	尾	箕	斗	女	虚	危	室	壁	奎	婁
8月	胃	昴	畢	觜	参	井	鬼	柳	張	翼	軫	角	亢	氐	房	心	尾	箕	斗	女	虚	危	室	壁	奎	婁	胃	昴	畢	觜	参
9月	井	鬼	柳	星	張	翼	軫	角	亢	氐	房	心	尾	箕	斗	女	虚	危	室	壁	奎	婁	胃	昴	畢	觜	参	井	鬼	柳	
10月	星	張	翼	軫	角	亢	氐	房	心	尾	箕	斗	女	虚	危	室	壁	奎	婁	胃	昴	畢	觜	参	井	鬼	柳	星	張	翼	軫
11月	角	亢	氐	房	心	心	尾	箕	斗	女	虚	危	室	壁	奎	婁	胃	昴	畢	觜	参	井	鬼	柳	星	張	翼	軫	角	亢	
12月	氐	房	心	尾	箕	斗	女	虚	危	室	壁	奎	婁	胃	昴	畢	觜	参	井	鬼	柳	星	張	翼	軫	角	亢	氐	房	心	尾

1973年

	1	2	3	4	5	6	7	8	9	10	11	12	13	14	15	16	17	18	19	20	21	22	23	24	25	26	27	28	29	30	31
1月	箕	斗	女	虚	虚	危	室	壁	奎	婁	胃	昴	畢	觜	参	井	鬼	柳	星	張	翼	軫	角	亢	氐	房	心	尾	箕	斗	女
2月	虚	危	室	壁	奎	婁	胃	昴	畢	觜	参	井	鬼	柳	星	張	翼	軫	角	亢	氐	房	心	尾	箕	斗	女	虚			
3月	危	室	壁	奎	奎	婁	胃	昴	畢	觜	参	井	鬼	柳	星	張	翼	軫	角	亢	氐	房	心	尾	箕	斗	女	虚	危	室	壁
4月	奎	婁	胃	昴	畢	觜	参	井	鬼	柳	星	張	翼	軫	角	亢	氐	房	心	尾	箕	斗	女	虚	危	室	壁	奎	婁	胃	
5月	昴	畢	畢	觜	参	井	鬼	柳	星	張	翼	軫	角	亢	氐	房	心	尾	箕	斗	女	虚	危	室	壁	奎	婁	胃	昴	畢	觜
6月	参	井	鬼	柳	星	張	翼	軫	角	亢	氐	房	心	尾	箕	斗	女	虚	危	室	壁	奎	婁	胃	昴	畢	觜	参	井	鬼	
7月	柳	星	張	翼	軫	角	亢	氐	房	心	尾	箕	斗	女	虚	危	室	壁	奎	婁	胃	昴	畢	觜	参	井	鬼	柳	星	張	翼
8月	軫	角	亢	氐	房	心	尾	箕	斗	女	虚	危	室	壁	奎	婁	胃	昴	畢	觜	参	井	鬼	柳	星	張	翼	角	亢	氐	房
9月	心	尾	箕	斗	女	虚	危	室	壁	奎	婁	胃	昴	畢	觜	参	井	鬼	柳	星	張	翼	軫	角	亢	氐	房	心	尾	箕	
10月	斗	女	虚	危	室	壁	奎	婁	胃	昴	畢	觜	参	井	鬼	柳	星	張	翼	軫	角	亢	氐	房	心	心	尾	箕	斗	女	虚
11月	危	室	壁	奎	婁	胃	昴	畢	觜	参	井	鬼	柳	星	張	翼	軫	角	亢	氐	房	心	尾	箕	斗	女	虚	危	室	壁	
12月	奎	婁	胃	昴	畢	觜	参	井	鬼	柳	星	張	翼	軫	角	亢	氐	房	心	尾	箕	斗	女	虚	虚	危	室	壁	奎	婁	胃

1974年

	1	2	3	4	5	6	7	8	9	10	11	12	13	14	15	16	17	18	19	20	21	22	23	24	25	26	27	28	29	30	31
1月	昴	畢	觜	参	井	鬼	柳	星	張	翼	軫	角	亢	氐	房	心	尾	箕	斗	女	虚	危	室	壁	奎	婁	胃	昴	畢	觜	参
2月	井	鬼	柳	星	張	翼	軫	角	亢	氐	房	心	尾	箕	斗	女	虚	危	室	壁	奎	奎	婁	胃	昴	畢	觜	参			
3月	井	鬼	柳	星	張	翼	軫	角	亢	氐	房	心	尾	箕	斗	女	虚	危	室	壁	奎	婁	胃	胃	昴	畢	觜	参	井	鬼	柳
4月	星	張	翼	軫	角	亢	氐	房	心	尾	箕	斗	女	虚	危	室	壁	奎	婁	胃	昴	畢	觜	参	井	鬼	柳	星	張	翼	
5月	軫	角	亢	氐	房	心	尾	箕	斗	女	虚	危	室	壁	奎	婁	胃	昴	畢	觜	参	畢	觜	参	井	鬼	柳	星	張	翼	軫
6月	角	亢	氐	房	心	尾	箕	斗	女	虚	危	室	壁	奎	婁	胃	昴	畢	觜	参	井	鬼	柳	星	張	翼	軫	角	亢	氐	
7月	房	心	尾	箕	斗	女	虚	危	室	壁	奎	婁	胃	昴	畢	觜	参	井	鬼	柳	星	張	翼	軫	角	亢	氐	房	心	尾	箕
8月	斗	女	虚	危	室	壁	奎	婁	胃	昴	畢	觜	参	井	鬼	柳	星	張	翼	軫	角	亢	氐	房	心	尾	箕	斗	女	虚	危
9月	室	壁	奎	婁	胃	昴	畢	觜	参	井	鬼	柳	星	張	翼	角	亢	氐	房	心	尾	箕	斗	女	虚	危	室	壁	奎	婁	
10月	胃	昴	畢	觜	参	井	鬼	柳	星	張	翼	軫	角	亢	氐	房	心	尾	箕	斗	女	虚	危	室	壁	奎	婁	胃	昴	畢	觜
11月	参	井	鬼	柳	星	張	翼	軫	角	亢	氐	房	心	心	尾	箕	斗	女	虚	危	室	壁	奎	婁	胃	昴	畢	觜	参	井	
12月	鬼	柳	星	張	翼	軫	角	亢	氐	房	心	尾	箕	斗	女	虚	危	室	壁	奎	婁	胃	昴	畢	觜	参	井	鬼	柳	星	張

1975年

	1	2	3	4	5	6	7	8	9	10	11	12	13	14	15	16	17	18	19	20	21	22	23	24	25	26	27	28	29	30	31
1月	翼	軫	角	亢	氐	房	心	尾	箕	斗	女	虚	危	室	壁	奎	婁	胃	昴	畢	觜	参	井	鬼	柳	星	張	翼	軫	角	亢
2月	氐	房	心	尾	箕	斗	女	虚	危	室	室	壁	奎	婁	胃	昴	畢	觜	参	井	鬼	柳	星	張	翼	軫	角	亢			
3月	氐	房	心	尾	箕	斗	女	虚	危	室	壁	奎	奎	婁	胃	昴	畢	觜	参	井	鬼	柳	星	張	翼	軫	角	亢	氐	房	心
4月	尾	箕	斗	女	虚	危	室	壁	奎	婁	胃	胃	昴	畢	觜	参	井	鬼	柳	星	張	翼	軫	角	亢	氐	房	心	尾	箕	
5月	斗	女	虚	危	室	壁	奎	婁	胃	昴	畢	觜	参	井	鬼	柳	星	張	翼	軫	角	亢	氐	房	心	尾	箕	斗	女	虚	危
6月	室	壁	奎	婁	胃	昴	畢	觜	参	参	井	鬼	柳	星	張	翼	軫	角	亢	氐	房	心	尾	箕	斗	女	虚	危	室	壁	
7月	奎	婁	胃	昴	畢	觜	参	井	鬼	柳	星	張	翼	軫	角	亢	氐	房	心	尾	箕	斗	女	虚	危	室	壁	奎	婁	胃	昴
8月	畢	觜	参	井	鬼	柳	張	翼	軫	角	亢	氐	房	心	尾	箕	斗	女	虚	危	室	壁	奎	婁	胃	昴	畢	觜	参	井	鬼
9月	柳	星	張	翼	軫	角	亢	氐	房	心	尾	箕	斗	女	虚	危	室	壁	奎	婁	胃	昴	畢	觜	参	井	鬼	柳	星	張	
10月	翼	軫	角	亢	氐	房	心	尾	箕	斗	女	虚	危	室	壁	奎	婁	胃	昴	畢	觜	参	井	鬼	柳	星	張	翼	軫	角	亢
11月	氐	房	心	尾	箕	斗	女	虚	危	室	壁	奎	婁	胃	昴	畢	觜	参	井	鬼	柳	星	張	翼	軫	角	亢	氐	房	心	
12月	尾	箕	斗	女	虚	危	室	壁	奎	婁	胃	昴	畢	觜	参	井	鬼	柳	星	張	翼	軫	角	亢	氐	房	心	尾	箕	斗	女

1976年

	1	2	3	4	5	6	7	8	9	10	11	12	13	14	15	16	17	18	19	20	21	22	23	24	25	26	27	28	29	30	31
1月	虚	危	室	壁	奎	婁	胃	昴	畢	觜	参	井	鬼	柳	星	張	翼	軫	角	亢	氐	房	心	尾	箕	斗	女	虚	危	室	室
2月	壁	奎	婁	胃	昴	畢	觜	参	井	鬼	柳	星	張	翼	軫	角	亢	氐	房	心	尾	箕	斗	女	虚	危	室	壁	奎		
3月	奎	婁	胃	昴	畢	觜	参	井	鬼	柳	星	張	翼	軫	角	亢	氐	房	心	尾	箕	斗	女	虚	危	室	壁	奎	婁	胃	胃
4月	昴	畢	觜	参	井	鬼	柳	星	張	翼	軫	角	亢	氐	房	心	尾	箕	斗	女	虚	危	室	壁	奎	婁	胃	昴	畢	觜	
5月	参	井	鬼	柳	星	張	翼	軫	角	亢	氐	房	心	尾	箕	斗	女	虚	危	室	壁	奎	婁	胃	昴	畢	觜	参	参	井	鬼
6月	柳	星	張	翼	軫	角	亢	氐	房	心	尾	箕	斗	女	虚	危	室	壁	奎	婁	胃	昴	畢	觜	参	井	鬼	柳	星	張	
7月	翼	軫	角	亢	氐	房	心	尾	箕	斗	女	虚	危	室	壁	奎	婁	胃	昴	畢	觜	参	井	鬼	柳	星	張	翼	軫	角	亢
8月	氐	房	心	尾	箕	斗	女	虚	危	室	壁	奎	婁	胃	昴	畢	觜	参	井	鬼	柳	星	張	翼	角	亢	氐	房	心	尾	箕
9月	斗	女	虚	危	室	壁	奎	婁	胃	昴	畢	觜	参	井	鬼	柳	星	張	翼	軫	角	亢	氐	角	亢	氐	房	心	尾	箕	
10月	斗	女	虚	危	室	壁	奎	婁	胃	昴	畢	觜	参	井	鬼	柳	星	張	翼	軫	角	亢	氐	房	心	尾	箕	斗	女	虚	危
11月	室	壁	奎	婁	胃	昴	畢	觜	参	井	鬼	柳	星	張	翼	軫	角	亢	氐	房	心	心	尾	箕	斗	女	虚	危	室	壁	
12月	奎	婁	胃	昴	畢	觜	参	井	鬼	柳	星	張	翼	軫	角	亢	氐	房	心	尾	斗	女	虚	危	室	壁	奎	婁	胃	昴	畢

1977年

	1	2	3	4	5	6	7	8	9	10	11	12	13	14	15	16	17	18	19	20	21	22	23	24	25	26	27	28	29	30	31
1月	觜	参	井	鬼	柳	星	張	翼	軫	角	亢	氐	房	心	尾	箕	斗	女	虚	危	室	壁	奎	婁	胃	昴	畢	觜	参	井	鬼
2月	柳	星	張	翼	軫	角	亢	氐	房	心	尾	箕	斗	女	虚	危	室	室	壁	奎	婁	胃	昴	畢	觜	参	井	鬼			
3月	柳	星	張	翼	軫	角	亢	氐	房	心	尾	箕	斗	女	虚	危	室	壁	奎	奎	婁	胃	昴	畢	觜	参	井	鬼	柳	星	張
4月	翼	軫	角	亢	氐	房	心	尾	箕	斗	女	虚	危	室	壁	奎	婁	胃	昴	畢	觜	参	井	鬼	柳	星	張	翼	軫	角	
5月	亢	氐	房	心	尾	箕	斗	女	虚	危	室	壁	奎	婁	胃	昴	畢	畢	觜	参	井	鬼	柳	星	張	翼	軫	角	亢	氐	房
6月	心	尾	箕	斗	女	虚	危	室	壁	奎	婁	胃	昴	畢	觜	参	参	井	鬼	柳	星	張	翼	軫	角	亢	氐	房	心	尾	
7月	箕	斗	女	虚	危	室	壁	奎	婁	胃	昴	畢	觜	参	井	鬼	柳	星	張	翼	軫	角	亢	氐	房	心	尾	箕	斗	女	虚
8月	危	室	壁	奎	婁	胃	昴	畢	觜	参	井	鬼	柳	星	張	翼	軫	角	亢	氐	房	心	尾	箕	斗	女	虚	危	室	壁	奎
9月	婁	胃	昴	畢	觜	参	井	鬼	柳	星	張	翼	角	亢	氐	房	心	尾	箕	斗	女	虚	危	室	壁	奎	婁	胃	昴	畢	
10月	觜	参	井	鬼	柳	星	張	翼	軫	角	亢	氐	氐	房	心	尾	箕	斗	女	虚	危	室	壁	奎	婁	胃	昴	畢	觜	参	井
11月	鬼	柳	星	張	翼	軫	角	亢	氐	房	心	尾	箕	斗	女	虚	危	室	壁	奎	婁	胃	昴	畢	觜	参	井	鬼	柳	星	
12月	張	翼	軫	角	亢	氐	房	心	尾	箕	斗	女	虚	危	室	壁	奎	婁	胃	昴	畢	觜	参	井	鬼	柳	星	張	翼	軫	角

1978年

	1	2	3	4	5	6	7	8	9	10	11	12	13	14	15	16	17	18	19	20	21	22	23	24	25	26	27	28	29	30	31
1月	亢	氐	房	心	尾	箕	斗	女	虚	危	室	壁	奎	婁	胃	昴	畢	觜	参	井	鬼	柳	星	張	翼	軫	角	亢	氐	房	心
2月	尾	箕	斗	女	虚	危	室	壁	奎	婁	胃	昴	畢	觜	参	井	鬼	柳	星	張	翼	軫	角	亢	氐	房	心	尾			
3月	箕	斗	女	虚	危	室	壁	奎	奎	婁	胃	昴	畢	觜	参	井	鬼	柳	星	張	翼	軫	角	亢	氐	房	心	尾	箕	斗	女
4月	虚	危	室	壁	奎	婁	胃	胃	昴	畢	觜	参	井	鬼	柳	星	張	翼	軫	角	亢	氐	房	心	尾	箕	斗	女	虚	危	
5月	室	壁	奎	婁	胃	昴	畢	觜	参	井	鬼	柳	星	張	翼	軫	角	亢	氐	房	心	尾	箕	斗	女	虚	危	室	壁	奎	婁
6月	胃	昴	畢	觜	参	参	井	鬼	柳	星	張	翼	軫	角	亢	氐	房	心	尾	箕	斗	女	虚	危	室	壁	奎	婁	胃	昴	
7月	畢	觜	参	井	鬼	柳	星	張	翼	軫	角	亢	氐	房	心	尾	箕	斗	女	虚	危	室	壁	奎	婁	胃	昴	畢	觜	参	井
8月	鬼	柳	星	張	翼	軫	角	亢	氐	房	心	尾	箕	斗	女	虚	危	室	壁	奎	婁	胃	昴	畢	觜	参	井	鬼	柳	星	張
9月	翼	軫	角	亢	氐	房	心	尾	箕	斗	女	虚	危	室	壁	奎	婁	胃	昴	畢	觜	参	井	鬼	柳	星	張	翼	軫	角	
10月	亢	氐	房	心	尾	箕	斗	女	虚	危	室	壁	奎	婁	胃	昴	畢	觜	参	井	鬼	柳	星	張	翼	軫	角	亢	氐	房	心
11月	心	尾	箕	斗	女	虚	危	室	壁	奎	婁	胃	昴	畢	觜	参	井	鬼	柳	星	張	翼	軫	角	亢	氐	房	心	尾	斗	
12月	女	虚	危	室	壁	奎	婁	胃	昴	畢	觜	参	井	鬼	柳	星	張	翼	軫	角	亢	氐	房	心	尾	箕	斗	女	虚	虚	危

1979年

	1	2	3	4	5	6	7	8	9	10	11	12	13	14	15	16	17	18	19	20	21	22	23	24	25	26	27	28	29	30	31
1月	室	壁	奎	婁	胃	昴	畢	觜	参	井	鬼	柳	星	張	翼	軫	角	亢	氐	房	心	尾	箕	斗	女	虚	危	室	壁	奎	婁
2月	胃	昴	畢	觜	参	井	鬼	柳	星	張	翼	軫	角	亢	氐	房	心	尾	箕	斗	女	虚	危	室	壁	奎	奎	婁			
3月	胃	昴	畢	觜	参	井	鬼	柳	星	張	翼	軫	角	亢	氐	房	心	尾	箕	斗	女	虚	危	室	壁	奎	婁	胃	昴	畢	觜
4月	参	井	鬼	柳	星	張	翼	軫	角	亢	氐	房	心	尾	箕	斗	女	虚	危	室	壁	奎	婁	胃	昴	畢	觜	参	井	鬼	
5月	柳	星	張	翼	軫	角	亢	氐	房	心	尾	箕	斗	女	虚	危	室	壁	奎	婁	胃	昴	畢	觜	参	参	井	鬼	柳	星	張
6月	翼	軫	角	亢	氐	房	心	尾	箕	斗	女	虚	危	室	壁	奎	婁	胃	昴	畢	觜	参	井	鬼	柳	星	張	翼	軫	角	
7月	亢	氐	房	心	尾	箕	斗	女	虚	危	室	壁	奎	婁	胃	昴	畢	觜	参	井	鬼	柳	星	鬼	柳	星	張	翼	軫	角	亢
8月	氐	房	心	尾	箕	斗	女	虚	危	室	壁	奎	婁	胃	昴	畢	觜	参	井	鬼	柳	星	張	翼	軫	角	亢	氐	房	心	尾
9月	箕	斗	女	虚	危	室	壁	奎	婁	胃	昴	畢	觜	参	井	鬼	柳	星	張	翼	角	亢	氐	房	心	尾	箕	斗	女	虚	
10月	危	室	壁	奎	婁	胃	昴	畢	觜	参	井	鬼	柳	星	張	翼	軫	角	亢	氐	氐	房	心	尾	箕	斗	女	虚	危	室	壁
11月	奎	婁	胃	昴	畢	觜	参	井	鬼	柳	星	張	翼	軫	角	亢	氐	房	心	心	尾	箕	斗	女	虚	危	室	壁	奎	婁	
12月	胃	昴	畢	觜	参	井	鬼	柳	星	張	翼	軫	角	亢	氐	房	心	尾	斗	女	虚	危	室	壁	奎	婁	胃	昴	畢	觜	参

1980年

	1	2	3	4	5	6	7	8	9	10	11	12	13	14	15	16	17	18	19	20	21	22	23	24	25	26	27	28	29	30	31
1月	井	鬼	柳	星	張	翼	軫	角	亢	氐	房	心	尾	箕	斗	女	虚	虚	危	室	壁	奎	婁	胃	昴	畢	觜	参	井	鬼	柳
2月	星	張	翼	軫	角	亢	氐	房	心	尾	箕	斗	女	虚	危	室	壁	奎	婁	胃	昴	畢	觜	参	井	鬼	柳	星	張		
3月	翼	軫	角	亢	氐	房	心	尾	箕	斗	女	虚	危	室	壁	奎	奎	婁	胃	昴	畢	觜	参	井	鬼	柳	星	張	翼	軫	角
4月	亢	氐	房	心	尾	箕	斗	女	虚	危	室	壁	奎	婁	胃	昴	畢	觜	参	井	鬼	柳	星	張	翼	軫	角	亢	氐	房	
5月	心	尾	箕	斗	女	虚	危	室	壁	奎	婁	胃	昴	畢	觜	参	井	鬼	柳	星	張	翼	軫	角	亢	氐	房	心	尾	箕	斗
6月	女	虚	危	室	壁	奎	婁	胃	昴	畢	觜	参	参	井	鬼	柳	星	張	翼	軫	角	亢	氐	房	心	尾	箕	斗	女	虚	
7月	危	室	壁	奎	婁	胃	昴	畢	觜	参	井	鬼	柳	星	張	翼	軫	角	亢	氐	房	心	尾	箕	斗	女	虚	危	室	壁	奎
8月	婁	胃	昴	畢	觜	参	井	鬼	柳	星	張	翼	軫	角	亢	氐	房	心	尾	箕	斗	女	虚	危	室	壁	奎	婁	胃	昴	畢
9月	觜	参	井	鬼	柳	星	張	翼	角	亢	氐	房	心	尾	箕	斗	女	虚	危	室	壁	奎	婁	胃	昴	畢	觜	参	井	鬼	
10月	柳	星	張	翼	軫	角	亢	氐	氐	房	心	尾	箕	斗	女	虚	危	室	壁	奎	婁	胃	昴	畢	觜	参	井	鬼	柳	星	張
11月	翼	軫	角	亢	氐	房	心	心	尾	箕	斗	女	虚	危	室	壁	奎	婁	胃	昴	畢	觜	参	井	鬼	柳	星	張	翼	軫	
12月	角	亢	氐	房	心	尾	斗	女	虚	危	室	壁	奎	婁	胃	昴	畢	觜	参	井	鬼	柳	星	張	翼	軫	角	亢	氐	房	心

1981年

	1	2	3	4	5	6	7	8	9	10	11	12	13	14	15	16	17	18	19	20	21	22	23	24	25	26	27	28	29	30	31
1月	尾	箕	斗	女	虚	虚	危	室	壁	奎	婁	胃	昴	畢	觜	参	井	鬼	柳	星	張	翼	軫	角	亢	氐	房	心	尾	箕	斗
2月	女	虚	危	室	室	壁	奎	婁	胃	昴	畢	觜	参	井	鬼	柳	星	張	翼	軫	角	亢	氐	房	心	尾	箕	斗			
3月	女	虚	危	室	壁	奎	婁	胃	昴	畢	觜	参	井	鬼	柳	星	張	翼	軫	角	亢	氐	房	心	尾	箕	斗	女	虚	危	室
4月	壁	奎	婁	胃	胃	昴	畢	觜	参	井	鬼	柳	星	張	翼	軫	角	亢	氐	房	心	尾	箕	斗	女	虚	危	室	壁	奎	
5月	婁	胃	昴	畢	觜	参	井	鬼	柳	星	張	翼	軫	角	亢	氐	房	心	尾	箕	斗	女	虚	危	室	壁	奎	婁	胃	昴	畢
6月	觜	参	井	鬼	柳	星	張	翼	軫	角	亢	氐	房	心	尾	箕	斗	女	虚	危	室	壁	奎	婁	胃	昴	畢	觜	参	井	
7月	鬼	鬼	柳	星	張	翼	軫	角	亢	氐	房	心	尾	箕	斗	女	虚	危	室	壁	奎	婁	胃	昴	畢	觜	参	井	鬼	柳	張
8月	翼	軫	角	亢	氐	房	心	尾	箕	斗	女	虚	危	室	壁	奎	婁	胃	昴	畢	觜	参	井	鬼	柳	星	張	翼	角	亢	氐
9月	房	心	尾	箕	斗	女	虚	危	室	壁	奎	婁	胃	昴	畢	觜	参	井	鬼	柳	星	張	翼	軫	角	亢	氐	氐	房	心	
10月	尾	箕	斗	女	虚	危	室	壁	奎	婁	胃	昴	畢	觜	参	井	鬼	柳	星	張	翼	軫	角	亢	氐	房	心	心	尾	箕	斗
11月	女	虚	危	室	壁	奎	婁	胃	昴	畢	觜	参	井	鬼	柳	星	張	翼	軫	角	亢	氐	房	心	尾	斗	女	虚	危	室	
12月	壁	奎	婁	胃	昴	畢	觜	参	井	鬼	柳	星	張	翼	軫	角	亢	氐	房	心	尾	箕	斗	女	虚	虚	危	室	壁	奎	婁

1982年

	1	2	3	4	5	6	7	8	9	10	11	12	13	14	15	16	17	18	19	20	21	22	23	24	25	26	27	28	29	30	31
1月	胃	昴	畢	觜	参	井	鬼	柳	星	張	翼	軫	角	亢	氐	房	心	尾	箕	斗	女	虚	危	室	室	壁	奎	婁	胃	昴	畢
2月	觜	参	井	鬼	柳	星	張	翼	軫	角	亢	氐	房	心	尾	箕	斗	女	虚	危	室	壁	奎	奎	婁	胃	昴	畢			
3月	觜	参	井	鬼	柳	星	張	翼	軫	角	亢	氐	房	心	尾	箕	斗	女	虚	危	室	壁	奎	婁	胃	昴	畢	觜	参	井	鬼
4月	柳	星	張	翼	軫	角	亢	氐	房	心	尾	箕	斗	女	虚	危	室	壁	奎	婁	胃	昴	畢	畢	觜	参	井	鬼	柳	星	
5月	張	翼	軫	角	亢	氐	房	心	尾	箕	斗	女	虚	危	室	壁	奎	婁	胃	昴	畢	觜	畢	觜	参	井	鬼	柳	星	張	翼
6月	軫	角	亢	氐	房	心	尾	箕	斗	女	虚	危	室	壁	奎	婁	胃	昴	畢	觜	参	井	鬼	柳	星	張	翼	軫	角	亢	
7月	氐	房	心	尾	箕	斗	女	虚	危	室	壁	奎	婁	胃	昴	畢	觜	参	井	鬼	鬼	柳	星	張	翼	軫	角	亢	氐	房	心
8月	尾	箕	斗	女	虚	危	室	壁	奎	婁	胃	昴	畢	觜	参	井	鬼	柳	張	翼	軫	角	亢	氐	房	心	尾	箕	斗	女	虚
9月	危	室	壁	奎	婁	胃	昴	畢	觜	参	井	鬼	柳	星	張	翼	角	亢	氐	房	心	尾	箕	斗	女	虚	危	室	壁	奎	
10月	婁	胃	昴	畢	觜	参	井	鬼	柳	星	張	翼	軫	角	亢	氐	氐	房	心	尾	箕	斗	女	虚	危	室	壁	奎	婁	胃	昴
11月	畢	觜	参	井	鬼	柳	星	張	翼	軫	角	亢	氐	房	心	心	尾	箕	斗	女	虚	危	室	壁	奎	婁	胃	昴	畢	觜	
12月	参	井	鬼	柳	星	張	翼	軫	角	亢	氐	房	心	尾	斗	女	虚	危	室	壁	奎	婁	胃	昴	畢	觜	参	井	鬼	柳	星

1983年

	1	2	3	4	5	6	7	8	9	10	11	12	13	14	15	16	17	18	19	20	21	22	23	24	25	26	27	28	29	30	31
1月	張	翼	軫	角	亢	氐	房	心	尾	箕	斗	女	虚	虚	危	室	壁	奎	婁	胃	昴	畢	觜	参	井	鬼	柳	星	張	翼	軫
2月	角	亢	氐	房	心	尾	箕	斗	女	虚	危	室	室	壁	奎	婁	胃	昴	畢	觜	参	井	鬼	柳	星	張	翼	軫			
3月	角	亢	氐	房	心	尾	箕	斗	女	虚	危	室	壁	奎	奎	婁	胃	昴	畢	觜	参	井	鬼	柳	星	張	翼	軫	角	亢	氐
4月	房	心	尾	箕	斗	女	虚	危	室	壁	奎	婁	胃	昴	畢	觜	参	井	鬼	柳	星	張	翼	軫	角	亢	氐	房	心	尾	
5月	箕	斗	女	虚	危	室	壁	奎	婁	胃	昴	畢	畢	觜	参	井	鬼	柳	星	張	翼	軫	角	亢	氐	房	心	尾	箕	斗	女
6月	虚	危	室	壁	奎	婁	胃	昴	畢	觜	参	井	鬼	柳	星	張	翼	軫	角	亢	氐	房	心	尾	箕	斗	女	虚	危	室	
7月	壁	奎	婁	胃	昴	畢	觜	参	井	鬼	柳	星	張	翼	軫	角	亢	氐	房	心	尾	箕	斗	女	虚	危	室	壁	奎	婁	胃
8月	昴	畢	觜	参	井	鬼	柳	星	張	翼	軫	角	亢	氐	房	心	尾	箕	斗	女	虚	危	室	壁	奎	婁	胃	昴	畢	觜	参
9月	井	鬼	柳	星	張	翼	角	亢	氐	房	心	尾	箕	斗	女	虚	危	室	壁	奎	婁	胃	昴	畢	觜	参	井	鬼	柳	星	
10月	張	翼	軫	角	亢	氐	房	心	尾	箕	斗	女	虚	危	室	壁	奎	婁	胃	昴	畢	觜	参	井	鬼	柳	星	張	翼	軫	角
11月	亢	氐	房	心	心	尾	箕	斗	女	虚	危	室	壁	奎	婁	胃	昴	畢	觜	参	井	鬼	柳	星	張	翼	軫	角	亢	氐	
12月	房	心	尾	斗	女	虚	危	室	壁	奎	婁	胃	昴	畢	觜	参	井	鬼	柳	星	張	翼	軫	角	亢	氐	房	心	尾	箕	斗

1984年

	1	2	3	4	5	6	7	8	9	10	11	12	13	14	15	16	17	18	19	20	21	22	23	24	25	26	27	28	29	30	31
1月	女	虚	虚	危	室	壁	奎	婁	胃	昴	畢	觜	参	井	鬼	柳	星	張	翼	軫	角	亢	氐	房	心	尾	箕	斗	女	虚	危
2月	室	室	壁	奎	婁	胃	昴	畢	觜	参	井	鬼	柳	星	張	翼	軫	角	亢	氐	房	心	尾	箕	斗	女	虚	危	室		
3月	壁	奎	奎	婁	胃	昴	畢	觜	参	井	鬼	柳	星	張	翼	軫	角	亢	氐	房	心	尾	箕	斗	女	虚	危	室	壁	奎	婁
4月	胃	昴	畢	觜	参	井	鬼	柳	星	張	翼	軫	角	亢	氐	房	心	尾	箕	斗	女	虚	危	室	壁	奎	婁	胃	昴	畢	
5月	畢	觜	参	井	鬼	柳	星	張	翼	軫	角	亢	氐	房	心	尾	箕	斗	女	虚	危	室	壁	奎	婁	胃	昴	畢	觜	参	参
6月	井	鬼	柳	星	張	翼	軫	角	亢	氐	房	心	尾	箕	斗	女	虚	危	室	壁	奎	婁	胃	昴	畢	觜	参	井	鬼	柳	
7月	星	張	翼	軫	角	亢	氐	房	心	尾	箕	斗	女	虚	危	室	壁	奎	婁	胃	昴	畢	觜	参	井	鬼	柳	張	翼	軫	角
8月	亢	氐	房	心	尾	箕	斗	女	虚	危	室	壁	奎	婁	胃	昴	畢	觜	参	井	鬼	柳	星	張	翼	軫	角	亢	氐	房	心
9月	尾	箕	斗	女	虚	危	室	壁	奎	婁	胃	昴	畢	觜	参	井	鬼	柳	星	張	翼	軫	角	亢	氐	房	心	尾	箕	斗	
10月	女	虚	危	室	壁	奎	婁	胃	昴	畢	觜	参	井	鬼	柳	星	張	翼	軫	角	亢	氐	房	心	尾	箕	斗	女	虚	危	室
11月	壁	奎	婁	胃	昴	畢	觜	参	井	鬼	柳	星	張	翼	軫	角	亢	氐	房	心	尾	箕	心	尾	箕	斗	女	虚	危	室	
12月	壁	奎	婁	胃	昴	畢	觜	参	井	鬼	柳	星	張	翼	軫	角	亢	氐	房	心	尾	斗	女	虚	危	室	壁	奎	婁	胃	昴

1985年

	1	2	3	4	5	6	7	8	9	10	11	12	13	14	15	16	17	18	19	20	21	22	23	24	25	26	27	28	29	30	31
1月	畢	觜	参	井	鬼	柳	星	張	翼	軫	角	亢	氐	房	心	尾	箕	斗	女	虚	虚	危	室	壁	奎	婁	胃	昴	畢	觜	参
2月	井	鬼	柳	星	張	翼	軫	角	亢	氐	房	心	尾	箕	斗	女	虚	危	室	室	壁	奎	婁	胃	昴	畢	觜	参			
3月	井	鬼	柳	星	張	翼	軫	角	亢	氐	房	心	尾	箕	斗	女	虚	危	室	壁	奎	婁	胃	昴	畢	觜	参	井	鬼	柳	星
4月	張	翼	軫	角	亢	氐	房	心	尾	箕	斗	女	虚	危	室	壁	奎	婁	胃	胃	昴	畢	觜	参	井	鬼	柳	星	張	翼	
5月	軫	角	亢	氐	房	心	尾	箕	斗	女	虚	危	室	壁	奎	婁	胃	昴	畢	畢	觜	参	井	鬼	柳	星	張	翼	軫	角	亢
6月	氐	房	心	尾	箕	斗	女	虚	危	室	壁	奎	婁	胃	昴	畢	觜	参	井	鬼	柳	星	張	翼	軫	角	亢	氐	房	心	
7月	尾	箕	斗	女	虚	危	室	壁	奎	婁	胃	昴	畢	觜	参	井	鬼	鬼	柳	星	張	翼	軫	角	亢	氐	房	心	尾	箕	斗
8月	女	虚	危	室	壁	奎	婁	胃	昴	畢	觜	参	井	鬼	柳	張	翼	軫	角	亢	氐	房	心	尾	箕	斗	女	虚	危	室	壁
9月	奎	婁	胃	昴	畢	觜	参	井	鬼	柳	星	張	翼	軫	角	亢	氐	房	心	尾	箕	斗	女	虚	危	室	壁	奎	婁	胃	
10月	昴	畢	觜	参	井	鬼	柳	星	張	翼	軫	角	亢	氐	房	心	尾	箕	斗	女	虚	危	室	壁	奎	婁	胃	昴	畢	觜	参
11月	井	鬼	柳	星	張	翼	軫	角	亢	氐	房	心	尾	箕	斗	女	虚	危	室	壁	奎	婁	胃	昴	畢	觜	参	井	鬼	柳	
12月	星	張	翼	軫	角	亢	氐	房	心	尾	箕	斗	女	虚	危	室	壁	奎	婁	胃	昴	畢	觜	参	井	鬼	柳	星	張	翼	軫

1986年

	1	2	3	4	5	6	7	8	9	10	11	12	13	14	15	16	17	18	19	20	21	22	23	24	25	26	27	28	29	30	31
1月	角	亢	氐	房	心	尾	箕	斗	女	虚	危	室	壁	奎	婁	胃	昴	畢	觜	参	井	鬼	柳	星	張	翼	軫	角	亢	氐	房
2月	心	尾	箕	斗	女	虚	危	室	室	壁	奎	婁	胃	昴	畢	觜	参	井	鬼	柳	星	張	翼	軫	角	亢	氐	房			
3月	心	尾	箕	斗	女	虚	危	室	壁	奎	婁	胃	昴	畢	觜	参	井	鬼	柳	星	張	翼	軫	角	亢	氐	房	心	尾	箕	斗
4月	女	虚	危	室	壁	奎	婁	胃	胃	昴	畢	觜	参	井	鬼	柳	星	張	翼	軫	角	亢	氐	房	心	尾	箕	斗	女	虚	
5月	危	室	壁	奎	婁	胃	昴	畢	畢	觜	参	井	鬼	柳	星	張	翼	軫	角	亢	氐	房	心	尾	箕	斗	女	虚	危	室	壁
6月	奎	婁	胃	昴	畢	觜	参	井	鬼	柳	星	張	翼	軫	角	亢	氐	房	心	尾	箕	斗	女	虚	危	室	壁	奎	婁	胃	
7月	昴	畢	觜	参	井	鬼	鬼	柳	星	張	翼	軫	角	亢	氐	房	心	尾	箕	斗	女	虚	危	室	壁	奎	婁	胃	昴	畢	觜
8月	参	井	鬼	柳	星	張	翼	軫	角	亢	氐	房	心	尾	箕	斗	女	虚	危	室	壁	奎	婁	胃	昴	畢	觜	参	井	鬼	柳
9月	星	張	翼	角	亢	氐	房	心	尾	箕	斗	女	虚	危	室	壁	奎	婁	胃	昴	畢	觜	参	井	鬼	柳	星	張	翼	軫	
10月	角	亢	氐	氐	房	心	尾	箕	斗	女	虚	危	室	壁	奎	婁	胃	昴	畢	觜	参	井	鬼	柳	星	張	翼	軫	角	亢	氐
11月	房	心	尾	箕	斗	女	虚	危	室	壁	奎	婁	胃	昴	畢	觜	参	井	鬼	柳	星	張	翼	軫	角	亢	氐	房	心	尾	
12月	箕	斗	女	虚	危	室	壁	奎	婁	胃	昴	畢	觜	参	井	鬼	柳	星	張	翼	軫	角	亢	氐	房	心	尾	箕	斗	女	虚

1987年

	1	2	3	4	5	6	7	8	9	10	11	12	13	14	15	16	17	18	19	20	21	22	23	24	25	26	27	28	29	30	31
1月	危	室	壁	奎	婁	胃	昴	畢	觜	参	井	鬼	柳	星	張	翼	軫	角	亢	氐	房	心	尾	箕	斗	女	虚	危	室	壁	奎
2月	婁	胃	昴	畢	觜	参	井	鬼	柳	星	張	翼	軫	角	亢	氐	房	心	尾	箕	斗	女	虚	危	室	壁	奎	奎			
3月	婁	胃	昴	畢	觜	参	井	鬼	柳	星	張	翼	軫	角	亢	氐	房	心	尾	箕	斗	女	虚	危	室	壁	奎	婁	胃	昴	畢
4月	觜	参	井	鬼	柳	星	張	翼	軫	角	亢	氐	房	心	尾	箕	斗	女	虚	危	室	壁	奎	婁	胃	昴	畢	畢	觜	参	
5月	井	鬼	柳	星	張	翼	軫	角	亢	氐	房	心	尾	箕	斗	女	虚	危	室	壁	奎	婁	胃	昴	畢	觜	参	参	井	鬼	柳
6月	星	張	翼	軫	角	亢	氐	房	心	尾	箕	斗	女	虚	危	室	壁	奎	婁	胃	昴	畢	觜	参	井	鬼	柳	星	張	翼	
7月	軫	角	亢	氐	房	心	尾	箕	斗	女	虚	危	室	壁	奎	婁	胃	昴	畢	觜	参	井	鬼	柳	星	鬼	柳	星	張	翼	軫
8月	角	亢	氐	房	心	尾	箕	斗	女	虚	危	室	壁	奎	婁	胃	昴	畢	觜	参	井	鬼	柳	張	翼	軫	角	亢	氐	房	心
9月	尾	箕	斗	女	虚	危	室	壁	奎	婁	胃	昴	畢	觜	参	井	鬼	柳	星	張	翼	軫	角	亢	氐	房	心	尾	箕	斗	
10月	女	虚	危	室	壁	奎	婁	胃	昴	畢	觜	参	井	鬼	柳	星	張	翼	軫	角	亢	氐	氐	房	心	尾	箕	斗	女	虚	危
11月	室	壁	奎	婁	胃	昴	畢	觜	参	井	鬼	柳	星	張	翼	軫	角	亢	氐	房	心	尾	箕	斗	女	虚	危	室	壁	奎	
12月	婁	胃	昴	畢	觜	参	井	鬼	柳	星	張	翼	軫	角	亢	氐	房	心	尾	箕	斗	女	虚	危	室	壁	奎	婁	胃	昴	畢

1988年

	1	2	3	4	5	6	7	8	9	10	11	12	13	14	15	16	17	18	19	20	21	22	23	24	25	26	27	28	29	30	31
1月	觜	参	井	鬼	柳	星	張	翼	軫	角	亢	氐	房	心	尾	箕	斗	女	虚	危	室	壁	奎	婁	胃	昴	畢	觜	参	井	鬼
2月	柳	星	張	翼	軫	角	亢	氐	房	心	尾	箕	斗	女	虚	危	室	室	壁	奎	婁	胃	昴	畢	觜	参	井	鬼	柳		
3月	星	張	翼	軫	角	亢	氐	房	心	尾	箕	斗	女	虚	危	室	壁	奎	婁	胃	昴	畢	觜	参	井	鬼	柳	星	張	翼	軫
4月	角	亢	氐	房	心	尾	箕	斗	女	虚	危	室	壁	奎	婁	胃	昴	畢	觜	参	井	鬼	柳	星	張	翼	軫	角	亢	氐	
5月	房	心	尾	箕	斗	女	虚	危	室	壁	奎	婁	胃	昴	畢	畢	觜	参	井	鬼	柳	星	張	翼	軫	角	亢	氐	房	心	尾
6月	箕	斗	女	虚	危	室	壁	奎	婁	胃	昴	畢	觜	参	井	鬼	柳	星	張	翼	軫	角	亢	氐	房	心	尾	箕	斗	女	
7月	虚	危	室	壁	奎	婁	胃	昴	畢	觜	参	井	鬼	鬼	柳	星	張	翼	軫	角	亢	氐	房	心	尾	箕	斗	女	虚	危	室
8月	壁	奎	婁	胃	昴	畢	觜	参	井	鬼	柳	張	翼	軫	角	亢	氐	房	心	尾	箕	斗	女	虚	危	室	壁	奎	婁	胃	昴
9月	畢	觜	参	井	鬼	柳	星	張	翼	軫	角	亢	氐	房	心	尾	箕	斗	女	虚	危	室	壁	奎	婁	胃	昴	畢	觜	参	
10月	井	鬼	柳	星	張	翼	軫	角	亢	氐	氐	房	心	尾	箕	斗	女	虚	危	室	壁	奎	婁	胃	昴	畢	觜	参	井	鬼	柳
11月	星	張	翼	軫	角	亢	氐	房	心	尾	箕	斗	女	虚	危	室	壁	奎	婁	胃	昴	畢	觜	参	井	鬼	柳	星	張	翼	
12月	軫	角	亢	氐	房	心	尾	箕	斗	女	虚	危	室	壁	奎	婁	胃	昴	畢	觜	参	井	鬼	柳	星	張	翼	軫	角	亢	氐

1989年

	1	2	3	4	5	6	7	8	9	10	11	12	13	14	15	16	17	18	19	20	21	22	23	24	25	26	27	28	29	30	31
1月	房	心	尾	箕	斗	女	虚	虚	危	室	壁	奎	婁	胃	昴	畢	觜	参	井	鬼	柳	星	張	翼	軫	角	亢	氐	房	心	尾
2月	箕	斗	女	虚	危	室	壁	奎	婁	胃	昴	畢	觜	参	井	鬼	柳	星	張	翼	軫	角	亢	氐	房	心	尾	箕			
3月	斗	女	虚	危	室	壁	奎	奎	婁	胃	昴	畢	觜	参	井	鬼	柳	星	張	翼	軫	角	亢	氐	房	心	尾	箕	斗	女	虚
4月	危	室	壁	奎	婁	胃	昴	畢	觜	参	井	鬼	柳	星	張	翼	軫	角	亢	氐	房	心	尾	箕	斗	女	虚	危	室	壁	
5月	奎	婁	胃	昴	畢	觜	参	井	鬼	柳	星	張	翼	軫	角	亢	氐	房	心	尾	箕	斗	女	虚	危	室	壁	奎	婁	胃	昴
6月	畢	觜	参	参	井	鬼	柳	星	張	翼	軫	角	亢	氐	房	心	尾	箕	斗	女	虚	危	室	壁	奎	婁	胃	昴	畢	觜	
7月	参	井	鬼	柳	星	張	翼	軫	角	亢	氐	房	心	尾	箕	斗	女	虚	危	室	壁	奎	婁	胃	昴	畢	觜	参	井	鬼	柳
8月	星	張	翼	軫	角	亢	氐	房	心	尾	箕	斗	女	虚	危	室	壁	奎	婁	胃	昴	畢	觜	参	井	鬼	柳	星	張	翼	角
9月	亢	氐	房	心	尾	箕	斗	女	虚	危	室	壁	奎	婁	胃	昴	畢	觜	参	井	鬼	柳	星	張	翼	軫	角	亢	氐	氐	
10月	房	心	尾	箕	斗	女	虚	危	室	壁	奎	婁	胃	昴	畢	觜	参	井	鬼	柳	星	張	翼	軫	角	亢	氐	房	心	心	尾
11月	箕	斗	女	虚	危	室	壁	奎	婁	胃	昴	畢	觜	参	井	鬼	柳	星	張	翼	軫	角	亢	氐	房	心	尾	斗	女	虚	
12月	危	室	壁	奎	婁	胃	昴	畢	觜	参	井	鬼	柳	星	張	翼	軫	角	亢	氐	房	心	尾	箕	斗	女	虚	虚	危	室	壁

1990年

	1	2	3	4	5	6	7	8	9	10	11	12	13	14	15	16	17	18	19	20	21	22	23	24	25	26	27	28	29	30	31
1月	奎	婁	胃	昴	畢	觜	参	井	鬼	柳	星	張	翼	軫	角	亢	氐	房	心	尾	箕	斗	女	虚	危	室	室	壁	奎	婁	胃
2月	昴	畢	觜	参	井	鬼	柳	星	張	翼	軫	角	亢	氐	房	心	尾	箕	斗	女	虚	危	室	壁	奎	婁	胃	昴			
3月	畢	觜	参	井	鬼	柳	星	張	翼	軫	角	亢	氐	房	心	尾	箕	斗	女	虚	危	室	壁	奎	婁	胃	胃	昴	畢	觜	参
4月	井	鬼	柳	星	張	翼	軫	角	亢	氐	房	心	尾	箕	斗	女	虚	危	室	壁	奎	婁	胃	昴	畢	觜	参	井	鬼	柳	
5月	星	張	翼	軫	角	亢	氐	房	心	尾	箕	斗	女	虚	危	室	壁	奎	婁	胃	昴	畢	觜	参	井	鬼	柳	星	張	翼	軫
6月	角	亢	氐	房	心	尾	箕	斗	女	虚	危	室	壁	奎	婁	胃	昴	畢	觜	参	井	鬼	参	井	鬼	柳	星	張	翼	軫	
7月	角	亢	氐	房	心	尾	箕	斗	女	虚	危	室	壁	奎	婁	胃	昴	畢	觜	参	井	鬼	柳	星	張	翼	軫	角	亢	氐	房
8月	心	尾	箕	斗	女	虚	危	室	壁	奎	婁	胃	昴	畢	觜	参	井	鬼	柳	張	翼	軫	角	亢	氐	房	心	尾	箕	斗	女
9月	虚	危	室	壁	奎	婁	胃	昴	畢	觜	参	井	鬼	柳	星	張	翼	軫	角	亢	氐	房	心	尾	箕	斗	女	虚	危	室	
10月	壁	奎	婁	胃	昴	畢	觜	参	井	鬼	柳	星	張	翼	軫	角	亢	氐	氐	房	心	尾	箕	斗	女	虚	危	室	壁	奎	婁
11月	胃	昴	畢	觜	参	井	鬼	柳	星	張	翼	軫	角	亢	氐	房	心	尾	箕	斗	女	虚	危	室	壁	奎	婁	胃	昴	畢	
12月	觜	参	井	鬼	柳	星	張	翼	軫	角	亢	氐	房	心	尾	箕	斗	女	虚	危	室	壁	奎	婁	胃	昴	畢	觜	参	井	鬼

1991年

	1	2	3	4	5	6	7	8	9	10	11	12	13	14	15	16	17	18	19	20	21	22	23	24	25	26	27	28	29	30	31
1月	柳	星	張	翼	軫	角	亢	氐	房	心	尾	箕	斗	女	虚	虚	危	室	壁	奎	婁	胃	昴	畢	觜	参	井	鬼	柳	星	張
2月	翼	軫	角	亢	氐	房	心	尾	箕	斗	女	虚	危	室	室	壁	奎	婁	胃	昴	畢	觜	参	井	鬼	柳	星	張			
3月	翼	軫	角	亢	氐	房	心	尾	箕	斗	女	虚	危	室	壁	奎	婁	胃	昴	畢	觜	参	井	鬼	柳	星	張	翼	軫	角	亢
4月	氐	房	心	尾	箕	斗	女	虚	危	室	壁	奎	婁	胃	胃	昴	畢	觜	参	井	鬼	柳	星	張	翼	軫	角	亢	氐	房	
5月	心	尾	箕	斗	女	虚	危	室	壁	奎	婁	胃	昴	畢	觜	参	井	鬼	柳	星	張	翼	軫	角	亢	氐	房	心	尾	箕	斗
6月	女	虚	危	室	壁	奎	婁	胃	昴	畢	觜	参	井	鬼	柳	星	張	翼	軫	角	亢	氐	房	心	尾	箕	斗	女	虚	危	
7月	室	壁	奎	婁	胃	昴	畢	觜	参	井	鬼	鬼	柳	星	張	翼	軫	角	亢	氐	房	心	尾	箕	斗	女	虚	危	室	壁	奎
8月	婁	胃	昴	畢	觜	参	井	鬼	柳	張	翼	軫	角	亢	氐	房	心	尾	箕	斗	女	虚	危	室	壁	奎	婁	胃	昴	畢	觜
9月	参	井	鬼	柳	星	張	翼	角	亢	氐	房	心	尾	箕	斗	女	虚	危	室	壁	奎	婁	胃	昴	畢	觜	参	井	鬼	柳	
10月	星	張	翼	軫	角	亢	氐	氐	房	心	尾	箕	斗	女	虚	危	室	壁	奎	婁	胃	昴	畢	觜	参	井	鬼	柳	星	張	翼
11月	軫	角	亢	氐	房	心	尾	箕	斗	女	虚	危	室	壁	奎	婁	胃	昴	畢	觜	参	井	鬼	柳	星	張	翼	軫	角	亢	
12月	氐	房	心	尾	箕	斗	女	虚	危	室	壁	奎	婁	胃	昴	畢	觜	参	井	鬼	柳	星	張	翼	軫	角	亢	氐	房	心	尾

1992年

	1	2	3	4	5	6	7	8	9	10	11	12	13	14	15	16	17	18	19	20	21	22	23	24	25	26	27	28	29	30	31
1月	箕	斗	女	虚	虚	危	室	壁	奎	婁	胃	昴	畢	觜	参	井	鬼	柳	星	張	翼	軫	角	亢	氐	房	心	尾	箕	斗	女
2月	虚	危	室	室	壁	奎	婁	胃	昴	畢	觜	参	井	鬼	柳	星	張	翼	軫	角	亢	氐	房	心	尾	箕	斗	女	虚		
3月	危	室	壁	奎	婁	胃	昴	畢	觜	参	井	鬼	柳	星	張	翼	軫	角	亢	氐	房	心	尾	箕	斗	女	虚	危	室	壁	奎
4月	婁	胃	胃	昴	畢	觜	参	井	鬼	柳	星	張	翼	軫	角	亢	氐	房	心	尾	箕	斗	女	虚	危	室	壁	奎	婁	胃	
5月	昴	畢	畢	觜	参	井	鬼	柳	星	張	翼	軫	角	亢	氐	房	心	尾	箕	斗	女	虚	危	室	壁	奎	婁	胃	昴	畢	觜
6月	参	井	鬼	柳	星	張	翼	軫	角	亢	氐	房	心	尾	箕	斗	女	虚	危	室	壁	奎	婁	胃	昴	畢	觜	参	井	鬼	
7月	柳	星	張	翼	軫	角	亢	氐	房	心	尾	箕	斗	女	虚	危	室	壁	奎	婁	胃	昴	畢	觜	参	井	鬼	柳	星	張	翼
8月	軫	角	亢	氐	房	心	尾	箕	斗	女	虚	危	室	壁	奎	婁	胃	昴	畢	觜	参	井	鬼	柳	星	張	翼	角	亢	氐	房
9月	心	尾	箕	斗	女	虚	危	室	壁	奎	婁	胃	昴	畢	觜	参	井	鬼	柳	星	張	翼	軫	角	亢	氐	房	心	尾	箕	
10月	斗	女	虚	危	室	壁	奎	婁	胃	昴	畢	觜	参	井	鬼	柳	星	張	翼	軫	角	亢	氐	房	心	心	尾	箕	斗	女	虚
11月	危	室	壁	奎	婁	胃	昴	畢	觜	参	井	鬼	柳	星	張	翼	軫	角	亢	氐	房	心	尾	斗	女	虚	危	室	壁	奎	
12月	婁	胃	昴	畢	觜	参	井	鬼	柳	星	張	翼	軫	角	亢	氐	房	心	尾	箕	斗	女	虚	虚	危	室	壁	奎	婁	胃	昴

1993年

	1	2	3	4	5	6	7	8	9	10	11	12	13	14	15	16	17	18	19	20	21	22	23	24	25	26	27	28	29	30	31
1月	畢	觜	参	井	鬼	柳	星	張	翼	軫	角	亢	氐	房	心	尾	箕	斗	女	虚	危	室	室	壁	奎	婁	胃	昴	畢	觜	参
2月	井	鬼	柳	星	張	翼	軫	角	亢	氐	房	心	尾	箕	斗	女	虚	危	室	壁	奎	婁	胃	昴	畢	觜	参	井			
3月	鬼	柳	星	張	翼	軫	角	亢	氐	房	心	尾	箕	斗	女	虚	危	室	壁	奎	婁	胃	胃	昴	畢	觜	参	井	鬼	柳	星
4月	張	翼	軫	角	亢	氐	房	心	尾	箕	斗	女	虚	危	室	壁	奎	婁	胃	昴	畢	胃	昴	畢	觜	参	井	鬼	柳	星	
5月	張	翼	軫	角	亢	氐	房	心	尾	箕	斗	女	虚	危	室	壁	奎	婁	胃	昴	畢	觜	参	井	鬼	柳	星	張	翼	軫	角
6月	亢	氐	房	心	尾	箕	斗	女	虚	危	室	壁	奎	婁	胃	昴	畢	觜	参	参	井	鬼	柳	星	張	翼	軫	角	亢	氐	
7月	房	心	尾	箕	斗	女	虚	危	室	壁	奎	婁	胃	昴	畢	觜	参	井	鬼	柳	星	張	翼	軫	角	亢	氐	房	心	尾	箕
8月	斗	女	虚	危	室	壁	奎	婁	胃	昴	畢	觜	参	井	鬼	柳	星	張	翼	軫	角	亢	氐	房	心	尾	箕	斗	女	虚	危
9月	室	壁	奎	婁	胃	昴	畢	觜	参	井	鬼	柳	星	張	翼	角	亢	氐	房	心	尾	箕	斗	女	虚	危	室	壁	奎	婁	
10月	胃	昴	畢	觜	参	井	鬼	柳	星	張	翼	軫	角	亢	氐	房	心	尾	箕	斗	女	虚	危	室	壁	奎	婁	胃	昴	畢	觜
11月	参	井	鬼	柳	星	張	翼	軫	角	亢	氐	房	心	心	尾	箕	斗	女	虚	危	室	壁	奎	婁	胃	昴	畢	觜	参	井	
12月	鬼	柳	星	張	翼	軫	角	亢	氐	房	心	尾	斗	女	虚	危	室	壁	奎	婁	胃	昴	畢	觜	参	井	鬼	柳	星	張	翼

1994年

	1	2	3	4	5	6	7	8	9	10	11	12	13	14	15	16	17	18	19	20	21	22	23	24	25	26	27	28	29	30	31
1月	軫	角	亢	氐	房	心	尾	箕	斗	女	虚	虚	危	室	壁	奎	婁	胃	昴	畢	觜	参	井	鬼	柳	星	張	翼	軫	角	亢
2月	氐	房	心	尾	箕	斗	女	虚	危	室	壁	奎	婁	胃	昴	畢	觜	参	井	鬼	柳	星	張	翼	軫	角	亢	氐			
3月	房	心	尾	箕	斗	女	虚	危	室	壁	奎	奎	婁	胃	昴	畢	觜	参	井	鬼	柳	星	張	翼	軫	角	亢	氐	房	心	尾
4月	箕	斗	女	虚	危	室	壁	奎	婁	胃	胃	昴	畢	觜	参	井	鬼	柳	星	張	翼	軫	角	亢	氐	房	心	尾	箕	斗	
5月	女	虚	危	室	壁	奎	婁	胃	昴	畢	畢	觜	参	井	鬼	柳	星	張	翼	軫	角	亢	氐	房	心	尾	箕	斗	女	虚	危
6月	室	壁	奎	婁	胃	昴	畢	觜	参	井	鬼	柳	星	張	翼	軫	角	亢	氐	房	心	尾	箕	斗	女	虚	危	室	壁	奎	
7月	婁	胃	昴	畢	觜	参	井	鬼	鬼	柳	星	張	翼	軫	角	亢	氐	房	心	尾	箕	斗	女	虚	危	室	壁	奎	婁	胃	昴
8月	畢	觜	参	井	鬼	柳	張	翼	軫	角	亢	氐	房	心	尾	箕	斗	女	虚	危	室	壁	奎	婁	胃	昴	畢	觜	参	井	鬼
9月	柳	星	張	翼	軫	角	亢	氐	房	心	尾	箕	斗	女	虚	危	室	壁	奎	婁	胃	昴	畢	觜	参	井	鬼	柳	星	張	
10月	翼	軫	角	亢	氐	房	心	尾	箕	斗	女	虚	危	室	壁	奎	婁	胃	昴	畢	觜	参	井	鬼	柳	星	張	翼	軫	角	亢
11月	氐	房	心	尾	箕	斗	女	虚	危	室	壁	奎	婁	胃	昴	畢	觜	参	井	鬼	柳	星	張	翼	軫	角	亢	氐	房	心	
12月	尾	箕	斗	女	虚	危	室	壁	奎	婁	胃	昴	畢	觜	参	井	鬼	柳	星	張	翼	軫	角	亢	氐	房	心	尾	箕	斗	女

1995年

	1	2	3	4	5	6	7	8	9	10	11	12	13	14	15	16	17	18	19	20	21	22	23	24	25	26	27	28	29	30	31
1月	虚	危	室	壁	奎	婁	胃	昴	畢	觜	参	井	鬼	柳	星	張	翼	軫	角	亢	氐	房	心	尾	箕	斗	女	虚	危	室	室
2月	壁	奎	婁	胃	昴	畢	觜	参	井	鬼	柳	星	張	翼	軫	角	亢	氐	房	心	尾	箕	斗	女	虚	危	室	壁			
3月	奎	婁	胃	昴	畢	觜	参	井	鬼	柳	星	張	翼	軫	角	亢	氐	房	心	尾	箕	斗	女	虚	危	室	壁	奎	婁	胃	胃
4月	昴	畢	觜	参	井	鬼	柳	星	張	翼	軫	角	亢	氐	房	心	尾	箕	斗	女	虚	危	室	壁	奎	婁	胃	昴	畢	畢	
5月	觜	参	井	鬼	柳	星	張	翼	軫	角	亢	氐	房	心	尾	箕	斗	女	虚	危	室	壁	奎	婁	胃	昴	畢	觜	参	井	鬼
6月	柳	星	張	翼	軫	角	亢	氐	房	心	尾	箕	斗	女	虚	危	室	壁	奎	婁	胃	昴	畢	觜	参	井	鬼	鬼	柳	星	
7月	張	翼	軫	角	亢	氐	房	心	尾	箕	斗	女	虚	危	室	壁	奎	婁	胃	昴	畢	觜	参	井	鬼	柳	星	張	翼	軫	角
8月	亢	氐	房	心	尾	箕	斗	女	虚	危	室	壁	奎	婁	胃	昴	畢	觜	参	井	鬼	柳	星	張	翼	角	亢	氐	房	心	尾
9月	箕	斗	女	虚	危	室	壁	奎	婁	胃	昴	畢	觜	参	井	鬼	柳	星	張	翼	軫	角	亢	氐	角	亢	氐	房	心	尾	
10月	箕	斗	女	虚	危	室	壁	奎	婁	胃	昴	畢	觜	参	井	鬼	柳	星	張	翼	軫	角	亢	氐	房	心	尾	箕	斗	女	虚
11月	危	室	壁	奎	婁	胃	昴	畢	觜	参	井	鬼	柳	星	張	翼	軫	角	亢	氐	房	心	心	尾	箕	斗	女	虚	危	室	
12月	壁	奎	婁	胃	昴	畢	觜	参	井	鬼	柳	星	張	翼	軫	角	亢	氐	房	心	尾	斗	女	虚	危	室	壁	奎	婁	胃	昴

1996年

	1	2	3	4	5	6	7	8	9	10	11	12	13	14	15	16	17	18	19	20	21	22	23	24	25	26	27	28	29	30	31
1月	畢	觜	参	井	鬼	柳	星	張	翼	軫	角	亢	氐	房	心	尾	箕	斗	女	虚	危	室	壁	奎	婁	胃	昴	畢	觜	参	井
2月	鬼	柳	星	張	翼	軫	角	亢	氐	房	心	尾	箕	斗	女	虚	危	室	室	壁	奎	婁	胃	昴	畢	觜	参	井	鬼		
3月	柳	星	張	翼	軫	角	亢	氐	房	心	尾	箕	斗	女	虚	危	室	壁	奎	婁	胃	昴	畢	觜	参	井	鬼	柳	星	張	翼
4月	軫	角	亢	氐	房	心	尾	箕	斗	女	虚	危	室	壁	奎	婁	胃	胃	昴	畢	觜	参	井	鬼	柳	星	張	翼	軫	角	
5月	亢	氐	房	心	尾	箕	斗	女	虚	危	室	壁	奎	婁	胃	昴	畢	觜	参	井	鬼	柳	星	張	翼	軫	角	亢	氐	房	心
6月	尾	箕	斗	女	虚	危	室	壁	奎	婁	胃	昴	畢	觜	参	参	井	鬼	柳	星	張	翼	軫	角	亢	氐	房	心	尾	箕	
7月	斗	女	虚	危	室	壁	奎	婁	胃	昴	畢	觜	参	井	鬼	鬼	柳	星	張	翼	軫	角	亢	氐	房	心	尾	箕	斗	女	虚
8月	危	室	壁	奎	婁	胃	昴	畢	觜	参	井	鬼	柳	張	翼	軫	角	亢	氐	房	心	尾	箕	斗	女	虚	危	室	壁	奎	婁
9月	胃	昴	畢	觜	参	井	鬼	柳	星	張	翼	軫	角	亢	氐	房	心	尾	箕	斗	女	虚	危	室	壁	奎	婁	胃	昴	畢	
10月	觜	参	井	鬼	柳	星	張	翼	軫	角	亢	氐	房	心	尾	箕	斗	女	虚	危	室	壁	奎	婁	胃	昴	畢	觜	参	井	鬼
11月	柳	星	張	翼	軫	角	亢	氐	房	心	心	尾	箕	斗	女	虚	危	室	壁	奎	婁	胃	昴	畢	觜	参	井	鬼	柳	星	
12月	張	翼	軫	角	亢	氐	房	心	尾	箕	斗	女	虚	危	室	壁	奎	婁	胃	昴	畢	觜	参	井	鬼	柳	星	張	翼	軫	角

1997年

	1	2	3	4	5	6	7	8	9	10	11	12	13	14	15	16	17	18	19	20	21	22	23	24	25	26	27	28	29	30	31
1月	亢	氐	房	心	尾	箕	斗	女	虚	危	室	壁	奎	婁	胃	昴	畢	觜	参	井	鬼	柳	星	張	翼	軫	角	亢	氐	房	心
2月	尾	箕	斗	女	虚	危	室	室	壁	奎	婁	胃	昴	畢	觜	参	井	鬼	柳	星	張	翼	軫	角	亢	氐	房	心			
3月	尾	箕	斗	女	虚	危	室	壁	奎	婁	胃	昴	畢	觜	参	井	鬼	柳	星	張	翼	軫	角	亢	氐	房	心	尾	箕	斗	女
4月	虚	危	室	壁	奎	婁	胃	昴	畢	觜	参	井	鬼	柳	星	張	翼	軫	角	亢	氐	房	心	尾	箕	斗	女	虚	危	室	
5月	壁	奎	婁	胃	昴	畢	畢	觜	参	井	鬼	柳	星	張	翼	軫	角	亢	氐	房	心	尾	箕	斗	女	虚	危	室	壁	奎	婁
6月	胃	昴	畢	觜	参	井	鬼	柳	星	張	翼	軫	角	亢	氐	房	心	尾	箕	斗	女	虚	危	室	壁	奎	婁	胃	昴	畢	
7月	觜	参	井	鬼	鬼	柳	星	張	翼	軫	角	亢	氐	房	心	尾	箕	斗	女	虚	危	室	壁	奎	婁	胃	昴	畢	觜	参	井
8月	鬼	柳	張	翼	軫	角	亢	氐	房	心	尾	箕	斗	女	虚	危	室	壁	奎	婁	胃	昴	畢	觜	参	井	鬼	柳	星	張	翼
9月	軫	角	亢	氐	房	心	尾	箕	斗	女	虚	危	室	壁	奎	婁	胃	昴	畢	觜	参	井	鬼	柳	星	張	翼	軫	角	亢	
10月	氐	氐	房	心	尾	箕	斗	女	虚	危	室	壁	奎	婁	胃	昴	畢	觜	参	井	鬼	柳	星	張	翼	軫	角	亢	氐	房	心
11月	尾	箕	斗	女	虚	危	室	壁	奎	婁	胃	昴	畢	觜	参	井	鬼	柳	星	張	翼	軫	角	亢	氐	房	心	尾	箕	斗	
12月	女	虚	危	室	壁	奎	婁	胃	昴	畢	觜	参	井	鬼	柳	星	張	翼	軫	角	亢	氐	房	心	尾	箕	斗	女	虚	虚	危

1998年

	1	2	3	4	5	6	7	8	9	10	11	12	13	14	15	16	17	18	19	20	21	22	23	24	25	26	27	28	29	30	31
1月	室	壁	奎	婁	胃	昴	畢	觜	参	井	鬼	柳	星	張	翼	軫	角	亢	氐	房	心	尾	箕	斗	女	虚	危	室	壁	奎	婁
2月	胃	昴	畢	觜	参	井	鬼	柳	星	張	翼	軫	角	亢	氐	房	心	尾	箕	斗	女	虚	危	室	壁	奎	奎	婁			
3月	胃	昴	畢	觜	参	井	鬼	柳	星	張	翼	軫	角	亢	氐	房	心	尾	箕	斗	女	虚	危	室	壁	奎	婁	胃	昴	畢	觜
4月	参	井	鬼	柳	星	張	翼	軫	角	亢	氐	房	心	尾	箕	斗	女	虚	危	室	壁	奎	婁	胃	昴	畢	觜	参	井	鬼	
5月	柳	星	張	翼	軫	角	亢	氐	房	心	尾	箕	斗	女	虚	危	室	壁	奎	婁	胃	昴	畢	觜	参	参	井	鬼	柳	星	張
6月	翼	軫	角	亢	氐	房	心	尾	箕	斗	女	虚	危	室	壁	奎	婁	胃	昴	畢	觜	参	井	参	井	鬼	柳	星	張	翼	
7月	軫	角	亢	氐	房	心	尾	箕	斗	女	虚	危	室	壁	奎	婁	胃	昴	畢	觜	参	井	鬼	柳	星	張	翼	軫	角	亢	氐
8月	房	心	尾	箕	斗	女	虚	危	室	壁	奎	婁	胃	昴	畢	觜	参	井	鬼	柳	星	張	翼	軫	角	亢	氐	房	心	尾	箕
9月	斗	女	虚	危	室	壁	奎	婁	胃	昴	畢	觜	参	井	鬼	柳	星	張	翼	軫	角	亢	氐	房	心	尾	箕	斗	女	虚	
10月	危	室	壁	奎	婁	胃	昴	畢	觜	参	井	鬼	柳	星	張	翼	軫	角	亢	氐	房	心	尾	箕	斗	女	虚	危	室	壁	奎
11月	婁	胃	昴	畢	觜	参	井	鬼	柳	星	張	翼	軫	角	亢	氐	房	心	心	尾	箕	斗	女	虚	危	室	壁	奎	婁	胃	
12月	昴	畢	觜	参	井	鬼	柳	星	張	翼	軫	角	亢	氐	房	心	尾	箕	斗	女	虚	危	室	壁	奎	婁	胃	昴	畢	觜	参

1999年

	1	2	3	4	5	6	7	8	9	10	11	12	13	14	15	16	17	18	19	20	21	22	23	24	25	26	27	28	29	30	31
1月	井	鬼	柳	星	張	翼	軫	角	亢	氐	房	心	尾	箕	斗	女	虚	虚	危	室	壁	奎	婁	胃	昴	畢	觜	参	井	鬼	柳
2月	星	張	翼	軫	角	亢	氐	房	心	尾	箕	斗	女	虚	危	室	壁	奎	婁	胃	昴	畢	觜	参	井	鬼	柳	星			
3月	張	翼	軫	角	亢	氐	房	心	尾	箕	斗	女	虚	危	室	壁	奎	奎	婁	胃	昴	畢	觜	参	井	鬼	柳	星	張	翼	軫
4月	角	亢	氐	房	心	尾	箕	斗	女	虚	危	室	壁	奎	婁	胃	昴	畢	觜	参	井	鬼	柳	星	張	翼	軫	角	亢	氐	
5月	房	心	尾	箕	斗	女	虚	危	室	壁	奎	婁	胃	昴	畢	觜	参	井	鬼	柳	星	張	翼	軫	角	亢	氐	房	心	尾	箕
6月	斗	女	虚	危	室	壁	奎	婁	胃	昴	畢	觜	参	参	井	鬼	柳	星	張	翼	軫	角	亢	氐	房	心	尾	箕	斗	女	
7月	虚	危	室	壁	奎	婁	胃	昴	畢	觜	参	井	鬼	柳	星	張	翼	軫	角	亢	氐	房	心	尾	箕	斗	女	虚	危	室	壁
8月	奎	婁	胃	昴	畢	觜	参	井	鬼	柳	張	翼	軫	角	亢	氐	房	心	尾	箕	斗	女	虚	危	室	壁	奎	婁	胃	昴	畢
9月	觜	参	井	鬼	柳	星	張	翼	軫	角	亢	氐	房	心	尾	箕	斗	女	虚	危	室	壁	奎	婁	胃	昴	畢	觜	参	井	
10月	鬼	柳	星	張	翼	軫	角	亢	氐	房	心	尾	箕	斗	女	虚	危	室	壁	奎	婁	胃	昴	畢	觜	参	井	鬼	柳	星	張
11月	翼	軫	角	亢	氐	房	心	心	尾	箕	斗	女	虚	危	室	壁	奎	婁	胃	昴	畢	觜	参	井	鬼	柳	星	張	翼	軫	
12月	角	亢	氐	房	心	尾	箕	斗	女	虚	危	室	壁	奎	婁	胃	昴	畢	觜	参	井	鬼	柳	星	張	翼	軫	角	亢	氐	房

2000年

	1	2	3	4	5	6	7	8	9	10	11	12	13	14	15	16	17	18	19	20	21	22	23	24	25	26	27	28	29	30	31
1月	心	尾	箕	斗	女	虚	虚	危	室	壁	奎	婁	胃	昴	畢	觜	参	井	鬼	柳	星	張	翼	軫	角	亢	氐	房	心	尾	箕
2月	斗	女	虚	危	室	壁	奎	婁	胃	昴	畢	觜	参	井	鬼	柳	星	張	翼	軫	角	亢	氐	房	心	尾	箕	斗	女		
3月	虚	危	室	壁	奎	奎	婁	胃	昴	畢	觜	参	井	鬼	柳	星	張	翼	軫	角	亢	氐	房	心	尾	箕	斗	女	虚	危	室
4月	壁	奎	婁	胃	胃	昴	畢	觜	参	井	鬼	柳	星	張	翼	軫	角	亢	氐	房	心	尾	箕	斗	女	虚	危	室	壁	奎	
5月	婁	胃	昴	畢	觜	参	井	鬼	柳	星	張	翼	軫	角	亢	氐	房	心	尾	箕	斗	女	虚	危	室	壁	奎	婁	胃	昴	畢
6月	觜	参	井	鬼	柳	星	張	翼	軫	角	亢	氐	房	心	尾	箕	斗	女	虚	危	室	壁	奎	婁	胃	昴	畢	觜	参	井	
7月	鬼	鬼	柳	星	張	翼	軫	角	亢	氐	房	心	尾	箕	斗	女	虚	危	室	壁	奎	婁	胃	昴	畢	觜	参	井	鬼	柳	張
8月	翼	軫	角	亢	氐	房	心	尾	箕	斗	女	虚	危	室	壁	奎	婁	胃	昴	畢	觜	参	井	鬼	柳	星	張	翼	角	亢	氐
9月	房	心	尾	箕	斗	女	虚	危	室	壁	奎	婁	胃	昴	畢	觜	参	井	鬼	柳	星	張	翼	軫	角	亢	氐	氐	房	心	
10月	尾	箕	斗	女	虚	危	室	壁	奎	婁	胃	昴	畢	觜	参	井	鬼	柳	星	張	翼	軫	角	亢	氐	房	心	尾	箕	斗	女
11月	虚	危	室	壁	奎	婁	胃	昴	畢	觜	参	井	鬼	柳	星	張	翼	軫	角	亢	氐	房	心	尾	箕	斗	女	虚	危	室	
12月	壁	奎	婁	胃	昴	畢	觜	参	井	鬼	柳	星	張	翼	軫	角	亢	氐	房	心	尾	箕	斗	女	虚	虚	危	室	壁	奎	婁

2001年

	1	2	3	4	5	6	7	8	9	10	11	12	13	14	15	16	17	18	19	20	21	22	23	24	25	26	27	28	29	30	31
1月	胃	昴	畢	觜	参	井	鬼	柳	星	張	翼	軫	角	亢	氐	房	心	尾	箕	斗	女	虚	危	室	壁	奎	婁	胃	昴	畢	觜
2月	参	井	鬼	柳	星	張	翼	軫	角	亢	氐	房	心	尾	箕	斗	女	虚	危	室	壁	奎	奎	婁	胃	昴	畢	觜			
3月	参	井	鬼	柳	星	張	翼	軫	角	亢	氐	房	心	尾	箕	斗	女	虚	危	室	壁	奎	婁	胃	胃	昴	畢	觜	参	井	鬼
4月	柳	星	張	翼	軫	角	亢	氐	房	心	尾	箕	斗	女	虚	危	室	壁	奎	婁	胃	昴	畢	畢	觜	参	井	鬼	柳	星	
5月	張	翼	軫	角	亢	氐	房	心	尾	箕	斗	女	虚	危	室	壁	奎	婁	胃	昴	畢	觜	畢	觜	参	井	鬼	柳	星	張	翼
6月	軫	角	亢	氐	房	心	尾	箕	斗	女	虚	危	室	壁	奎	婁	胃	昴	畢	觜	参	井	鬼	柳	星	張	翼	軫	角	亢	
7月	氐	房	心	尾	箕	斗	女	虚	危	室	壁	奎	婁	胃	昴	畢	觜	参	井	鬼	鬼	柳	星	張	翼	軫	角	亢	氐	房	心
8月	尾	箕	斗	女	虚	危	室	壁	奎	婁	胃	昴	畢	觜	参	井	鬼	柳	張	翼	軫	角	亢	氐	房	心	尾	箕	斗	女	虚
9月	危	室	壁	奎	婁	胃	昴	畢	觜	参	井	鬼	柳	星	張	翼	角	亢	氐	房	心	尾	箕	斗	女	虚	危	室	壁	奎	
10月	婁	胃	昴	畢	觜	参	井	鬼	柳	星	張	翼	軫	角	亢	氐	氐	房	心	尾	箕	斗	女	虚	危	室	壁	奎	婁	胃	昴
11月	畢	觜	参	井	鬼	柳	星	張	翼	軫	角	亢	氐	房	心	尾	箕	斗	女	虚	危	室	壁	奎	婁	胃	昴	畢	觜	参	
12月	井	鬼	柳	星	張	翼	軫	角	亢	氐	房	心	尾	箕	斗	女	虚	危	室	壁	奎	婁	胃	昴	畢	觜	参	井	鬼	柳	星

2002年

	1	2	3	4	5	6	7	8	9	10	11	12	13	14	15	16	17	18	19	20	21	22	23	24	25	26	27	28	29	30	31
1月	張	翼	軫	角	亢	氐	房	心	尾	箕	斗	女	虚	危	室	壁	奎	婁	胃	昴	畢	觜	参	井	鬼	柳	星	張	翼	軫	角
2月	亢	氐	房	心	尾	箕	斗	女	虚	危	室	室	壁	奎	婁	胃	昴	畢	觜	参	井	鬼	柳	星	張	翼	軫	角			
3月	亢	氐	房	心	尾	箕	斗	女	虚	危	室	壁	奎	奎	婁	胃	昴	畢	觜	参	井	鬼	柳	星	張	翼	軫	角	亢	氐	房
4月	心	尾	箕	斗	女	虚	危	室	壁	奎	婁	胃	胃	昴	畢	觜	参	井	鬼	柳	星	張	翼	軫	角	亢	氐	房	心	尾	
5月	箕	斗	女	虚	危	室	壁	奎	婁	胃	昴	畢	觜	参	井	鬼	柳	星	張	翼	軫	角	亢	氐	房	心	尾	箕	斗	女	虚
6月	危	室	壁	奎	婁	胃	昴	畢	觜	参	参	井	鬼	柳	星	張	翼	軫	角	亢	氐	房	心	尾	箕	斗	女	虚	危	室	
7月	壁	奎	婁	胃	昴	畢	觜	参	井	鬼	柳	星	張	翼	軫	角	亢	氐	房	心	尾	箕	斗	女	虚	危	室	壁	奎	婁	胃
8月	昴	畢	觜	参	井	鬼	柳	星	張	翼	軫	角	亢	氐	房	心	尾	箕	斗	女	虚	危	室	壁	奎	婁	胃	昴	畢	觜	参
9月	井	鬼	柳	星	張	翼	角	亢	氐	房	心	尾	箕	斗	女	虚	危	室	壁	奎	婁	胃	昴	畢	觜	参	井	鬼	柳	星	
10月	張	翼	軫	角	亢	氐	房	心	尾	箕	斗	女	虚	危	室	壁	奎	婁	胃	昴	畢	觜	参	井	鬼	柳	星	張	翼	軫	角
11月	亢	氐	房	心	心	尾	箕	斗	女	虚	危	室	壁	奎	婁	胃	昴	畢	觜	参	井	鬼	柳	星	張	翼	軫	角	亢	氐	
12月	房	心	尾	斗	女	虚	危	室	壁	奎	婁	胃	昴	畢	觜	参	井	鬼	柳	星	張	翼	軫	角	亢	氐	房	心	尾	箕	斗

2003年

	1	2	3	4	5	6	7	8	9	10	11	12	13	14	15	16	17	18	19	20	21	22	23	24	25	26	27	28	29	30	31
1月	女	虚	虚	危	室	壁	奎	婁	胃	昴	畢	觜	参	井	鬼	柳	星	張	翼	軫	角	亢	氐	房	心	尾	箕	斗	女	虚	危
2月	室	壁	奎	婁	胃	昴	畢	觜	参	井	鬼	柳	星	張	翼	軫	角	亢	氐	房	心	尾	箕	斗	女	虚	危	室			
3月	壁	奎	奎	婁	胃	昴	畢	觜	参	井	鬼	柳	星	張	翼	軫	角	亢	氐	房	心	尾	箕	斗	女	虚	危	室	壁	奎	婁
4月	胃	胃	昴	畢	觜	参	井	鬼	柳	星	張	翼	軫	角	亢	氐	房	心	尾	箕	斗	女	虚	危	室	壁	奎	婁	胃	昴	
5月	畢	觜	参	井	鬼	柳	星	張	翼	軫	角	亢	氐	房	心	尾	箕	斗	女	虚	危	室	壁	奎	婁	胃	昴	畢	觜	参	参
6月	井	鬼	柳	星	張	翼	軫	角	亢	氐	房	心	尾	箕	斗	女	虚	危	室	壁	奎	婁	胃	昴	畢	觜	参	井	鬼	鬼	
7月	柳	星	張	翼	軫	角	亢	氐	房	心	尾	箕	斗	女	虚	危	室	壁	奎	婁	胃	昴	畢	觜	参	井	鬼	柳	張	翼	軫
8月	角	亢	氐	房	心	尾	箕	斗	女	虚	危	室	壁	奎	婁	胃	昴	畢	觜	参	井	鬼	柳	星	張	翼	軫	角	亢	氐	房
9月	心	尾	箕	斗	女	虚	危	室	壁	奎	婁	胃	昴	畢	觜	参	井	鬼	柳	星	張	翼	軫	角	亢	氐	房	心	尾	箕	
10月	斗	女	虚	危	室	壁	奎	婁	胃	昴	畢	觜	参	井	鬼	柳	星	張	翼	軫	角	亢	氐	房	心	尾	箕	斗	女	虚	危
11月	室	壁	奎	婁	胃	昴	畢	觜	参	井	鬼	柳	星	張	翼	軫	角	亢	氐	房	心	尾	箕	斗	女	虚	危	室	壁	奎	
12月	婁	胃	昴	畢	觜	参	井	鬼	柳	星	張	翼	軫	角	亢	氐	房	心	尾	箕	斗	女	虚	危	室	壁	奎	婁	胃	昴	畢

2004年

	1	2	3	4	5	6	7	8	9	10	11	12	13	14	15	16	17	18	19	20	21	22	23	24	25	26	27	28	29	30	31
1月	觜	参	井	鬼	柳	星	張	翼	軫	角	亢	氐	房	心	尾	箕	斗	女	虚	危	室	室	壁	奎	婁	胃	昴	畢	觜	参	井
2月	鬼	柳	星	張	翼	軫	角	亢	氐	房	心	尾	箕	斗	女	虚	危	室	壁	奎	婁	胃	昴	畢	觜	参	井	鬼	柳		
3月	星	張	翼	軫	角	亢	氐	房	心	尾	箕	斗	女	虚	危	室	壁	奎	婁	胃	奎	婁	胃	昴	畢	觜	参	井	鬼	柳	星
4月	張	翼	軫	角	亢	氐	房	心	尾	箕	斗	女	虚	危	室	壁	奎	婁	胃	昴	畢	觜	参	井	鬼	柳	星	張	翼	軫	
5月	角	亢	氐	房	心	尾	箕	斗	女	虚	危	室	壁	奎	婁	胃	昴	畢	畢	觜	参	井	鬼	柳	星	張	翼	軫	角	亢	氐
6月	房	心	尾	箕	斗	女	虚	危	室	壁	奎	婁	胃	昴	畢	觜	参	参	井	鬼	柳	星	張	翼	軫	角	亢	氐	房	心	
7月	尾	箕	斗	女	虚	危	室	壁	奎	婁	胃	昴	畢	觜	参	井	鬼	柳	星	張	翼	軫	角	亢	氐	房	心	尾	箕	斗	女
8月	虚	危	室	壁	奎	婁	胃	昴	畢	觜	参	井	鬼	柳	星	張	翼	軫	角	亢	氐	房	心	尾	箕	斗	女	虚	危	室	壁
9月	奎	婁	胃	昴	畢	觜	参	井	鬼	柳	星	張	翼	角	亢	氐	房	心	尾	箕	斗	女	虚	危	室	壁	奎	婁	胃	昴	
10月	畢	觜	参	井	鬼	柳	星	張	翼	軫	角	亢	氐	氐	房	心	尾	箕	斗	女	虚	危	室	壁	奎	婁	胃	昴	畢	觜	参
11月	井	鬼	柳	星	張	翼	軫	角	亢	氐	房	心	尾	箕	斗	女	虚	危	室	壁	奎	婁	胃	昴	畢	觜	参	井	鬼	柳	
12月	星	張	翼	軫	角	亢	氐	房	心	尾	箕	斗	女	虚	危	室	壁	奎	婁	胃	昴	畢	觜	参	井	鬼	柳	星	張	翼	軫

2005年

	1	2	3	4	5	6	7	8	9	10	11	12	13	14	15	16	17	18	19	20	21	22	23	24	25	26	27	28	29	30	31
1月	角	亢	氐	房	心	尾	箕	斗	女	虚	危	室	壁	奎	婁	胃	昴	畢	觜	参	井	鬼	柳	星	張	翼	軫	角	亢	氐	房
2月	心	尾	箕	斗	女	虚	危	室	室	壁	奎	婁	胃	昴	畢	觜	参	井	鬼	柳	星	張	翼	軫	角	亢	氐	房			
3月	心	尾	箕	斗	女	虚	危	室	壁	奎	婁	胃	昴	畢	觜	参	井	鬼	柳	星	張	翼	軫	角	亢	氐	房	心	尾	箕	斗
4月	女	虚	危	室	壁	奎	婁	胃	胃	昴	畢	觜	参	井	鬼	柳	星	張	翼	軫	角	亢	氐	房	心	尾	箕	斗	女	虚	
5月	危	室	壁	奎	婁	胃	昴	畢	觜	参	井	鬼	柳	星	張	翼	軫	角	亢	氐	房	心	尾	箕	斗	女	虚	危	室	壁	奎
6月	婁	胃	昴	畢	觜	参	参	井	鬼	柳	星	張	翼	軫	角	亢	氐	房	心	尾	箕	斗	女	虚	危	室	壁	奎	婁	胃	
7月	昴	畢	觜	参	井	鬼	柳	星	張	翼	軫	角	亢	氐	房	心	尾	箕	斗	女	虚	危	室	壁	奎	婁	胃	昴	畢	觜	参
8月	井	鬼	柳	星	張	翼	軫	角	亢	氐	房	心	尾	箕	斗	女	虚	危	室	壁	奎	婁	胃	昴	畢	觜	参	井	鬼	柳	星
9月	張	翼	軫	角	亢	氐	房	心	尾	箕	斗	女	虚	危	室	壁	奎	婁	胃	昴	畢	觜	参	井	鬼	柳	星	張	翼	軫	
10月	角	亢	氐	房	心	尾	箕	斗	女	虚	危	室	壁	奎	婁	胃	昴	畢	觜	参	井	鬼	柳	星	張	翼	軫	角	亢	氐	房
11月	心	心	尾	箕	斗	女	虚	危	室	壁	奎	婁	胃	昴	畢	觜	参	井	鬼	柳	星	張	翼	軫	角	亢	氐	房	心	尾	
12月	箕	斗	女	虚	危	室	壁	奎	婁	胃	昴	畢	觜	参	井	鬼	柳	星	張	翼	軫	角	亢	氐	房	心	尾	箕	斗	女	虚

2006年

	1	2	3	4	5	6	7	8	9	10	11	12	13	14	15	16	17	18	19	20	21	22	23	24	25	26	27	28	29	30	31
1月	危	室	壁	奎	婁	胃	昴	畢	觜	参	井	鬼	柳	星	張	翼	軫	角	亢	氐	房	心	尾	箕	斗	女	虚	危	室	壁	奎
2月	婁	胃	昴	畢	觜	参	井	鬼	柳	星	張	翼	軫	角	亢	氐	房	心	尾	箕	斗	女	虚	危	室	壁	奎	奎			
3月	婁	胃	昴	畢	觜	参	井	鬼	柳	星	張	翼	軫	角	亢	氐	房	心	尾	箕	斗	女	虚	危	室	壁	奎	婁	胃	昴	畢
4月	觜	参	井	鬼	柳	星	張	翼	軫	角	亢	氐	房	心	尾	箕	斗	女	虚	危	室	壁	奎	婁	胃	昴	畢	畢	觜	参	
5月	井	鬼	柳	星	張	翼	軫	角	亢	氐	房	心	尾	箕	斗	女	虚	危	室	壁	奎	婁	胃	昴	畢	觜	参	井	鬼	柳	星
6月	張	翼	軫	角	亢	氐	房	心	尾	箕	斗	女	虚	危	室	壁	奎	婁	胃	昴	畢	觜	参	井	鬼	鬼	柳	星	張	翼	
7月	軫	角	亢	氐	房	心	尾	箕	斗	女	虚	危	室	壁	奎	婁	胃	昴	畢	觜	参	井	鬼	柳	張	翼	軫	角	亢	氐	房
8月	心	尾	箕	斗	女	虚	危	室	壁	奎	婁	胃	昴	畢	觜	参	井	鬼	柳	星	張	翼	軫	張	翼	軫	角	亢	氐	房	心
9月	尾	箕	斗	女	虚	危	室	壁	奎	婁	胃	昴	畢	觜	参	井	鬼	柳	星	張	翼	角	亢	氐	房	心	尾	箕	斗	女	
10月	虚	危	室	壁	奎	婁	胃	昴	畢	觜	参	井	鬼	柳	星	張	翼	軫	角	亢	氐	氐	房	心	尾	箕	斗	女	虚	危	室
11月	壁	奎	婁	胃	昴	畢	觜	参	井	鬼	柳	星	張	翼	軫	角	亢	氐	房	心	心	尾	箕	斗	女	虚	危	室	壁	奎	
12月	婁	胃	昴	畢	觜	参	井	鬼	柳	星	張	翼	軫	角	亢	氐	房	心	尾	斗	女	虚	危	室	壁	奎	婁	胃	昴	畢	觜

2007年

	1	2	3	4	5	6	7	8	9	10	11	12	13	14	15	16	17	18	19	20	21	22	23	24	25	26	27	28	29	30	31
1月	参	井	鬼	柳	星	張	翼	軫	角	亢	氐	房	心	尾	箕	斗	女	虚	虚	危	室	壁	奎	婁	胃	昴	畢	觜	参	井	鬼
2月	柳	星	張	翼	軫	角	亢	氐	房	心	尾	箕	斗	女	虚	危	室	室	壁	奎	婁	胃	昴	畢	觜	参	井	鬼			
3月	柳	星	張	翼	軫	角	亢	氐	房	心	尾	箕	斗	女	虚	危	室	壁	奎	婁	胃	昴	畢	觜	参	井	鬼	柳	星	張	翼
4月	軫	角	亢	氐	房	心	尾	箕	斗	女	虚	危	室	壁	奎	婁	胃	昴	畢	觜	参	井	鬼	柳	星	張	翼	軫	角	亢	
5月	氐	房	心	尾	箕	斗	女	虚	危	室	壁	奎	婁	胃	昴	畢	畢	觜	参	井	鬼	柳	星	張	翼	軫	角	亢	氐	房	心
6月	尾	箕	斗	女	虚	危	室	壁	奎	婁	胃	昴	畢	觜	参	井	鬼	柳	星	張	翼	軫	角	亢	氐	房	心	尾	箕	斗	
7月	女	虚	危	室	壁	奎	婁	胃	昴	畢	觜	参	井	鬼	柳	星	張	翼	軫	角	亢	氐	房	心	尾	箕	斗	女	虚	危	室
8月	壁	奎	婁	胃	昴	畢	觜	参	井	鬼	柳	星	張	翼	軫	角	亢	氐	房	心	尾	箕	斗	女	虚	危	室	壁	奎	婁	胃
9月	昴	畢	觜	参	井	鬼	柳	星	張	翼	角	亢	氐	房	心	尾	箕	斗	女	虚	危	室	壁	奎	婁	胃	昴	畢	觜	参	
10月	井	鬼	柳	星	張	翼	軫	角	亢	氐	氐	房	心	尾	箕	斗	女	虚	危	室	壁	奎	婁	胃	昴	畢	觜	参	井	鬼	柳
11月	星	張	翼	軫	角	亢	氐	房	心	心	尾	箕	斗	女	虚	危	室	壁	奎	婁	胃	昴	畢	觜	参	井	鬼	柳	星	張	
12月	翼	軫	角	亢	氐	房	心	尾	箕	斗	女	虚	危	室	壁	奎	婁	胃	昴	畢	觜	参	井	鬼	柳	星	張	翼	軫	角	亢

2008年

	1	2	3	4	5	6	7	8	9	10	11	12	13	14	15	16	17	18	19	20	21	22	23	24	25	26	27	28	29	30	31
1月	氐	房	心	尾	箕	斗	女	虚	危	室	壁	奎	婁	胃	昴	畢	觜	参	井	鬼	柳	星	張	翼	軫	角	亢	氐	房	心	尾
2月	箕	斗	女	虚	危	室	室	壁	奎	婁	胃	昴	畢	觜	参	井	鬼	柳	星	張	翼	軫	角	亢	氐	房	心	尾	箕		
3月	斗	女	虚	危	室	壁	奎	奎	婁	胃	昴	畢	觜	参	井	鬼	柳	星	張	翼	軫	角	亢	氐	房	心	尾	箕	斗	女	虚
4月	危	室	壁	奎	婁	胃	昴	畢	觜	参	井	鬼	柳	星	張	翼	軫	角	亢	氐	房	心	尾	箕	斗	女	虚	危	室	壁	
5月	奎	婁	胃	昴	畢	觜	参	井	鬼	柳	星	張	翼	軫	角	亢	氐	房	心	尾	箕	斗	女	虚	危	室	壁	奎	婁	胃	昴
6月	畢	觜	参	参	井	鬼	柳	星	張	翼	軫	角	亢	氐	房	心	尾	箕	斗	女	虚	危	室	壁	奎	婁	胃	昴	畢	觜	
7月	参	井	鬼	柳	星	張	翼	軫	角	亢	氐	房	心	尾	箕	斗	女	虚	危	室	壁	奎	婁	胃	昴	畢	觜	参	井	鬼	柳
8月	張	翼	軫	角	亢	氐	房	心	尾	箕	斗	女	虚	危	室	壁	奎	婁	胃	昴	畢	觜	参	井	鬼	柳	星	張	翼	軫	角
9月	亢	氐	房	心	尾	箕	斗	女	虚	危	室	壁	奎	婁	胃	昴	畢	觜	参	井	鬼	柳	星	張	翼	軫	角	亢	氐	房	
10月	心	尾	箕	斗	女	虚	危	室	壁	奎	婁	胃	昴	畢	觜	参	井	鬼	柳	星	張	翼	軫	角	亢	氐	房	心	心	尾	箕
11月	斗	女	虚	危	室	壁	奎	婁	胃	昴	畢	觜	参	井	鬼	柳	星	張	翼	軫	角	亢	氐	房	心	尾	箕	斗	女	虚	
12月	危	室	壁	奎	婁	胃	昴	畢	觜	参	井	鬼	柳	星	張	翼	軫	角	亢	氐	房	心	尾	箕	斗	女	虚	危	室	壁	奎

2009年

	1	2	3	4	5	6	7	8	9	10	11	12	13	14	15	16	17	18	19	20	21	22	23	24	25	26	27	28	29	30	31
1月	婁	胃	昴	畢	觜	参	井	鬼	柳	星	張	翼	軫	角	亢	氐	房	心	尾	箕	斗	女	虚	危	室	室	壁	奎	婁	胃	昴
2月	畢	觜	参	井	鬼	柳	星	張	翼	軫	角	亢	氐	房	心	尾	箕	斗	女	虚	危	室	壁	奎	奎	婁	胃	昴			
3月	畢	觜	参	井	鬼	柳	星	張	翼	軫	角	亢	氐	房	心	尾	箕	斗	女	虚	危	室	壁	奎	婁	胃	胃	昴	畢	觜	参
4月	井	鬼	柳	星	張	翼	軫	角	亢	氐	房	心	尾	箕	斗	女	虚	危	室	壁	奎	婁	胃	昴	畢	觜	参	井	鬼	柳	
5月	星	張	翼	軫	角	亢	氐	房	心	尾	箕	斗	女	虚	危	室	壁	奎	婁	胃	昴	畢	觜	参	井	鬼	柳	星	張	翼	軫
6月	角	亢	氐	房	心	尾	箕	斗	女	虚	危	室	壁	奎	婁	胃	昴	畢	觜	参	井	鬼	参	井	鬼	柳	星	張	翼	軫	
7月	角	亢	氐	房	心	尾	箕	斗	女	虚	危	室	壁	奎	婁	胃	昴	畢	觜	参	井	鬼	柳	星	張	翼	軫	角	亢	氐	房
8月	心	尾	箕	斗	女	虚	危	室	壁	奎	婁	胃	昴	畢	觜	参	井	鬼	柳	張	翼	軫	角	亢	氐	房	心	尾	箕	斗	女
9月	虚	危	室	壁	奎	婁	胃	昴	畢	觜	参	井	鬼	柳	星	張	翼	軫	角	亢	氐	房	心	尾	箕	斗	女	虚	危	室	
10月	壁	奎	婁	胃	昴	畢	觜	参	井	鬼	柳	星	張	翼	軫	角	亢	氐	房	心	尾	箕	斗	女	虚	危	室	壁	奎	婁	胃
11月	昴	畢	觜	参	井	鬼	柳	星	張	翼	軫	角	亢	氐	房	心	心	尾	箕	斗	女	虚	危	室	壁	奎	婁	胃	昴	畢	
12月	觜	参	井	鬼	柳	星	張	翼	軫	角	亢	氐	房	心	尾	斗	女	虚	危	室	壁	奎	婁	胃	昴	畢	觜	参	井	鬼	柳

2010年

	1	2	3	4	5	6	7	8	9	10	11	12	13	14	15	16	17	18	19	20	21	22	23	24	25	26	27	28	29	30	31
1月	星	張	翼	軫	角	亢	氐	房	心	尾	箕	斗	女	虚	虚	危	室	壁	奎	婁	胃	昴	畢	觜	参	井	鬼	柳	星	張	翼
2月	軫	角	亢	氐	房	心	尾	箕	斗	女	虚	危	室	室	壁	奎	婁	胃	昴	畢	觜	参	井	鬼	柳	星	張	翼			
3月	軫	角	亢	氐	房	心	尾	箕	斗	女	虚	危	室	壁	奎	奎	婁	胃	昴	畢	觜	参	井	鬼	柳	星	張	翼	軫	角	亢
4月	氐	房	心	尾	箕	斗	女	虚	危	室	壁	奎	婁	胃	昴	畢	觜	参	井	鬼	柳	星	張	翼	軫	角	亢	氐	房	心	
5月	尾	箕	斗	女	虚	危	室	壁	奎	婁	胃	昴	畢	畢	觜	参	井	鬼	柳	星	張	翼	軫	角	亢	氐	房	心	尾	箕	斗
6月	女	虚	危	室	壁	奎	婁	胃	昴	畢	觜	参	井	鬼	柳	星	張	翼	軫	角	亢	氐	房	心	尾	箕	斗	女	虚	危	
7月	室	壁	奎	婁	胃	昴	畢	觜	参	井	鬼	鬼	柳	星	張	翼	軫	角	亢	氐	房	心	尾	箕	斗	女	虚	危	室	壁	奎
8月	婁	胃	昴	畢	觜	参	井	鬼	柳	張	翼	軫	角	亢	氐	房	心	尾	箕	斗	女	虚	危	室	壁	奎	婁	胃	昴	畢	觜
9月	参	井	鬼	柳	星	張	翼	角	亢	氐	房	心	尾	箕	斗	女	虚	危	室	壁	奎	婁	胃	昴	畢	觜	参	井	鬼	柳	
10月	星	張	翼	軫	角	亢	氐	氐	房	心	尾	箕	斗	女	虚	危	室	壁	奎	婁	胃	昴	畢	觜	参	井	鬼	柳	星	張	翼
11月	軫	角	亢	氐	房	心	尾	箕	斗	女	虚	危	室	壁	奎	婁	胃	昴	畢	觜	参	井	鬼	柳	星	張	翼	軫	角	亢	
12月	氐	房	心	尾	箕	斗	女	虚	危	室	壁	奎	婁	胃	昴	畢	觜	参	井	鬼	柳	星	張	翼	軫	角	亢	氐	房	心	尾

2011年

	1	2	3	4	5	6	7	8	9	10	11	12	13	14	15	16	17	18	19	20	21	22	23	24	25	26	27	28	29	30	31
1月	箕	斗	女	虚	危	室	壁	奎	婁	胃	昴	畢	觜	参	井	鬼	柳	星	張	翼	軫	角	亢	氐	房	心	尾	箕	斗	女	虚
2月	危	室	室	壁	奎	婁	胃	昴	畢	觜	参	井	鬼	柳	星	張	翼	軫	角	亢	氐	房	心	尾	箕	斗	女	虚			
3月	危	室	壁	奎	奎	婁	胃	昴	畢	觜	参	井	鬼	柳	星	張	翼	軫	角	亢	氐	房	心	尾	箕	斗	女	虚	危	室	壁
4月	奎	婁	胃	昴	畢	觜	参	井	鬼	柳	星	張	翼	軫	角	亢	氐	房	心	尾	箕	斗	女	虚	危	室	壁	奎	婁	胃	
5月	昴	畢	畢	觜	参	井	鬼	柳	星	張	翼	軫	角	亢	氐	房	心	尾	箕	斗	女	虚	危	室	壁	奎	婁	胃	昴	畢	觜
6月	参	参	井	鬼	柳	星	張	翼	軫	角	亢	氐	房	心	尾	箕	斗	女	虚	危	室	壁	奎	婁	胃	昴	畢	觜	参	井	
7月	鬼	柳	星	張	翼	軫	角	亢	氐	房	心	尾	箕	斗	女	虚	危	室	壁	奎	婁	胃	昴	畢	觜	参	井	鬼	柳	星	張
8月	翼	軫	角	亢	氐	房	心	尾	箕	斗	女	虚	危	室	壁	奎	婁	胃	昴	畢	觜	参	井	鬼	柳	星	張	翼	角	亢	氐
9月	房	心	尾	箕	斗	女	虚	危	室	壁	奎	婁	胃	昴	畢	觜	参	井	鬼	柳	星	張	翼	軫	角	亢	氐	房	心	尾	
10月	箕	斗	女	虚	危	室	壁	奎	婁	胃	昴	畢	觜	参	井	鬼	柳	星	張	翼	軫	角	亢	氐	房	心	心	尾	箕	斗	女
11月	虚	危	室	壁	奎	婁	胃	昴	畢	觜	参	井	鬼	柳	星	張	翼	軫	角	亢	氐	房	心	尾	斗	女	虚	危	室	壁	
12月	奎	婁	胃	昴	畢	觜	参	井	鬼	柳	星	張	翼	軫	角	亢	氐	房	心	尾	箕	斗	女	虚	虚	危	室	壁	奎	婁	胃

2012年

	1	2	3	4	5	6	7	8	9	10	11	12	13	14	15	16	17	18	19	20	21	22	23	24	25	26	27	28	29	30	31
1月	昴	畢	觜	参	井	鬼	柳	星	張	翼	軫	角	亢	氐	房	心	尾	箕	斗	女	虚	危	室	壁	奎	婁	胃	昴	畢	觜	参
2月	井	鬼	柳	星	張	翼	軫	角	亢	氐	房	心	尾	箕	斗	女	虚	危	室	壁	奎	奎	婁	胃	昴	畢	觜	参	井		
3月	鬼	柳	星	張	翼	軫	角	亢	氐	房	心	尾	箕	斗	女	虚	危	室	壁	奎	婁	胃	昴	畢	觜	参	井	鬼	柳	星	張
4月	翼	軫	角	亢	氐	房	心	尾	箕	斗	女	虚	危	室	壁	奎	婁	胃	昴	畢	胃	昴	畢	觜	参	井	鬼	柳	星	張	
5月	翼	軫	角	亢	氐	房	心	尾	箕	斗	女	虚	危	室	壁	奎	婁	胃	昴	畢	畢	觜	参	井	鬼	柳	星	張	翼	軫	角
6月	亢	氐	房	心	尾	箕	斗	女	虚	危	室	壁	奎	婁	胃	昴	畢	觜	参	参	井	鬼	柳	星	張	翼	軫	角	亢	氐	
7月	房	心	尾	箕	斗	女	虚	危	室	壁	奎	婁	胃	昴	畢	觜	参	井	鬼	柳	星	張	翼	軫	角	亢	氐	房	心	尾	箕
8月	斗	女	虚	危	室	壁	奎	婁	胃	昴	畢	觜	参	井	鬼	柳	星	張	翼	軫	角	亢	氐	房	心	尾	箕	斗	女	虚	危
9月	室	壁	奎	婁	胃	昴	畢	觜	参	井	鬼	柳	星	張	翼	角	亢	氐	房	心	尾	箕	斗	女	虚	危	室	壁	奎	婁	
10月	胃	昴	畢	觜	参	井	鬼	柳	星	張	翼	軫	角	亢	氐	房	心	尾	箕	斗	女	虚	危	室	壁	奎	婁	胃	昴	畢	觜
11月	参	井	鬼	柳	星	張	翼	軫	角	亢	氐	房	心	心	尾	箕	斗	女	虚	危	室	壁	奎	婁	胃	昴	畢	觜	参	井	
12月	鬼	柳	星	張	翼	軫	角	亢	氐	房	心	尾	斗	女	虚	危	室	壁	奎	婁	胃	昴	畢	觜	参	井	鬼	柳	星	張	翼

2013年

	1	2	3	4	5	6	7	8	9	10	11	12	13	14	15	16	17	18	19	20	21	22	23	24	25	26	27	28	29	30	31
1月	軫	角	亢	氐	房	心	尾	箕	斗	女	虚	虚	危	室	壁	奎	婁	胃	昴	畢	觜	参	井	鬼	柳	星	張	翼	軫	角	亢
2月	氐	房	心	尾	箕	斗	女	虚	危	室	壁	奎	婁	胃	昴	畢	觜	参	井	鬼	柳	星	張	翼	軫	角	亢	氐			
3月	房	心	尾	箕	斗	女	虚	危	室	壁	奎	奎	婁	胃	昴	畢	觜	参	井	鬼	柳	星	張	翼	軫	角	亢	氐	房	心	尾
4月	箕	斗	女	虚	危	室	壁	奎	婁	胃	昴	畢	觜	参	井	鬼	柳	星	張	翼	軫	角	亢	氐	房	心	尾	箕	斗	女	
5月	虚	危	室	壁	奎	婁	胃	昴	畢	畢	觜	参	井	鬼	柳	星	張	翼	軫	角	亢	氐	房	心	尾	箕	斗	女	虚	危	室
6月	壁	奎	婁	胃	昴	畢	觜	参	参	井	鬼	柳	星	張	翼	軫	角	亢	氐	房	心	尾	箕	斗	女	虚	危	室	壁	奎	
7月	婁	胃	昴	畢	觜	参	井	鬼	柳	星	張	翼	軫	角	亢	氐	房	心	尾	箕	斗	女	虚	危	室	壁	奎	婁	胃	昴	畢
8月	觜	参	井	鬼	柳	星	張	翼	軫	角	亢	氐	房	心	尾	箕	斗	女	虚	危	室	壁	奎	婁	胃	昴	畢	觜	参	井	鬼
9月	柳	星	張	翼	角	亢	氐	房	心	尾	箕	斗	女	虚	危	室	壁	奎	婁	胃	昴	畢	觜	参	井	鬼	柳	星	張	翼	
10月	軫	角	亢	氐	氐	房	心	尾	箕	斗	女	虚	危	室	壁	奎	婁	胃	昴	畢	觜	参	井	鬼	柳	星	張	翼	軫	角	亢
11月	氐	房	心	尾	箕	斗	女	虚	危	室	壁	奎	婁	胃	昴	畢	觜	参	井	鬼	柳	星	張	翼	軫	角	亢	氐	房	心	
12月	尾	箕	斗	女	虚	危	室	壁	奎	婁	胃	昴	畢	觜	参	井	鬼	柳	星	張	翼	軫	角	亢	氐	房	心	尾	箕	斗	女

2014年

	1	2	3	4	5	6	7	8	9	10	11	12	13	14	15	16	17	18	19	20	21	22	23	24	25	26	27	28	29	30	31
1月	虚	危	室	壁	奎	婁	胃	昴	畢	觜	参	井	鬼	柳	星	張	翼	軫	角	亢	氐	房	心	尾	箕	斗	女	虚	危	室	室
2月	壁	奎	婁	胃	昴	畢	觜	参	井	鬼	柳	星	張	翼	軫	角	亢	氐	房	心	尾	箕	斗	女	虚	危	室	壁			
3月	奎	婁	胃	昴	畢	觜	参	井	鬼	柳	星	張	翼	軫	角	亢	氐	房	心	尾	箕	斗	女	虚	危	室	壁	奎	婁	胃	胃
4月	昴	畢	觜	参	井	鬼	柳	星	張	翼	軫	角	亢	氐	房	心	尾	箕	斗	女	虚	危	室	壁	奎	婁	胃	昴	畢	觜	
5月	参	井	鬼	柳	星	張	翼	軫	角	亢	氐	房	心	尾	箕	斗	女	虚	危	室	壁	奎	婁	胃	昴	畢	觜	参	参	井	鬼
6月	柳	星	張	翼	軫	角	亢	氐	房	心	尾	箕	斗	女	虚	危	室	壁	奎	婁	胃	昴	畢	觜	参	井	鬼	柳	星	張	
7月	翼	軫	角	亢	氐	房	心	尾	箕	斗	女	虚	危	室	壁	奎	婁	胃	昴	畢	觜	参	井	鬼	柳	星	張	翼	軫	角	亢
8月	氐	房	心	尾	箕	斗	女	虚	危	室	壁	奎	婁	胃	昴	畢	觜	参	井	鬼	柳	星	張	翼	角	亢	氐	房	心	尾	箕
9月	斗	女	虚	危	室	壁	奎	婁	胃	昴	畢	觜	参	井	鬼	柳	星	張	翼	軫	角	亢	氐	氐	房	心	尾	箕	斗	女	
10月	虚	危	室	壁	奎	婁	胃	昴	畢	觜	参	井	鬼	柳	星	張	翼	軫	角	亢	氐	房	心	氐	房	心	尾	箕	斗	女	虚
11月	危	室	壁	奎	婁	胃	昴	畢	觜	参	井	鬼	柳	星	張	翼	軫	角	亢	氐	房	心	尾	箕	斗	女	虚	危	室	壁	
12月	奎	婁	胃	昴	畢	觜	参	井	鬼	柳	星	張	翼	軫	角	亢	氐	房	心	尾	箕	斗	女	虚	危	室	壁	奎	婁	胃	昴

2015年

	1	2	3	4	5	6	7	8	9	10	11	12	13	14	15	16	17	18	19	20	21	22	23	24	25	26	27	28	29	30	31
1月	畢	觜	参	井	鬼	柳	星	張	翼	軫	角	亢	氐	房	心	尾	箕	斗	女	虚	危	室	壁	奎	婁	胃	昴	畢	觜	参	井
2月	鬼	柳	星	張	翼	軫	角	亢	氐	房	心	尾	箕	斗	女	虚	危	室	室	壁	奎	婁	胃	昴	畢	觜	参	井			
3月	鬼	柳	星	張	翼	軫	角	亢	氐	房	心	尾	箕	斗	女	虚	危	室	壁	奎	婁	胃	昴	畢	觜	参	井	鬼	柳	星	張
4月	翼	軫	角	亢	氐	房	心	尾	箕	斗	女	虚	危	室	壁	奎	婁	胃	胃	昴	畢	觜	参	井	鬼	柳	星	張	翼	軫	
5月	角	亢	氐	房	心	尾	箕	斗	女	虚	危	室	壁	奎	婁	胃	昴	畢	觜	参	井	鬼	柳	星	張	翼	軫	角	亢	氐	房
6月	心	尾	箕	斗	女	虚	危	室	壁	奎	婁	胃	昴	畢	觜	参	井	鬼	柳	星	張	翼	軫	角	亢	氐	房	心	尾	箕	
7月	斗	女	虚	危	室	壁	奎	婁	胃	昴	畢	觜	参	井	鬼	鬼	柳	星	張	翼	軫	角	亢	氐	房	心	尾	箕	斗	女	虚
8月	危	室	壁	奎	婁	胃	昴	畢	觜	参	井	鬼	柳	張	翼	軫	角	亢	氐	房	心	尾	箕	斗	女	虚	危	室	壁	奎	婁
9月	胃	昴	畢	觜	参	井	鬼	柳	星	張	翼	軫	角	亢	氐	房	心	尾	箕	斗	女	虚	危	室	壁	奎	婁	胃	昴	畢	
10月	觜	参	井	鬼	柳	星	張	翼	軫	角	亢	氐	氐	房	心	尾	箕	斗	女	虚	危	室	壁	奎	婁	胃	昴	畢	觜	参	井
11月	鬼	柳	星	張	翼	軫	角	亢	氐	房	心	心	尾	箕	斗	女	虚	危	室	壁	奎	婁	胃	昴	畢	觜	参	井	鬼	柳	
12月	星	張	翼	軫	角	亢	氐	房	心	尾	斗	女	虚	危	室	壁	奎	婁	胃	昴	畢	觜	参	井	鬼	柳	星	張	翼	軫	角

2016年

	1	2	3	4	5	6	7	8	9	10	11	12	13	14	15	16	17	18	19	20	21	22	23	24	25	26	27	28	29	30	31
1月	亢	氐	房	心	尾	箕	斗	女	虚	虚	危	室	壁	奎	婁	胃	昴	畢	觜	参	井	鬼	柳	星	張	翼	軫	角	亢	氐	房
2月	心	尾	箕	斗	女	虚	危	室	壁	奎	婁	胃	昴	畢	觜	参	井	鬼	柳	星	張	翼	軫	角	亢	氐	房	心	尾		
3月	箕	斗	女	虚	危	室	壁	奎	奎	婁	胃	昴	畢	觜	参	井	鬼	柳	星	張	翼	軫	角	亢	氐	房	心	尾	箕	斗	女
4月	虚	危	室	壁	奎	婁	胃	昴	畢	觜	参	井	鬼	柳	星	張	翼	軫	角	亢	氐	房	心	尾	箕	斗	女	虚	危	室	
5月	壁	奎	婁	胃	昴	畢	畢	觜	参	井	鬼	柳	星	張	翼	軫	角	亢	氐	房	心	尾	箕	斗	女	虚	危	室	壁	奎	婁
6月	胃	昴	畢	觜	参	井	鬼	柳	星	張	翼	軫	角	亢	氐	房	心	尾	箕	斗	女	虚	危	室	壁	奎	婁	胃	昴	畢	
7月	觜	参	井	鬼	柳	星	張	翼	軫	角	亢	氐	房	心	尾	箕	斗	女	虚	危	室	壁	奎	婁	胃	昴	畢	觜	参	井	鬼
8月	柳	星	張	翼	軫	角	亢	氐	房	心	尾	箕	斗	女	虚	危	室	壁	奎	婁	胃	昴	畢	觜	参	井	鬼	柳	星	張	翼
9月	角	亢	氐	房	心	尾	箕	斗	女	虚	危	室	壁	奎	婁	胃	昴	畢	觜	参	井	鬼	柳	星	張	翼	軫	角	亢	氐	
10月	氐	房	心	尾	箕	斗	女	虚	危	室	壁	奎	婁	胃	昴	畢	觜	参	井	鬼	柳	星	張	翼	軫	角	亢	氐	房	心	心
11月	尾	箕	斗	女	虚	危	室	壁	奎	婁	胃	昴	畢	觜	参	井	鬼	柳	星	張	翼	軫	角	亢	氐	房	心	尾	斗	女	
12月	虚	危	室	壁	奎	婁	胃	昴	畢	觜	参	井	鬼	柳	星	張	翼	軫	角	亢	氐	房	心	尾	箕	斗	女	虚	虚	危	室

2017年

	1	2	3	4	5	6	7	8	9	10	11	12	13	14	15	16	17	18	19	20	21	22	23	24	25	26	27	28	29	30	31
1月	壁	奎	婁	胃	昴	畢	觜	参	井	鬼	柳	星	張	翼	軫	角	亢	氐	房	心	尾	箕	斗	女	虚	危	室	室	壁	奎	婁
2月	胃	昴	畢	觜	参	井	鬼	柳	星	張	翼	軫	角	亢	氐	房	心	尾	箕	斗	女	虚	危	室	壁	奎	婁	胃			
3月	昴	畢	觜	参	井	鬼	柳	星	張	翼	軫	角	亢	氐	房	心	尾	箕	斗	女	虚	危	室	壁	奎	婁	胃	胃	昴	畢	觜
4月	参	井	鬼	柳	星	張	翼	軫	角	亢	氐	房	心	尾	箕	斗	女	虚	危	室	壁	奎	婁	胃	昴	畢	觜	参	井	鬼	
5月	柳	星	張	翼	軫	角	亢	氐	房	心	尾	箕	斗	女	虚	危	室	壁	奎	婁	胃	昴	畢	觜	参	参	井	鬼	柳	星	張
6月	翼	軫	角	亢	氐	房	心	尾	箕	斗	女	虚	危	室	壁	奎	婁	胃	昴	畢	觜	参	井	参	井	鬼	柳	星	張	翼	
7月	軫	角	亢	氐	房	心	尾	箕	斗	女	虚	危	室	壁	奎	婁	胃	昴	畢	觜	参	井	鬼	柳	星	張	翼	軫	角	亢	氐
8月	房	心	尾	箕	斗	女	虚	危	室	壁	奎	婁	胃	昴	畢	觜	参	井	鬼	柳	星	張	翼	軫	角	亢	氐	房	心	尾	箕
9月	斗	女	虚	危	室	壁	奎	婁	胃	昴	畢	觜	参	井	鬼	柳	星	張	翼	角	亢	氐	房	心	尾	箕	斗	女	虚	危	
10月	室	壁	奎	婁	胃	昴	畢	觜	参	井	鬼	柳	星	張	翼	軫	角	亢	氐	氐	房	心	尾	箕	斗	女	虚	危	室	壁	奎
11月	婁	胃	昴	畢	觜	参	井	鬼	柳	星	張	翼	軫	角	亢	氐	房	心	尾	箕	斗	女	虚	危	室	壁	奎	婁	胃	昴	
12月	畢	觜	参	井	鬼	柳	星	張	翼	軫	角	亢	氐	房	心	尾	箕	斗	女	虚	危	室	壁	奎	婁	胃	昴	畢	觜	参	井

2018年

	1	2	3	4	5	6	7	8	9	10	11	12	13	14	15	16	17	18	19	20	21	22	23	24	25	26	27	28	29	30	31
1月	鬼	柳	星	張	翼	軫	角	亢	氐	房	心	尾	箕	斗	女	虚	虚	危	室	壁	奎	婁	胃	昴	畢	觜	参	井	鬼	柳	星
2月	張	翼	軫	角	亢	氐	房	心	尾	箕	斗	女	虚	危	室	室	壁	奎	婁	胃	昴	畢	觜	参	井	鬼	柳	星			
3月	張	翼	軫	角	亢	氐	房	心	尾	箕	斗	女	虚	危	室	壁	奎	婁	胃	昴	畢	觜	参	井	鬼	柳	星	張	翼	軫	角
4月	亢	氐	房	心	尾	箕	斗	女	虚	危	室	壁	奎	婁	胃	胃	昴	畢	觜	参	井	鬼	柳	星	張	翼	軫	角	亢	氐	
5月	房	心	尾	箕	斗	女	虚	危	室	壁	奎	婁	胃	昴	畢	觜	参	井	鬼	柳	星	張	翼	軫	角	亢	氐	房	心	尾	箕
6月	斗	女	虚	危	室	壁	奎	婁	胃	昴	畢	觜	参	参	井	鬼	柳	星	張	翼	軫	角	亢	氐	房	心	尾	箕	斗	女	
7月	虚	危	室	壁	奎	婁	胃	昴	畢	觜	参	井	鬼	柳	星	張	翼	軫	角	亢	氐	房	心	尾	箕	斗	女	虚	危	室	壁
8月	奎	婁	胃	昴	畢	觜	参	井	鬼	柳	張	翼	軫	角	亢	氐	房	心	尾	箕	斗	女	虚	危	室	壁	奎	婁	胃	昴	畢
9月	觜	参	井	鬼	柳	星	張	翼	軫	角	亢	氐	房	心	尾	箕	斗	女	虚	危	室	壁	奎	婁	胃	昴	畢	觜	参	井	
10月	鬼	柳	星	張	翼	軫	角	亢	氐	房	心	尾	箕	斗	女	虚	危	室	壁	奎	婁	胃	昴	畢	觜	参	井	鬼	柳	星	張
11月	翼	軫	角	亢	氐	房	心	心	尾	箕	斗	女	虚	危	室	壁	奎	婁	胃	昴	畢	觜	参	井	鬼	柳	星	張	翼	軫	
12月	角	亢	氐	房	心	尾	斗	女	虚	危	室	壁	奎	婁	胃	昴	畢	觜	参	井	鬼	柳	星	張	翼	軫	角	亢	氐	房	心

2019年

	1	2	3	4	5	6	7	8	9	10	11	12	13	14	15	16	17	18	19	20	21	22	23	24	25	26	27	28	29	30	31
1月	尾	箕	斗	女	虚	虚	危	室	壁	奎	婁	胃	昴	畢	觜	参	井	鬼	柳	星	張	翼	軫	角	亢	氐	房	心	尾	箕	斗
2月	女	虚	危	室	室	壁	奎	婁	胃	昴	畢	觜	参	井	鬼	柳	星	張	翼	軫	角	亢	氐	房	心	尾	箕	斗			
3月	女	虚	危	室	壁	奎	奎	婁	胃	昴	畢	觜	参	井	鬼	柳	星	張	翼	軫	角	亢	氐	房	心	尾	箕	斗	女	虚	危
4月	室	壁	奎	婁	胃	昴	畢	觜	参	井	鬼	柳	星	張	翼	軫	角	亢	氐	房	心	尾	箕	斗	女	虚	危	室	壁	奎	
5月	婁	胃	昴	畢	畢	觜	参	井	鬼	柳	星	張	翼	軫	角	亢	氐	房	心	尾	箕	斗	女	虚	危	室	壁	奎	婁	胃	昴
6月	畢	觜	参	井	鬼	柳	星	張	翼	軫	角	亢	氐	房	心	尾	箕	斗	女	虚	危	室	壁	奎	婁	胃	昴	畢	觜	参	
7月	井	鬼	鬼	柳	星	張	翼	軫	角	亢	氐	房	心	尾	箕	斗	女	虚	危	室	壁	奎	婁	胃	昴	畢	觜	参	井	鬼	柳
8月	張	翼	軫	角	亢	氐	房	心	尾	箕	斗	女	虚	危	室	壁	奎	婁	胃	昴	畢	觜	参	井	鬼	柳	星	張	翼	角	亢
9月	氐	房	心	尾	箕	斗	女	虚	危	室	壁	奎	婁	胃	昴	畢	觜	参	井	鬼	柳	星	張	翼	軫	角	亢	氐	氐	房	
10月	心	尾	箕	斗	女	虚	危	室	壁	奎	婁	胃	昴	畢	觜	参	井	鬼	柳	星	張	翼	軫	角	亢	氐	房	心	尾	箕	斗
11月	女	虚	危	室	壁	奎	婁	胃	昴	畢	觜	参	井	鬼	柳	星	張	翼	軫	角	亢	氐	房	心	尾	箕	斗	女	虚	危	
12月	室	壁	奎	婁	胃	昴	畢	觜	参	井	鬼	柳	星	張	翼	軫	角	亢	氐	房	心	尾	箕	斗	女	虚	危	室	壁	奎	婁

2020年

	1	2	3	4	5	6	7	8	9	10	11	12	13	14	15	16	17	18	19	20	21	22	23	24	25	26	27	28	29	30	31
1月	胃	昴	畢	觜	参	井	鬼	柳	星	張	翼	軫	角	亢	氐	房	心	尾	箕	斗	女	虚	危	室	室	壁	奎	婁	胃	昴	畢
2月	觜	参	井	鬼	柳	星	張	翼	軫	角	亢	氐	房	心	尾	箕	斗	女	虚	危	室	壁	奎	奎	婁	胃	昴	畢	觜		
3月	参	井	鬼	柳	星	張	翼	軫	角	亢	氐	房	心	尾	箕	斗	女	虚	危	室	壁	奎	婁	胃	昴	畢	觜	参	井	鬼	柳
4月	星	張	翼	軫	角	亢	氐	房	心	尾	箕	斗	女	虚	危	室	壁	奎	婁	胃	昴	畢	畢	觜	参	井	鬼	柳	星	張	
5月	翼	軫	角	亢	氐	房	心	尾	箕	斗	女	虚	危	室	壁	奎	婁	胃	昴	畢	觜	参	畢	觜	参	井	鬼	柳	星	張	翼
6月	軫	角	亢	氐	房	心	尾	箕	斗	女	虚	危	室	壁	奎	婁	胃	昴	畢	觜	参	井	鬼	柳	星	張	翼	軫	角	亢	
7月	氐	房	心	尾	箕	斗	女	虚	危	室	壁	奎	婁	胃	昴	畢	觜	参	井	鬼	鬼	柳	星	張	翼	軫	角	亢	氐	房	心
8月	尾	箕	斗	女	虚	危	室	壁	奎	婁	胃	昴	畢	觜	参	井	鬼	柳	張	翼	軫	角	亢	氐	房	心	尾	箕	斗	女	虚
9月	危	室	壁	奎	婁	胃	昴	畢	觜	参	井	鬼	柳	星	張	翼	角	亢	氐	房	心	尾	箕	斗	女	虚	危	室	壁	奎	
10月	婁	胃	昴	畢	觜	参	井	鬼	柳	星	張	翼	軫	角	亢	氐	氐	房	心	尾	箕	斗	女	虚	危	室	壁	奎	婁	胃	昴
11月	畢	觜	参	井	鬼	柳	星	張	翼	軫	角	亢	氐	房	心	尾	箕	斗	女	虚	危	室	壁	奎	婁	胃	昴	畢	觜	参	
12月	井	鬼	柳	星	張	翼	軫	角	亢	氐	房	心	尾	箕	斗	女	虚	危	室	壁	奎	婁	胃	昴	畢	觜	参	井	鬼	柳	星

2021年

	1	2	3	4	5	6	7	8	9	10	11	12	13	14	15	16	17	18	19	20	21	22	23	24	25	26	27	28	29	30	31
1月	張	翼	軫	角	亢	氐	房	心	尾	箕	斗	女	虚	危	室	壁	奎	婁	胃	昴	畢	觜	参	井	鬼	柳	星	張	翼	軫	角
2月	亢	氐	房	心	尾	箕	斗	女	虚	危	室	室	壁	奎	婁	胃	昴	畢	觜	参	井	鬼	柳	星	張	翼	軫	角			
3月	亢	氐	房	心	尾	箕	斗	女	虚	危	室	壁	奎	婁	胃	昴	畢	觜	参	井	鬼	柳	星	張	翼	軫	角	亢	氐	房	心
4月	尾	箕	斗	女	虚	危	室	壁	奎	婁	胃	胃	昴	畢	觜	参	井	鬼	柳	星	張	翼	軫	角	亢	氐	房	心	尾	箕	
5月	斗	女	虚	危	室	壁	奎	婁	胃	昴	畢	畢	觜	参	井	鬼	柳	星	張	翼	軫	角	亢	氐	房	心	尾	箕	斗	女	虚
6月	危	室	壁	奎	婁	胃	昴	畢	觜	参	井	鬼	柳	星	張	翼	軫	角	亢	氐	房	心	尾	箕	斗	女	虚	危	室	壁	
7月	奎	婁	胃	昴	畢	觜	参	井	鬼	鬼	柳	星	張	翼	軫	角	亢	氐	房	心	尾	箕	斗	女	虚	危	室	壁	奎	婁	胃
8月	昴	畢	觜	参	井	鬼	柳	張	翼	軫	角	亢	氐	房	心	尾	箕	斗	女	虚	危	室	壁	奎	婁	胃	昴	畢	觜	参	井
9月	鬼	柳	星	張	翼	軫	角	亢	氐	房	心	尾	箕	斗	女	虚	危	室	壁	奎	婁	胃	昴	畢	觜	参	井	鬼	柳	星	
10月	張	翼	軫	角	亢	氐	房	心	尾	箕	斗	女	虚	危	室	壁	奎	婁	胃	昴	畢	觜	参	井	鬼	柳	星	張	翼	軫	角
11月	亢	氐	房	心	心	尾	箕	斗	女	虚	危	室	壁	奎	婁	胃	昴	畢	觜	参	井	鬼	柳	星	張	翼	軫	角	亢	氐	
12月	房	心	尾	斗	女	虚	危	室	壁	奎	婁	胃	昴	畢	觜	参	井	鬼	柳	星	張	翼	軫	角	亢	氐	房	心	尾	箕	斗

2022年

	1	2	3	4	5	6	7	8	9	10	11	12	13	14	15	16	17	18	19	20	21	22	23	24	25	26	27	28	29	30	31
1月	女	虚	虚	危	室	壁	奎	婁	胃	昴	畢	觜	参	井	鬼	柳	星	張	翼	軫	角	亢	氐	房	心	尾	箕	斗	女	虚	危
2月	室	壁	奎	婁	胃	昴	畢	觜	参	井	鬼	柳	星	張	翼	軫	角	亢	氐	房	心	尾	箕	斗	女	虚	危	室			
3月	壁	奎	奎	婁	胃	昴	畢	觜	参	井	鬼	柳	星	張	翼	軫	角	亢	氐	房	心	尾	箕	斗	女	虚	危	室	壁	奎	婁
4月	胃	昴	畢	觜	参	井	鬼	柳	星	張	翼	軫	角	亢	氐	房	心	尾	箕	斗	女	虚	危	室	壁	奎	婁	胃	昴	畢	
5月	畢	觜	参	井	鬼	柳	星	張	翼	軫	角	亢	氐	房	心	尾	箕	斗	女	虚	危	室	壁	奎	婁	胃	昴	畢	觜	参	井
6月	鬼	柳	星	張	翼	軫	角	亢	氐	房	心	尾	箕	斗	女	虚	危	室	壁	奎	婁	胃	昴	畢	觜	参	井	鬼	鬼	柳	
7月	星	張	翼	軫	角	亢	氐	房	心	尾	箕	斗	女	虚	危	室	壁	奎	婁	胃	昴	畢	觜	参	井	鬼	柳	張	張	翼	軫
8月	角	亢	氐	房	心	尾	箕	斗	女	虚	危	室	壁	奎	婁	胃	昴	畢	觜	参	井	鬼	柳	星	張	翼	角	亢	氐	房	心
9月	尾	箕	斗	女	虚	危	室	壁	奎	婁	胃	昴	畢	觜	参	井	鬼	柳	星	張	翼	軫	角	亢	氐	氐	房	心	尾	箕	
10月	斗	女	虚	危	室	壁	奎	婁	胃	昴	畢	觜	参	井	鬼	柳	星	張	翼	軫	角	亢	氐	房	心	尾	箕	斗	女	虚	危
11月	室	壁	奎	婁	胃	昴	畢	觜	参	井	鬼	柳	星	張	翼	軫	角	亢	氐	房	心	尾	箕	斗	女	虚	危	室	壁	奎	
12月	婁	胃	昴	畢	觜	参	井	鬼	柳	星	張	翼	軫	角	亢	氐	房	心	尾	箕	斗	女	虚	危	室	壁	奎	婁	胃	昴	畢

2023年

	1	2	3	4	5	6	7	8	9	10	11	12	13	14	15	16	17	18	19	20	21	22	23	24	25	26	27	28	29	30	31
1月	觜	参	井	鬼	柳	星	張	翼	軫	角	亢	氐	房	心	尾	箕	斗	女	虚	危	室	室	壁	奎	婁	胃	昴	畢	觜	参	井
2月	鬼	柳	星	張	翼	軫	角	亢	氐	房	心	尾	箕	斗	女	虚	危	室	壁	奎	婁	胃	昴	畢	觜	参	井	鬼			
3月	柳	星	張	翼	軫	角	亢	氐	房	心	尾	箕	斗	女	虚	危	室	壁	奎	婁	胃	奎	婁	胃	昴	畢	觜	参	井	鬼	柳
4月	星	張	翼	軫	角	亢	氐	房	心	尾	箕	斗	女	虚	危	室	壁	奎	婁	胃	昴	畢	觜	参	井	鬼	柳	星	張	翼	
5月	軫	角	亢	氐	房	心	尾	箕	斗	女	虚	危	室	壁	奎	婁	胃	昴	畢	畢	觜	参	井	鬼	柳	星	張	翼	軫	角	亢
6月	氐	房	心	尾	箕	斗	女	虚	危	室	壁	奎	婁	胃	昴	畢	觜	参	井	鬼	柳	星	張	翼	軫	角	亢	氐	房	心	
7月	尾	箕	斗	女	虚	危	室	壁	奎	婁	胃	昴	畢	觜	参	井	鬼	鬼	柳	星	張	翼	軫	角	亢	氐	房	心	尾	箕	斗
8月	女	虚	危	室	壁	奎	婁	胃	昴	畢	觜	参	井	鬼	柳	張	翼	軫	角	亢	氐	房	心	尾	箕	斗	女	虚	危	室	壁
9月	奎	婁	胃	昴	畢	觜	参	井	鬼	柳	星	張	翼	軫	角	亢	氐	房	心	尾	箕	斗	女	虚	危	室	壁	奎	婁	胃	
10月	昴	畢	觜	参	井	鬼	柳	星	張	翼	軫	角	亢	氐	氐	房	心	尾	箕	斗	女	虚	危	室	壁	奎	婁	胃	昴	畢	觜
11月	参	井	鬼	柳	星	張	翼	軫	角	亢	氐	房	心	尾	箕	斗	女	虚	危	室	壁	奎	婁	胃	昴	畢	觜	参	井	鬼	
12月	柳	星	張	翼	軫	角	亢	氐	房	心	尾	箕	斗	女	虚	危	室	壁	奎	婁	胃	昴	畢	觜	参	井	鬼	柳	星	張	翼

2024年

	1	2	3	4	5	6	7	8	9	10	11	12	13	14	15	16	17	18	19	20	21	22	23	24	25	26	27	28	29	30	31
1月	軫	角	亢	氐	房	心	尾	箕	斗	女	虚	危	室	壁	奎	婁	胃	昴	畢	觜	参	井	鬼	柳	星	張	翼	軫	角	亢	氐
2月	房	心	尾	箕	斗	女	虚	危	室	室	壁	奎	婁	胃	昴	畢	觜	参	井	鬼	柳	星	張	翼	軫	角	亢	氐	房		
3月	心	尾	箕	斗	女	虚	危	室	壁	奎	婁	胃	昴	畢	觜	参	井	鬼	柳	星	張	翼	軫	角	亢	氐	房	心	尾	箕	斗
4月	女	虚	危	室	壁	奎	婁	胃	胃	昴	畢	觜	参	井	鬼	柳	星	張	翼	軫	角	亢	氐	房	心	尾	箕	斗	女	虚	
5月	危	室	壁	奎	婁	胃	昴	畢	觜	参	井	鬼	柳	星	張	翼	軫	角	亢	氐	房	心	尾	箕	斗	女	虚	危	室	壁	奎
6月	婁	胃	昴	畢	觜	参	井	鬼	柳	星	張	翼	軫	角	亢	氐	房	心	尾	箕	斗	女	虚	危	室	壁	奎	婁	胃	昴	
7月	畢	觜	参	井	鬼	鬼	柳	星	張	翼	軫	角	亢	氐	房	心	尾	箕	斗	女	虚	危	室	壁	奎	婁	胃	昴	畢	觜	参
8月	井	鬼	柳	張	翼	軫	角	亢	氐	房	心	尾	箕	斗	女	虚	危	室	壁	奎	婁	胃	昴	畢	觜	参	井	鬼	柳	星	張
9月	翼	軫	角	亢	氐	房	心	尾	箕	斗	女	虚	危	室	壁	奎	婁	胃	昴	畢	觜	参	井	鬼	柳	星	張	翼	軫	角	
10月	亢	氐	氐	房	心	尾	箕	斗	女	虚	危	室	壁	奎	婁	胃	昴	畢	觜	参	井	鬼	柳	星	張	翼	軫	角	亢	氐	房
11月	心	尾	箕	斗	女	虚	危	室	壁	奎	婁	胃	昴	畢	觜	参	井	鬼	柳	星	張	翼	軫	角	亢	氐	房	心	尾	箕	
12月	斗	女	虚	危	室	壁	奎	婁	胃	昴	畢	觜	参	井	鬼	柳	星	張	翼	軫	角	亢	氐	房	心	尾	箕	斗	女	虚	虚

2025年

	1	2	3	4	5	6	7	8	9	10	11	12	13	14	15	16	17	18	19	20	21	22	23	24	25	26	27	28	29	30	31
1月	危	室	壁	奎	婁	胃	昴	畢	觜	参	井	鬼	柳	星	張	翼	軫	角	亢	氐	房	心	尾	箕	斗	女	虚	危	室	壁	奎
2月	婁	胃	昴	畢	觜	参	井	鬼	柳	星	張	翼	軫	角	亢	氐	房	心	尾	箕	斗	女	虚	危	室	壁	奎	奎			
3月	婁	胃	昴	畢	觜	参	井	鬼	柳	星	張	翼	軫	角	亢	氐	房	心	尾	箕	斗	女	虚	危	室	壁	奎	婁	胃	昴	畢
4月	觜	参	井	鬼	柳	星	張	翼	軫	角	亢	氐	房	心	尾	箕	斗	女	虚	危	室	壁	奎	婁	胃	昴	畢	畢	觜	参	
5月	井	鬼	柳	星	張	翼	軫	角	亢	氐	房	心	尾	箕	斗	女	虚	危	室	壁	奎	婁	胃	昴	畢	觜	参	井	鬼	柳	星
6月	張	翼	軫	角	亢	氐	房	心	尾	箕	斗	女	虚	危	室	壁	奎	婁	胃	昴	畢	觜	参	井	鬼	柳	星	張	翼	軫	
7月	角	亢	氐	房	心	尾	箕	斗	女	虚	危	室	壁	奎	婁	胃	昴	畢	觜	参	井	鬼	柳	星	鬼	柳	星	張	翼	軫	角
8月	亢	氐	房	心	尾	箕	斗	女	虚	危	室	壁	奎	婁	胃	昴	畢	觜	参	井	鬼	柳	張	翼	軫	角	亢	氐	房	心	尾
9月	箕	斗	女	虚	危	室	壁	奎	婁	胃	昴	畢	觜	参	井	鬼	柳	星	張	翼	軫	角	亢	氐	房	心	尾	箕	斗	女	
10月	虚	危	室	壁	奎	婁	胃	昴	畢	觜	参	井	鬼	柳	星	張	翼	軫	角	亢	氐	房	心	尾	箕	斗	女	虚	危	室	壁
11月	奎	婁	胃	昴	畢	觜	参	井	鬼	柳	星	張	翼	軫	角	亢	氐	房	心	心	尾	箕	斗	女	虚	危	室	壁	奎	婁	
12月	胃	昴	畢	觜	参	井	鬼	柳	星	張	翼	軫	角	亢	氐	房	心	尾	箕	斗	女	虚	危	室	壁	奎	婁	胃	昴	畢	觜

2026年

	1	2	3	4	5	6	7	8	9	10	11	12	13	14	15	16	17	18	19	20	21	22	23	24	25	26	27	28	29	30	31
1月	参	井	鬼	柳	星	張	翼	軫	角	亢	氐	房	心	尾	箕	斗	女	虚	虚	危	室	壁	奎	婁	胃	昴	畢	觜	参	井	鬼
2月	柳	星	張	翼	軫	角	亢	氐	房	心	尾	箕	斗	女	虚	危	室	壁	奎	婁	胃	昴	畢	觜	参	井	鬼	柳			
3月	星	張	翼	軫	角	亢	氐	房	心	尾	箕	斗	女	虚	危	室	壁	奎	奎	婁	胃	昴	畢	觜	参	井	鬼	柳	星	張	翼
4月	軫	角	亢	氐	房	心	尾	箕	斗	女	虚	危	室	壁	奎	婁	胃	昴	畢	觜	参	井	鬼	柳	星	張	翼	軫	角	亢	
5月	氐	房	心	尾	箕	斗	女	虚	危	室	壁	奎	婁	胃	昴	畢	畢	觜	参	井	鬼	柳	星	張	翼	軫	角	亢	氐	房	心
6月	尾	箕	斗	女	虚	危	室	壁	奎	婁	胃	昴	畢	觜	参	井	鬼	柳	星	張	翼	軫	角	亢	氐	房	心	尾	箕	斗	
7月	女	虚	危	室	壁	奎	婁	胃	昴	畢	觜	参	井	鬼	柳	星	張	翼	軫	角	亢	氐	房	心	尾	箕	斗	女	虚	危	室
8月	壁	奎	婁	胃	昴	畢	觜	参	井	鬼	柳	星	張	翼	軫	角	亢	氐	房	心	尾	箕	斗	女	虚	危	室	壁	奎	婁	胃
9月	昴	畢	觜	参	井	鬼	柳	星	張	翼	角	亢	氐	房	心	尾	箕	斗	女	虚	危	室	壁	奎	婁	胃	昴	畢	觜	参	
10月	井	鬼	柳	星	張	翼	軫	角	亢	氐	氐	房	心	尾	箕	斗	女	虚	危	室	壁	奎	婁	胃	昴	畢	觜	参	井	鬼	柳
11月	星	張	翼	軫	角	亢	氐	房	心	尾	箕	斗	女	虚	危	室	壁	奎	婁	胃	昴	畢	觜	参	井	鬼	柳	星	張	翼	
12月	軫	角	亢	氐	房	心	尾	箕	斗	女	虚	危	室	壁	奎	婁	胃	昴	畢	觜	参	井	鬼	柳	星	張	翼	軫	角	亢	氐

2027年

	1	2	3	4	5	6	7	8	9	10	11	12	13	14	15	16	17	18	19	20	21	22	23	24	25	26	27	28	29	30	31
1月	房	心	尾	箕	斗	女	虚	虚	危	室	壁	奎	婁	胃	昴	畢	觜	参	井	鬼	柳	星	張	翼	軫	角	亢	氐	房	心	尾
2月	箕	斗	女	虚	危	室	室	壁	奎	婁	胃	昴	畢	觜	参	井	鬼	柳	星	張	翼	軫	角	亢	氐	房	心	尾			
3月	箕	斗	女	虚	危	室	壁	奎	婁	胃	昴	畢	觜	参	井	鬼	柳	星	張	翼	軫	角	亢	氐	房	心	尾	箕	斗	女	虚
4月	危	室	壁	奎	婁	胃	胃	昴	畢	觜	参	井	鬼	柳	星	張	翼	軫	角	亢	氐	房	心	尾	箕	斗	女	虚	危	室	
5月	壁	奎	婁	胃	昴	畢	觜	参	井	鬼	柳	星	張	翼	軫	角	亢	氐	房	心	尾	箕	斗	女	虚	危	室	壁	奎	婁	胃
6月	昴	畢	觜	参	参	井	鬼	柳	星	張	翼	軫	角	亢	氐	房	心	尾	箕	斗	女	虚	危	室	壁	奎	婁	胃	昴	畢	
7月	觜	参	井	鬼	柳	星	張	翼	軫	角	亢	氐	房	心	尾	箕	斗	女	虚	危	室	壁	奎	婁	胃	昴	畢	觜	参	井	鬼
8月	柳	張	翼	軫	角	亢	氐	房	心	尾	箕	斗	女	虚	危	室	壁	奎	婁	胃	昴	畢	觜	参	井	鬼	柳	星	張	翼	軫
9月	角	亢	氐	房	心	尾	箕	斗	女	虚	危	室	壁	奎	婁	胃	昴	畢	觜	参	井	鬼	柳	星	張	翼	軫	角	亢	氐	
10月	房	心	尾	箕	斗	女	虚	危	室	壁	奎	婁	胃	昴	畢	觜	参	井	鬼	柳	星	張	翼	軫	角	亢	氐	房	心	尾	箕
11月	斗	女	虚	危	室	壁	奎	婁	胃	昴	畢	觜	参	井	鬼	柳	星	張	翼	軫	角	亢	氐	房	心	尾	箕	斗	女	虚	
12月	危	室	壁	奎	婁	胃	昴	畢	觜	参	井	鬼	柳	星	張	翼	軫	角	亢	氐	房	心	尾	箕	斗	女	虚	虚	危	室	壁

2028 年

	1	2	3	4	5	6	7	8	9	10	11	12	13	14	15	16	17	18	19	20	21	22	23	24	25	26	27	28	29	30	31
1月	奎	婁	胃	昴	畢	觜	参	井	鬼	柳	星	張	翼	軫	角	亢	氐	房	心	尾	箕	斗	女	虚	危	室	室	壁	奎	婁	胃
2月	昴	畢	觜	参	井	鬼	柳	星	張	翼	軫	角	亢	氐	房	心	尾	箕	斗	女	虚	危	室	壁	奎	婁	胃	昴	畢		
3月	觜	参	井	鬼	柳	星	張	翼	軫	角	亢	氐	房	心	尾	箕	斗	女	虚	危	室	壁	奎	婁	胃	胃	昴	畢	觜	参	井
4月	鬼	柳	星	張	翼	軫	角	亢	氐	房	心	尾	箕	斗	女	虚	危	室	壁	奎	婁	胃	昴	畢	畢	觜	参	井	鬼	柳	
5月	星	張	翼	軫	角	亢	氐	房	心	尾	箕	斗	女	虚	危	室	壁	奎	婁	胃	昴	畢	觜	参	井	鬼	柳	星	張	翼	軫
6月	角	亢	氐	房	心	尾	箕	斗	女	虚	危	室	壁	奎	婁	胃	昴	畢	觜	参	井	鬼	参	井	鬼	柳	星	張	翼	軫	
7月	角	亢	氐	房	心	尾	箕	斗	女	虚	危	室	壁	奎	婁	胃	昴	畢	觜	参	井	鬼	柳	星	張	翼	軫	角	亢	氐	房
8月	心	尾	箕	斗	女	虚	危	室	壁	奎	婁	胃	昴	畢	觜	参	井	鬼	柳	張	翼	軫	角	亢	氐	房	心	尾	箕	斗	女
9月	虚	危	室	壁	奎	婁	胃	昴	畢	觜	参	井	鬼	柳	星	張	翼	軫	角	亢	氐	房	心	尾	箕	斗	女	虚	危	室	
10月	壁	奎	婁	胃	昴	畢	觜	参	井	鬼	柳	星	張	翼	軫	角	亢	氐	房	心	尾	箕	斗	女	虚	危	室	壁	奎	婁	胃
11月	昴	畢	觜	参	井	鬼	柳	星	張	翼	軫	角	亢	氐	房	心	尾	箕	斗	女	虚	危	室	壁	奎	婁	胃	昴	畢	觜	
12月	参	井	鬼	柳	星	張	翼	軫	角	亢	氐	房	心	尾	箕	斗	女	虚	危	室	壁	奎	婁	胃	昴	畢	觜	参	井	鬼	柳

2029 年

	1	2	3	4	5	6	7	8	9	10	11	12	13	14	15	16	17	18	19	20	21	22	23	24	25	26	27	28	29	30	31
1月	星	張	翼	軫	角	亢	氐	房	心	尾	箕	斗	女	虚	虚	危	室	壁	奎	婁	胃	昴	畢	觜	参	井	鬼	柳	星	張	翼
2月	軫	角	亢	氐	房	心	尾	箕	斗	女	虚	危	室	壁	奎	婁	胃	昴	畢	觜	参	井	鬼	柳	星	張	翼	軫			
3月	角	亢	氐	房	心	尾	箕	斗	女	虚	危	室	壁	奎	奎	婁	胃	昴	畢	觜	参	井	鬼	柳	星	張	翼	軫	角	亢	氐
4月	房	心	尾	箕	斗	女	虚	危	室	壁	奎	婁	胃	胃	昴	畢	觜	参	井	鬼	柳	星	張	翼	軫	角	亢	氐	房	心	
5月	尾	箕	斗	女	虚	危	室	壁	奎	婁	胃	昴	畢	觜	参	井	鬼	柳	星	張	翼	軫	角	亢	氐	房	心	尾	箕	斗	女
6月	虚	危	室	壁	奎	婁	胃	昴	畢	觜	参	参	井	鬼	柳	星	張	翼	軫	角	亢	氐	房	心	尾	箕	斗	女	虚	危	
7月	室	壁	奎	婁	胃	昴	畢	觜	参	井	鬼	鬼	柳	星	張	翼	軫	角	亢	氐	房	心	尾	箕	斗	女	虚	危	室	壁	奎
8月	婁	胃	昴	畢	觜	参	井	鬼	柳	張	翼	軫	角	亢	氐	房	心	尾	箕	斗	女	虚	危	室	壁	奎	婁	胃	昴	畢	觜
9月	参	井	鬼	柳	星	張	翼	角	亢	氐	房	心	尾	箕	斗	女	虚	危	室	壁	奎	婁	胃	昴	畢	觜	参	井	鬼	柳	
10月	星	張	翼	軫	角	亢	氐	氐	房	心	尾	箕	斗	女	虚	危	室	壁	奎	婁	胃	昴	畢	觜	参	井	鬼	柳	星	張	翼
11月	軫	角	亢	氐	房	心	尾	箕	斗	女	虚	危	室	壁	奎	婁	胃	昴	畢	觜	参	井	鬼	柳	星	張	翼	軫	角	亢	
12月	氐	房	心	尾	斗	女	虚	危	室	壁	奎	婁	胃	昴	畢	觜	参	井	鬼	柳	星	張	翼	軫	角	亢	氐	房	心	尾	箕

2030 年

	1	2	3	4	5	6	7	8	9	10	11	12	13	14	15	16	17	18	19	20	21	22	23	24	25	26	27	28	29	30	31
1月	斗	女	虚	虚	危	室	壁	奎	婁	胃	昴	畢	觜	参	井	鬼	柳	星	張	翼	軫	角	亢	氐	房	心	尾	箕	斗	女	虚
2月	危	室	室	壁	奎	婁	胃	昴	畢	觜	参	井	鬼	柳	星	張	翼	軫	角	亢	氐	房	心	尾	箕	斗	女	虚			
3月	危	室	壁	奎	婁	胃	昴	畢	觜	参	井	鬼	柳	星	張	翼	軫	角	亢	氐	房	心	尾	箕	斗	女	虚	危	室	壁	奎
4月	婁	胃	胃	昴	畢	觜	参	井	鬼	柳	星	張	翼	軫	角	亢	氐	房	心	尾	箕	斗	女	虚	危	室	壁	奎	婁	胃	
5月	昴	畢	觜	参	井	鬼	柳	星	張	翼	軫	角	亢	氐	房	心	尾	箕	斗	女	虚	危	室	壁	奎	婁	胃	昴	畢	觜	参
6月	参	井	鬼	柳	星	張	翼	軫	角	亢	氐	房	心	尾	箕	斗	女	虚	危	室	壁	奎	婁	胃	昴	畢	觜	参	井	鬼	
7月	鬼	柳	星	張	翼	軫	角	亢	氐	房	心	尾	箕	斗	女	虚	危	室	壁	奎	婁	胃	昴	畢	觜	参	井	鬼	柳	張	翼
8月	軫	角	亢	氐	房	心	房	箕	斗	女	虚	危	室	壁	奎	婁	胃	昴	畢	觜	参	井	鬼	柳	星	張	翼	軫	角	亢	氐
9月	房	心	尾	箕	斗	女	虚	危	室	壁	奎	婁	胃	昴	畢	觜	参	井	鬼	柳	星	張	翼	軫	角	亢	氐	房	心	尾	
10月	箕	斗	女	虚	危	室	壁	奎	婁	胃	昴	畢	觜	参	井	鬼	柳	星	張	翼	軫	角	亢	氐	房	心	心	尾	箕	斗	女
11月	虚	危	室	壁	奎	婁	胃	昴	畢	觜	参	井	鬼	柳	星	張	翼	軫	角	亢	氐	房	心	尾	斗	女	虚	危	室	壁	
12月	奎	婁	胃	昴	畢	觜	参	井	鬼	柳	星	張	翼	軫	角	亢	氐	房	心	尾	箕	斗	女	虚	虚	危	室	壁	奎	婁	胃

2031年

	1	2	3	4	5	6	7	8	9	10	11	12	13	14	15	16	17	18	19	20	21	22	23	24	25	26	27	28	29	30	31
1月	昴	畢	觜	参	井	鬼	柳	星	張	翼	軫	角	亢	氐	房	心	尾	箕	斗	女	虚	危	室	壁	奎	婁	胃	昴	畢	觜	参
2月	井	鬼	柳	星	張	翼	軫	角	亢	氐	房	心	尾	箕	斗	女	虚	危	室	壁	奎	奎	婁	胃	昴	畢	觜	参			
3月	井	鬼	柳	星	張	翼	軫	角	亢	氐	房	心	尾	箕	斗	女	虚	危	室	壁	奎	婁	胃	昴	畢	觜	参	井	鬼	柳	星
4月	張	翼	軫	角	亢	氐	房	心	尾	箕	斗	女	虚	危	室	壁	奎	婁	胃	昴	畢	胃	昴	畢	觜	参	井	鬼	柳	星	
5月	張	翼	軫	角	亢	氐	房	心	尾	箕	斗	女	虚	危	室	壁	奎	婁	胃	昴	畢	觜	参	井	鬼	柳	星	張	翼	軫	角
6月	亢	氐	房	心	尾	箕	斗	女	虚	危	室	壁	奎	婁	胃	昴	畢	觜	参	参	井	鬼	柳	星	張	翼	軫	角	亢	氐	
7月	房	心	尾	箕	斗	女	虚	危	室	壁	奎	婁	胃	昴	畢	觜	参	井	鬼	柳	星	張	翼	軫	角	亢	氐	房	心	尾	箕
8月	斗	女	虚	危	室	壁	奎	婁	胃	昴	畢	觜	参	井	鬼	柳	星	張	翼	軫	角	亢	氐	房	心	尾	箕	斗	女	虚	危
9月	室	壁	奎	婁	胃	昴	畢	觜	参	井	鬼	柳	星	張	翼	軫	角	亢	氐	房	心	尾	箕	斗	女	虚	危	室	壁	奎	
10月	婁	胃	昴	畢	觜	参	井	鬼	柳	星	張	翼	軫	角	亢	氐	房	心	尾	箕	斗	女	虚	危	室	壁	奎	婁	胃	昴	畢
11月	觜	参	井	鬼	柳	星	張	翼	軫	角	亢	氐	房	心	心	尾	箕	斗	女	虚	危	室	壁	奎	婁	胃	昴	畢	觜	参	
12月	井	鬼	柳	星	張	翼	軫	角	亢	氐	房	心	尾	斗	女	虚	危	室	壁	奎	婁	胃	昴	畢	觜	参	井	鬼	柳	星	張

2032年

	1	2	3	4	5	6	7	8	9	10	11	12	13	14	15	16	17	18	19	20	21	22	23	24	25	26	27	28	29	30	31
1月	翼	軫	角	亢	氐	房	心	尾	箕	斗	女	虚	虚	危	室	壁	奎	婁	胃	昴	畢	觜	参	井	鬼	柳	星	張	翼	軫	角
2月	亢	氐	房	心	尾	箕	斗	女	虚	危	室	壁	奎	婁	胃	昴	畢	觜	参	井	鬼	柳	星	張	翼	軫	角	亢	氐		
3月	房	心	尾	箕	斗	女	虚	危	室	壁	奎	奎	婁	胃	昴	畢	觜	参	井	鬼	柳	星	張	翼	軫	角	亢	氐	房	心	尾
4月	箕	斗	女	虚	危	室	壁	奎	婁	胃	昴	畢	觜	参	井	鬼	柳	星	張	翼	軫	角	亢	氐	房	心	尾	箕	斗	女	
5月	虚	危	室	壁	奎	婁	胃	昴	畢	觜	参	井	鬼	柳	星	張	翼	軫	角	亢	氐	房	心	尾	箕	斗	女	虚	危	室	壁
6月	奎	婁	胃	昴	畢	觜	参	参	井	鬼	柳	星	張	翼	軫	角	亢	氐	房	心	尾	箕	斗	女	虚	危	室	壁	奎	婁	
7月	胃	昴	畢	觜	参	井	鬼	柳	星	張	翼	軫	角	亢	氐	房	心	尾	箕	斗	女	虚	危	室	壁	奎	婁	胃	昴	畢	觜
8月	参	井	鬼	柳	星	張	翼	軫	角	亢	氐	房	心	尾	箕	斗	女	虚	危	室	壁	奎	婁	胃	昴	畢	觜	参	井	鬼	柳
9月	星	張	翼	軫	角	亢	氐	房	心	尾	箕	斗	女	虚	危	室	壁	奎	婁	胃	昴	畢	觜	参	井	鬼	柳	星	張	翼	
10月	軫	角	亢	氐	房	心	尾	箕	斗	女	虚	危	室	壁	奎	婁	胃	昴	畢	觜	参	井	鬼	柳	星	張	翼	軫	角	亢	氐
11月	房	心	心	尾	箕	斗	女	虚	危	室	壁	奎	婁	胃	昴	畢	觜	参	井	鬼	柳	星	張	翼	軫	角	亢	氐	房	心	
12月	尾	箕	斗	女	虚	危	室	壁	奎	婁	胃	昴	畢	觜	参	井	鬼	柳	星	張	翼	軫	角	亢	氐	房	心	尾	箕	斗	女

2033年

	1	2	3	4	5	6	7	8	9	10	11	12	13	14	15	16	17	18	19	20	21	22	23	24	25	26	27	28	29	30	31
1月	虚	危	室	壁	奎	婁	胃	昴	畢	觜	参	井	鬼	柳	星	張	翼	軫	角	亢	氐	房	心	尾	箕	斗	女	虚	危	室	室
2月	壁	奎	婁	胃	昴	畢	觜	参	井	鬼	柳	星	張	翼	軫	角	亢	氐	房	心	尾	箕	斗	女	虚	危	室	壁			
3月	奎	婁	胃	昴	畢	觜	参	井	鬼	柳	星	張	翼	軫	角	亢	氐	房	心	尾	箕	斗	女	虚	危	室	壁	奎	婁	胃	胃
4月	昴	畢	觜	参	井	鬼	柳	星	張	翼	軫	角	亢	氐	房	心	尾	箕	斗	女	虚	危	室	壁	奎	婁	胃	昴	畢	觜	
5月	参	井	鬼	柳	星	張	翼	軫	角	亢	氐	房	心	尾	箕	斗	女	虚	危	室	壁	奎	婁	胃	昴	畢	觜	参	井	鬼	柳
6月	星	張	翼	軫	角	亢	氐	房	心	尾	箕	斗	女	虚	危	室	壁	奎	婁	胃	昴	畢	觜	参	井	鬼	鬼	柳	星	張	
7月	翼	軫	角	亢	氐	房	心	尾	箕	斗	女	虚	危	室	壁	奎	婁	胃	昴	畢	觜	参	井	鬼	柳	張	翼	軫	角	亢	氐
8月	房	心	尾	箕	斗	女	虚	危	室	壁	奎	婁	胃	昴	畢	觜	参	井	鬼	柳	星	張	翼	軫	角	亢	氐	房	心	尾	箕
9月	斗	女	虚	危	室	壁	奎	婁	胃	昴	畢	觜	参	井	鬼	柳	星	張	翼	軫	角	亢	氐	房	心	尾	箕	斗	女	虚	
10月	危	室	壁	奎	婁	胃	昴	畢	觜	参	井	鬼	柳	星	張	翼	軫	角	亢	氐	房	心	心	尾	箕	斗	女	虚	危	室	壁
11月	奎	婁	胃	昴	畢	觜	参	井	鬼	柳	星	張	翼	軫	角	亢	氐	房	心	尾	箕	斗	女	虚	危	室	壁	奎	婁	胃	
12月	昴	畢	觜	参	井	鬼	柳	星	張	翼	軫	角	亢	氐	房	心	尾	箕	斗	女	虚	斗	女	虚	危	室	壁	奎	婁	胃	昴

2034年

	1	2	3	4	5	6	7	8	9	10	11	12	13	14	15	16	17	18	19	20	21	22	23	24	25	26	27	28	29	30	31
1月	畢	觜	参	井	鬼	柳	星	張	翼	軫	角	亢	氐	房	心	尾	箕	斗	女	虚	危	室	壁	奎	婁	胃	昴	畢	觜	参	井
2月	鬼	柳	星	張	翼	軫	角	亢	氐	房	心	尾	箕	斗	女	虚	危	室	室	壁	奎	婁	胃	昴	畢	觜	参	井			
3月	鬼	柳	星	張	翼	軫	角	亢	氐	房	心	尾	箕	斗	女	虚	危	室	壁	奎	婁	胃	昴	畢	觜	参	井	鬼	柳	星	張
4月	翼	軫	角	亢	氐	房	心	尾	箕	斗	女	虚	危	室	壁	奎	婁	胃	胃	昴	畢	觜	参	井	鬼	柳	星	張	翼	軫	
5月	角	亢	氐	房	心	尾	箕	斗	女	虚	危	室	壁	奎	婁	胃	昴	畢	觜	参	井	鬼	柳	星	張	翼	軫	角	亢	氐	房
6月	心	尾	箕	斗	女	虚	危	室	壁	奎	婁	胃	昴	畢	觜	参	井	鬼	柳	星	張	翼	軫	角	亢	氐	房	心	尾	箕	
7月	斗	女	虚	危	室	壁	奎	婁	胃	昴	畢	觜	参	井	鬼	鬼	柳	星	張	翼	軫	角	亢	氐	房	心	尾	箕	斗	女	虚
8月	危	室	壁	奎	婁	胃	昴	畢	觜	参	井	鬼	柳	張	翼	軫	角	亢	氐	房	心	尾	箕	斗	女	虚	危	室	壁	奎	婁
9月	胃	昴	畢	觜	参	井	鬼	柳	星	張	翼	軫	角	亢	氐	房	心	尾	箕	斗	女	虚	危	室	壁	奎	婁	胃	昴	畢	
10月	觜	参	井	鬼	柳	星	張	翼	軫	角	亢	氐	房	心	尾	箕	斗	女	虚	危	室	壁	奎	婁	胃	昴	畢	觜	参	井	鬼
11月	柳	星	張	翼	軫	角	亢	氐	房	心	心	尾	箕	斗	女	虚	危	室	壁	奎	婁	胃	昴	畢	觜	参	井	鬼	柳	星	
12月	張	翼	軫	角	亢	氐	房	心	尾	箕	斗	女	虚	危	室	壁	奎	婁	胃	昴	畢	觜	参	井	鬼	柳	星	張	翼	軫	角

2035年

	1	2	3	4	5	6	7	8	9	10	11	12	13	14	15	16	17	18	19	20	21	22	23	24	25	26	27	28	29	30	31
1月	亢	氐	房	心	尾	箕	斗	女	虚	虚	危	室	壁	奎	婁	胃	昴	畢	觜	参	井	鬼	柳	星	張	翼	軫	角	亢	氐	房
2月	心	尾	箕	斗	女	虚	危	室	壁	奎	婁	胃	昴	畢	觜	参	井	鬼	柳	星	張	翼	軫	角	亢	氐	房	心			
3月	尾	箕	斗	女	虚	危	室	壁	奎	奎	婁	胃	昴	畢	觜	参	井	鬼	柳	星	張	翼	軫	角	亢	氐	房	心	尾	箕	斗
4月	女	虚	危	室	壁	奎	婁	胃	昴	畢	觜	参	井	鬼	柳	星	張	翼	軫	角	亢	氐	房	心	尾	箕	斗	女	虚	危	
5月	室	壁	奎	婁	胃	昴	畢	畢	觜	参	井	鬼	柳	星	張	翼	軫	角	亢	氐	房	心	尾	箕	斗	女	虚	危	室	壁	奎
6月	婁	胃	昴	畢	觜	参	井	鬼	柳	星	張	翼	軫	角	亢	氐	房	心	尾	箕	斗	女	虚	危	室	壁	奎	婁	胃	昴	
7月	畢	觜	参	井	鬼	柳	星	張	翼	軫	角	亢	氐	房	心	尾	箕	斗	女	虚	危	室	壁	奎	婁	胃	昴	畢	觜	参	井
8月	鬼	柳	星	張	翼	軫	角	亢	氐	房	心	尾	箕	斗	女	虚	危	室	壁	奎	婁	胃	昴	畢	觜	参	井	鬼	柳	星	張
9月	翼	角	亢	氐	房	心	尾	箕	斗	女	虚	危	室	壁	奎	婁	胃	昴	畢	觜	参	井	鬼	柳	星	張	翼	軫	角	亢	
10月	氐	房	心	尾	箕	斗	女	虚	危	室	壁	奎	婁	胃	昴	畢	觜	参	井	鬼	柳	星	張	翼	軫	角	亢	氐	房	心	心
11月	尾	箕	斗	女	虚	危	室	壁	奎	婁	胃	昴	畢	觜	参	井	鬼	柳	星	張	翼	軫	角	亢	氐	房	心	尾	箕	斗	
12月	女	虚	危	室	壁	奎	婁	胃	昴	畢	觜	参	井	鬼	柳	星	張	翼	軫	角	亢	氐	房	心	尾	箕	斗	女	虚	危	室

2036年

	1	2	3	4	5	6	7	8	9	10	11	12	13	14	15	16	17	18	19	20	21	22	23	24	25	26	27	28	29	30	31
1月	壁	奎	婁	胃	昴	畢	觜	参	井	鬼	柳	星	張	翼	軫	角	亢	氐	房	心	尾	箕	斗	女	虚	危	室	室	壁	奎	婁
2月	胃	昴	畢	觜	参	井	鬼	柳	星	張	翼	軫	角	亢	氐	房	心	尾	箕	斗	女	虚	危	室	壁	奎	奎	婁	胃		
3月	昴	畢	觜	参	井	鬼	柳	星	張	翼	軫	角	亢	氐	房	心	尾	箕	斗	女	虚	危	室	壁	奎	婁	胃	胃	昴	畢	觜
4月	参	井	鬼	柳	星	張	翼	軫	角	亢	氐	房	心	尾	箕	斗	女	虚	危	室	壁	奎	婁	胃	昴	畢	觜	参	井	鬼	
5月	柳	星	張	翼	軫	角	亢	氐	房	心	尾	箕	斗	女	虚	危	室	壁	奎	婁	胃	昴	畢	觜	参	参	井	鬼	柳	星	張
6月	翼	軫	角	亢	氐	房	心	尾	箕	斗	女	虚	危	室	壁	奎	婁	胃	昴	畢	觜	参	井	鬼	柳	星	張	翼	軫	角	
7月	亢	氐	房	心	尾	箕	斗	女	虚	危	室	壁	奎	婁	胃	昴	畢	觜	参	井	鬼	柳	鬼	柳	星	張	翼	軫	角	亢	氐
8月	房	心	尾	箕	斗	女	虚	危	室	壁	奎	婁	胃	昴	畢	觜	参	井	鬼	柳	星	張	翼	軫	角	亢	氐	房	心	尾	箕
9月	斗	女	虚	危	室	壁	奎	婁	胃	昴	畢	觜	参	井	鬼	柳	星	張	翼	角	亢	氐	房	心	尾	箕	斗	女	虚	危	
10月	室	壁	奎	婁	胃	昴	畢	觜	参	井	鬼	柳	星	張	翼	軫	角	亢	氐	房	心	尾	箕	斗	女	虚	危	室	壁	奎	婁
11月	胃	昴	畢	觜	参	井	鬼	柳	星	張	翼	軫	角	亢	氐	房	心	心	尾	箕	斗	女	虚	危	室	壁	奎	婁	胃	昴	
12月	畢	觜	参	井	鬼	柳	星	張	翼	軫	角	亢	氐	房	心	尾	箕	斗	女	虚	危	室	壁	奎	婁	胃	昴	畢	觜	参	井

2037年

	1	2	3	4	5	6	7	8	9	10	11	12	13	14	15	16	17	18	19	20	21	22	23	24	25	26	27	28	29	30	31
1月	鬼	柳	星	張	翼	軫	角	亢	氐	房	心	尾	箕	斗	女	虚	危	室	壁	奎	婁	胃	昴	畢	觜	参	井	鬼	柳	星	張
2月	翼	軫	角	亢	氐	房	心	尾	箕	斗	女	虚	危	室	室	壁	奎	婁	胃	昴	畢	觜	参	井	鬼	柳	星	張			
3月	翼	軫	角	亢	氐	房	心	尾	箕	斗	女	虚	危	室	壁	奎	奎	婁	胃	昴	畢	觜	参	井	鬼	柳	星	張	翼	軫	角
4月	亢	氐	房	心	尾	箕	斗	女	虚	危	室	壁	奎	婁	胃	胃	昴	畢	觜	参	井	鬼	柳	星	張	翼	軫	角	亢	氐	
5月	房	心	尾	箕	斗	女	虚	危	室	壁	奎	婁	胃	昴	畢	觜	参	井	鬼	柳	星	張	翼	軫	角	亢	氐	房	心	尾	箕
6月	斗	女	虚	危	室	壁	奎	婁	胃	昴	畢	觜	参	参	井	鬼	柳	星	張	翼	軫	角	亢	氐	房	心	尾	箕	斗	女	
7月	虚	危	室	壁	奎	婁	胃	昴	畢	觜	参	井	鬼	柳	星	張	翼	軫	角	亢	氐	房	心	尾	箕	斗	女	虚	危	室	壁
8月	奎	婁	胃	昴	畢	觜	参	井	鬼	柳	張	翼	軫	角	亢	氐	房	心	尾	箕	斗	女	虚	危	室	壁	奎	婁	胃	昴	畢
9月	觜	参	井	鬼	柳	星	張	翼	軫	角	亢	氐	房	心	尾	箕	斗	女	虚	危	室	壁	奎	婁	胃	昴	畢	觜	参	井	
10月	鬼	柳	星	張	翼	軫	角	亢	氐	房	心	尾	箕	斗	女	虚	危	室	壁	奎	婁	胃	昴	畢	觜	参	井	鬼	柳	星	張
11月	翼	軫	角	亢	氐	房	心	尾	箕	斗	女	虚	危	室	壁	奎	婁	胃	昴	畢	觜	参	井	鬼	柳	星	張	翼	軫	角	
12月	亢	氐	房	心	尾	箕	斗	女	虚	危	室	壁	奎	婁	胃	昴	畢	觜	参	井	鬼	柳	星	張	翼	軫	角	亢	氐	房	心

月がナビゲート
人生で使える空海の宿曜占い
あなたの未来を切り開く宿曜秘宝

2019年3月4日　初版発行
2023年3月6日　第二刷

著　　者　髙畑三惠子

発 行 人　西 宏祐
発 行 所　株式会社ビオ・マガジン
〒141-0031　東京都品川区西五反田8-11-21
五反田TRビル1F
TEL：03-5436-9204　FAX：03-5436-9209
https://www.biomagazine.jp/

挿　　絵　AICO（杉田明維子）
デザイン　石田有美
編　　集　向千鶴子

印刷・製本　株式会社シナノパブリッシングプレス

本書は、2015年3月に小社より刊行された『そこまでわかる！ あなたの未来　宿曜占星術』を加筆修正したものです。

万一、落丁または乱丁の場合はお取り替えいたします。

ISBN978-4-86588-040-3

宿曜盤

A

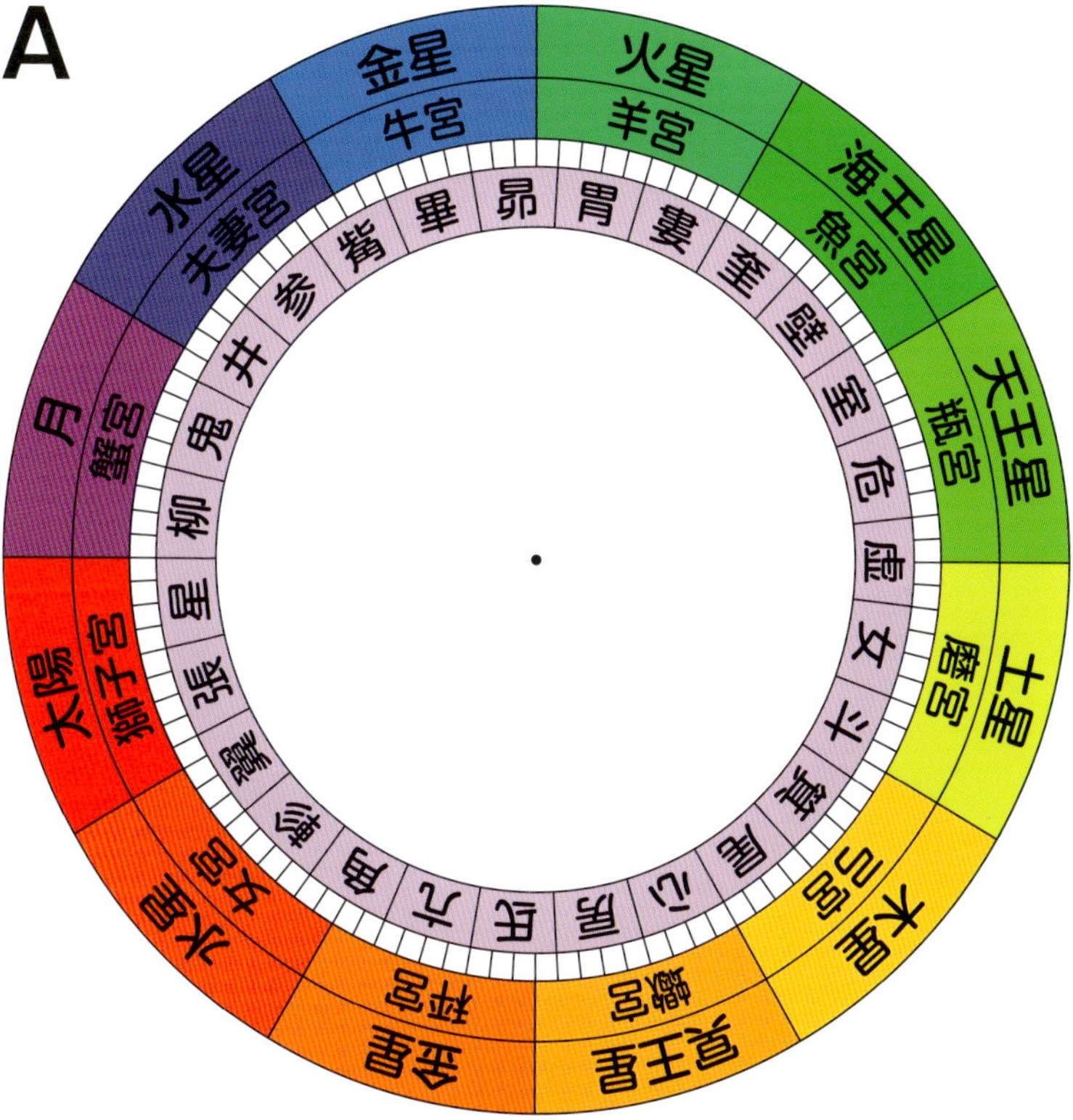

B

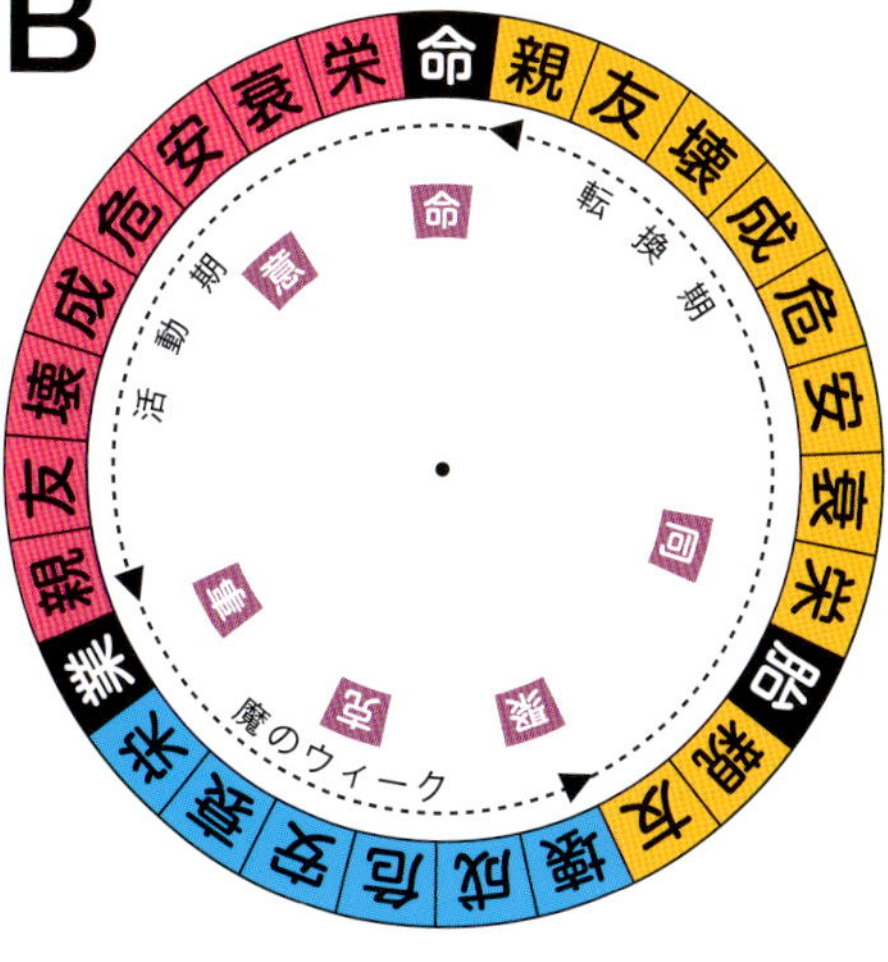

①このページをキリトリ線に沿って本書から切り離します。

②「A」の円盤と「B」の円盤を円に沿って切り抜きます。

③「A」の円盤と「B」の円盤を中心に揃えて重ね、中心に穴を空けてハトメで止めるか、押しピンで壁やボードに貼り付けて「B」の円盤を回転させて使用します。